Gisela Graichen / Alexander Hesse

Geheimbünde

Freimaurer und Illuminaten
Opus Dei und Sch…

Rowohlt Taschenbuch Verlag

2. Auflage Februar 2016

Veröffentlicht im Rowohlt Taschenbuch Verlag,
Reinbek bei Hamburg, Mai 2015

Lektorat Uwe Naumann und Katrin Bojarzin
Umschlaggestaltung ZERO Werbeagentur, München,
nach einem Entwurf von Anzinger | Wüschner | Rasp, München
Umschlagabbildungen Fotosearch;
Pablo Blazquez Dominguez / Getty Images
Satz aus der Scala OT, InDesign
Satz und Layout Das Herstellungsbüro, Hamburg
Druck und Bindung GGP Media GmbH, Pößneck, Germany
ISBN 978 3 499 63049 1

FSC www.fsc.org MIX Papier aus verantwortungsvollen Quellen FSC® C014496

Das für dieses Buch verwendete Papier ist FSC®-zertifiziert.

Sie agieren im Verborgenen. Mythen und Verschwörungstheorien ranken sich um sie: Geheimbünde faszinieren die Menschen seit jeher. Es heißt, sie lenken die Geschicke des Vatikans. Sie bestimmen die Agenda des amerikanischen Präsidenten. Und sie sind die Drahtzieher hinter Finanzkrisen und Kriegen.

Dieses Buch enthüllt die Hintergründe und die Macht der geheimen Gesellschaften. Sind sie tatsächlich ein Hort des Bösen, oder erlangt man durch sie tiefere Erkenntnisse? Die Autoren suchen nach Symbolen, versteckten Hinweisen und entlarven Halbwahrheiten. Ob Illuminaten oder Freimaurer, Rosenkreuzer oder Skull and Bones, Prieuré de Sion, Mithras-Kult, Opus Dei, Propaganda Due oder Tempelritter – jeder Bund bietet Schutz. Und die Geheimbünde selber nutzen die Aura der verborgenen Macht für ihre Zwecke. Es geht um das Wissen einer Elite, das nur wenige besitzen, aber viele wollen.

Ein neues, spannendes, detailreiches Standardwerk über Verschwörungstheorien und das Wirken von Geheimgesellschaften. Es erklärt die Faszination, die sie auf uns ausüben, und hinterfragt ihren Mythos.

Gisela Graichen studierte Publizistik, Rechts- und Staatswissenschaften und ist Diplom-Volkswirtin. Für das ZDF hat die Buch- und Filmautorin unter anderem die erfolgreiche Archäologiereihe «Schliemanns Erben» und die Wissenschaftsserie «Humboldts Erben» entwickelt. Sie lebt in Hamburg.

Alexander Hesse studierte Publizistik, Politikwissenschaften und Betriebswirtschaft. Er ist Geschäftsführer einer TV-Produktionsfirma in Köln. Von 2006 bis 2012 leitete er die Redaktion «Geschichte und Gesellschaft» im ZDF, war dort unter anderem verantwortlich für «37°» und «Terra X».

Gemeinsame Bücher: Die Deutsche Hanse. Eine heimliche Supermacht (Rowohlt 2011, zus. mit Rolf Hammel-Kiesow); Die Bernsteinstraße. Verborgene Handelswege zwischen Ostsee und Nil (Rowohlt 2012).

«The prince of darkness is a gentleman.»

William Shakespeare
King Lear, Act III, Scene IV, Line 140

Inhalt

EINFÜHRUNG
STRENG GEHEIM!
VERSCHWÖRUNGSTHEORIEN
UND VERSCHWIEGENE GESELLSCHAFTEN
9

KAPITEL 1
SKULL AND BONES
GEHEIMORDEN AMERIKANISCHER MACHT
33

KAPITEL 2
OPUS DEI
DER KREUZZUG DER NEUEN TEMPLER
53

KAPITEL 3
PROPAGANDA DUE
DIE TERROR-LOGE
77

KAPITEL 4
DIE PRIEURÉ DE SION
DAS GEHEIMNIS UM DIE BLUTLINIE JESU
95

KAPITEL 5
DIE FREIMAURER
EINE VERBORGENE WELT
129

KAPITEL 6
DIE ILLUMINATEN
ZWISCHEN JESUITENANGST UND NEUER WELTORDNUNG
177

KAPITEL 7
DIE ROSENKREUZER
DER ORDEN DER WISSENDEN
201

KAPITEL 8
DIE TEMPLER
ZWISCHEN ÖFFENTLICHKEIT UND GEHEIMHALTUNG
229

KAPITEL 9
MYSTERIUM MITHRAS
EIN ORIENTALISCHER GEHEIMKULT IN DEUTSCHLAND
267

KAPITEL 10
VERSCHWÖRUNGSTHEORIEN
VON DER MONDLANDUNG BIS ZUM 11. SEPTEMBER
307

ANHANG
361

Streng geheim! Verschwörungstheorien und verschwiegene Gesellschaften

Punkt 13 Uhr, jeden Donnerstag, trifft sich im feinen Überseeclub, Neuer Jungfernstieg 19, eine Gruppe einflussreicher Hamburger zum Lunch: Wirtschaftsführer, hohe Militärs und Bankiers, Politiker und der Bischof. Aufmerksame Passanten bemerken, dass sie sich vor der schweren Eichentür mit «Freund» und Nachnamen oder nur mit dem Nachnamen begrüßen. Man trägt einen gedeckten Anzug, Krawatte ist Pflicht. Das Treffen wird genau 90 Minuten dauern. Der Ablauf ist immer gleich: Verlesung der Regularien durch den Präsidenten, interne Gespräche, Lunch, ein exakt 20 Minuten langer Vortrag durch ein Mitglied oder einen ausgewählten Gast. Anwesend sind rund 30 Personen. Ein fünfköpfiger Aufnahmeausschuss entscheidet, wer aufgenommen wird. Selber bewerben kann man sich nicht, man muss von einem Mitglied vorgeschlagen werden, das als Pate für den Kandidaten fungiert. In einem «Ego-Bericht» stellt man sich nach der Aufnahme den Mitgliedern vor, Gäste sind dabei nicht erlaubt. Rund tausend Mitglieder gibt es in Hamburg – von etwa 1,8 Millionen Einwohnern. Bei der Aufnahme heftet der Präsident dem neuen Mitglied eine kleine Nadel mit Rad ans Revers, das Erkennungszeichen. Punkt 14:30 Uhr beendet der Präsident durch einen Schlag auf die Glocke das Meeting. Man verschwindet so rasch, wie man gekommen ist. Es tagten: die Rotarier.

Das gleiche Ritual, aber in anderer Zusammensetzung, findet immer mittwochs um 13 Uhr im benachbarten Hotel Vier Jahreszeiten statt. Die Herren – ausschließlich Herren werden hier aufgefordert, Mitglied des Clubs zu werden – parken bevorzugt in der in einer Seitenstraße gelegenen Hotelgarage, von wo aus man direkt durch einen Wirtschaftsgang ins Hotel gelangt. Sie treffen sich in einem abgelegenen Raum ohne Fenster. Auch hier tagen die Rotarier.

Gegründet wurde Rotary 1905 von vier Herren in Chicago zur «Pflege der Freundschaft» und zur Ausführung gemeinnütziger Projekte. Inzwischen gibt es 1,2 Millionen Rotarier weltweit in 200 Ländern und Regionen, 50 000 in Deutschland. Das Zentralbüro ist in Evanston, Illinois, der amtierende Präsident von Rotary International ist ein Japaner.

All dies sind deutlich Zutaten für eine geheime Gesellschaft, die unsere Welt beherrscht. Und so wird von Außenstehenden entsprechend gemunkelt, verdächtigt, verurteilt: Rotary – ein weltumspannendes Netzwerk von Führungskräften, die sich exklusiv und abgeschottet treffen, um die Welt zu verändern. Letzteres stimmt sogar, doch Schein ist nicht gleich Sein. Rotary ist keine Sekte und kein Geheimbund.

Geheimbünde setzen Verschwörungen voraus – und umgekehrt. Wo Informationen fehlen, gedeihen Verschwörungstheorien. Und die können gefährlich werden. Dagegen sind die Behauptungen, die Amerikaner seien nicht wirklich auf dem Mond gelandet, eher harmlos.

Apollo 18

1969 schauten 600 Millionen Menschen live im Fernsehen zu, wie die Raumfähre Eagle landete und Neil Armstrong als erster Mensch den Mond betrat. Alles gezinkt, behauptet eine der beliebtesten Verschwörungstheorien, die Amerikaner landeten gar nicht auf dem

Mond, die Übertragung war eine riesige Fälschung, eine Hollywood-Produktion (s. S. 319). Neuerdings wird eine weitere, unglaubliche Hypothese verbreitet: Im Internet erzielt der Suchbegriff «Apollo 18» knapp 60 Millionen Ergebnisse, millionenfach wird er weltweit angeklickt! Nach der angeblich letzten Mission Apollo 17 habe es eine weitere – geheime – Mondlandung im Rahmen des Apollo-Programms gegeben, von der wir nie etwas erfuhren, weil sie schiefging und die drei Astronauten nicht wieder zur Erde zurückkehrten. Man weiß nur so viel, und darüber gibt es selbstverständlich höchst geheimes NASA-Filmmaterial, dass die Mondrückseite von Aliens bewohnt ist und die drei Amerikaner auf dieses außerirdische Leben stießen. Verdächtig ist: Die drei angeblichen Astronauten kamen alle bei Autounfällen um, so wurde es ihren Angehörigen mitgeteilt. Was die Verschwörungstheoretiker natürlich bestärkt.

Eine Verschwörung setzt einen verschwiegenen Bund von Mitwissern voraus. Je mehr Beteiligte involviert sind, desto unwahrscheinlicher ist eine geheime Operation. Und doch: Trotz eines Dutzends Astronauten auf dem Mond, trotz der Überwachung jeder Sekunde durch Tausende Mitarbeiter der US-Raumfahrtbehörde NASA, trotz Zehntausender Wissenschaftler, die in aller Welt mit Material der Mondlandungen arbeiten, ist die Vorstellung nicht auszurotten, die Mondlandung habe nie stattgefunden. Unzählige Blogger glauben auch an die Version «Apollo 18» und tauschen sich in Netzwerken enthusiastisch über Geheimbünde und Verschwörungstheorien aus. Was ist wahr? Was ist Fiktion? Schwierig wird es erst recht, wenn keine Beweise vorliegen und es keine Zeitzeugen mehr gibt. Bei Begebenheiten etwa, die rund 70 Millionen Jahre zurückliegen.

Menschen vor den Menschen?

Gab es tatsächlich eine «Menschheit vor der Menschheit»? Die auch unter Wissenschaftlern vehement diskutierte Theorie bringt es aktuell bei Google auf fast 8 830 000 Ergebnisse. Nicht vor rund 500 000 Jahren sei demnach der erste Homo sapiens aufrecht auf der Erde herumgewandert, sondern er lebte angeblich schon einmal vor 65 Millionen Jahren zur Zeit der Dinosaurier. Hinweise lassen sich genügend finden: im Flussbett des texanischen Paluxy River zum Beispiel. 1908 wurden hier angeblich zeitgleich entstandene Brontosaurus-Fußspuren und menschliche Abdrücke freigespült. 1934 entdeckte man unweit der Fundstelle in dinozeitlichen Gesteinsschichten Werkzeuge wie einen Hammer mit abgebrochenem Holzstiel. Oder die humanoid wirkenden Fußspuren, die 1986 im Süden der japanischen Insel Kyushu durch Holger Preuschoft von der Ruhr-Universität Bochum freigelegt wurden. Sie sind 44 Zentimeter lang, haben vier sehr lange Zehen und eine weit abstehende Großzehe. Das Alter der Abdrücke: 15 Millionen Jahre.

Starben die Menschen vor den Menschen zusammen mit den Dinos aus, oder hat sich eine kleine Gruppe in Afrika erhalten, der Kern unserer heutigen Menschheit? Noahs Erben sozusagen? Und wodurch gingen unsere unbekannten Vorfahren unter? Durch eine Epidemie, eine vorsintflutliche Pest, die nicht wie im 14. Jahrhundert in Europa «nur» ein Drittel der Bevölkerung dahinraffte? Gab es einen weltweiten Atomkrieg? War eine neue Waffe wie die Neutronenbombe über den Erdball gerast, die alles Lebende zu Staub zerbröselte? Erlebten unsere namenlosen Ahnen gewaltige Vulkanausbrüche, die ihren Himmel für Jahrhunderte verdunkelten und alles Dasein beendeten? Ließ ein Meteoriteneinschlag wie vor 65 Millionen Jahren in Mexiko, der zum Aussterben nicht nur der Saurier führte, die Erde erbeben? Neue Untersuchungen zeigen, dass der Killer aus dem Weltraum nicht die alleinige Ursache war, sondern eine Serie von klimaverändernden Katastrophen. Wurde die Menschheit von einer Naturkatastrophe wie der Sintflut ausgelöscht, von der uns die älteste Erzählung der jetzigen Menschheit berichtet, das Gilgamesch-Epos, und später auch die Bibel?

Woran war diese vorige Menschheit, so es sie gegeben hat, gescheitert? Die Geschichte zeigt: Große Zivilisationen gehen auch und vor allem an sich selbst zugrunde. Wie die Bewohner der Osterinsel, die falsche gesellschaftliche Entscheidungen trafen. Oder die Maya, deren Untergang durch Übervölkerung und übermäßige Ausnutzung vorhandener Ressourcen verursacht wurde.

Handfeste Belege für die Existenz von Menschen vor den Menschen gibt es nicht wirklich, auch die Paluxy- und Kyushu-Fußabdrücke und weitere «Beweise» sind selbstverständlich umstritten. Es kann nicht sein, was nicht sein darf. «Verbotene Archäologie» nennt man solche Theorien neuerdings. Doch haben sich vielleicht Hinweise im menschlichen Gedächtnis erhalten? Wie der Ägyptologe Jan Assmann – im Zusammenhang mit Mozarts Freimaurertum und der «Zauberflöte» – so schön formuliert: «... uralte labyrinthische Verirrungen, die in die Tiefe der Zeit führen und an den Ursprung des Wissens». Haben sich tatsächlich archetypische Erinnerungen an längst vergangene Zeiten erhalten, gespeichert im kollektiven Bewusstsein, wie die Erinnerung an Dinosaurier, die als Drachen und Lindwürmer in unseren Märchen und Sagen weiterleben? Oder die Geschichten vom untergegangenen Atlantis und eben der Sintflut und dem Überleben einer kleinen Gruppe um Noah? Wir wissen es nicht. Und Nichtwissen ist seit jeher ein fruchtbarer Humus für Verschwörungstheorien.

Aber so unwahrscheinlich diese Hypothese klingt: So manch Unverständliches in unserer Entwicklungsgeschichte würde durch das erklärt werden, was wir hilflos unter dem Begriff «verlorenes Wissen» zusammenfassen.

Sitzung der Freimaurerloge «Zur Gekrönten Hoffnung» um 1790 mit Wolfgang Amadeus Mozart (vorne rechts). Bis zu seinem Tod ist er ein engagiertes Mitglied. Seine letzte vollendete Komposition KV 623 galt der Einweihungsfeier eines neuen Tempels.

Versunkene Welten – Science-Fiction im Wüstensand

Archäologen stoßen in allen Erdteilen immer wieder auf Funde und Befunde, die verblüffen und ratlos machen. 1922 zum Beispiel wurde in Pakistan von dem britischen Archäologen Sir John Marshall eine vor über 4000 Jahren versunkene Stadt entdeckt: Mohenjo-Daro, der «Hügel der Toten», das geschäftige Handelszentrum einer vergessenen, geheimnisvollen Zivilisation am Indus. Die perfekt am Reißbrett durchgeplante Stadt lag sieben Meter tief im Boden verborgen.

Ausgräber Michael Jansen, Professor für Stadtbaugeschichte an der TH Aachen: «Für mich hat diese Stadt die größte Faszination, ein Brasília des 3. Jahrtausends v. Chr., das damals schon für die Zukunft gebaut wurde.» Errichtet vor 4500 Jahren für eine Einwohnerzahl von etwa 40 000, eine für die damalige Zeit unvorstellbare Größe, verrät sie technische und ökologische Kenntnisse, um die manche heutige Zivilisation die Erbauer beneiden würde. Für jedes Haus gab es bis zu 20 Meter tiefe, zylindrisch rundgemauerte Brunnen, die frisches Grundwasser lieferten. Das Straßennetz wird von der «First Street» dominiert, einer zehn Meter breiten Prachtstraße, von der im rechten Winkel die Straßen und davon die Gassen abgehen. Die Hauseingänge führen in einen Innenhof, zu Frischwasserbrunnen und Badezimmern. Die Badewannen entwässern in einem Gefälle nach außen, auch die Sitztoiletten mit Wasserspülung sind an den Außenwänden angebracht. Vertikale Hausabflüsse aus ineinander steckbaren Tonröhren leiten das Abwasser in unterirdische Kanäle, die es im genau berechneten Neigungswinkel aus der Stadt führen – über die Wasserscheide hinaus zum Indus.

Den Erbauern war also bewusst, dass Abwässer, lässt man sie einfach im Boden versickern, in das Grundwasser geraten und mit dem nächsten Eimer aus dem Brunnen ins Trinkwasser gelangen. Wir brauchten 4500 Jahre, um den Bezug zu erkennen. Erst im 19. Jahrhundert schafften wir in unseren Städten eine vergleichbare Infrastruktur zur Abwasserentsorgung. Ein Grund für die großen abendländischen Epidemien. Die Botschaft der versunkenen Stadt: Wären den Hamburgern diese Zusammenhänge klar gewesen, hätte sie 1892 nicht die verheerende Choleraepidemie getroffen. Erst der hinzugezogene Arzt Robert Koch, der die Bakteriologie, die Wissenschaft von den Ursachen der Infektionskrankheiten, entwickelte und dafür 1905 den Nobelpreis erhielt, stellte fest: Die Cholera kommt aus dem Brunnen. Ein Beispiel für verlorenes Wissen der Menschheitsgeschichte.

Die vorgeschichtlichen Ingenieure errichteten die wetterfesten Backsteinhäuser aus gebrannten Ziegeln, die genau unserem heu-

Mohenjo-Daro, die versunkene Stadt am Indus. Im Zentrum, mit 1700 m^2, das erste Großbad der Menschheit, mit Privatkabinen, Frischwasserzufuhr und Brauchwasserableitung – erbaut vor 4500 Jahren!

tigen Standardformat entsprechen: von gleicher Größe und addierbarem Kantenverhältnis 1:2:4. «Wir haben in viereinhalbtausend Jahren nichts verbessern können», sagt Michael Jansen. Auch die 1700 Quadratmeter große Badelandschaft im Zentrum – selbstverständlich mit Frischwasserzufuhr, Brauchwasserableitung und nicht einsehbaren Umkleidekabinen – ist aus den vorfabrizierten Steinen gebaut. Im Schwimmbad sind die Ziegel bis zur damaligen Wasseroberfläche fugenlos verlegt und zusätzlich mit Bitumen wasserfest versiegelt. Die Erbauer wussten also, dass das natürlich vorkommende Erdpech wasserunlöslich ist. Mohenjo-Daro ist die Verwirklichung von Informationen nicht nur über Bautechnologie. Jansen ringt beinahe hilflos um eine Erklärung: «Als ob es hier plötzlich zu einer Explosion von Wissen gekommen sei.»

Woher kam plötzlich diese ungeheure Konzentration von Kenntnissen, dieses Knowhow «aus heiterem Himmel», das danach für Tausende von Jahren wieder vergessen wurde?

Wir wissen es nicht. Auch die rätselhafte, eigenständige Schrift dieser Hochkultur ist bis heute nicht entschlüsselt. Und so müssen im Netz Noahs Erben oder die Außerirdischen herhalten.

Antikes High-Tech

«Aus heiterem Himmel» muss auch ein antiker Computer gefallen sein, den im Jahre 1900 Schwammtaucher in einem Schiffswrack aus der Zeit um 70 v. Chr. auf dem Boden des Mittelmeers entdeckten. Das Schiff war aus Afrika gekommen und westlich von Kreta gesunken. Das Objekt, das es nicht geben kann, wurde nach der benachbarten Insel benannt: Antikythera. Nach einem Jahrhundert Forschung entpuppten sich die geborgenen Rostklumpen als erster Computer unserer Welt mit einer technischen Raffinesse, die damals eigentlich kein

Mensch beherrschen konnte. Schon die ersten Untersuchungen zeigten, dass der unmögliche Fund aus Zahnrädern und Zeiger besteht. Das ließ die Experten auf eine Uhr schließen. Doch die wurde erst mehr als tausend Jahre später im europäischen Mittelalter erfunden.

Das feinmechanische Wunderwerk ist Produkt eines technischen, astronomischen und mathematisch-physikalischen Wissens, das danach wieder verlorenging: ein Kalendercomputer, eine analoge Rechenmaschine mit 30 Zahnrädern und epizyklischen Getriebezügen, die den elliptischen Verlauf der Planeten nachbildeten, und einem Differenzialgetriebe, das einen Sonnen- und einen Mondkalender synchronisierte – eine Getriebeart, wie sie in Westeuropa erst im 14. Jahrhundert «erfunden» wurde.

Der Antikythera-Computer, geborgen aus einem 2000 Jahre alten Schiffswrack

Verlorenes Wissen

Der Eurotunnel zwischen Calais und Dover gilt uns als technische Sensation. Seit 1753 hatte man immer wieder die Machbarkeit der epochalen Idee geprüft, war aber an technischen Problemen gescheitert. Erst vor gut zwanzig Jahren war es zum ersten Mal seit dem Ende der letzten Eiszeit vor etwa 13 000 Jahren möglich, trockenen Fußes vom europäischen Festland nach Großbritannien zu gelangen. Von beiden Seiten hatte man die Röhren gleichzeitig vorangetrieben. Der als Wunderwerk der Ingenieurkunst gefeierte Durchstich erfolgte 1990. Die Planer hätten aus Geschichte lernen können. Auf der griechischen Insel Samos können sie ein 2500 Jahre altes Bauwerk studieren, das der Geschichtsschreiber Herodot fasziniert als Weltwunder einstufte. Eines der genialsten Werke antiker Technik war bis zu seiner Entdeckung verschüttet und vergessen. Und auch danach brauchten die Wissenschaftler zwanzig Jahre, um ein altes Geheimnis zu entschlüsseln.

Um die Stadt Samos auch bei einer Belagerung mit Trinkwasser zu versorgen, ließ Tyrann Polykrates eine Quelle außerhalb der stark befestigten Stadtmauer anzapfen und den Quellaustritt verbergen. Ein durch das Bergmassiv führender Tunnel leitete das Wasser im genau richtigen Gefälle in die Stadt. Die Stollen von über einem Kilometer Länge waren von beiden Enden gleichzeitig quer durch den Berg getrieben worden und trafen sich mitten im Fels. Wie hatten die Ingenieure das geschafft mit den Mitteln ihrer Zeit? Wie gelang ihnen das richtige Gefälle der Leitung, sodass das Quellwasser nach zweieinhalb Kilometern gleichmäßig in Samos ankam? Ausgräber Hermann Kienast vom Deutschen Archäologischen Institut Athen, selbst Architekt, ist voller Bewunderung für die antiken Kollegen: «Wir haben zwei Jahre gegraben und dann zwanzig Jahre gebraucht, um zu verstehen, wie es gemacht wurde.» Kienast vergleicht die «bis in unsere Tage unübertroffene Ingenieurleistung» mit der «Mondlandung heutiger Zeit». Die von Millionen Menschen angezweifelt wird. Und ob das verlorene Wissen einst von Noahs überlebenden Erben in unsere Welt gebracht wurde, werden wir wohl nie erfahren.

Verschwörungstheorien setzen Gruppierungen und verschwiegene Bünde voraus, die gut organisiert im Geheimen ihre Ziele verfolgen – von angeblichen Mondlandungs- und Alienlügen der NASA (s. S. 319) bis zur Weltherrschaft, wie sie Freimaurer (s. S. 129), Illuminaten (s. S. 177) oder Skull and Bones (s. S. 33), dessen Mitglied John Kerry zurzeit als US-Außenminister um die Welt reist, vermeintlich anstreben. Von der einstigen Freimaurerloge Propaganda Due (P2, s. S. 77) und der katholischen Organisation Opus Dei (s. S. 53) ganz zu schweigen. Und ob die Gold- und Rosenkreuzer (s. S. 201) heutzutage tatsächlich nur Rituale in ägyptischen Gewändern vollziehen oder doch noch immer versuchen, Gold künstlich herzustellen, wissen nur sie selbst. Oder auch nicht? Weiß das gemeine Mitglied irgendeiner Organisation immer, welche Ziele der oberste «Gute Hirte» wirklich verfolgt? Natürlich nicht, mutmaßen die Verschwörungstheoretiker.

Wirklichkeit und Legende sind nicht so einfach zu trennen. Geheimbünde, Orden – der Deutsche Orden existiert noch, ist aber kein Geheimbund –, Bruderschaften, rechte Burschenschaften, Sekten wie Scientology, Logen wie die der Freimaurer oder reine Serviceclubs wie Rotary werden munter durcheinandergeworfen.

Sekten, Clubs und Bünde

Als «Antwort und Reaktion» auf die Furcht vieler Menschen vor den Gefahren «sogenannter Sekten» sah sich der Deutsche Bundestag zur Einrichtung der Enquete-Kommission «Sogenannte Sekten und Psychogruppen» veranlasst. Wie schwierig die Einschätzung diverser Gruppen ist, zeigt sich schon im Vorwort des Endberichts, der Bundestagsdrucksache 13/10950 vom 9. Juni 1998: «Seit dem Ende der 60er Jahre erlebt unsere Gesellschaft tiefgreifende Veränderungen. Ehemals klare Vorgaben in Lebensführung, Werthaltung und Sinnstiftung werden zunehmend unverbindlicher. Neue Formen der Lebens- und Sinngestaltung entwickeln sich und konkurrieren miteinander. Gleichzeitig werden dem Einzelnen hohe Leistungskraft sowie ein großes Maß an Flexibilität, Mobilität und Entscheidungsbereitschaft abverlangt. Dies führt zu starken Verunsicherungen. Als eine Antwort und Reaktion auf diese Entwicklung ist in den letzten 20 Jahren eine mittlerweile unüberschaubare Vielzahl von neuen religiösen und ideologischen Gemeinschaften und Psychogruppen entstanden. Ein Teil von ihnen bietet alternative Lebenswelten, in denen Zuwendung, Gemeinschaft, Orientierung gesucht wird, auch

‹Zuflucht› vor den Anforderungen der Gesellschaft oder Möglichkeiten religiöser Hingabe oder Sinnstiftung. Ein anderer Teil dagegen verheißt die ‹ideale Anpassung› an die Herausforderungen der Moderne durch das Versprechen einer unrealistischen Steigerung und Stärkung individueller Leistungskraft. Viele Bürgerinnen und Bürger in der Bundesrepublik Deutschland beobachten diese Entwicklung mit zum Teil großer Besorgnis.» Auch das Bundesverfassungsgericht beruft sich in einem Urteil zum Begriff «Sekte» vom 26. Juni 2002 auf den Endbericht der Kommission.

Der ursprünglich wertneutrale Begriff verbindet sich heute mit negativen Vorstellungen einer möglichen Gefährdung von Menschen und Gesellschaften. Als wichtige Merkmale einer Sekte gelten:

- Beschneidung von (Meinungs- und Bewegungs-)Freiheiten des Individuums
- Gehirnwäsche
- bedingungsloser Gehorsam
- Personenkult um den Anführer
- wirtschaftliche Ausbeutung des Einzelnen
- hohes Konfliktpotenzial zwischen abhängigem Mitglied und seinen Angehörigen
- fast unüberwindliche Hürden bei einem gewollten Ausstieg

Zuweilen kommen noch die Vorwürfe unkontrollierter Macht des Führungspersonals und sexueller Missbrauch hinzu.

Diese mutmaßlichen oder tatsächlichen Erkennungszeichen unterscheiden Sekten deutlich von Religionen wie dem Katholizismus (sehen wir einmal vom Personenkult um den Papst ab), von Geheimbünden wie Freimaurern und Rosenkreuzern oder Serviceclubs wie Rotary, Lions und Zonta. Mitglieder dieser Gruppierungen können jederzeit aus den Gemeinschaften wieder austreten, keiner zwingt sie zu Spenden, die Präsidenten werden gewählt und wechseln jährlich, jedes Mitglied kann wohnen, wo es will, und arbeiten, was es will, und religiös gebunden sein, wie es will. Die Ehepartner sind gerne gesehen, und die Familien werden zu vielen Veranstaltungen eingeladen.

Gibt es denn einen Unterschied zwischen Freimaurern und Rotary zum Beispiel? Ja, auch der ist deutlich: Anders als die Freimaurer nimmt Rotary inzwischen gleichberechtigt Frauen als Mitglieder auf. Im Hamburger Überseeclub finden sich donnerstags um 13 Uhr auch Rotarier*innen* ein: Chefärztin, Senatorin, Gerichtspräsidentin und die Bischöfin (und auch die Autorin). Es geht nicht um obskure Einweihungsrituale im Tempel bei Kerzenschein. Am rauen Stein, an sich selbst, soll nicht gearbeitet werden, auf keine Meinung wird eingeschworen, und zur Geheimhaltung wird man auch nicht verpflichtet. Im Gegenteil, mit Hilfsaktionen wie die weltweite Ausrottung von Polio geht man gern in die Öffentlichkeit. Und zum Gelingen der Hilfsprojekte in der näheren Umgebung tragen die bewusst unterschiedlichen Berufe der Mitglieder und damit ihre Verbindungen und ihr besonderes Fachwissen bei. Jeder bringt seine individuellen Voraussetzungen und Möglichkeiten ein. Jede Berufssparte soll im Club nur einmal vertreten sein. Der freundschaftliche Austausch, das Zuhören, das Lernen vom anderen sind Hauptziele und Motivation zur Mitgliedschaft bei Rotary. Im Gegensatz zu Sekten oder Geheimbünden wird der Unterschied in Gedanken und Glauben, Ideen und Einstellungen, Anschauungen und Ansichten gerade gewollt. Dass bisweilen auch berufliche Verbindungen geknüpft werden, daran ist nichts geheim, das geschieht in jedem Golf- oder Ruderclub. Deswegen sind es noch lange keine Geheimbünde.

Doch das Spiel damit lockt. Und zuweilen stellen sich Geheimbünde wie die von Dan Brown beschriebene Prieuré de Sion nur als Produkt einer Verschwörungstheorie heraus, die uns die Existenz dieser angeblich tausend Jahre alten geheimen Gesellschaft «verkaufen» will (s. S. 95): «Die Prieuré de Sion, der Orden der Bruderschaft von Sion, wurde im Jahr 1099 gegründet und ist eine Geheimgesellschaft, die bis heute existiert.» (Dan Brown, «Sakrileg»)

Ich bastele mir eine Verschwörungstheorie

Wie bastelt man sich eine Verschwörungstheorie? Das ist nicht schwer. Man nehme ein paar bekannte historische Gestalten, die es nachweisbar gab, zum Beispiel Leonardo da Vinci (Freimaurer) oder Isaac Newton (der Freimaurer und vermutlich Rosenkreuzer war, aber kein Mitglied der Prieuré de Sion, genauso wenig wie da Vinci, weil es diese «Geheimgesellschaft» schlichtweg nie gab). Angeblich jahrhundertealte Dokumente werden «durch Zufall» gefunden, hier in der Pariser Nationalbibliothek unter der Bezeichnung «Dossiers Secrets», die eine Mitgliederliste erlauchter, berühmter Namen enthalten. Wer kann beurteilen, ob sie gefälscht ist, wer will und kann das nachrecherchieren? Dazu gebe man eine gehörige Prise an kleinen, profanen, nachprüfbaren Tatsachen (ein Pfarrer kommt plötzlich zu Reichtum, es gibt auffällig viele Marienbilder im Dorf), reiße Zitate anerkannter Zeitgenossen aus dem Zusammenhang, mische Wahrheit, Halbwahrheiten und Phantasie, sammele Indizien, die passen könnten, verbinde sie zu einer logisch scheinenden Kette und – wie im Fall der Prieuré – würze das Ganze endlich mit dem großen Geheimnis: Jesu Nachfahren leben. Dieses Wissen muss geschützt werden, durch einen Geheimbund selbstverständlich.

Denken Sie sich eine Verschwörungstheorie aus, sammeln Sie Hinweise, die sich einfügen lassen, stellen Sie sie ins Netz. Sie werden sich wundern, wie viele Anhänger Sie bald in den einschlägigen Foren haben, wie das Beispiel «Apollo 18» zeigt.

Das Faszinosum dieser geheimen Gesellschaften, wie es sich auch in den Millionenauflagen des amerikanischen Erfolgsautors Dan Brown zeigt, ist ungebrochen. Alles Verborgene, Ungeklärte, Zweifelhafte zieht magisch an. Es entspricht dem menschlichen Wesen, «dazugehören» zu wollen, zu der Elite der «Wissenden». Wir spüren, es muss mehr geben, als unsere Schulweisheit uns lehrt, wir ahnen, dass jenseits von Logik und Vernunft Unbekanntes, Diffuses, Rätselhaftes zwischen Erde und Himmel lauert. Fantasy und

Mystery haben Hochkonjunktur. Auch die Aliens boomen. Zahllose Filme, Computerspiele und Serien wie «Stargate» begeistern und fesseln ein Millionenpublikum weltweit, verbinden uns mit außerirdischen Lebensformen, deren Spuren wir angeblich auf unserer Erde finden. Im Fokus stehen die ägyptischen Pyramiden, gern auch in Verbindung mit ägyptischen Mysterien wie dem Isis-Kult. Denn Geheimbünde sind keine Erfindung der Neuzeit. So scheint es ob dieser Massenbeschallung nicht verwunderlich, dass aktuell in unseren Großstädten geheime Isis-Zirkel entstehen – in Rom, in Köln, in Berlin.

Metamorphosen

Der Kitzel reizt, nach verschwiegenen Initiationsriten in einen konspirativen Bund aufgenommen zu werden, vereinigt durch das Gelübde des Schweigens und des Gehorsams. Auch in der Antike gab es geheime Gesellschaften, die im Verborgenen ihre Rituale feierten und Weihungen vollzogen. Die Riten sind immer geheim, eben ein Mysterium. Der Myste erfährt durch die Einweihung eine Hilfe zur Selbstverwandlung, zur Umwandlung des Ichs in ein besseres, letztlich immer vollkommeneres Wesen. Nicht zufällig sprechen Mozarts «Zauberflöte» und die amerikanische Erklärung der Menschenrechte vom «Menschenglück» (the pursuit of happiness). Beide sind mit freimaurerischem Hintergrund verfasst. Nur die Mysteriengemeinschaft verfügt über Mittel und Wege zum Heil im Jetzt, zur Erlösung auch nach dem Tod und zum Weg der Wahrheit. Nur der Eingeweihte kann dieses Heils teilhaftig werden. In der Bewahrung uralten geheimen Wissens spielen vertrauliche Passwörter und Parolen, rätselhafte Formeln und Klopfzeichen, verstohlene Signale und dem Außenstehenden unerklärliche Gesten, Symbole und dunkle Andeutungen eine Rolle, «die in den Logen umso sorgfältiger überliefert und beachtet werden, als niemand ihre eigentliche Bedeutung kennt» (Jan Assmann). Damals wie heute.

Archäologisch belegt und schon bei Homer erwähnt sind die Mysterien im Heiligtum von Eleusis (nahe Athen) ab dem 8. Jahrhundert v. Chr. Sie werden bei der Gründung der Illuminaten eine wichtige Rolle spielen. Bei Todesstrafe war es verboten, die Opferhandlungen zu Ehren der Göttinnen Demeter und ihrer Tochter Persephone und die Initiationsriten zu verraten. Die Zeremonien, denen sich der Einzelne unterziehen musste, um Eintritt in die Kultgemeinschaft zu erlangen, unterlagen einem strikten Schweigegebot. Die Kenntnis der Geheimnisse verbindet die Geweihten und schmiedet den Bund zusammen, so wie heute die Freimaurer (s. S. 129), die Mitglieder von Skull and Bones (s. S. 33) und schon in der Antike die Mithras-Anhänger (s. S. 267). Deren Kult galt einst als Konkurrent des ähnlich ausgerichteten und etwa zeitgleich entstandenen Christenkults. Auch zu dessen Ritualen wie Taufe und Abendmahl wurden ursprünglich nur Eingeweihte zugelassen.

Der antike Mensch konnte sich in mehreren Mysterien einweihen lassen. Nur das Christentum duldete keinen anderen Gott und bestand auf seinem Alleinstellungsmerkmal – vielleicht ein Grund für seinen Siegeszug über zwei Jahrtausende. Mit seinem Triumph über die «Heiden» im 4. Jahrhundert wurden die tausend Jahre bestehenden antiken Mysterienkulte durch Verfolgung und Zerstörung ihrer Tempel beendet.

Wie der Mithras-Kult ist auch der ursprünglich ägyptische Isis-Kult bis ins 4. Jahrhundert im heutigen Deutschland nachweisbar. Das ägyptische Götterpaar Isis und Osiris gelangte hellenisiert im Imperium Romanum zu großer Verehrung, in Pompeji wurde der Isis-Kult gar zum Stadtkult.

Die Mysterien der Isis

Der Kult der «Göttin der 1000 Namen» gehörte zusammen mit dem Mithras-Kult zu den einflussreichsten Mysterienkulten im römischen Imperium. Von der Themse (London) bis zum Nil (Philae) stieß man auf ihre Heiligtümer. Auch in Köln und in Mainz – hier beim Bau der Einkaufsgalerie «Römerpassage», die Überreste sind im Untergeschoss zu besichtigen – wurden Isis-Tempel ausgegraben. In Pompeji hat sich ihr großes Heiligtum aus der Zeit vor dem Ausbruch des Vesuvs 79 n. Chr. beinahe unbeschädigt erhalten. Mozart besuchte es vierzehnjährig mit seinem Vater und soll hier die ersten Anregungen zu seiner «Zauberflöte» bekommen haben. In Herculaneum sah er die wunderbaren Wandmalereien mit den Darstellungen der Isis-Mysterien, denen wir in der «Zauberflöte» begegnen, das Ritual der Einweihung, den «Weg von der Täuschung zur Erkenntnis, von der Illusion zur Klarsicht, vom Aberglauben zur Wahrheit» (Jan Assmann).

Ihren Beinamen erhielt Isis, weil sie alle Eigenschaften von mütterlichen Gottheiten vereinigte: Herrin des Lebens, Königin und Helferin der Toten, warmherzige Retterin, zärtliche Mutter und innig Liebende. Die volkstümliche Universalgöttin, an die sich vor allem Frauen und weniger Begüterte wandten, gab auch durch Zauberei und Magie göttlich-mütterlichen Schutz. Anders als die fernen, abstrakten römischen Götter verkörperte sie die schützende Muttergöttin, die auch über den Tod hinaus den Menschen nicht allein lässt. Isis sprach nicht kalten Verstand und sachlichen Intellekt an, sondern bediente mit spirituellem, orientalischem Zauber Emotionen, Sinne und die Seelenbedürfnisse der Menschen.

Die heimlichen, nächtlichen Zusammenkünfte, die exotische Sinnlichkeit, die Prozessionen mit Musik und Tanz und erregenden Düften brachten dem Kult den Vorwurf der Unmoral und Sittenverderbnis ein und führten nicht selten zu einem Skandal bei den entzückten, hingebungsvollen Damen der höheren Schichten. Auch die römischen Hetären outeten sich als Isis-Dienerinnen. So wurde er

Die ägyptische Isis, Schwester und Gemahlin des Osiris, Mutter des Horus. Den Ägyptern galt sie als Göttin der Liebe und als Zauberin. Im römischen Imperium etabliert sich der Isis-Kult unter Kaiser Caligula.

bald als Halbweltkult verschrien. Doch Plutarch nannte die Allgöttin Isis die Wissende, die nach Wahrheit und Erkenntnis sucht. Sie stand für die Weisheit des Orients statt griechisch-römischer, kühler Ratio. Sie war für alle da, nahm alle Menschen an ihre mütterliche Brust, versprach Wärme, Nahrung und Geborgenheit. Die Darstellung der Göttin mit dem auf ihrem Schoß sitzenden Horuskind war besonders beliebt. Den Christen fehlte eine solche Muttergottheit, fehlte das Weibliche in ihrer Religion. Dieses Vakuum füllte man auf dem Konzil von Ephesos 431 n. Chr. mit der «Gottesgebärerin», der Muttergottes und Jungfrau Maria. Nach dem Sieg des Christentums verschmolz Isis mit Maria. Auch die Darstellung der Isis lactans mit dem Kind auf dem Schoß wurde übernommen. Die Berliner Althistorikerin Ines Eisenbruch stellt fest: «Ein archetypisches, ägyptisches Bild wird zur berühmtesten Darstellung der Maria mit dem Jesuskind auf dem Arm.»

Wie einst der ägyptischen Göttin werden heute Maria Kummer und Sorgen anvertraut und wird ihr für Hilfe und Errettung gedankt, wie es tausendfach auf den Gnadentäfelchen in den katholischen Schutz- und Fürbitte-Kapellen zu lesen ist.

So ist es nicht verwunderlich, dass die heutigen Isis-Gemeinden überwiegend von Frauen gegründet werden, die ihre Altäre mit ägyptischen und antiken Devotionalien schmücken und die Göttin Isis in überlieferten Ritualen und Texten anbeten. Mit offener Häme wird in den einschlägigen Netzwerken darüber diskutiert, dass in Rom ganz in der Nähe des einst zerstörten Isis-Tempels im Geheimen ein neues Iseum gegründet wurde. Seit den 70er Jahren gibt es eine internationale Gemeinschaft zur Verehrung der Isis – «Fellowship of Isis» – mit mehreren Iseen in Deutschland. Schon wieder ein Geheimbund?

Der überdimensionierte Fuß ist das einzige sichtbare Überbleibsel des antiken Isis-Heiligtums in Rom.

Die Wirklichkeit einer Parallelwelt

Nicht nur im Netz wähnt man sich in einer Parallelwelt. Sie sind mitten unter uns, die Freimaurer, Rosenkreuzer oder Mitglieder anderer geheimer Gesellschaften – als unsere Nachbarn, Arbeitskollegen und Freunde. Wir ahnen es in den meisten Fällen nicht. Nur mit dessen

Einwilligung darf ein Mitglied seinen Bruder outen. Verschlüsselte Erkennungszeichen, Codes und Symbole umgeben uns tatsächlich, die Nichteingeweihten verstehen sie nur nicht. Was man nicht kennt, lehnt man ab, es macht Angst – oder man will dazugehören, zu der vermeintlichen Elite der Auserwählten, Wissenden. Massenkompatible Filme und Bücher berichten von geheimen Orden, Orten und Kulten und von Bünden, die angeblich fortleben, wie die Templer. Da wabert erschreckend Unaufgeklärtes in den einschlägigen Foren. Nicht nur ein gestörter norwegischer Massenmörder wähnt sich als Tempelritter.

Die folgenden Seiten sollen helfen, etwas Licht in die brodelnde Gerüchteküche zu bringen. Welche geheimen Gesellschaften gibt es tatsächlich? Welches sind die Hintergründe, was passiert bei den Zusammenkünften, wer ist Mitglied? Welche Rolle spielen Esoterik und Magie? Gibt es Strafen bei Ungehorsam? Warum hieß die Presseabteilung der Freimaurer bis vor kurzem «Amt für Abwehr»? Warum rief Helmut Schmidt die Freimaurer dazu auf, sich der Allgemeinheit zu öffnen? Was ist dran an den Verschwörungstheorien zur Weltbeherrschung? Wie gefährlich sind sie, die geheimen Machenschaften der Bünde, die angeblich im Verborgenen Verbot und Ausrottung überlebt haben? Was hat es auf sich mit Initiationsriten, Tempel, Auge, Pyramide und dem Ein-Dollar-Schein? Gibt es «gute» und «böse» Geheimbünde? Was ist wirklich – und was ist Phantasie und Fiction?

Manche Verschwörungen können wir historisch belegen wie die Ermordung Caesars. Wir kennen die Namen der Verschwörer. Schwieriger wird es bei dem überzeugten Freimaurer Mozart. Der wurde vermeintlich ermordet, weil er in seiner Oper «Die Zauberflöte» Aufnahmerituale verrät. Und war die «Schwarze Hand», der serbische Geheimbund, der in Sarajevo den Ersten Weltkrieg auslöste, tatsächlich eine Freimaurerloge? Auch bei der besonders beliebten Verschwörungstheorie der angeblichen Vergiftung von Papst Johannes Paul I., der plötzlich 1978 nach einem Pontifikat von nur 33 Tagen starb, gibt es Gerüchte. Vatikan und Familie lehnen eine Obduktion ab. Gemunkelt wird, er habe die korrupten Machenschaften der Vatikanbank aufdecken wollen und deren Verbindung zu der inzwischen aus der Freimaurerei offiziell ausgeschlossenen Loge Propaganda Due (s. S. 77), zu deren Mitgliedern auch Silvio Berlusconi gehört. Die Loge P2 und ihre mutmaßlichen Nachfolgeorganisationen P3 und P4 verbinden die geheimnisumwitterten Organisationen, denen man – nicht nur in Italien – gerne alles anhängt: Vatikan, Mafia, korrupte Politiker und die CIA, der man auch die Ermordung Kennedys und den Anschlag auf das World Trade Center zutraut.

Ein deutliches Beispiel, wie gefährlich eine Verschwörungstheorie sein kann, die bewusst von einer Gruppe in die Welt gesetzt wird, sind neben der Dolchstoßlegende nach dem Ersten Weltkrieg, die zum Aufstieg Hitlers beitrug, die «Protokolle der Weisen von Zion» (s. S. 352). Das Anfang des 20. Jahrhunderts verfasste antisemitische Pamphlet hat bis heute eine unerträgliche Wirkung: Obwohl die Fälschung längst nachgewiesen wurde, glauben noch immer Antisemiten und Anhänger von Verschwörungstheorien in der ganzen Welt an seine Authentizität. Insbesondere in den arabischen Staaten kursieren sie auch im Internet. Die Palästinenser-Organisation Hamas benutzt in ihrer Charta die Protokolle der angeblichen zionistischen Geheimversammlung als Begründung für ihre terroristischen Ziele.

Gehorsam dem Guten Hirten

Was macht Geheimbünde für den Einzelnen so anziehend? Eine Auswahl: Die Attraktivität eines exklusiven Clubs. Das Gefühl, zu einem Bund von Auserwählten zu gehören, zu einer Elite der Wissenden, die zu höheren Erkenntnissphären gelangen. Erkenntnis und Trost auch im ganz persönlichen, täglichen Leben. Die geschickte

Vermittlung des Gefühls, etwas ganz Besonderes zu sein. Das Geheimnis der sehr emotionalen Einweihungsriten zu erleben – und es im Schweigegelöbnis zu bewahren. Die Furcht vor Ächtung und Strafen, die zugleich eine Faszination ausübt. Eine klare Hierarchie, die bedingungslosen Gehorsam verlangt. Man ist in einer Gemeinschaft Gleichgesinnter aufgehoben, zusammengeschmiedet durch geheimes Wissen. Man ist nie mehr allein. In Zeiten von Verunsicherung und Wandel findet der Einzelne Geborgenheit, Zuwendung, Sicherheit, Schutz.

Es ist bezeichnend, dass geheime Gesellschaften und Verschwörungen vor allem in Zeiten des Umbruchs gedeihen können. Vor und nach dem Ersten Weltkrieg zum Beispiel oder im 18. Jahrhundert, die Zeit der Blüte von Freimaurern, Rosenkreuzern und Illuminaten, die auch die Französische Revolution angezettelt haben sollen. Traditionelle gesellschaftliche und religiöse Vorstellungen und Formen lösten sich auf. Das bisher gültige Weltbild war durch die Aufklärung ins Wanken geraten. Etwas Neues musste das Vakuum füllen. Der Vergleich mit der zu groß und für den Einzelnen zu unübersichtlich gewordenen Welt des späteren römischen Kaiserreichs und seinen florierenden Mysterienkulten bietet sich an. Und der Bogen wird auch zum Heute in Zeiten der Globalisierung mit seinen sich ändernden Strukturen, Idealen und Ideologien gezogen. Die Suche nach wirtschaftlicher, (welt)politischer und privater Sicherheit und nach persönlichem Glück, die Staat und Kirche vielen nicht mehr vermitteln können, führt zunehmend ins Esoterische, Spirituelle und in die schützenden Arme von verschwiegenen Gemeinschaften.

Ja, es gibt «gute» und «böse» geheime Gesellschaften. Grund genug, genau hinzuschauen.

Fact und Fiction

Und die Menschheit vor der Menschheit? Gab es die? Oder hat sich da jemand eine Verschwörungstheorie gebastelt? Mit unseren heutigen wissenschaftlichen Möglichkeiten können wir keine Beweise liefern – weder für noch gegen die Behauptung. Das ist der Boden, auf dem Verschwörungstheorien gedeihen.

Doch so unwahrscheinlich es klingt: Unsere jetzige Menschheit ist dem Aussterben tatsächlich schon mehrmals knapp entgangen. Vor rund 70 000 Jahren war sie fast ausgelöscht. Die National Geographic Society hat vor wenigen Jahren eine israelisch-amerikanische Studie mitfinanziert, die in der US-Zeitschrift «American Journal of Human Genetics» veröffentlicht wurde und weltweit Aufsehen erregte. Die Forscher können eines der dramatischsten, aber bisher weitgehend unbekannten Kapitel unserer Geschichte nachweisen: Bis auf geschätzte maximal 2000 (!) Individuen, die verstreut in winzigen Gruppen zusammenlebten, war die Menschheit aufgrund extremer Klimabedingungen fast ausgestorben. «Spiegel online» am 19. November 2012: «Für die Verbliebenen hing das Überleben von Zufällen ab: Eine Seuche, eine Hungersnot, ein Unwetter – und auch die letzten Menschen wären gestorben.» Es war nicht das erste Mal, dass die Menschheit an der Klippe stand. Wie Genetiker der Universität von Utah jetzt herausfanden, entgingen auch die Frühmenschen vor einer Million Jahren nur knapp dem Aussterben.

So leicht lässt sich also die Theorie «Menschheit vor der Menschheit», die auf den ersten Blick als totale Spinnerei erscheint, nicht abtun. Spencer Wells von der National Geographic Society: In der DNA der Menschen stehe ein «wahres Heldendrama» geschrieben.

Manche dieser Dramen zeigen sich auch in Geschichte und Wirken von Geheimbünden, konspirativen Gemeinschaften und den Erfolgen von nicht auszurottenden Verschwörungstheorien. Die folgenden Seiten sollen auf die Spur dieser dunklen Legenden und diversen Wahrheiten führen. Denn: Wer hat das einzig wahre Wissen?

KAPITEL 1

Skull and Bones
Geheimorden amerikanischer Macht

Es ist der Abend eines Apriltages im Jahr 1964. Lange nach Sonnenuntergang hallen durch den Korridor eines Studentenwohnheims die Schritte von vier jungen Männern. Ihre Aufgaben sind klar verteilt. Zwei sind die «Schüttler», also die Männer fürs Grobe. Einer ist der «Wachposten». Und es gibt den «Sprecher». Der hat das Sagen. Zunächst wird der Toilettentrakt überprüft. Keiner drin? Gut. Der Wachposten sorgt dafür, dass dies so bleibt. Vor der Tür eines Studenten – nennen wir ihn George W. Bush – stoppt der Rest des Trupps. Einer der Schüttler klopft heftig gegen die Tür. Sie öffnet sich. Der Sprecher tritt vor und spricht: «Neophyt Bush?» Bush nickt und wird ein wenig blass. Das Wort «Neophyt», also «Neuaufgenommener», signalisiert ihm, dass es ernst wird. Nun beginnt der unschöne Teil jenes berüchtigten Spiels, das sich stets im Frühjahr am Studienort des zukünftigen US-Präsidenten wiederholt. Alles geht jetzt sehr schnell. Bush wird von den «Schüttlern» gepackt und über den Flur in die Toilette gezerrt. Er muss sich mit dem Gesicht zur Wand stellen. Die Tür wird geschlossen. Der Sprecher steht nun unmittelbar hinter ihm und zischt: «Tritt morgen Abend zur vereinbarten Zeit unten aus dem Harkness Tower und geh auf der High Street nach Süden. Du darfst weder Metall noch Schwefel, noch Glas am Körper tragen. Durchschreite die Heiligen Säulen des Herkules und nähere dich dem Tempel. Nimm das rechte Buch in deine linke Hand und klopfe drei Mal ans heilige Tor. Behalte gut, was du hier gehört hast, aber schweige still.» Dem Neophyt Bush wird ein weißes Päckchen

Die Eliteuniversität Yale um 1901. Bis heute gibt es hier gleich mehrere Studentengeheimbünde, doch keiner ist so rätselhaft wie Skull and Bones.

vor die Füße geworfen. Der Trupp marschiert in Zweierreihe davon und lässt in der Toilette einen reichlich mitgenommenen Studenten zurück.

George W. Bush weiß, dass sein Leben ab jetzt anders verläuft. Bald schon wird er Mitglied eines Bundes sein, der ebenso legendär wie verrufen ist. Wenn er das Spiel mitspielt, wird er zur Führungselite Amerikas gehören – mit besten Verbindungen in Politik und Wirtschaft, so wie sein Vater schon. Denn was er gerade erlebt hat, ist Teil des Aufnahmerituals des sagenumwobenen Studentenbundes Skull and Bones. Bush wird ein «Bonesman», ein «Knochenmann». Dem Totenschädel mit den gekreuzten Beinknochen, dem Symbol von Skull and Bones, wird er ein Leben lang huldigen. Er wird nach seiner Studienzeit auf den Ehemaligen-Treffen des Geheimbundes auf Augenhöhe mit Konzernchefs, Ministern, Senatoren und CIA-Mächtigen stehen.

Zugegeben: Man weiß nicht genau, ob der spätere US-Präsident George W. Bush exakt dieses Aufnahmeritual durchleben muss. Denn Geheimhaltung ist oberste Pflicht aller Mitglieder von Skull and Bones. Aber man weiß: 1968 wird George W. Bush an der Eliteuniversität Yale in den Geheimbund aufgenommen, so wie schon sein Vater, sein Großvater und einer seiner Onkel vor ihm. Die Universität Yale in New Haven an der amerikanischen Ostküste hat den Ruf, eine der renommiertesten Hochschulen der Welt zu sein. Und die Crème de la Crème der Studenten repräsentiert Skull and Bones, den berühmtesten und exklusivsten unter den geheimen Universitätsclubs Yales.

Als Skull and Bones im Jahr 1832 gegründet wird, legt Yale neben der Wissensvermittlung ein besonderes Augenmerk darauf, den Studenten beizubringen, wie man sich nach oben kämpft und oben bleibt. Der Konkurrenzdruck in der Studentenschaft ist enorm hoch. Was auf jeden Fall heute wie damals gilt: Wer in Yale seinen Abschluss macht, dem stehen die Türen der Wall Street, der großen Kanzleien, Konzerne und Regierungsbehörden weit offen. Und es heißt, wer zudem auch einem der geheimen Studentenbünde von

> *«Wer sie auch sind, woher sie auch kommen,*
> *Wohin sie sich auch begeben,*
> *Ihr Abzeichen zeigt, sie sind der Welt feind*
> *Und spotten dem ehrlichen Leben.*
>
> *Oh sei dir, geliebtes Yale,*
> *Des Totenkopfs bewusst.*
> *Und meide wie einen treulosen Freund*
> *Die Schlange an deiner Brust.»*
>
> ANONYM, THE ICONOCLAST, 13. OKTOBER 1873 (ALEXANDRA ROBBINS, «BRUDERSCHAFT DES TODES»)

Yale angehört, dem öffnen sie sich sogar noch ein wenig weiter.

Skull and Bones ist der älteste von mehreren Geheimbünden, die es in Yale gibt. Weder Scroll and Key noch Wolf's Head oder eine der anderen Verbindungen kann es mit Skull and Bones aufnehmen. Das Versammlungshaus gleicht einer Festung. Wenn die anderen die Atmosphäre ihrer Clubs als intellektuell anregend preisen, um die Gunst der Besten zu gewinnen, verweist Skull and Bones primitiv-arrogant und hemmungslos elitär darauf, dass die Mitglieder nicht nur die Geschichte der Universität, sondern auch der USA, ja sogar der Welt geprägt haben. Nächstenliebe und Gemeinwohl sind nicht die Sache von Skull and Bones. Dennoch – oder gerade deswegen? – gewinnt der Geheimbund immer wieder die besten Studenten für sich.

Verschwörungstheoretiker glauben zu wissen, was dies für Folgen hat: Die Mitglieder des Geheimbundes weben seit 180 Jahren ungestört an einem Netz, das die gesamten USA überzieht und sie zu einem willenlosen Instrument ihrer Interessen macht. Ziel von Skull and Bones ist es, die vielzitierte Neue Weltordnung durch die militärische und wirtschaftliche Überlegenheit der USA zu sichern. Denn die ermöglicht es seinen Mitgliedern, sich schamlos zu bereichern und grenzenlose Macht zu erlangen.

Tatsächlich kann wohl kein anderer Studentenbund der Welt auf dermaßen reiche und mächtige Mitglieder verweisen wie Skull and Bones. Der Bund umfasst ca. 800 Männer – und neuerdings auch Frauen. Es sind ausschließlich Studenten im letzten Jahr ihres Studiums. Nur die 15 besten erhalten Zutritt und dürfen sich «Ritter» nennen. Ihre Qualität misst sich zu einem guten Teil daran, ob sie dem Ostküsten-Adel angehören, den alten und oft sehr reichen Dynastien mit puritanisch-englischen Wurzeln: den Bundys, Rockefellers, Bushs, Harrimans, Tafts oder Whitneys, um einige zu nennen. Die Auserwählten werden intern nach ihrer Studienzeit als «Patriarchen» bezeichnet und besetzen nach Ansicht von Verschwörungstheoretikern zwecks systematischer Unterwanderung der Vereinigten Staaten Schlüsselpositionen in Staat, Wirtschaft und Gesellschaft. Die Führung der Supermacht USA ist demnach nichts anderes als eine verkappte Geheimregierung von Skull and Bones.

Alles, aber auch wirklich alles, was die Mitglieder über Skull and Bones erfahren, unterliegt strengster Geheimhaltung. Und das hat schon allein in Bezug auf die Räume des Clubhauses, «Tomb» (Gruft) genannt, seinen guten Grund. Darin wimmelt es angeblich von Skeletten und Särgen. Man bedient sich der Räumlichkeiten des

Das düstere Skull-and-Bones-«Vereinsheim» in Yale, 64 High Street, genannt «Tomb», die Gruft

Clubgebäudes nicht nur für luxuriöse Abendessen, sondern auch für das Initiationsritual. Es heißt, es umfasst Masturbation, nackt im Sarg liegen und einen Ringkampf der Neulinge im Schlamm. Danach erhält jeder von ihnen 15 000 Dollar. Bis vor wenigen Jahrzehnten gehörte bizarrerweise auch eine Standuhr zu den Willkommensgeschenken. Darüber hinaus darf der Aufgenommene nun die Dienste der angeblich früher im Clubhaus untergebrachten Prostituierten in Anspruch nehmen. Und natürlich gehört es zum guten Ton, die Bruderschaft herbeizurufen, wenn der Bund der Ehe geschlossen wird. Die Knochenmänner vollziehen dann ein Skull-and-Bones-Ritual, das den Eheleuten wohl verdeutlichen soll, dass die Loyalität des Bonesman im Zweifelsfall dem Geheimbund zu gelten hat – und nicht dem Ehepartner. Dabei stellen sich Altmitglieder von Skull and Bones Arm in Arm im Kreis um die Frischvermählten auf und singen ihnen ein Lied.

Welche von diesen Geschichten ist wahr und welche nur Legende? Es stimmt, dass eine Standuhr lange Zeit ein Standardgeschenk für neue Mitglieder war. Außerdem wird mitunter von einem hohen Handgeld berichtet. Und sicherlich sind die Aufnahmerituale bizarr – wenngleich es für sexuelle Handlungen nicht den Hauch eines Beweises gibt. Die Geschichte von Skull and Bones sei nicht nur die Geschichte eines bemerkenswerten Geheimbundes, schreibt die amerikanische Journalistin Alexandra Robbins, sondern sie sei auch die Geschichte eines bemerkenswerten Bündels von Geheimnissen.

Darüber hinaus zeigt die Geschichte von Skull and Bones aber auch, wie mächtig ein Geheimbund und dessen Mitglieder binnen relativ kurzer Zeit werden können. Und dies sogar ohne ausgeklügelte Hierarchie und tiefgründige Ritualwelten, sondern allein aufgrund der Zugehörigkeit zu einem gemeinsamen Netzwerk.

Die Wurzeln: Deutschland, Deutschland über alles

Vielleicht wäre alles ganz anders gekommen, wenn William Huntington Russell, Spross einer durch Opium-Schmuggel nach China reich gewordenen Ostküsten-Familie, sich nicht 1831 an Bord eines Seglers begeben hätte, um im guten alten Europa ein paar Auslandssemester zu verbringen. Man weiß leider nicht, welche Universität er sich aussucht, nur, dass sie in Deutschland liegt. Dort steht die studentische Szene noch ganz unter dem Eindruck der 1830 ausgebrochenen sozialen Unruhen in einigen Mitgliedsstaaten des Deutschen Bundes. Auch die Juli-Revolution in Frankreich im gleichen Jahr hallt noch nach. Konservative und liberale Kräfte ringen um die politische Vorherrschaft. Noch haben die restaurativen Kräfte des Adels die Oberhand. Doch das Bürgertum kämpft hartnäckig um mehr Rechte. Die Karlsbader Beschlüsse von 1819 haben zwar die studentischen Burschenschaften wegen ihrer nationalen Umtriebe verboten. Aber sie existieren im Untergrund oder kaschiert als Landsmannschaften weiter.

Man kann nur darüber spekulieren, wie intensiv Russell sich mit dieser studentischen Subkultur beschäftigt. Aber als er in die USA heimkehrt, mag er sich an sie erinnern. Zurück in Yale ist Russell entsetzt über den politischen Druck, dem nun auch die amerikanischen Studentenbünde ausgesetzt sind, ausgelöst durch eine Anti-Freimaurer-Hysterie, die zu jener Zeit in den USA die innenpolitische Debatte beherrscht. Sie erweist sich für die harmlosen studentischen Zirkel in Yale als verheerend. Codes und Geheimwörter müssen herausgegeben werden. Die Bünde lösen sich auf.

Zusammen mit 14 anderen Studenten organisiert Russell aus Protest gegen diese Entwicklung den Bund Skull and Bones, der dem frömmelnden amerikanischen Zeitgeist trotzt und sich in einer Art «Jetzt erst recht»-Manier im Laufe der Jahre ein vor Geheimnistuerei und Düsternis nur so strotzendes Negativ-Image zulegt. Sie fühlen sich als Elite der Elite. Bis heute titulieren Bonesmen Nichtmitglieder abschätzig als «Barbaren».

Von Anfang an kennzeichnet totale Geheimhaltung Skull and Bones. Es ist noch nicht lange her, da gehörte es für Bonesmen zum guten Ton, den Raum zu verlassen, wenn der Name ihres Bundes ausgesprochen wurde. Neben den gekreuzten Knochen unter dem Totenkopf wird die Zahl 322 das immer wiederkehrende Symbol des Bundes. Niemand weiß genau, was dahintersteckt. Eine Theorie strickt die Legende, Skull and Bones sei ein Ableger des legendären Geheimbundes der Illuminaten, der sich 1776 in Bayern gründet. Denn jeder Bonesman trägt wie die Illuminaten einen Geheimnamen. Skull and Bones verfügt zudem wie der Geheimbund aus Bayern über eine eigene Zeitrechnung (Jahreszahl plus 322; Tageszeit plus fünf Minuten). Der Illuminaten-Theorie folgend, hat auch die Zahl 322 einen Bezug zum bayerischen Geheimbund. Demnach verweist sie auf den eigentlichen Gründer von Skull and Bones, den Illuminaten Adam Weishaupt, der am 322. Tag des Jahres 1830 stirbt.

Das Wappen des geheimen Studentenbundes. Die Bedeutung der Zahl 322 ist ungeklärt.

Tatsächlich aber existieren die Illuminaten schon seit über 40 Jahren nicht mehr, als Russell in Deutschland studiert. Der Geheimbund ist zu jener Zeit so gut wie vergessen. Er wird erst Ende des 19. Jahrhunderts wiederentdeckt. Was Russell in seiner Studienzeit in Deutschland hingegen mit hoher Wahrscheinlichkeit auffällt, sind die trotz Verbots das studentische Leben prägenden Studentenverbindungen. Das mag Russell so beeindruckt haben, dass vielleicht aus diesem Grund noch heute eine Skull-and-Bones-Hymne nach der Melodie des Deutschlandliedes gesungen wird.

Doch es lassen sich noch andere Reminiszenzen an Deutschland rekonstruieren. In der Literatur wird stets angegeben, das Symbol aus Totenschädel und gekreuzten Knochen habe seinen Ursprung in der Bewunderung für das Piratentum. Vielleicht schaute sich

Russell dieses Symbol aber auch bei den deutschen Studenten ab. Zu jener Zeit ist die Erinnerung an die Lützower Jäger in studentischen Kreisen noch sehr wach. Das preußische Freikorps wird in den Befreiungskriegen 1813 / 1814 zur Legende. Zum einen aufgrund ihrer ebenso spektakulären wie verlustreichen Kämpfe. Zum anderen aber auch aufgrund der Tatsache, dass in ihren Reihen besonders viele Studenten in den Krieg ziehen. Nach der Vertreibung der Franzosen tragen die Studenten ihre auffälligen schwarzen Uniformen weiter. Auf ihren Husarenhelmen prangt das Emblem, das sich Skull and Bones zu eigen machen wird: ein Schädel mit zwei gekreuzten Oberschenkelknochen. Oder pilgert Russell während seines Studienaufenthalts in Deutschland vielleicht nach Königsberg, der Heimatstadt Immanuel Kants? Dann entlehnt er das Skull-and-Bones-Symbol vielleicht dem Emblem der dortigen Freimaurerloge «Zum Todtenkopf und Phoenix».

Nach der Gründung von Skull and Bones und den anderen maßgeblichen Geheimbünden versucht die Universitätsleitung von Yale wiederholt, gegen die Studentenverbindungen vorzugehen, indem sie deren Mitgliedern die finanzielle Unterstützung ganz oder teilweise verweigert. Doch sie mehren nur den Ruhm des Bestraften. Als die ersten Mitglieder von Skull and Bones, Scroll and Key und Wolf's Head auch in der Universität Karriere machen, bricht der Widerstand zusammen.

Schreie aus der Gruft: Rituale der Knochenmänner

Bald schon entscheiden die in die Leitung Yales aufgestiegenen Mitglieder der Geheimbünde, was an der Universität passiert und was nicht – und in herausragender Weise Bonesmen. In ihren Reihen befindet sich mit William Howard Taft bereits der erste von drei Präsidenten, die der Geheimbund bei ihrem Aufstieg ins Weiße Haus unterstützt. Längst schon hat sich Skull and Bones den Bau eines Vereinshauses leisten können. Es ist ein grauer, im griechisch-römischen Stil gehaltener Klotz in der 64 High Street. Die Mauern der «Gruft» haben lediglich schmale Fenster aus dunklem Glas.

Im Herbst 1887 gelingt es einer Gruppe Studenten des konkurrierenden Geheimbunds File and Claw, die Festung der Bonesmen zu stürmen. Magisch angezogen von den gruseligen Gerüchten über die Vorgänge in der Gruft, brechen sie durch ein mehrfach gesichertes Kellerfenster in die Clubräume des schon damals mächtigsten aller amerikanischen Studentenbünde ein. Im ersten Raum finden sie den Grabstein eines Mannes namens Sperry und überall Totenschädel. Dann ein Gemälde, das vier Totenschädel zeigt, darunter die deutschen Worte «Wer war der Thor, wer Weiser, wer Bettler oder Kaiser?».

An der düster-morbiden Atmosphäre hat sich laut Aussage der wenigen gesprächigen Bonesmen nichts geändert. Einer von ihnen erwähnt die «ohne Ausnahme deprimierende Sammlung vom Tanz mit dem Tod». Schon im Foyer begrüßt den Besucher eine Tafel mit dem Spruch «Gedenke des Todes». Angesichts des Leistungsdrucks, der an der Yale-Universität seit jeher herrscht, ist diese Ansammlung von Todes-Memorabilia durchaus logisch. Sie mahnt die Mitglieder von Skull and Bones, ihre Lebenszeit effektiv zu nutzen, um Ruhm und Ehre der Universität, besonders aber von Skull and Bones zu mehren. In ihrem Buch «Bruderschaft des Todes» beschreibt die Journalistin Alexandra Robbins den «Inneren Tempel», in dem die Rituale von Skull and Bones stattfinden: «Der Raum selbst misst ungefähr 4,5 mal 4,5 Meter, hat eine etwa 1,2 Meter hohe Wandvertäfelung aus schwarzem Walnussholz und Wände, an denen eine Reihe wertvoller Ölgemälde hängen (...). Selbstverständlich finden sich auch in diesem Zimmer Schädel und gekreuzte Knochen, aber auch eine riesige Vitrine mit einem Skelett (...), das die Mitglieder von Skull and Bones (...) als ‹die Madame› bezeichnen. Sie sind überzeugt davon, dass es sich um die Gebeine von Madame de Pompadour handelt, der modebewussten Mätresse König Ludwigs XV. (...). Früher lag einmal zu Füßen des Skeletts ein Kindersarg, und das Gerippe, das einst darin geruht hatte, baumelt nun über dem Kaminsims.»

Studenten, die etwas auf sich halten, erweitern diese Sammlung durch möglichst spektakuläre Fälle von «Crooking», sprich: Sie werden zu Dieben. Im Jahr 1918 plündern Bonesmen das Grab des Indianerführers Geronimo in Fort Sill und bringen dessen Schädel in die Gruft des Geheimbundes. Unter den Grabschändern ist der Vater des 41. und der Großvater des 43. US-Präsidenten, Prescott Bush. Das bezeugen Dokumente – deren Echtheit von den Anwälten des Geheimbunds in Abrede gestellt wird. Forderungen der Nachfahren Geronimos auf Herausgabe des Schädels scheitern. Die Bonesmen sind bereit, einen Schädel herauszugeben, aber es ist der eines zehnjährigen Jungen. Eine Durchsuchung der Gruft ist natürlich undenkbar – auch wenn sich außerdem der Schädel des mexikanischen Revolutionsgenerals Pancho Villa und und der Grabstein des Yale-Gründers Elihu Yale im Besitz der Bonesmen befinden sollen.

Bleibt die Frage, ob diese Artefakte Teil der Kulte sind, die in der Gruft gefeiert werden. Die spärlichen Informationen über die Einweihungsrituale sind widersprüchlich. Vor einigen Jahren gelingt es einem Fernsehteam, eine nächtliche Initiation im Innenhof des Skull-and-Bones-Gebäudes zu filmen. Das nicht sehr deutliche Filmmaterial hinterlässt den Eindruck eines chaotischen Vorgangs. Einer der Neulinge muss einen Schädel küssen, es gibt Anzeichen einer vorgetäuschten Hinrichtung, Schreie gellen durch den Innenhof. Es wird viel geflucht und mit sexueller Gewalt gedroht. Schwierig zu sagen, ob die Aufnahmen authentisch sind oder das Filmteam auf ein Täuschungsmanöver hereinfällt.

Als relativ sicher kann gelten, dass eine Sarg- oder Wiederauferstehungsszene Teil des Rituals ist, da sie in der einen oder anderen Form immer wieder bei Geheimbünden vorkommt. Der Neuaufgenommene legt sein altes Leben ab und wird als Bundesmitglied wiedergeboren. Anscheinend orientierten sich die Gründungsmitglieder von Skull and Bones an Freimaurer-Ritualen. Darauf deutet das Verbot, Metallteile am Körper zu tragen, wenn die Neulinge «die Gruft» aufsuchen, um das Aufnahmeritual zu durchleben. Ein solches Verbot gilt auch für die Lehrlingsinitiation in den freimaurerischen Johannislogen.

In der Regel werden die Rituale im bis auf zwei Stühle und einen Tisch ausgeräumten «Inneren Tempel» durchgeführt, im legendären Raum 322. Ehemalige Studenten, die «Patriarchen», leiten das Ritual. Der Ritualführer trägt den Titel «Onkel Toby». Der Name entstammt einer Figur aus Laurence Sternes Roman «Tristram Shandy». Onkel Toby ist ein wegen einer Verletzung im Schambereich außer Dienst gestellter Offizier. Der kleinste Ehemalige steckt in einem Teufelskostüm. Er ist der «kleine Satan». Weitere sind als Don Quixote, als Papst und als Elihu Yale verkleidet. Der Rest des Publikums besteht aus Studenten, den «Rittern». Sie tragen Skelettkostüme und sorgen für eine infernalische Geräuschkulisse. Ein aus dem Jahr 1940 stammendes Skull-and-Bones-Dokument beschreibt das Ritual im dürren Telegrammstil: «Neuling wird in einen Sarg gelegt, in die Mitte des Gebäudes geschafft. Neuling wird besungen und in die Gesellschaft wiedergeboren. Aus dem Sarg geholt und in Robe mit Symbolen darauf gekleidet. Ein mit seinem Namen versehener Knochen wird am Anfang jedes Treffens auf den Knochenhaufen geworfen. Die Neulinge werden in ein Schlammbad gestürzt.»

Demnach haben also Generationen von amerikanischen Wirtschaftsführern, Senatoren, hohen Staatsbeamten sowie drei Präsidenten der USA ein Schlammbad als einen der Höhepunkte ihres Studentenlebens in Erinnerung. Keine sehr erhebende Vorstellung.

Skull and Bones ist bis heute eine hermetisch abgeriegelte Welt, neben der sich jeder staatliche Geheimdienst wie ein geschwätziges Kaffeekränzchen ausnimmt. Die absurd anmutenden Rituale sind sicherlich nicht der Grund dafür. Sie erfüllen wohl lediglich den Zweck, einen Ausgleich zum Universitätsleben zu bilden, das in früheren Zeiten rigide Benimmregeln und strenge Hierarchien kennzeichnen.

Für die legendäre innere Geschlossenheit von Skull and Bones sorgen hingegen zwei Rituale, die im Ergebnis auf das Gleiche hinauslaufen: Erpressbarkeit. Unter dem Gemälde einer Frau, das Bones-intern «Eheglück» heißt, muss jeder Neu-Ritter die vor dem Feuer eines gigantischen Kamins versammelte Runde seines Jahrgangs mit Intimitäten aus seinem Sexual- und Beziehungsleben versorgen und sich die Kommentare seiner Mitstudenten anhören. Ebenso gefürchtet sind die Sitzungen, in denen die «Ritter» einen Vortrag über ihr bisheriges Leben halten müssen. Auch diese Vorträge werden von der Runde kritisch hinterfragt. Für viele der Studenten ist dies aufgrund ihrer Herkunft und Erziehung sicherlich eine zutiefst irritierende wie prägende Erfahrung. Sie lernen Lebenswelten kennen, in die sie vielleicht nie wieder so detailliert Einblick bekommen. Und von sich geben sie Dinge preis, die sie möglicherweise niemandem sonst erzählen werden. Die intimen Geständnisse sind das Erz, aus dem der eiserne Ring des Schweigens geschmiedet ist, der Skull and Bones umgibt. Sie bilden den Faden, aus dem Skull and Bones das berüchtigte Netz webt, das in den Augen vieler eine Bedrohung für die Menschheit ist.

Netzwerker im Namen des Bösen?
Skull and Bones und die Politik

Als der britische Wirtschaftswissenschaftler Antony Sutton im Jahr 2002 stirbt, wird der eine oder andere Bonesmen gejubelt haben. In der Wissenschaftsszene gilt Antony Sutton schon zeit seines Lebens als Außenseiter, weil er sich traut, Hinweisen auf eine Verschwörung gigantischen Ausmaßes nachzugehen, in deren Mittelpunkt Skull and Bones steht. Sutton opfert für diese Arbeit seine Karriere: «Nach konventionellen Maßstäben bin ich ein Versager. Ich bin aus zwei großen Universitäten hinausgeworfen worden, und ein Stuhl an der Cal State Los Angeles wurde mir verweigert. Jedes Mal, wenn ich etwas schreibe, scheint das irgendjemanden im Establishment zu ärgern, und sie werfen mich den Wölfen zum Fraß vor. Andererseits habe ich 26 Bücher geschrieben, eine Reihe von Nachrichtenbriefen geschrieben (...) und was wichtiger ist, ich habe für die Wahrheit keine Kompromisse geschlossen, und ich habe nicht aufgegeben.»

Die ersten Werke Suttons beschäftigen sich mit den Machenschaften der US-amerikanischen Wirtschafts- und Finanzlobby. Er kommt in seinen wissenschaftlichen Standards entsprechenden Nachforschungen zu dem Schluss: Der Aufstieg Hitlers und der Sowjetunion hätten ohne amerikanische Technologie und amerikanisches Geld niemals stattfinden können.

Sutton bezichtigt die amerikanische Wirtschafts- und Finanzwelt, aus Gründen des Profits antidemokratische Bewegungen zu einer Bedrohung der freien Welt heranzuzüchten – um dann durch die Finanzierung und Ausrüstung des Militärapparates demokratischer Staaten im unweigerlich kommenden Krieg ebenfalls gigantische Gewinne zu machen. Er glaubt darüber hinaus, dass die Wall Street in einem perfiden politischen Spiel Nationalsozialismus und Kommunismus zunächst fördert und sie dann aufeinanderhetzt – stets zum Wohl amerikanischer Banken und Unternehmen.

Doch viele Jahre findet Sutton keine Antworten auf wichtige Fragen, die sich aus seinen Studien ergeben: Wer lenkt den komplexen wirtschaftlichen, politischen und staatlichen Prozess, der zur Realisierung dieses Ziels notwendig ist, wer verleiht ihm über Jahre und Jahrzehnte die notwendige Kontinuität und Kraft?

Aber dann werden Sutton Dokumente zugespielt, die Licht hinter die dunklen Andeutungen des US-Botschafters in Berlin, William E. Dodd, aus dem Jahr 1937 bringen:

«Eine Clique US-Industrieller ist wild entschlossen, einen faschistischen Staat über unsere demokratische Regierung triumphieren zu lassen. Aus diesem Grund arbeitet sie eng mit den faschistischen Regimen Deutschlands und Italiens zusammen. Mittels meiner Post in Berlin hätte ich schon mehrmals beweisen können, wie eng einige der führenden Familien Amerikas mit dem Nazi-Regime zusammenarbeiten.»

Anfang der 1980er Jahre erreicht Sutton ein umfangreiches Konvolut an Dokumenten. Es besteht aus 20 Zentimeter Mitgliederlisten des damals der Öffentlichkeit noch weitgehend unbekannten Geheimbunds Skull and Bones. Die Namen der Mitglieder elektrisieren Sutton sofort: «Diese Namen bedeuteten Macht, sehr viel Macht. Als ich die einzelnen Individuen erforschte, wurde ein Muster sichtbar (...) und eine vorher unsinnige Welt wurde kristallklar.» Vier Bücher schreibt Antony Sutton über Skull and Bones. Er plant noch eine Reihe von weiteren Werken über den Yale-Geheimbund, schreibt sie aber nie. Für Sutton wird Skull and Bones zum Dreh- und Angelpunkt der weltumspannenden Intrigen einer machtbesessenen US-Elite. Am 11. September 1990 definiert US-Präsident George H. W. Bush «New World Order» als Ziel der US-Politik. Zufall oder nicht: Die «Neue Weltordnung» analysiert Antony Sutton bereits 16 Jahre zuvor als Programmatik von Skull and Bones.

Sind das alles nur wahnwitzige Schlussfolgerungen eines in die Irre gegangenen Professors? Vor dem Hintergrund dessen, was im Wahlkampf um die US-Präsidentschaft im Jahr 2004 herauskommt, ist das schwer zu glauben: Die Kandidaten der Republikaner und der Demokraten haben nicht nur in Yale studiert. George W. Bush und John Kerry sind auch noch Mitglied desselben Studentenbunds: Skull and Bones. Das sorgt für Diskussionen. Journalisten bohren nach. Doch beide Kandidaten halten sich an das, was der Geheimbund ihnen vorschreibt: totale Verschwiegenheit. George W. Bush schreibt in seiner Biographie: «In meinem Abschlussjahr trat ich Skull and Bones bei, einem Geheimbund, so geheim, dass ich mehr über ihn nicht sagen kann.» Kerry, darauf angesprochen, was es zu bedeuten habe, dass er und Bush Bonesmen seien, antwortet: «Nicht viel, weil es ein Geheimnis ist.»

Kann es ein Zufall sein, dass ein winziger Geheimbund gleich drei Präsidenten stellt? Verfolgt Skull and Bones einen festen Plan,

Die «Knochenmänner» George W. Bush (Republikaner) und John Kerry (Demokraten)

betreibt «echte» Politik? Ein Manifest von Skull and Bones konnte bisher kein Verschwörungstheoretiker entdecken, nicht einmal einer vom Format Antony Suttons. Natürlich liegt die Vermutung nahe, dass Skull and Bones über ein Netzwerk mit genügend Beziehungen und Geld verfügt, um seine Mitglieder in höchste Ämter zu hieven und für eine kontinuierliche Präsenz von Bonesmen in Wirtschaft, Politik und Verwaltung zu sorgen. Dafür gibt es ausreichend Hinweise. Legendär ist der Bonesman Henry Stimson, der als Minister von gleich sieben Präsidenten über Jahrzehnte US-Politik prägt und etwa den Abwurf der Atombomben auf Japan 1945 politisch durchsetzt. Angeblich liest George H. W. Bush eine Stimson-Biographie, bevor er sich 1991 entscheidet, die US-Armee gegen Saddam Hussein in Bewegung zu setzen. Es sind die Bonesmen in der Yale-Leitung, in der Ölindustrie und in der Politik, die dem eher unbegabten, mit Alkoholproblemen kämpfenden George W. Bush ein Studium an der Eliteuniversität und anschließend eine grandiose Karriere ermöglichen. Sie führt ihn bis ins Weiße Haus. Er macht fünf Knochenmänner zu Mitgliedern seiner Regierung.

Ein Studium in Yale inklusive Mitgliedschaft bei Skull and Bones ermöglicht erstaunliche Karrieresprünge. Vater George H. W. Bush ist vor seiner US-Präsidentschaft von 1977–1978 CIA-Chef, was damals angesichts Bushs außenpolitischer Unerfahrenheit die US-Politszene erstaunt, sich aber erklärt, wenn man weiß, dass die CIA von jeher ein Tummelplatz von Yale-Absolventen im Allgemeinen und von Skull-and-Bones-Mitgliedern im Besonderen ist. Skull and Bones helfen einander. Vor diesem Hintergrund fällt es schwer, nicht wie Antony Sutton eine Verschwörungstheorie aus der Tatsache zu spinnen, dass der Begründer der Bush-Dynastie, Prescott Bush, genau zu jener Zeit in der Bank des Bonesman und Präsidenten-Vertrauten W. Averell Harriman einsteigt, als dieses Wall-Street-Schwergewicht die Gelder des Hitler-Finanziers Fritz Thyssen verwaltet und diverse Firmen kontrolliert, die mit den Nazis bis weit in den Zweiten Weltkrieg hinein Geschäfte machen.

Kann man also doch mit Fug und Recht behaupten, eine Geheimregierung würde die Vereinigten Staaten regieren und seit 180 Jahren von Yale aus darauf hinarbeiten, die Geschicke der Welt nach Belieben zu lenken?

Alte Knochen klappern besser

Mitten im Sankt-Lorenz-Strom liegt eine Insel, die Zweifel aufkommen lässt, dass es um die Macht von Skull and Bones so gut bestellt ist, wie Verschwörungstheorien behaupten. Die Insel heißt Deer Island, ist 20 Hektar groß und viele Jahre das bevorzugte Ziel der Patriarchen und Ritter des Yale-Ordens. Es ist die Privatinsel von Skull and Bones. Hier, fernab von allem, beschließt man im Laufe der

Jahrzehnte beim Cocktail, Tennismatch oder gemeinsamen Joggen auf der mit kleinen Totenköpfen markierten Laufstrecke so manchen mehr oder weniger schmutzigen Deal, startet Karrieren oder beendet sie.

Heute macht Deer Island jedoch den Eindruck eines Luxusresorts, dessen beste Zeit bereits ein paar Jahrzehnte zurückliegt. Touristen beäugen von Ausflugsschiffen aus die Häuser der Knochenmänner. Es bräuchte viel Geld, um Deer Island den Glanz von einst zurückzubringen. Doch augenscheinlich fehlt das Interesse daran. Wer so viel Geld hat wie ein Großteil der Bonesmen, sucht sich als Refugium wohl eher nicht den Sankt-Lorenz-Strom aus, sondern die Karibik.

Der langsame Verfall von Deer Island wird gelegentlich als Zeichen allgemeinen Niedergang von Skull and Bones interpretiert. Einiges deutet in der Tat darauf hin, dass der eiserne Ring des Schweigens spröde werden könnte. Die ersten Risse entstehen, als 1991 erstmals die Diskussion tobt, Frauen in den Geheimbund aufzunehmen. Den Patriarchen, darunter Jonathan Bush, Bruder von George H. W. Bush, gelingt es, dies bis 1991 zu verhindern. Skull and Bones droht in jenem Jahr die Auflösung. Die konservative Fraktion weigert sich, das knapp zu ihren Ungunsten ausgefallene Mitgliedervotum zu akzeptieren. Sie lässt die Schlösser der Gruft austauschen und die Aufnahme der Männer und Frauen des Jahrgangs 1991 in den Bund durch richterliche Verfügung verhindern. Eine neue Abstimmung wird anberaumt. Diesmal ist die Mehrheit deutlicher. Die Konservativen resignieren. «Skull and Bones ist nicht mehr das, was es einmal war», wird ein Patriarch zitiert. Es heißt, die Mitgliedschaft bei Skull and Bones sei unkündbar. Das Recht auf innere Kündigung scheinen sich die Traditionalisten aber durchaus herauszunehmen. Sieht so ein Geheimbund aus, der die Weltherrschaft besitzt?

Heute gehören Frauen ganz selbstverständlich zum Geheimbund dazu. Ihre Anwesenheit scheint die kruden Rituale nicht verändert zu haben. Hin und wieder ist ein Mitglied bereit, ein klein wenig über Skull and Bones zu plaudern – anonym, versteht sich. Skull and Bones hat zumindest oberflächlich nicht mehr den Anstrich, ein Club der WASP-Oberschicht zu sein, der Elite der «weißen angelsächsischen Protestanten».

Fakt ist: Skull and Bones ist in die Jahre gekommen. Der Geheimbund ist reich, keine Frage. Aber das Vermögen schrumpft. Das Aufkommen an freiwilligen Spenden lässt nach. Der Gothic-Trick funktioniert eben nicht mehr wie früher. Wie viel Wert haben sexuelle Geständnisse und biographische Offenheit angesichts von Social Media noch? In Zeiten, in denen dank Facebook und Co. alle über alle alles zu wissen scheinen, haben düstere Elite-Zirkel wie Skull and Bones ein Problem.

Bei allem Zweifel an der inneren Geschlossenheit des Bundes bleibt aber außer Frage: Skull and Bones ist noch immer immens einflussreich und wird es einstweilen auch bleiben. John Kerry, der unterlegene Präsidentschaftskandidat von 2004, ist heute Außenminister unter Barack Obama. Und es ist in den USA kein Geheimnis, dass der Bonesman beabsichtigt, 2016 erneut für das Präsidentenamt zu kandidieren. Wird die Demokratische Partei John Kerry unterstützen? Skull and Bones wird es auf jeden Fall tun.

Der Vatikan – Schauplatz einer schleichenden Machtübernahme der katholischen Kirche durch den erzkonservativen Bund Opus Dei? Fest steht: Am 6. Oktober 2002 pilgern 300 000 Menschen zur Heiligsprechung des Opus-Dei-Gründers Josemaría Escrivá.

KAPITEL 2

Opus Dei
Der Kreuzzug der neuen Templer

«Ich denke, dass es eine Ähnlichkeit mit den Templer-Rittern auf mehreren Ebenen gibt.»

FATHER VLADIMIR FELZMANN, EHEMALIGES OPUS-DEI-MITGLIED

Die italienische Hauptstadt Rom hat in den mehr als 2500 Jahren ihrer Geschichte schon so manche Invasion erlebt. Gallier, Goten, Normannen, Franzosen, deutsche Landsknechte und spanische Soldaten haben die Metropole am Tiber heimgesucht.

Das Heer, das am 6. Oktober 2002 durch Roms Straßen zieht, ist jedoch einzigartig. 300 000 «Soldaten Christi» strömen am Morgen dieses strahlend schönen Herbsttages in Richtung Petersplatz. Sie tun dies gesittet und geordnet, hinterlassen keinen Müll, beachten die Verkehrsregeln und folgen den Anweisungen der Ordner. Statt Marschgepäck tragen sie Lunch-Pakete bei sich, finanziert von namhaften Unterstützern aus der Lebensmittelindustrie. Kleidung und Aussehen der christlichen Heerscharen sind gepflegt. Sie schreien nicht, fluchen nicht und haben ihr Ziel fest vor Augen. Sie wollen das spirituelle Zentrum der katholischen Kirche erobern: den Vatikan. Und der empfängt sie mit offenen Armen. An diesem Tag gehört die katholische Kirche ihnen. Unter strahlend blauem Himmel verkündet der greise Papst Johannes Paul II. die Heiligsprechung von Josemaría Escrivá, genannt «El Padre». Und die Armee des Gründers von Opus Dei ist gekommen, um diesen Triumph zu feiern.

Doch was auf dem weiten Rund des Petersplatzes Jubel auslöst – nicht frenetischen, sondern kontrollierten –, lässt Millionen anderer Katholiken schaudern und an der Weisheit des Vatikans zweifeln. Das Opus Dei («Werk Gottes») sieht seine Arbeit als den «großen rettenden Eingriff des göttlichen Arztes» an, als letzte Chance für eine Kirche, die Escrivá mit einem «Leichnam stinkender Verwesung» vergleicht. Für andere stellt das Opus Dei selbst das Krebsgeschwür dar, das den Kirchenkörper mit Metastasen verwüstet.

Die Liste der Anklagepunkte ist lang. Sie gipfeln in dem Vorwurf, Opus Dei erobere zentrale Machtposten in Kirche, Staat und Gesellschaft, betreibe mit viel Geld und noch mehr Einfluss «eine schleichende Unterwanderung und Missionierung Europas mit dem Ziel, einen erzkonservativen katholischen Gottesstaat zu errichten ähnlich einem Mullahregime», urteilt der Theologe Peter Hertel, langjähriger kritischer Beobachter der Aktivitäten des Opus Dei.

Ist das grandiose Ereignis in Rom Ergebnis eines gigantischen Täuschungsmanövers? Unter den Päpsten Johannes Paul II. und Benedikt XVI. ist Escrivás «Gotteswerk» zu einer der mächtigsten Institutionen der katholischen Kirche geworden. Hat es ein zweites Gesicht? Schon in den 1940er Jahren schreibt der General der Societas Jesu, Wladimir Ledóchowski, in einem Bericht an die Kurie in Rom, er habe im Opus Dei «die Zeichen einer verdeckten Tendenz zur Weltbeherrschung durch eine spezielle Form der christlichen Freimaurerei entdeckt».

Flucht ins Irrenhaus

Madrid, im März 1937. Wohin flieht ein Mensch, wenn die Welt um ihn herum verrückt zu werden scheint? In den späten 1930er Jahren tobt in Spanien ein Bürgerkrieg, in dem Gnade ein Fremdwort ist. Um die Hauptstadt Madrid wird erbittert gekämpft. Der Belagerungsring der Putschisten unter Führung General Francos zieht sich immer enger. Nur mit Mühe können sich die republikanischen Truppen noch halten. Viele Madrilenen sehnen deren Niederlage herbei. Darunter auch ein junger katholischer Priester, der seit Wochen seine Verstecke in der Stadt ständig wechseln muss, in steter Angst vor Verhaftung, Folter und Tod. Er weiß sich am Ende keinen anderen Rat mehr und flieht in die psychiatrische Klinik eines befreundeten Arztes in der Calle Arturo Soria. Es ist eine Insel des Friedens inmitten eines Gemetzels.

Doch der Priester muss sich perfekt tarnen, denn die republikanischen Milizen sind ständig auf der Suche nach potenziellen Verrätern – und flüchtige Kleriker stehen ganz oben auf ihrer Liste. Tausende Geistliche werden im Bürgerkrieg von der radikalen Linken ermordet. Monate hält sich Escrivá in der Klinik versteckt. Bis Soldaten das Hospital auf der Suche nach Konterrevolutionären stürmen. Sie tauchen in eine fremdartig harmlose Welt ein. «Ist das ein Saiteninstrument oder ein Windinstrument?», fragt einer der gutmütigen Patienten und zeigt auf das Gewehr des Offiziers, der die Befragungen durchführt. Dieser sucht verdutzt nach einer Antwort, wendet sich dann aber einem anderen Patienten zu: «Und du? Wer bist du?» Der Angesprochene antwortet, ohne zu zögern, er sei Dr. Marañón. Der Milizionär lächelt. Einer der genialsten Köpfe Spaniens, der Mediziner, Philosoph und Historiker Gregorio Marañón Insasse einer Psychiatrie? Wie verrückt kann ein Mensch sein? Kopfschüttelnd wendet sich der Milizionär ab und beendet die Befragung. Die Soldaten verlassen das Hospital.

Was der Offizier und seine Truppe wohl niemals erfahren: Ihnen ist mit «Dr. Marañón» ein Mann durch die Finger geschlüpft, der in den nächsten Jahrzehnten zum Aushängeschild eines kämpferischen antikommunistischen Katholizismus wird: Josemaría Escrivá.

Am Anfang der Erfolgsstory «Opus Dei» steht also eine perfekte Verstellung. Der Aufstieg des «Gotteswerks» ist vergleichbar mit dem einer Hinterhof-Werkstatt zum Weltkonzern. Als 1936 der spa-

Papst Johannes Paul II. unterstützt Opus Dei während seines gesamten Pontifikats. Er spricht Escrivá 2002 heilig.

nische Bürgerkrieg ausbricht, ist Opus Dei nicht mehr als ein winziger Zirkel konservativer junger Spanier. Das ändert sich, als Escrivá die Flucht in den Teil von Spanien gelingt, der von den Falangisten unter der Führung General Francisco Francos besetzt ist. Dort breitet sich die Organisation schnell und nach dem Sieg Francos auch in ganz Spanien aus. Immer wieder bekleiden in den nächsten Jahrzehnten Opus-Dei-Mitglieder hohe Staatsämter im Regime des «Caudillo». Auch nach 1975, dem Todesjahr Francos, bleibt Spanien Opus-Dei-Land.

1947 erhält das «Gotteswerk» vom Vatikan die Anerkennung als Säkularinstitut, was bedeutet, dass es sich unter Escrivás charismatischer Führung nun weltweit auf die Suche nach «Berufenen» machen darf. Die Umwandlung in eine direkt dem Papst und der Kongregation der Bischöfe unterstellte Personalprälatur 1982 bedeutet für Opus Dei einen weiteren immensen Imagegewinn. In Rekordzeit gelingt die Selig- und Heiligsprechung (1992 bzw. 2002) des 1975 gestorbenen Escrivá – mit Segen des dem Opus Dei nahestehenden Papstes Johannes Paul II. und unter zweifelhafter Umgehung einiger Vorschriften. «Das Verfahren sollte möglichst rasch durchgezogen werden, denn es geht hier nicht einfach um eine Heiligenverehrung, sondern ganz klar um kirchenpolitische Ziele», urteilt der Opus-Dei-Experte Peter Hertel in einem Interview.

Doch welche politischen Ziele will ein geistlicher Laienbund erreichen, der laut seiner Homepage rund 87 000 Mitglieder hat. Das ist nicht viel im Vergleich zu den ca. 800 000 Mitgliedern anderer Orden, zumal nur ein kleiner Teil der Opus-Dei-Mitglieder Kleriker sind, ungefähr 2300 (Stand 2006). Auffällig ist jedoch, dass geschätzt bis zu einem Viertel der Mitglieder als Numerarier zölibatär lebt und alle Numerarier ihre Einkommen komplett dem Opus Dei spenden. 50 bis 60 Prozent der Mitglieder des «Gotteswerks» sind Supernumerarier (außerordentliche Mitglieder), die ein Leben außerhalb der Opus-Dei-Zentren führen und ungefähr ein Viertel ihres Einkommens dem Opus Dei überlassen. Eine weitere bedeutende Ebene bilden die Assoziierten. Sie leben ebenfalls zölibatär, meist außerhalb der Zentren, werden nicht so umfassend ausgebildet wie Numerarier und machen ca. 25 Prozent der Mitglieder aus. Ein Großteil der im Opus Dei organisierten Katholiken gehört der finanzkräftigen Mittelschicht an. Auch erfolgreiche Unternehmer und vermögende Adlige finden sich in seinen Reihen.

Ziel des Opus Dei ist nach eigenem Bekunden, den katholischen Laien zu vermitteln, dass auch ganz normale Gläubige «zur Fülle christlichen Lebens als auch zur Teilhabe an der Sendung der Kirche aufgerufen sind. Die Laien sind eben keine Christen zweiter Klasse». Auch der Laie und nicht nur der klerikale «Profi» kann sein Leben «heiligen», wie es beim Opus Dei heißt. Dieser Gedanke ist nicht neu. Wohl aber die autoritären, repressiven Methoden, mit denen Opus Dei ihn verwirklichen will.

In den 80er Jahren des 20. Jahrhunderts beginnen die Berichte von Aussteigern für Aufsehen zu sorgen. Sie berichten von Methoden, mit denen das Opus Dei seine Schafe beisammenhält, die an jene totalitärer Regime erinnern. In Deutschland kommt es zu einer Welle von Austritten. Doch wirklich verändert hat dies das Opus Dei nicht, wie die umstrittene Werbung von Jugendlichen zeigt: «1983 hat das katholische Kirchenrecht das Eintrittsalter in katholische Organisationen ganz allgemein heraufgesetzt. Das Opus Dei unterläuft diese Bestimmung, indem es Kinder und Jugendliche schriftlich erklären lässt, sie wollten mit 17 dem Opus Dei beitreten», sagt der Opus-Dei-Experte Peter Hertel. Zu diesem Zweck erfindet das Opus Dei den Aspirantenstatus: Die Indoktrination kann weiterhin mit 14 beginnen, obwohl die Mitgliedschaft formal erst Jahre später möglich ist.

Doch die Probleme durch Aussteigerberichte und Diskussionen um minderjährige Mitglieder sind nichts im Vergleich zur Imagekrise, die im ersten Jahrzehnt des neuen Jahrtausends über das Opus Dei hereinbricht.

Ein Geheimbund mit Killerinstinkt?

> *«Silas zog die Vorhänge vor. Er entkleidete sich und kniete in der Mitte des Zimmers nieder. Sein prüfender Blick schweifte zum Bußgürtel, der sich eng um seinen Oberschenkel schloss (...) – ein ledernes Band mit aufgenieteten Stacheln aus Metall, die sich zur Erinnerung an die Leiden Christi schmerzhaft ins Fleisch bohrten (...) Ein dicker Strick mit hineingeknüpften Knoten lag aufgerollt neben Silas auf dem Boden. Die Geißel. Die Knoten starrten von eingetrocknetem Blut.»*
>
> DAN BROWN
> «SAKRILEG»

Wirklich in Erklärungsnot kommt das Opus Dei 2003 durch einen Thriller, der sich weltweit 50 Millionen Mal verkauft und zu einem Hollywood-Blockbuster verfilmt wird. Dan Browns «The da Vinci Code» («Sakrileg») bedeutet für Opus Dei ein massives Problem. Plötzlich gerät es in den Fokus der Weltöffentlichkeit – und das auch noch in der Rolle eines finsteren Geheimbunds, der dem Vatikan hilft, die Menschheit um eine fundamentale Glaubenswahrheit zu betrügen: dass Jesus Christus Nachkommen habe. Für die Leser Dan Browns und seiner in Romanform gegossenen Verschwörungstheorie ist Opus Dei plötzlich die militante Eingreiftruppe des Vatikans. An seiner Spitze: ein den Luxus liebender Bischof mit einem Killer in Mönchskutte an der Seite, der Menschen lustvoll tötet und sich mit der fünfschwänzigen Bußgeißel seine Sünden aus dem Leib prügelt.

Natürlich ist «Sakrileg» in vielen Dingen pure Fiktion. Das Opus Dei verweist gerne darauf, dass im Zentrum ihres Wirkens die Laienmission steht. «Aber suspekt sind die Methoden, die dabei angewendet werden: Geheimhaltung, Indoktrination von Kindern und Jugendlichen, mittelalterliche Bußpraxis, Zensur, undurchsichtiges, unmoralisches Geschäftsgebaren, massive Einflussnahme auf die Kirchenpolitik», schreibt der Opus-Dei-Kritiker Peter Hertel. Immer wieder muss das «Gotteswerk» dementieren, dass alle Mitglieder gezwungen werden, einen Bußgürtel zu tragen und sich zu peitschen. Tatsächlich tun dies nur die zölibatären Mitglieder – also Numerarier und Assoziierte.

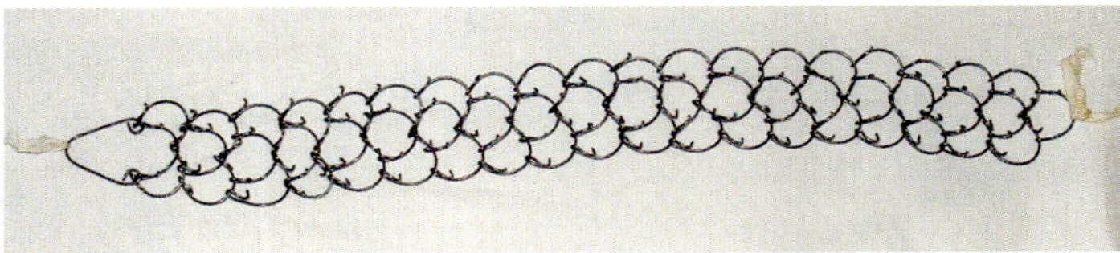

Für einen Teil der Opus-Dei-Mitglieder ist körperliche «Abtötung» mittels Bußgürtel Pflicht.

«Das Tragen des ‹Bußgürtels› ist äußerst schmerzhaft, vor allem beim Sitzen. Die Metallspitzen graben sich tief in die Haut ein und hinterlassen als Spuren kleine rote Punkte», berichtet der Opus-Dei-Aussteiger Klaus Steigleder und ergänzt: «Mehr noch schmerzt der Gebrauch der Bußgeißel.» Diese besteht bei Männern aus einer fünfschwänzigen Lederpeitsche mit Knoten; die Frauen müssen, weil sie sinnlicher seien, Perlonschnüre benutzen, an denen dicke, beschwerte, stachelige Kugeln hängen. «So schmerzhaft es auch war, sich selbst zu geißeln, als weitaus unangenehmer und qualvoller empfand ich es, das durchdringende Knallen zu hören, wenn ein anderer sich mit der Geißel schlug – was ich, als ich in Bonn im ‹Studienzentrum› wohnte, häufiger erleben musste», schreibt Steigleder. Das «Gotteswerk» verteidigt diese Praktiken mit einer langen Tradition der körperlichen Kasteiung im christlichen Glauben – und mit der Freiwilligkeit, mit der Numerarier und Assoziierte sie durchführen.

Sich Gewalt anzutun ist ein prägendes Merkmal der Opus-Dei-Lehre. «Gesegnet sei der Schmerz. – Geliebt sei der Schmerz. – Geheiligt sei der Schmerz (...) Verherrlicht sei der Schmerz!», heißt es in einem der 999 Leitsätze des Opus Dei, die Escrivá in «Der Weg» niedergeschrieben hat. Es gibt wohl kein Mitglied, das dieses Buch nicht gelesen hat. Der Inhalt strotzt vor Militarismen, etliche Formulierungen entsprechen dem eines Drillsergeants und nicht dem eines fürsorglichen Geistlichen: «Wenn du begriffen hast, dass der Leib dein Feind und Feind der Verherrlichung Gottes ist, weil er deine Heiligung bedroht, warum fasst du ihn dann so weich an?» («Der Weg», 227)

Allein die Absicht, ein schönes Leben in einem gesunden Körper führen zu wollen, scheint nach Maßstab des Opus Dei schon verwerflich. Ein solches Leben wird als «banal» angesehen, schon der Wunsch hinterlässt «einen schlechten Beigeschmack». Der Weg des Glaubens, den der spanische Geistliche definiert, will den modernen Menschen von seinen materialistischen und antireligiösen Schlacken befreien und vor säkularen Verführungen schützen. Das Opus Dei greift dafür zu Maßnahmen, die es zu einem Geheimbund des Glaubens machen. Es ist elitär, autoritär, hierarchisch – und der Überzeugung, im Besitz einer heiligen Wahrheit zu sein, der sich alle zu beugen haben.

Der Exerzierplatz Gottes

«Wie gut hast du den Gehorsam verstanden, als du mir schriebst: ‹Immer gehorchen heißt Märtyrer sein, ohne zu sterben.›»

«DER WEG»
LEITSATZ 622

Abgehärtet, pflichtbesessen und absolut gehorsam wünscht sich Escrivá seine «Soldaten Christi». «Um zu leben, muss man sterben», schreibt er in «Der Weg». Dazu passt: Jeder Numerarier, der in das Opus Dei eintritt, hat zuvor ein spezielles Testament zu unterzeichnen, das die Überschreibung des Erbes an das Opus Dei regelt. Paragraph 1 stellt klar, wer und was ab sofort das Leben des neuen Mitglieds bestimmt. «1. Ich erkläre, dass ich alles glaube und bekenne, was die heilige römische, katholische und

> *«Du fragst mich (...), und ich antworte dir: Die Vollkommenheit liegt für dich darin, an dem Platz, in dem Beruf und in der Stellung vollkommen zu leben, wohin Gott dich durch die Obrigkeit gestellt hat.»*
>
> «DER WEG» LEITSATZ 926

apostolische Kirche lehrt. Ich unterstelle die Handlungen meines Lebens ihrer Autorität.»

Wer einem Geheimbund beitritt, unterwirft sich dessen Regeln bedingungslos. Das gilt für jedes Mitglied, egal auf welcher Hierarchiestufe. Das Opus Dei ist da keine Ausnahme: «Bei der Arbeit im Apostolat gibt es keinen Ungehorsam, der geringfügig wäre.» («Der Weg», 614) Im Opus Dei herrscht laut Aussagen von Aussteigern ein immenser psychischer Druck, der allem Anschein nach auch aufrechterhalten wird, wenn das Mitglied ihm nicht gewachsen ist.

Das sogenannte brüderliche Gespräch mit dem «geistlichen Leiter» scheint den Charakter eines Verhörs zu haben. Penibel wird untersucht, ob das Mitglied alle Pflichten erfüllt hat: «(...) täglich eine halbe Stunde Gebet am Morgen und eine halbe Stunde am Nachmittag, Gebet des Rosenkranzes, Gebet des ‹Angelus› bzw. des ‹Regina coeli› mittags um zwölf, ferner täglich Besuch der Eucharistiefeier mit Kommunionempfang, 15 Minuten ‹geistliche Lesung›, Besuch beim Allerheiligsten, Gebet der ‹Preces› (das interne Gebet der Vereinigung), Gewissenserforschung; wöchentlich Empfang des Bußsakraments.» Dazu kommen Einkehr- und Besinnungstage und die «Normen von immer»: «Danksagungsakte, Sühneakte, Betrachtungen der Gotteskindschaft, Abtötungen (...)».

Der Glaube der zölibatären Mitglieder wird mit diesem ausschweifenden Ritualprogramm zu einem Exerzierplatz, über den die geistlichen Leiter mit Schleifer-Methoden regieren. Sie sind es, die bei Vergehen aus einer Liste sogenannter Abtötungen die geeigneten Strafen aussuchen: zusätzliche Gebete, Ernährungseinschränkungen, Schlafen auf dem Fußboden – eine Vorstufe der Geißel und des

Bußgürtels. Kaum zu fassen ist, dass für weibliche Numerarier diese Art zu schlafen der Normalzustand ist.

Den Mitgliedern offenbart sich das Opus Dei als Ausdruck geheiligter Strenge. Es suggeriert, purer katholischer Glaube zu sein, «rein, makellos, heilig, unveränderlich, unbefleckt und unsterblich». Oder wie es in der nur Führungskräften zugänglichen Zeitschrift «Crónica» heißt: «Das Opus Dei besitzt eine ewige Jugend, die aus seiner inneren Natur stammt, und ein göttliches, dynamisches Wesen, das sich ständig erneuert.»

Das Opus Dei: unfehlbar wie der Papst – und augenscheinlich unergründlich wie die Wege des Herrn. Denn nicht nur sein elitärer Anspruch erinnert an einen Geheimbund, sondern auch das feingewebte Machtgeflecht, das für Außenstehende und Neumitglieder kaum zu durchschauen ist. Dessen Basis ist eine 15-stufige Hierarchie. Ganz oben stehen: Prälat, Generalvikar und Priestersekretär, die sämtlich Priester sind. Dann folgen die Regionalvikare (Priester als Leiter der Regionen). Auf der mittleren Ebene folgen die weiteren Priester und einige Laien-Numerarier, die als Inscritos und Inscritas Führungsaufgaben für ihre Abteilungen übernehmen. Darunter rangieren unter anderem Assoziierte, Supernumerarier, Numerarier und die 14- bis 17-jährigen Aspiranten auf Opus-Dei-Mitgliedschaft.

Wenn schon die interne Struktur des Opus Dei autoritär und hierarchisch geprägt ist, wie sieht das «Gotteswerk» dann die Außenwelt? Einen Hinweis darauf entdeckte Peter Hertel in der Geheimschrift «Geist und Fromme Gewohnheiten». Er fand darin Anweisungen, mit dem kostbaren Gut der Nächstenliebe nicht wahllos umzugehen: «An erster Stelle stehen die Mitglieder des Opus Dei, diejenigen, die schon in unserer Gemeinschaft sind», heißt es dort. Erst an zweiter Stelle habe die leibliche Familie des Gläubigen zu stehen. Nach dieser darf der gläubige Anhänger Nächstenliebe an Katholiken verschwenden, die man noch für das Opus Dei gewinnen will. Noch tiefer rangieren die vom wahren Glauben Abgefallenen, nämlich diejenigen, «die sich Christen nennen, oft aber Christus nicht kennen. Zuletzt alle anderen: alle Seelen, alle, alle».

«Herz beiseite – erst die Pflicht»

Je weiter ein Mitglied in der Hierarchie eines Geheimbunds nach oben steigt, desto mehr erfährt es über dessen Strukturen und Absichten. Im Opus Dei handhabt man dies nicht anders. Das Nichtwissen großer Teile der Mitglieder über das «Gotteswerk» wird als elterliche Fürsorge interpretiert, wie aus einer internen Schulungsschrift hervorgeht: «Das Opus Dei ist eine Familie (...), und die Söhne brauchen – wie das in Familien der Fall ist – nicht in alles eingeweiht zu sein, was die Eltern stark beschäftigt, und die jüngeren Söhne brauchen nicht um alles zu wissen, was den Eltern und den älteren Söhnen bekannt ist», heißt es im «Vademekum für die örtlichen Räte». Von Töchtern ist nicht einmal die Rede.

Ergänzt wird dieses System des Unwissens durch ein ausgeprägtes Zensurwesen. Das Opus Dei besitzt ein Verzeichnis verbotener Bücher. Es umfasst 60 000 Titel und wird ständig größer. Ohne Erlaubnis darf nicht einmal in der Schule oder im Studium mit Werken aus diesem Verzeichnis gearbeitet werden. Als Ersatz werden mitunter dem Opus Dei genehme Zusammenfassungen überreicht. Kommt einem Mitglied ein Buch verdächtig vor, muss es die geistlichen Leiter um Rat fragen. In Zeiten omnipräsenter Medien muten die Vorschriften mitunter etwas hilflos an. So werden Opus-Dei-Mitglieder gebeten, im Kino bei «unchristlichen» Szenen die Augen zu schließen oder das Kino zu verlassen.

Die Kontrolle umfasst aber nicht nur Filme und Literatur. Die Aussteigerin Véronique Duborgel aus Frankreich berichtet von «brüderlichen Zurechtweisungen» durch den leitenden Numerarier schon wegen kleinster Verstöße gegen Benimmregeln. Die Mitglieder werden auch zur Selbstbeschuldigung aufgefordert: «Verbirg deinem Leiter diese Einflüsterungen des Feindes nicht. – Deine Überwindung in der Aussprache gibt dir mehr Gnade (...)» («Der Weg», 64) Den Berichten des deutschen Aussteigers Klaus Steigleder ist zu entnehmen, dass es im Zuge der Umsetzung dieses umfassenden

Systems zu einer Umdeutung von Begrifflichkeiten kommt, die an George Orwells «1984» erinnern: Ein «brüderliches Gespräch» ist kein freundlicher Austausch, sondern im Grunde genommen ein Verhör. Permanente Kontrolle wird als «Sorge» verkauft, und eine «Bitte» des Leiters ist als strikter Befehl zu verstehen, der kein Widerwort duldet.

Je geheimer die Absichten einer Gemeinschaft, desto schärfer die Überwachung ihrer Mitglieder, besonders wenn sich der Bund von höheren Kräften auserwählt fühlt. Das dem Opus Dei eigene System der permanenten Kontrolle und Zurechtweisung kann man bei einem potenziellen Führungsmitglied vielleicht noch mit notwendiger Auslese rechtfertigen. Aber Véronique Duborgel war eine verheiratete Supernumerarierin mit fünf Kindern, stand also in der Hierarchie recht weit unten. Sie berichtet, dass im Opus Dei der vollkommen durchritualisierte Glaubensalltag allerhöchste Priorität genießt – oder wie es bei Escrivá heißt: «Herz beiseite, erst die Pflicht. – Aber lege die Wärme deines Herzens in die Pflichterfüllung.» («Der Weg», 162) Den Regeln des «Gotteswerks» ist alles unterzuordnen: Familie, Lebensplanung, sogar Emotionen. Duborgel berichtet von eisiger Gefühlskälte, von strikten Kleidungsvorschriften sowie den Besuchen einer Opus-Dei-Direktorin, die alle vierzehn Tage den Zustand der Wohnung kontrolliert. «Schaufenstergehabe» lautet das Urteil der Französin: Alles soll den Opus-Dei-Normen entsprechend vollkommen sein und makellos. Abweichungen gilt es abzutöten. Alles muss gut sein, es darf aber nicht bestens sein. Denn das wäre Hochmut. «Vergiss nicht, was du bist (…), ein Kehrichteimer. – Wenn dich der göttliche Gärtner nimmt und schrubbt und reinigt und mit herrlichen Blumen füllt (…), dann dürfen dich weder der Duft noch die Farbe, die deine Hässlichkeit schön machen, zum Stolz verleiten. Demütige dich: Weißt du nicht, dass du ein Eimer für Abfälle bist?» («Der Weg», 592)

Ein spirituelles Schneeballsystem

Opus Dei gleicht einem Stealthbomber, einem Tarnkappenflugzeug. Wo es eingesetzt wird und was seine Operationsziele sind, bleibt verborgen. Für alle Bereiche der Organisation gilt eine «religiöse Schweigepflicht». Nur Berufene sind in der Lage, die Heiligkeit des Opus Dei zu ermessen. Was die Welt über Opus Dei denkt, ist irrelevant, schreibt Escrivá: «Wenn eine Sau (jawohl!) ein delikates und erlesenes Gericht auffrisst, so wird daraus bestenfalls Schweinefleisch!» («Der Weg», 367) Vieles im Opus Dei wird als Geheimsache gehandelt: Bestimmungen, die ein schlechtes Licht auf das «Gotteswerk» werfen könnten, werden in internen Dokumenten versteckt. Die Statuten der Personalprälatur zeigen hingegen keine Auffälligkeiten. Ein Bischof erfährt allerdings nicht, welche seiner Kleriker «Assoziierte Priester» des Opus Dei sind, der Text des «Preces»-Gebets war lange Zeit geheim, die Inhalte der Führungszeitschrift «Crónica» ebenfalls, bis Peter Hertel sie veröffentlichte. Was in den Kursen über die Grundlagen des Glaubens gelehrt wird – geheim. Nicht einmal sich Notizen zu machen ist, laut Véronique Duborgel, erlaubt.

Über die Geschlechter-Apartheid hinaus (männliche und weibliche Numerarier sollen sich nicht beim Namen kennen, benutzen getrennte Eingänge, getrennte Räume, besuchen getrennte Veranstaltungen, Männer sollen Frauen gegenüber abweisend auftreten) werden auch die einzelnen Klassen des Opus Dei, wenn möglich, separiert. Wer wenig weiß, kann wenig verraten. Es ist schwierig zu sagen, aus welchen Quellen sich dieser Hang zur Geheimnistuerei speist, zumal beispielsweise das «Preces»-Gebet inhaltlich keine Auffälligkeiten bietet. Ist er ein Resultat aus der Verfolgungszeit im spanischen Bürgerkrieg? Ist es der Glaube an einen immer und überall präsenten Satan, der Opus Dei verderben will? Dennoch will die Organisation wachsen – was natürlich anfälliger macht für alle Arten von Verweichlichung und Verführungen. Auch die Gefahr des Geheimnisverrats wächst.

Geheimbünde stehen stets vor dem gleichen Dilemma: Sie müssen groß und einflussreich werden, um ihre Ziele zu verwirklichen. Der Gefahr, dass dadurch die reine Lehre verwässert wird, begegnen sie mit Orthodoxie. «Die Nachgiebigkeit ist ein sicheres Zeichen, dass man nicht in der Wahrheit ist», schreibt Escrivá passenderweise in «Der Weg». Die Folge dieser göttlichen Berufung ist ein starker Kontrolldruck, der auf den Mitgliedern lastet.

Das führt naturgemäß zu vielen Austritten, die durch fleißiges Werben neuer Mitglieder über «Freundschaften» ausgeglichen werden sollen. Dies ist Teil des religiösen Pflichtprogramms, Teil der «Berufung». «Ein jeder soll sich bemühen, mit wenigstens 12 bis 15 Personen zu verkehren, und mit nicht weniger als fünf davon besonders intensiv», heißt es in einem geheim gehaltenen Regelwerk des Opus Dei. Wer diesbezüglich keine Erfolge vorweisen kann, dem wird unterstellt, das Wort Gottes, sprich: das Wort des «Gotteswerks» nicht in die Welt tragen zu wollen. Das Ergebnis ist ein Schneeballsystem zu Ehren der katholischen Kirche, bei dem der große Profiteur von vornherein feststeht: Opus Dei. Denn das fleißige Rekrutieren hat in den letzten Jahrzehnten nicht nur die Zahl der Mitglieder hochschnellen lassen. Abgesehen von seiner ohne Zweifel für Zehntausende Katholiken attraktiven spirituellen Attitüde offeriert Opus Dei seinen Mitgliedern und seiner Führung nämlich auch dies: die Möglichkeit glänzender Geschäfte.

Kampfstern im Universum Kirche

Auf alle Vorhaltungen, das Opus Dei mische sich in politische Angelegenheiten ein, sei in krumme Geschäfte verwickelt und beabsichtige die Gesellschaft umzuformen, lautet die Antwort immer gleich: Das «Gotteswerk» sei rein geistlicher Art, ein «übernatürliches Unternehmen». Mitglieder mit weltlichem Ehrgeiz weiß man hingegen durchaus zu schätzen. Die Konstitutionen des Opus Dei geben als Ziel aus, dass die charakteristischen Mittel der Arbeit des Opus Dei öffentliche Ämter seien, «besonders jene mit Leitungsfunktion».

Wer die Außenmauer des Petersdoms in Rom entlanggeht, wird eine Entdeckung machen, die zeigt, wie groß die Bedeutung – und die Macht – des Opus Dei im Vatikan bereits ist. In einer Nische am linken Flügel des Bauwerks steht, über fünf Meter groß, die Statue Josemaría Escrivás. Das Marmorabbild ist von Johannes Paul II. in Auftrag gegeben und durch Benedikt XVI. gesegnet worden. Die Wappen beider Päpste schmücken den Sockel der Statue. Die Statue des umstrittenen Heiligen ist die einzige, die man auch aus dem Innern des Petersdoms sehen kann. 32 Tonnen wiegt sie – ein Schwergewicht wie Opus Dei selbst, das sich gemäß Escrivá für alle Arten von Auseinandersetzungen wappnen soll: «Der Krieg! – Der Krieg hat ein übernatürliches Ziel, sagst du, das der Welt verborgen ist: der Krieg ist für uns (...) Der Krieg ist das größte Hindernis für einen bequemen Weg. – Aber schließlich werden wir ihn lieben müssen wie ein Mönch seine Bußgeißeln.» («Der Weg», 311)

Als «Panzer Gottes» wurde das Opus Dei einmal bezeichnet. Die Panzerwaffe ist besonders geeignet für schnelle und tiefe Schnitte in die Reihen des Feindes. Opus Dei fühlt sich dazu berufen, drei von Escrivá definierte «Flecken» zu tilgen: den Kommunismus in all seinen Spielarten, die grenzenlose Sinnlichkeit und die Entchristlichung der Gesellschaft. Zu diesem Zweck hat es sich in allen Kongregationen («Ministerien») des Vatikans positioniert. Hundert vatikanische Ämter sollen inzwischen von Mitgliedern des «Gotteswerks» besetzt sein. Wie viele es wirklich sind, weiß niemand. Namentlich bekannt sind letztlich nur die Priester, die der Personalprälatur Opus Dei angehören, nicht aber die Namen der Laienmitglieder und derjenigen Diözesanpriester, die sich der Priester-Assoziation des Opus Dei angeschlossen haben.

Der Vormarsch der «Soldaten Christi» geschieht heimlich, still und leise, ganz im Sinne Escrivás, der seinen Anhängern die Worte

14. September 2005: Papst Benedikt XVI. segnet die fünf Meter große Statue Escrivás nach ihrer feierlichen Enthüllung in einem Alkoven des Petersdoms.

ins Aufgabenheft schrieb: «Ich habe dir die Bedeutung der Diskretion ans Herz gelegt. Vielleicht ist sie nicht die Spitze deiner Waffe, aber zumindest der Griff.» («Der Weg», 655) Stellt sich bloß die Frage: Wenn Diskretion nicht das Schwertblatt ist, was ist es dann? Und gegen wen wendet sich die Waffe? Wie vernichtend sind die Hiebe, die sie austeilt?

Wer versucht, in die weltliche Basis des Opus Dei vorzudringen, stößt ins Leere. Die einzigen sichtbaren Teile der Organisation sind die Zentren, die mit Genehmigung des Bischofs in den Diözesen errichtet werden. In diesen Kaderschmieden erhalten die Mitglieder ihre religiöse Unterweisung zur «Alltagsheiligung».

Die darunterliegende Ebene der apostolischen und korporativen Werke hat formalrechtlich nichts mit dem Opus Dei zu tun. Weder Studien- noch Universitätszentren, Wohnheime, Kulturzentren, Gymnasien oder andere Bildungseinrichtungen weisen in ihren Satzungen eine Verbindung mit dem Opus Dei auf. Stets heißt es, das Werk würde lediglich die geistliche Betreuung durchführen.

Noch schwieriger ist es, die Stiftungen zu enttarnen, zu deren Gründung Opus-Dei-Mitglieder angehalten werden. Denn die Stifter machen im Allgemeinen ihre Mitgliedschaft nicht bekannt. «Das System arbeitet perfekt im Sinne von Opus Dei. Nach außen kann sie als rein spirituell wirkende Glaubenseinrichtung auftreten, die quasi nichts besitzt außer ihren Auftrag Gottes», sagt Peter Hertel. «Natürlich kostet der Apparat eine Menge Geld. Das kommt u. a. von den Stiftungen, die selbstverständlich nur im Sinne des Opus Dei tätig sind. Werden Unregelmäßigkeiten bekannt, kann das Gotteswerk leicht jegliche Verbindung abstreiten. Denn schließlich kann sie ja nichts dafür, wenn einige ihrer Schafe sich verirren.»

Ein aktuelles Beispiel für die Vorgehensweise des Opus Dei in Deutschland: Seit Jahren will es in Potsdam ein Jungengymnasium gründen. Zum Hintergrund: Höhere Schulen sind eines der bevorzugten Reviere des Opus Dei, um nach potenziellen Mitgliedern für das Werk zu fahnden. Denn das Werk konzentriert sich bei seiner Suche nach «berufenen» Kandidaten besonders auf intellektuelle

Milieus. Wie üblich tritt das Opus Dei auch in Potsdam nicht als Körperschaft in Erscheinung. Stattdessen sorgt die Opus-Dei-nahe «Fördergemeinschaft für Schulen in freier Trägerschaft e. V.» dafür, dass Supernumerarier die «Initiative Freie Schulen Brandenburg» gründen. In der Fördergemeinschaft, die zusammen mit der Initiative eine gemeinnützige GmbH bildet, geben jedoch Opus-Dei-Mitglieder den Ton an. 60 Prozent der GmbH-Anteile sind in der Hand der Fördergemeinschaft, 40 Prozent gehören interessierten Eltern.

Nach außen wird die zukünftige Rolle des Opus Dei systematisch klein gehalten. Das Werk bescheidet sich wieder darin, lediglich die seelsorgerische Betreuung übernehmen zu wollen. «Die Schulinitiative in Potsdam ist keine Initiative der Prälatur Opus Dei. Antragsteller ist die Fördergemeinschaft für Schulen in freier Trägerschaft, die auch ein Mädchengymnasium in Jülich verantwortet. In beiden Initiativen engagieren sich eigenverantwortlich Mitglieder der Prälatur», heißt es auf der Homepage der Stiftung Freie Schulen Berlin-Brandenburg.

Wie lange wird diese Zurückhaltung noch andauern? Nach jahrelangem politischen Streit unterliegt Anfang 2013 das Land Brandenburg vor dem Bundesverfassungsgericht letztinstanzlich, die Gründung eines Jungengymnasiums zu verhindern. Gesucht wird jetzt ein Baugrundstück – und geplant ist auch ein Mädchengymnasium. Wie heißt es bei Escrivá? «Die Ebene jener Heiligkeit, die der Herr von uns erwartet, ist durch diese drei Punkte zu bestimmen: heilige Unnachgiebigkeit, heiliger Zwang und heilige Unverschämtheit.» («Der Weg», 387)

Die langen Arme des heiligen Kraken

Natürlich ist ein Jungengymnasium nur ein winziger Baustein im Glaubensgebäude Opus Dei. Aber auch der kostet Beträge im zweistelligen Millionenbereich. Einen großen Teil der Kosten scheint die Fördergemeinschaft decken zu wollen. Doch woher stammt das Geld, mit der sie die Schule realisieren will?

Korporative Einrichtungen des Opus Dei wie etwa die oben erwähnte Fördergemeinschaft decken ihren Finanzbedarf mit Erbschaften, Vermögen und den monatlichen Überweisungen der Numerarier sowie der Supernumerarier – also mit Spenden. Hinzu kommen die nicht unerheblichen Beiträge für Treffen und Exerzitien. Auch auf internationaler Ebene funktioniert dieses quasi unsichtbare Finanzierungssystem hervorragend, das dem Opus Dei zwar nicht angeschlossen, aber in totalem Gehorsam verpflichtet ist. So sind beispielsweise die Woodlawn Foundation, die Netherhall Educational Association, die Rhein-Donau-Stiftung oder die Limmat-Stiftung Bestandteile eines «weltweiten Transfersystems», das ein «regelrechtes Verwirrspiel mit Tarnorganisationen» betreibt, um Gelder dorthin zu lenken, wo sie das Opus Dei braucht. Dabei geht es um Milliardenbeträge. Allein aus den Abgaben der Numerarier und Supernumerarier erzielt Opus Dei einen Gewinn von über 500 Millionen Euro jährlich – geschätzt, denn das Opus Dei veröffentlicht keine Bilanzen.

Die wohl am wenigsten schmeichelhafte Bezeichnung für das Opus Dei stammt aus dessen Heimat Spanien: Sie lautet «Heilige Mafia». Der Grund für den despektierlichen Titel: Es hat sich herausgestellt, dass auch Bankhäuser, Ministerien und Konzerne zum Funktionieren des vom Opus-Dei-Korpsgeist getragenen Finanzgebäudes beitragen. Das ergibt sich zumindest aus dem Skandal um die Rumasa-Holding des spanischen Supernumerariers José Ruiz Mateos in den 1980er Jahren. Dieser hätte seinen Konzern ohne Rückendeckung durch die spanische Volksbank, das Industrieministerium und der Vereinigung der spanischen Privatbanken wohl nicht auf Hunderte Unternehmen ausbauen können. An der Spitze der unterstützenden Institutionen stehen damals Mitglieder des Opus Dei. Mateos, Spross eines der ältesten Adelsgeschlechter Spaniens, behauptet, durch seine Spenden habe das «Gotteswerk» an den illegalen Geschäften der Holding kräftig mitverdient. Alle Beträge, die in der Öffentlichkeit nachgewiesen wurden, ergeben laut Peter Hertel eine Summe von 50 Millionen Dollar. Er hält dies jedoch nur für die Spitze des Eisbergs.

Opus Dei agiert global. Kein Wunder also, dass sich ihr krakenähnliches Gebaren nicht nur auf die Errichtung von nationalen Netzwerken beschränkt. In etlichen Fällen gelingt es Opus-Dei-nahen Organisationen zudem, suprastaatliche Fördergelder einzustreichen. Das deutet auf Opus-Dei-Mitglieder und Sympathisanten an entscheidenden Stellen etwa in der UNO und der EU hin. Vorbei sind die Zeiten, als Gelder zur Finanzierung von Opus-Dei-Aktivitäten noch in einer Gürteltasche über Grenzen hinweg geschmuggelt werden, wie die Aussteigerin María del Carmen Tapia von einem ihrer Aufträge im Jahr 1950 zu berichten weiß.

Weiße Freimaurerei?

Das Opus Dei ist heute ohne Frage eine der aggressivsten Organisationen innerhalb der katholischen Kirche. Angeblich fühlt sich die Führung des «Gotteswerks» in der Nachfolge des mittelalterlichen verschwiegenen Ordens der Tempelritter. Einerseits ist das verwunderlich. Denn schließlich enden deren Oberste auf dem Scheiterhaufen, als Frankreichs König Philipp IV. im Jahr 1307 den Orden zerschlägt. Die Kirche versucht nur halbherzig, die ihr ergebene Organisation zu retten.

Andererseits hat das Opus Dei allem Anschein nach nicht vor, die Fehler der Mönchskrieger zu wiederholen. Die geben das Kämp-

> *«Die Menge tut einem leid. Die Hohen, die Niedrigen, die Mittleren – alle ohne Ideal! – Sie machen den Eindruck, als ob sie nicht wüssten, dass sie eine Seele haben. Sie sind wie (...) Rinderherden, Schafherden (...) Schweineherden. Jesus, mit der Hilfe deiner erbarmenden Liebe wollen wir die Rinderherde in eine Legion verwandeln, die Schafherde in ein Heer (...), und aus der Schweineherde wollen wir die herausholen, die nicht mehr unrein sein wollen.»*
>
> «DER WEG»
> LEITSATZ 914

fen auf, als ihre Besitztümer im Heiligen Land verlorengehen, und konzentrieren sich danach auf weltliche Finanzgeschäfte. Opus Dei sieht sich auf einem weitaus umfassenderen Kreuzzug globalen Maßstabs: «Wir haben den großen Ehrgeiz, die Institutionen der Völker, der Wissenschaft, Kultur, Zivilisation, Politik, Kunst und sozialen Beziehungen zu heiligen und zu christianisieren.» So mancher Kritiker würde jedoch von «unterwandern» reden.

Der Journalist Corrado Augias schreibt in seinem Buch «Die Geheimnisse des Vatikans», dass man dem Opus Dei das Prädikat «weiße oder katholische Freimaurerei» verliehen hat. Auch Vergleiche mit der kriminellen Freimaurerloge P2 werden gezogen. Dies geschieht im Zusammenhang mit der Behauptung, Opus Dei habe der Kirche mit einem dreistelligen Millionenbetrag aus der Bredouille geholfen, in die sie durch die Pleite der Mailänder Banco Ambrosiano 1981 unter Roberto Calvi geraten sei. Es heißt sogar, die nur ein Jahr später erfolgte Ernennung zur bisher einzigen Personalprälatur in der Geschichte der katholischen Kirche – inklusive weitreichender Rechte gegenüber dem «Rest» des geistlichen Establishments – sei ein Dankeschön des dem Opus Dei eng verbundenen Johannes Paul II. für die finanzielle Hilfe des «Gotteswerks». Nichts davon kann bewiesen werden, so naheliegend die Ereignisse auch sind und so zuverlässig die Quellen sein mögen, aus denen die Hinweise stammen.

Augias berichtet, dass Papst Benedikt XVI. im Oktober 2005 von Ex-Numerariern einen Brandbrief erhält. Sein Inhalt ist eine Abrechnung mit jener Organisation, der der Vatikan wie keiner anderen kirchlichen Institution die Zukunft der katholischen Kirche in die Hände gelegt hat. Demnach verstößt das Opus Dei systematisch und mit Billigung seiner Führung gegen «die moralischen und staatlichen Normen bezüglich der Verwendung des Geldes, der Vertragsklauseln und der Steuerpflichten». Es verhindere nicht «den Abschluss von unmoralischen und illegalen Geschäften» und betreibe Desinformation. Nicht weniger eindringlich werden die inneren Verhältnisse beschrieben. Da ist die Rede von «systematischer Ausbeutung von Individuen mittels einer extremen Anwendung der Verpflichtung zu Armut, Keuschheit und Gehorsam» und von «Abschaffung jeglicher individuellen Freiheit. Die Jüngsten werden gezwungen, sich von ihrer Familie abzuwenden, man verbietet ihnen sogar, das Foto ihrer Eltern im Zimmer zu haben.» Von einer Antwort Benedikts XVI. berichtet Augias nichts. Das ist wenig verwunderlich. Denn der einstige Opus-Dei-Kritiker Ratzinger hat sich im Laufe der Jahre ein durchaus positives Verhältnis zur Laienorganisation erarbeitet. Die Zuneigung wird erwidert. 1998 erhält Ratzinger von der Opus-Dei-Universität in Pamplona die Ehrendoktorwürde.

Und wie verhält es sich mit dem neuen Papst Franziskus I., dem Jesuiten Jorge Mario Bergoglio? Es heißt, dass Jesuiten und Opus Dei zwei Dinge verbindet: der Glaube und eine tiefe gegenseitige Abneigung. Aber daraus zu schließen, das Opus Dei müsse das erste Mal seit dem spanischen Bürgerkrieg wieder mit einer Machteinbuße rechnen, ginge an der Realität vorbei. Längst stellt es einen bedeutenden Teil der vatikanischen Elite. Selbst wenn er das wollte, könnte der Papst daran nur wenig ändern.

Aber will Franziskus I. das überhaupt? «Die ganze Kirche wird Opus Dei sein. Der Gründer ist ja von Gott erwählt worden, die Kirche zu retten. Deshalb ist Gott mit uns.» So sieht man bei Opus Dei laut seinem ehemaligen Mitglied Father Vladimir Felzmann die Zukunft der katholischen Kirche. Ist diese Zukunft bereits die Gegenwart? Laut Peter Hertel spricht einiges dafür. Der Grund: Franziskus I. ist zwar kein Opus-Dei-Mitglied, aber der Organisation «Comunione e

Liberazione» (Gemeinschaft und Befreiung) verbunden, die wiederum dem «Gotteswerk» freundschaftlich gegenübersteht. Beide stellten beim letzten Konklave 60 Kardinäle und machten nach Peter Hertel die letzte Papstwahl unter sich aus.

Als die Tempelritter in den Kampf gegen die Muslime zogen, war ihre Schlachthymne der Psalm 2: «Warum toben die Heiden? Was schmieden die Völker nichtige Pläne.» Laut Vladimir Felzmann singen die wie die Tempelritter zölibatär lebenden Mitglieder des Opus Dei jeden Dienstag: «Wir sind Gottes Söhne. Wir singen Psalm 2.» Das Werk Escrivás geht also siegessicher in die Konfrontation mit einer in ihren Augen verdorbenen westlichen Gesellschaft. Es präsentiert sich als geheim organisierter Arm all jener, die den Kampf gegen die «Todeskultur» der Moderne aufnehmen wollen. «Opus Dei ist dabei, das Christentum von dem zu befreien, was wir Modernismus, Subjektivismus, Marxismus und Materialismus nennen», sagt Felzmann. «Für Opus Dei bedeutet das: zurück zum Feudalsystem, wo alles seinen Platz hatte (...)»

Opus Dei braucht für diesen Kreuzzug die Besten der Besten. «Dutzendmensch werden? Du (...) zum großen Haufen gehören, der du zur Führung geboren bist?! Bei uns haben Laue keinen Platz. Sei demütig, und Christus wird aufs Neue in dir die Glut seiner Liebe entfachen.» («Der Weg», 16) Escrivá und seine Nachfolger sind bereit, für den Erfolg ihrer Welt- und Glaubenssicht alle Schwachen, Zögernden, Irrgläubigen und Kritiker unbeachtet links und rechts des Weges zurückzulassen – ganz im Sinne von «Wer nicht mit uns ist, ist gegen uns». Das ist eine geistliche Einstellung, die im krassen Gegensatz zum Rat des Apostels Paulus steht: «Wir aber, die wir stark sind, sollen das Unvermögen der Schwachen tragen und nicht Gefallen an uns selbst haben» (Röm. 15,1). Der französische Dichter Jean Antoine Petit-Senn bezeichnete Religion einmal als Krankenhaus für die von der Welt verwundete Seele. Doch wo soll diese in Frieden heilen, wenn es die Kirche zulässt, dass eine ihrer Organisationen ihre Gläubigen zutiefst verletzt?

KAPITEL 3

Propaganda Due
Die Terror-Loge

Als die Nacht am tiefsten ist, liegt das Opfer bereits bewusstlos stranguliert an Bord eines Motorbootes, das über die Themse in Richtung der fünf eisernen Bögen der Londoner Blackfriars Bridge gleitet. Auf den Uferpromenaden ist in den ersten Stunden des 18. Juni 1982 kaum ein Passant unterwegs. Niemand sieht das Boot unter die Brücke fahren. Und niemand bemerkt, dass es für eine gute Weile nicht mehr auftaucht. Der Grund ist eine Hinrichtung. Ein Seil wird an dem Baugerüst unter der Brücke befestigt und um den Hals des Ohnmächtigen geschlungen. Die Taschen seines Jacketts stopfen die Henker mit Ziegelsteinen und Zementbrocken voll. Das Boot fährt los. Der Körper gleitet über die Reling. Die Schlinge zieht sich zu, als der Sterbende halb in der Themse versinkt. Das Röcheln aus seiner Kehle wird vom leisen Plätschern des Wassers übertönt. Die Mörder sehen das letzte Aufbäumen des Körpers gegen seinen Tod. Ihr Auftrag ist erledigt.

Erst um acht Uhr morgens entdecken Passanten die Leiche. Die Themse führt nun Niedrigwasser. Der Tote hängt an einem orangefarbigen Nylonseil über dem schmutzig braunen Wasser des Flusses. Die Polizei birgt ihn. Die Uhr an seinem Arm, eine teure Patek Philippe, ist bei 1:52 Uhr stehengeblieben. Die Leiche weist keine Hinweise auf Gewalteinwirkung oder Missbrauch von Drogen auf. Das Fazit lautet: keine Fremdeinwirkung, also Selbstmord. Scotland Yard will die Akte schließen. Doch sie ist bis heute offen. Denn schon bald stellt sich heraus: Der Tote ist nicht irgendwer, sondern der Topmanager der Banco Ambrosiano, einer Mailänder Bank,

Die Privatsekretärin Roberto Calvis, Präsident der Banco Ambrosiano, stürzt 1982 aus dem vierten Stock des Bankgebäudes. Selbstmord oder ein Attentat der Geheimloge P2?

die den Vatikan finanziert, aber wenige Tage zuvor spektakulär mit 1,3 Milliarden Euro Außenständen kollabiert ist. Und: Roberto Calvi ist Mitglied der berüchtigten Freimaurerloge Propaganda Due. Das sorgt nicht nur in der Hauptstadt Großbritanniens, dem Ursprungsland der Freimaurerei, für Aufsehen. Denn der Name Propaganda Due wird in jenen Tagen in einem Atemzug mit zwei der blutigsten Terrorakte in Verbindung gebracht, die Europa bis dahin erlebt hat: mit dem Bombenanschlag im Bahnhof von Bologna ein Jahr zuvor, der 85 Menschen tötete, und mit der Entführung und Ermordung von Aldo Moro, dem Führer der christdemokratischen Partei Italiens, im Jahr 1978.

Die Propaganda Due, kurz P2 genannt, will nicht weniger als die Demokratie in Italien beseitigen und eine Diktatur installieren, heißt es. Eine Freimaurerloge als Putschisten-Zentrale? Nur einen Kilometer von der Blackfriars Bridge entfernt, in der Great Queen Street, schrillen die Alarmglocken. Dort sitzt die Vereinigte Großloge von England, die älteste Freimaurervereinigung der Welt. Sie entscheidet darüber, was sich Loge nennen darf und was nicht. Ihre Führung ist entsetzt. Was ist da in Italien passiert? Wie kann eine Freimaurerloge von einem mafiösen Clan Polit-Krimineller übernommen werden, ohne dass das jemand bemerkt?

Wer die Räume einer Freimaurerloge betritt, sieht darin drei Säulen stehen. Auf ihnen brennen drei Lichter. Sie verkörpern in der rätselhaften Symbolwelt der «diskreten Gesellschaft» Weisheit, Schönheit und Stärke. «Weisheit leite den Bau», heißt es bei den Freimaurern, «Stärke führe ihn aus», und «Schönheit ziere ihn». Nach eigenem Bekunden ist es das Ziel des in Logen organisierten Männerbundes, «aus einem guten Mann einen besseren zu machen». Seit 300 Jahren treffen sie sich in ihren Tempeln, um unter Ausschluss der Öffentlichkeit geheimnisumwitterte Rituale durchzuführen, das nach Ansicht der Freimaurer «wohl erfolgreichste Persönlichkeitstraining der Welt».

Als Propaganda Due im Jahr 1887 gegründet wird, stehen auch in ihrem Tempel jene von Licht gekrönten Säulen. Damals sieht sich die

Loge als Gegenspieler zum Nachfolger der katholischen Inquisition namens Propaganda Fide. P2 gehören viele Mitglieder der italienischen Intelligenz an. Die Loge ist durchaus politisch engagiert, aber tolerant. Sie versteht sich vor allem als eine der Freiheit, Gleichheit und Brüderlichkeit verbundene Gemeinschaft. Wie kann eine der Humanität verbundene Bewegung ein Terror-Syndikat hervorbringen?

Schon immer behaupten die Feinde der Freimaurer, die Logen würden den Staat zersetzen, seien Feinde des Glaubens, die für Macht und Geld bereitwillig Menschenleben opfern. Wenn jemals in der Geschichte der Freimaurerei eine Loge diesen Vorwürfen gerecht wird, dann ist es P2. Das Ausmaß ihrer Agitation gegen Staat und Gesellschaft bis zu ihrer Zerschlagung im Jahr 1982 ist gigantisch – und auch heute noch nicht völlig aufgeklärt. Ihre internationalen Verbindungen reichen vom Vorzimmer des Papstes über die Villen der Mafia-Paten bis in die Regierungspaläste südamerikanischer Diktatoren. Doch wer hilft der P2, solche Kontakte zu knüpfen? Und was macht sie so mächtig, dass der Meister dieser Loge heute nicht hinter Gittern sitzt, sondern in einer prächtigen Villa in der Toskana?

Der Leichnam Roberto Calvis. Der «Bankier Gottes» wird am 18. Juni 1982 erhängt unter der Londoner Blackfriars Bridge aufgefunden.

Der Pate des Terrors

Es sind bewegende Worte, die Ronald Reagan am Abend des 20. Juli 1981 spricht. Es ist der Tag seiner Amtseinführung als 40. Präsident der USA: «Wir haben Männer in diesem Land, die den Willen haben, das zu tun, was nur sie zu tun in der Lage sind. Männern wie diesen verdanken wir, dass es in den 200 Jahren amerikanischer Geschichte immer eine den Gesetzen gemäße Ablösung der Regierungsgewalt gab, ohne militärischen Umsturz und Gewalt. Darum atmen wir auch heute noch die Luft der Freiheit. Und Gott helfe uns, dass dies immer so sein wird.»

An jenem Abend hört auch ein Italiener diese Worte. Er gehört zu den handverlesenen Gästen, die zum «Inaugural Ball», dem traditionellen Fest zu Ehren des neuen Staatsoberhaupts, eingeladen sind. Es muss also seinen Grund haben, warum der Mann aus Bologna dabei ist. Sicherlich ist es nicht die Qualität der Matratzen, die er daheim in seiner Fabrik produzieren lässt – auch wenn Italien in jenen Jahren gepflastert ist mit Werbung für Bettpolster der Marke Permaflex. «Die ganze Welt in deinen Träumen» ist auf den Plakatwänden zu lesen. Doch die Welt, von der dieser Ballgast träumt, hat das Potenzial, Millionen Menschen den Schlaf zu rauben. Es mag sein, dass der Mann lächelt, als er Ronald Reagans Worte hört. Denn in Italien sorgt er für genau das, was der Präsident als Albtraum beschreibt: Es herrschen Gesetzlosigkeit und Gewalt, Putschgerüchte gehören zum Alltag. Wohl weil er dies seit Jahren so zuverlässig macht, ist er hier. Die Balleinladung ist anscheinend eine Belohnung. Denn der Matratzenfabrikant, der Nancy und Ronald Reagan beim Auftakttanz des Balls zuschaut und wie alle im Saal artig applaudiert, heißt Licio Gelli. Er ist der allmächtige Chef von Propaganda Due.

Regine Igel, Kennerin der politischen Szene Italiens, beschreibt, was man am Potomac in der P2 sieht: Sie ist «das geeignete Instrument, um (unter) führenden Köpfen des antikommunistischen Lagers aus Politik, Militär, Medien, Wirtschaft und Hochfinanz quer zu den politischen Parteien und unter Führung Amerikas (...) einen Zusammenhalt zu schaffen». Das hört sich harmlos an. Tatsächlich aber beunruhigen die beachtlichen Wahlergebnisse der KPI, der Kommunistischen Partei, die USA und ihre NATO-Verbündeten sehr, sodass sie Licio Gelli beauftragen, alles zu tun, um einen Wahlsieg oder eine Regierungsbeteiligung der Kommunisten zu verhindern. Was die P2 organisieren soll, entnimmt Gelli allem Anschein nach einem US-Geheimpapier, schreibt der Schweizer Historiker und P2-Experte Daniele Ganser. «Licio Gelli erklärte damals: ‹Ich bekam es von der CIA.›» Die USA behaupten bis heute, das Dokument namens FM 30-31B sei eine sowjetische Fälschung. Denn sein Inhalt ist brisant. Es ist eine Anleitung, wie man die Bevölkerung mit Terror politisch unter Kontrolle hält. Daniele Ganser weiß auch, zu welchen Mitteln man damals greift, um FM 30-31B zu verwirklichen: «Rechtsextreme Terroristen führten Anschläge aus, diese wurden durch gefälschte Spuren dem politischen Gegner angelastet, worauf das Volk selber nach mehr Polizei, weniger Freiheitsrechten und mehr Überwachung durch die Nachrichtendienste verlangte.»

Licio Gelli ist damals «Washingtons Mann» (Daniele Ganser), die in FM 30-31B beschriebene «Politik der Spannung» in die Wege zu leiten. Die Amerikaner hätten keinen Besseren finden können als diese schillernde Persönlichkeit der extremen Rechten Italiens. Schon mit 17 Jahren geht Licio Gelli nach Spanien und zieht dort auf Francos Seite in den Bürgerkrieg. Er ist ein glühender Verehrer Mussolinis. Der politische und militärische Kampf lehrt ihn, Verschlagenheit, Skrupellosigkeit und Brutalität als die besten Waffen im Kampf um das Überleben zu schätzen. Als die Herrschaft der Faschisten in Italien zu Ende geht, zögert Licio Gelli keinen Moment, dem kommunistischen Widerstand nützliche Hinweise zu geben. Der Verbindungsoffizier zu den deutschen Nazis entgeht dank Protektion eines führenden Kommunisten einem Erschießungskommando. In den Wirren des Kriegsendes knüpft er außerdem Kontakte zu den westlichen Geheimdiensten. Bald weiß niemand mehr, auf wessen Seite Licio Gelli eigentlich steht.

In der Nachkriegszeit lebt Gelli in Südamerika und macht sich in einschlägigen Kreisen als Waffenhändler zwischen Europa und Argentinien einen Namen. Zurück in Italien, wird er ein erfolgreicher Unternehmer und Abgeordneter der rechtsradikalen Movimento Sociale Italiano. Doch parlamentarische Arbeit allein genügt ihm nicht. Gelli will ein autoritär geführtes Italien, das Ende der parlamentarischen Demokratie. «Die Macht kann man nur erlangen, wenn das Projekt geheim ist», sagt Licio Gelli in einem Fernsehinterview freimütig. Es ist das Motto seines Lebens. Und er geht dafür über Leichen.

Das Gespenst der bleiernen Zeit

Mailand, Piazza Fontana, am 16. Dezember 1969. In den Räumen der Banca dell'Agricoltura herrscht Gedränge. Niemand beachtet den Mann, der in der Eingangshalle eine Aktentasche unter einem Tisch platziert und danach die Bank verlässt. Um 16:45 Uhr detonieren acht Kilogramm Sprengstoff.

«Ich saß an meinen Schreibtisch hinter dem Schalter. Ich hörte den Knall. Der Blitz lähmte mich. Ich sah durch den Rauch einen Körper über den Schalter fliegen. Er schlug neben mir auf. Ich war so geschockt, dass ich mich nicht bewegte», erinnert sich der damals 27-jährige Angestellte Michelle Carlotto.

14 Menschen sterben an jenem Tag in Mailand. Um die Täter zu finden, werden über 4000 Verdächtige verhaftet – ohne Ergebnis. Was die Italiener damals nicht ahnen können: Die Bombe von der Piazza Fontana ist der Auftakt zu einem mörderischen Blutvergießen, das Italien über 20 Jahre lang in Atem hält. Es ist die «bleierne Zeit», in der rechte und linke Terrorgruppen Italien fast tagtäglich mit Gewalt heimsuchen. Rund 500 Menschen werden von Bomben

und Kugeln getötet, Zehntausende verletzt. Zudem wird der Staat von Streiks und sozialen Unruhen erschüttert. Der Staat scheint dem Zusammenbruch nahe. Viermal wollen ultrarechte Offiziere putschen. Sie werden stets im letzten Moment zurückgepfiffen. Doch von wem?

Der Tod der 14 Opfer vom Anschlag in Mailand ist bis heute ungesühnt. Und das, obwohl schon 1974 ein Geheimdienstpapier zu dem Schluss kommt, dass eine dubiose Freimaurerloge darin verwickelt sei und Spuren verwische. Die P2 steht damals am Rande der Enttarnung. Aber die Loge ist zu jenem Zeitpunkt schon so mächtig, dass das Papier so schnell verschwindet, wie es auftaucht. Keiner der Verfasser wagt es, das Dokument zu veröffentlichen.

Heute weiß man: Der Terror in Italien hätte niemals solche Ausmaße annehmen können, wenn nicht Licio Gelli durch einen ihm hörigen Geheimbund die Fäden hätte ziehen können. 1963 wird Gelli Freimaurer. Zunächst verhindert seine Faschisten-Vergangenheit höhere Weihen – bis drei Jahre später der Vorsitzende der Großloge von Italien (Grande Oriente d'Italia, GOI), Giordano Gamberini, ihn zu protegieren beginnt. Großmeister Gamberini steht in engem Kontakt zur CIA und beauftragt Gelli, den Logen Italiens neue Mitglieder von Rang zuzuführen. Als ehemaliger SS-Offizier ist Gelli hervorragend in der rechten Szene vernetzt. Dementsprechend erfolgreich gelingt es ihm, Gamberinis Wünsche zu erfüllen. Gelli steigt rasch in den Freimaurer-Graden auf und wird zum Vorsitzenden der Loge P2 ernannt. Er macht Propaganda Due zu einem politisch-kriminellen Hypozentrum Italiens. Die Beben, die von ihr ausgehen, lassen das ganze Land erzittern. Und die Nachbeben dauern bis heute an.

Gelli erkennt sofort, wie hervorragend Propaganda Due geeignet ist, seine kriminellen und politischen Ziele zu erreichen. P2 ist eine «gedeckte Loge», deren Mitglieder nur ihm und der Führung der GOI bekannt sind. Das macht es leicht, sie zu missbrauchen. Nach heftiger Kritik an Gellis Amtsführung seitens vieler italienischer Freimaurer wird zwar beschlossen, P2 in eine normale Loge umzuwandeln. Doch mittels einer Intrige innerhalb der italienischen Freimaurerei schafft es Gelli 1975 nicht nur, viele ihm bisher kritisch gegenüberstehende Freimaurer für sich einzunehmen, sondern auch seinen Gegenspieler, den Großmeister des GOI, Lino Salvini, unter Kontrolle zu bekommen. 1976 gelingt es Gelli dann, die Loge mittels einer Suspendierung gewissermaßen unsichtbar zu machen. Die Großlogen-Führung akzeptiert dieses Vorgehen, auch wenn es gegen die Statuten des GOI verstößt. Der Grund ist ein handfester Freimaurer-Skandal: Ein hohes Mitglied der P2 ist wegen Drogenhandels und Entführung verhaftet worden. Man hofft, mit der Suspendierung die Diskussion um die P2 – und die Freimaurerei generell – beruhigen zu können.

Doch wenn Gellis Gegner glauben, dass die P2 aufgelöst und ihr dubioser Vorsitzender damit unschädlich gemacht ist, erliegen sie einer geschickten Täuschung. Die P2 ist auf Betreiben Gellis nur scheinbar schlafen gelegt worden. Tatsächlich hat die GOI-Führung Gellis Vorsitz auf unbestimmte Zeit verlängert, und er darf neue Mitglieder ohne Beteiligung von Logenbrüdern initiieren. Das heißt: Gelli ist nun definitiv Alleinherrscher über Propaganda Due, sie tut, was ihr Herr befiehlt. Sie dient allein der Verwirklichung seiner Pläne, der Ausweitung der Macht und der Rekrutierung neuer Mitglieder, die seine politischen und wirtschaftlichen Interessen teilen. Spätestens ab diesem Zeitpunkt stellt die P2 ein Kartell politischer Intrige und Gewalt dar, sodass man im Grunde nicht mehr von einer Freimaurerloge sprechen kann.

P2 wird zu einer Organisation der radikalen Antikommunisten Italiens. Es gibt kein politisches oder juristisches Radar, das sie erfassen kann. Diese Art politischer Organisation ist exakt auf die Verhältnisse Italiens zugeschnitten, vollkommen neu – und entsprechend attraktiv. Die Zahl ihrer Mitglieder steigt binnen weniger Jahre von 14 auf 2500. Licio Gelli lässt seine Verbindungen spielen, die alten Seilschaften aus der Zeit Mussolinis. In Italien sind diese im Gegensatz zu Deutschland noch weitgehend intakt. Kriegsverbrechertribunale wie die «Nürnberger Prozesse» hat es nie gegeben. Viele

Faschisten haben sich nur ein anderes Parteimäntelchen angezogen – wenn überhaupt. Und wer die alten Schwarzhemden kennt, erfährt schnell, wer unter den Neofaschisten und Nationalisten brauchbar ist. Kontakte in die rechte Terrorszene ergeben sich da von selbst.

Propaganda Due residiert nun nicht mehr im Palazzo Giustiniani, dem damaligen Sitz der GOI, sondern in der Suite Nr. 127 des Nobelhotels Exzelsior in Rom. Die luxuriös eingerichteten Zimmer kosten Licio Gelli umgerechnet rund 25 000 Euro im Monat. Das sind «Peanuts» für ihn. In den Räumen geht es zu wie in einem Taubenschlag. Damals ist jeder Tag Licio Gellis laut einem Bericht der Wochenzeitschrift «Die Zeit» streng durchgetaktet: Um sechs Uhr morgens rapportiert ihm ein Journalist der italienischen Nachrichtenagentur ANSA am Telefon alle wichtigen Zeitungsmeldungen. Es folgen Dutzende Telefonate und Termine, die nie länger als 20 Minuten dauern. Ein Leben wie das eines Regierungspräsidenten – oder eines Diktators. Wer bei Gelli vorgelassen wird, huldigt dem Logenmeister unterwürfig, erinnert sich Gellis Sekretärin und Geliebte Nara Lazzarini in der «Zeit»: «Sie nannten ihn den heiligen Licio.»

Gellis Wort ist Gesetz, sein Wille geschieht. Wer etwas werden will im Italien jener Tage, bittet Gelli um eine Audienz. Seine Vermittlungsarbeit kostet natürlich etwas, seine Informationen auch. Aber er bekommt, was er will. Gelli scheffelt Unmengen Geld. Er kennt, wer in Italien Macht und Ansehen hat. Viele davon sind in seiner Loge. Und er nimmt nicht jeden: «Wir akzeptierten nur Leute, die eine hohe Funktion hatten: Minister, Bankenchefs, den Kommandanten der Finanzpolizei und der Carabinieri. Sie alle waren vereint in der Freimaurerloge P2», sagt Licio Gelli 2010 in einem Fernsehinterview. Er sieht in P2 einen Orden antikommunistischer Kreuzritter: «Wir waren eine Gemeinschaft von Glaubensgenossen. Wir konnten keine Ungläubigen zulassen. Wir wollten den Kommunismus auf seinem Weg aufhalten, den Kommunismus eliminieren, den Kommunismus bekämpfen.»

Der Stammgast

Nie hat eine Loge so viel Macht besessen und diese so brutal ausgenutzt wie Propaganda Due. Nie ist eine Loge dafür tiefer gesunken. Doch was verleiht Licio Gelli so viel Macht, dass sie ihm gehorcht? Er verfügt über eine Waffe von ungeheurer Schlagkraft: Erpressungsmaterial in Form eines 157 000 Dokumente umfassenden Archivs des militärischen Geheimdienstes Italiens, SIFAR. Offiziell gilt es als vernichtet. Der Schweizer Historiker Daniele Ganser beschreibt, wie es dennoch in die Hände von Propaganda Due gelangt: «1967 wird Allavena (General Giovanni Allavena, 1966 entlassener SIFAR-Chef) Mitglied der geheimen antikommunistischen Freimauer-Loge Propaganda Due (...). Ihrem Vorsitzenden Licio Gelli überreichte er eine Kopie des Archivs als ein sehr spezielles Geschenk.» Es ist das Werk von 7000 Agenten, die über Jahre hinweg größtenteils illegal bedeutende Persönlichkeiten Italiens aus Kirche, Staat und Gesellschaft auskundschaften, ihre Familienmitglieder und Freunde inklusive. Die SIFAR-Papiere sind eine Bibel des Schmutzes und bilden die perfekte Munition für die Schlacht, die Propaganda Due schlagen will. Es ermöglicht, «Italien von innen her heimlich zu kontrollieren», analysiert Daniele Ganser die Bedeutung des Archivs.

SIFAR wird 1965 aufgelöst, weil man Putschpläne gegen die italienische Regierung entdeckt. Propaganda Due will vollenden, was die SIFAR-Obersten nicht erreichten. Sie tut es verschlagener, vorsichtiger, effektiver – und sie weiß den mächtigsten Verbündeten auf ihrer Seite, den ein Geheimbund haben kann: die CIA, den Auslandsgeheimdienst der USA. Die Untersuchungskommission, deren Ergebnisse nach drei Jahren Recherche 180 Aktenordner füllen, unterlässt es wissentlich, die Rolle des transatlantischen Partners unter die Lupe zu nehmen, schreibt Regine Igel. Sie zitiert in ihrem Buch «Terrorjahre» ein Mitglied der Untersuchungskommission mit den Worten: «Man muss (...) sagen, dass wir die internationale Leitung der Loge, also die tieferen Schichten, nicht einmal berührt haben.

Die Vorsitzende (Christdemokratin Tina Anselmi) selbst hat das Bild einer unteren und einer oberen Pyramide entworfen. (...) Vom politischen, übergeordneten Teil aber haben wir nichts erfahren können. Ganz sicher wäre in der Kommission auch sofort eine Krise ausgebrochen.»

Die Verbindung zwischen P2 und den Machern der US-Außenpolitik ist so eng, dass Gelli Stammgast in Washington ist und nicht nur zur Amtseinführung Reagans eingeladen wird, weiß P2-Kenner Daniele Ganser. «Gellis Kontakte in die USA blieben während des gesamten Kalten Krieges hervorragend. Als Zeichen des Vertrauens und des Respekts wurde Gelli 1974 zu den Inaugurations-Feiern von Gerald Ford eingeladen und 1977 zu denen von Jimmy Carter.» Vor der Inauguration von Ronald Reagan hält sich Gelli angeblich sogar einige Tage auf dem Familiensitz des ehemaligen CIA-Direktors George H. W. Bush auf, der unter Reagan Außenminister wird.

Die geheime Armee

Gelli macht die P2 zu einem Panzer der Antikommunisten, zu seiner persönlichen Festung. Die Mitglieder sind Verbindungsmänner in alle Entscheidungszentren des italienischen Staates. Es sind Schläfer, die Gelli nach Belieben aktiviert, damit sie seine Direktiven ausführen, um das Netz der P2 über Italien auszubreiten. Doch wer sind seine Söldner?

In der Zeit des Kalten Krieges gehört es zu den Überzeugungen der USA und ihrer Bündnispartner, dass der Warschauer Pakt unter Führung der Sowjetunion jede Schwäche des Westens ausnutzt, um seine Macht in Europa zu erweitern. In den ersten Nachkriegsjahren ist man fest davon überzeugt, dass eine militärische Invasion der kommunistischen Staaten unmittelbar bevorsteht. Der

Der Bombenanschlag im Bahnhof von Bologna am 2. August 1980 ist einer der grausamsten in der Geschichte Europas. Die Spur der Täter führt zur Geheimloge P2.

amerikanische Auslandsgeheimdienst ergreift darum Maßnahmen für die Zeit nach dem Tag X. Man ruft eine Organisation ins Leben, die so geheim ist, dass ihre Existenz erst 1990 bekannt wird: Sie heißt «Gladio», eine Schattenarmee, deren Mitglieder über ein gigantisches Netz von Waffenlagern in ganz Westeuropa verfügen. Im Fall einer sowjetischen Invasion sollen sie hinter den Linien den Widerstand organisieren und Sabotageakte durchführen. Ein Hauptrekrutierungsfeld sind alte Faschisten und Nationalsozialisten sowie deren politische Ziehsöhne in den neuen rechtsradikalen Parteien.

Die Mitglieder Gladios werden darauf eingeschworen, sich ruhig zu verhalten, um unerkannt zu bleiben. Doch in Ländern mit starken kommunistischen Bewegungen werden sie aktiv – besonders in Italien. Dort kulminieren die Attentate und Anschläge in jenen Jahren, als das schwarze Herz der politischen Macht Italiens im Hotel Exzelsior schlägt: «Die Elite-Loge P2 wird zu einem im Verborgenen agierenden politischen Entscheidungszentrum, das ohne jegliche demokratische Legitimierung, nur gestützt von führenden amerikanischen und italienischen Politikern, die politischen Geschicke des Landes parallel zur offiziellen Regierung bestimmt», schreibt die P2-Expertin Regine Igel.

Eine machtbesessene, skrupellose Vereinigung saugt damals das Land finanziell aus, zersetzt die soziale Ordnung und terrorisiert die Menschen, weil es die atlantische Führungsmacht so wünscht: «Die (...) P2 und die ebenfalls von den USA finanzierte antikommunistische Parallelarmee Gladio kooperierten während Italiens Erster Republik sehr eng», schreibt der Historiker Daniele Ganser. Auch der ehemalige CIA-Agent Richard «Dick» Brennecke behauptet 1990 in einem Fernsehinterview, dass die USA die P2 benutzten, um den Terrorismus in Italien zu fördern. «Ich traf mehrmals mit Terroristen zusammen. Sie wurden als den USA dienlich angesehen.» Die CIA dementiert Brenneckes Geständnis sofort. Bis heute gelingt es keinem Staatsanwalt nachzuweisen, dass P2 direkt in Bombenanschläge und Attentate verwickelt ist, die von rechtsradikalen Gruppen wie der «Ordine Nuovo» (Neue Ordnung) durchgeführt wurden. Fest steht, dass jede Bombe und Kugel der Rechtsterroristen Licio Gelli in die Hände spielt. Seine politischen Ziele: «Die Macht in einer Hand, in der Exekutive, die Vernichtung der Opposition, ein Maulkorb für die Information und als Folge eine Änderung der Verfassung, um all das möglich zu machen», sagt Leoluca Orlando, der für seinen Anti-Mafia-Kampf bekannte Bürgermeister von Palermo. Licio Gelli will Italien wieder in der Hand eines autoritären Staatsführers sehen.

Zunächst scheinen Gelli und seine Förderer die italienische Öffentlichkeit durch die Terror-Taktik der «Politik der Spannung» lenken zu können. Anfang der 1980er kommt es aber zu einem Strategiewechsel. Der schleichende Staatsputsch durch systematische Unterwanderung von Militär, Geheimdienst, Ministerien, Wirtschaft und Verwaltung ist jetzt das oberste Ziel, sind P2-Experten überzeugt. Aber weiterhin gilt: Wer Licio Gelli unterstützt, profitiert. Wer illoyal ist oder nicht mehr «funktioniert», riskiert anscheinend sein Leben.

Ein Millionenspiel auf Leben und Tod

Laut Aussage des CIA-Agenten Richard Brennecke erhält die P2 zur Finanzierung ihrer Aktivitäten enorme Geldsummen vom amerikanischen Auslandsgeheimdienst, angeblich bis zu zehn Millionen Dollar monatlich. Für was wird das Geld verwendet? Wie viel landet auf Gellis Konten? 1982 verhaftet man den P2-Chef in der Schweiz bei dem Versuch, von einem Nummernkonto 120 Millionen Dollar abzuheben. Ist dieses Geld der Grund, warum der P2-Schatzmeister Roberto Calvi unter der Blackfriars Bridge erhängt wurde? Weiß er von den CIA-Millionen und will Calvi erpressen, als es mit der Banco Ambrosiano bergab geht und der P2-Chef nichts für ihn unternimmt? Fest steht: Als die Justizbehörden gegen Calvi ermitteln und die Mafia ihr Geld zurückverlangt, versucht sich der Milliarden-Jongleur mit allen Mitteln gegen seinen Untergang zu stemmen. Er fleht sogar Papst Johannes Paul II. um Hilfe an. Schließlich ist er diesem stets mit finanztechnischen Winkelzügen zu Diensten, um die teuren kirchenpolitischen Ziele des Vatikans in Osteuropa und Südamerika möglich zu machen: «Ich bin es gewesen, der auf ausdrückliche Anordnung Ihrer maßgeblichen Repräsentanten über beträchtliche Finanzierungsmittel zugunsten vieler Länder und politisch-religiöser Vereinigungen des Ostens und des Westens verfügt hat. Ich bin es gewesen, der (...) die Gründung zahlreicher Banken koordiniert hat, vor allem zur Bekämpfung des Eindringens und der Verbreitung philomarxistischer Ideologien; und ich bin es schließlich, der heute von genau denselben Autoritäten verraten und im Stich gelassen wird.»

Calvi ist, so viel wissen die Ermittler zum Zeitpunkt seines Todes bereits, als P2-Schatzmeister Nachfolger des zu jener Zeit schon wegen Finanzvergehen und Falschaussage unter Anklage stehenden Michele Sindona. Auf sehr italienische Weise setzt ein mit Zyanid versetzter Espresso Sindonas Leben ein Ende. Calvi liefert sein Meisterstück ab, indem er zwei biedere katholische Banken so reorganisiert, dass deren bis dahin bescheidene Erträge förmlich explodieren.

Heute, in Zeiten der Bankenkrise, ist klar: Hohe Erträge bedeuten hohe Risiken und können ein Zeichen unsauberer Geschäftspraktiken sein. Damals erhält Calvi jedoch den Titel «Bankier Gottes» und wird allseits bewundert. Was immer der chronisch klamme Vatikan an Geldmitteln braucht – der Chef des Geldhauses Banco Ambrosiano schafft es, jeden Wunsch zu erfüllen.

Wie Calvi das bewerkstelligt, skizziert der Journalist Corrado Augias in seinem Buch «Die Geheimnisse des Vatikan»: «Er schreibt sich in der Geheimloge P2 ein, knüpft riskante Beziehungen zur Mafia (und) hebt gemeinsam mit dem IOR einige Unternehmen in Steuerparadiesen aus der Taufe.» Das IOR ist das Istituto per le Opere di Religione und wird landläufig Vatikanbank genannt. Es stellt die Garantien aus, die es Calvi ermöglichen, Geld auf dem internationalen Markt zu besorgen. Auch Geld aus dem Waffen- und Drogenhandel ist darunter. Als Sicherheit dienen zwei Tonnen Gold, die hinter den bis zu neun Meter dicken Mauern des Torrione di Niccolò V. im Vatikan gelagert werden. Der festungsartige Turm ist der Sitz der Vatikanbank.

Die Banco Ambrosiano ist allen zu Diensten: der Führung der P2, der Mafia und der katholischen Kirche. Als die Finanzaufsicht in den USA und in Italien im Zuge ihrer Geldwäsche-Ermittlungen im Fall Sindona immer wieder auf die Banco Ambrosiano stößt, bricht das Finanzkartenhaus Calvis schnell zusammen. Die Mafia will ihr Geld zurück. Das IOR weigert sich, ihre Garantien einzulösen und die Schulden der Banco Ambrosiano zu bezahlen. Was bleibt, ist ein Defizit in Höhe von 1,3 Milliarden Dollar. Das Geld ist verschwunden. Das wird Calvi das Leben kosten.

Es braucht 23 Jahre, bis die Justiz Italiens sich aufgrund von Indizien zu einem Mordprozess im Fall Calvi durchringt. Doch die Verdächtigen werden freigesprochen. Der Investigativ-Journalist Gianluigi Nuzzi («Vatikan AG») glaubt nicht, dass es eine Mafia-Tat war. «Dass die Mafia Calvi ermorden ließ, weil er ihr 2000 Milliarden Lire schuldete, ist eher unwahrscheinlich. Denn erfahrungsgemäß sorgt die Mafia zuerst dafür, dass sie ihr Geld zurückbekommt, und begleicht erst dann alte Rechnungen.»

Ist es die P2, die hinter Calvis Ermordung steckt? Der ruinierte Bankchef unternimmt möglicherweise eine Verzweiflungstat und will Gelli durch Erpressung zur Unterstützung zwingen – obwohl Calvi vermutlich weiß, wie gefährlich das ist. Denn 1979 versucht auch der Sensationsjournalist Carmine Pecorelli, sich Gelli gefügig zu machen. Das P2-Mitglied droht brisante Fakten über die Loge und ihre mächtigen Hintermänner zu veröffentlichen. Wenig später wird Pecorelli auf offener Straße erschossen – angeblich von Anarchisten oder den Roten Brigaden. Als Calvi aus Italien flieht, besitzt er laut eines Presseberichts ebenfalls wertvolle Dokumente. Calvi trägt sie in einem Koffer bei sich, dessen Spur sich in London verliert.

Der lange Schatten der P2

Nur durch einen Zufall entdeckt die Justiz 1981 das ganze Ausmaß der Verschwörung der «Loge des Bösen». Bei einer Durchsuchung der Villa des P2-Chefs Licio Gelli im Zuge von Ermittlungen im Fall Banco Ambrosiano findet die Finanzpolizei Papiere mit 962 Namen hochrangiger Persönlichkeiten, die Mitglieder in der P2 sind. Italiens Öffentlichkeit ist einiges an Politskandalen gewöhnt. Denn die Existenz des «Sottogoverno», einer Schattenregierung, gehört zu den politischen Grundstrukturen Italiens, deren offizielle Regierung immer nur eine von mehreren Machtzentren darstellt. Aber die P2-Liste schlägt alle Rekorde: Auf ihr finden sich die Namen von 52 hochrangigen Carabinieri, 50 hohen Armeeoffizieren, 29 Marineoffizieren, elf Polizeipräsidenten, zehn Bankpräsidenten, fünf amtierenden und ehemaligen Ministern, 38 Abgeordneten, 14 Richtern und Staatsanwälten sowie 70 bedeutenden Unternehmern.

Auch Silvio Berlusconi ist dabei, damals noch im Baugeschäft tätig und bereits sehr umtriebig. Berlusconis Mitgliedskartennummer ist

1816, und sein Code lautet «E 19 78». Ministerpräsident wird er einige Jahre später trotz seiner öffentlich gemachten P2-Mitgliedschaft – und einer der reichsten und mächtigsten Männer Europas außerdem. Entsprechend wohlwollend ist die Meinung seines selbsternannten Ziehvaters Licio Gelli, der sich in einem Fernsehinterview über Berlusconis Werdegang auslässt: «Als ich ihn in meiner Loge einschrieb, war er ein optimales Element. Er war sehr viel jünger und somit auch sehr viel gefügiger. Es scheint mir, er war einer der Besten.»

1991 werden Licio Gelli und 20 P2-Mitglieder wegen Staatsverschwörung, «Mitgliedschaft in einer verbrecherischen Organisation» und «aktiver Korruption» angeklagt. Doch für die Richter ist die P2 nicht mehr als ein Klüngelverein von Geschäftsleuten. Schmarotzer also, keine Putschisten. Freispruch.

Die Namen von 1500 P2-Männern bleiben bis heute geheim. 2011 wird bekannt, dass Italiens Polizei Abhörprotokolle führt, die eine neue Geheimloge namens P4 betreffen. Wieder geht es um viel Geld, um Erpressung und Amtsmissbrauch. Kopf der P4 ist der Geschäftsmann Luigi Bisigniani, ein Logenbruder Licio Gellis. «Die P2 ist weiterhin aktiv, in Italien und im Ausland», schreibt der Parlamentarier Sergio Flamigni, Mitglied des P2-Untersuchungsausschusses.

Die P2 wird in einer von Krisen heimgesuchten Gesellschaft groß. Italiens Zustand hat sich nicht verbessert. Es sieht ganz danach aus, als wenn die P2 weiterexistiert. Nicht als Organisation, sondern als Idee, als kriminelle Strategie.

Bleibt die Frage: Warum bedient sich Licio Gelli einer Freimaurerloge, um sein dunkles Netz der Macht zu spinnen? Die unangenehme Wahrheit ist: Ihr gutbürgerliches Image ist ein perfekter Tarnmantel. Freimaurerlogen spiegeln die Gesellschaft, in der sie entstehen und in der sie existieren. Sie können Instrument ihrer fortschrittlichen Kräfte sein – so wie im Zeitalter der Aufklärung, als die «diskreten Gesellschaften» helfen, Europa von den Schatten des Mittelalters zu befreien. Doch wie die Gesellschaft selbst kann auch eine Loge Opfer destruktiver Kräfte werden, wenn Macht und Geld zum Maßstab aller Dinge werden.

KAPITEL 4

Die Prieuré de Sion
Das Geheimnis um die Blutlinie Jesu

«Christi Niederlage war nicht die Kreuzigung, sondern der Vatikan.»

JEAN COCTEAU

Endlich kann die hochschwangere Frau an Land gehen. Die letzten Wochen waren eine einzige Strapaze. Zusammen mit einer Gruppe von Verwandten und Freunden war sie von der wütenden Menge in einem Boot ohne Segel und Ruder ausgesetzt worden. Sie alle sollten sterben, doch ein gütiger Wind hatte sie westwärts über das Meer bis zur Mündung eines großen Flusses getrieben. Vielleicht würde das Ganze jetzt doch noch ein gutes Ende nehmen, denn in Jerusalem hätte sie ohnehin nicht länger bleiben können. Längst war sie ins Visier der Häscher des Pilatus geraten, und selbst ehemalige enge Freunde wollten nichts mehr mit ihr zu tun haben, seit die ersten Anzeichen der Schwangerschaft sichtbar wurden. Jetzt hatte das Kind, das sie unter ihrem Herzen trug, eine Chance zu leben. Das Kind, das es nach Meinung so vieler eigentlich gar nicht hätte geben dürfen.

So oder so ähnlich müsste es sich an einem Tag zwischen 33 und 40 unserer Zeit ereignet haben, glaubt man der geheimen Gesellschaft der Prieuré de Sion, der «Bruderschaft von Zion». Es ist ihre Geschichte, die dem Romanautor Dan Brown als Grundlage für den Bestseller «Sakrileg» diente. Es ist die Geschichte eines der spektakulärsten Geheimnisse der Welt. Dessen Offenbarung würde den Vatikan auslöschen. Und damit nicht genug, ein Drittel der gesamten Menschheit würde auf einen Schlag seine Glaubensgrundlage

Das Weihwasserbecken der Kirche St. Maria Magdalen wird von einem Dämon getragen. Handelt es sich um Asmodeus und damit um eine Anspielung auf den gehüteten Schatz der Prieuré?

verlieren. Es ist die Geschichte von Jesus Christus, seiner Frau Maria Magdalena und der Blutlinie Christi.

Die Bibel erzählt eine ganz andere Geschichte. Jesus starb am Kreuz, um die Menschheit von der Erbsünde zu befreien. Maria Magdalena war für die Apostel nur eine von mehreren Frauen, die Jesus und seinen Jüngern aus ihrer Heimat Galiläa nach Jerusalem folgten. Auf eine enge Beziehung oder gar eine Heirat und ein gemeinsames Kind gibt es keinerlei Hinweis. Könnte es sein, dass die Bibel solch wichtige Informationen bewusst verschweigt?

Wer sich auf die Suche nach der Wahrheit macht, findet eine schier undurchdringliche Melange von historischen Tatsachen, uralten Überlieferungen und Legenden sowie explosivem Geheimwissen.

Ein etwas unheiliger heiliger Mann

Überall auf der Welt gibt es Landschaften, in denen die Zeit keine Rolle zu spielen scheint. Landschaften, in denen die Moderne nur zögerlich Einzug hält, die dafür aber die Erinnerung an alles bewahren, was sich je dort zugetragen hat. Das Languedoc im Süden Frankreichs, zwischen den Flüssen Rhone und Garonne gelegen, gehört unzweifelhaft dazu. Ihren Namen verdankt die Region der Sprache, die seit jeher dort gesprochen wird, der «langue d'oc». Es ist die Sprache der Troubadoure, die das hohe Lied der Liebe sangen. Hier begann der Siegeszug des mittelalterlichen Minnegesangs durch Europa. Aber die Landschaft birgt auch düstere Erinnerungen an Tempelritter und Häretiker, die den Zorn der katholischen Kirche auf sich zogen. Mit dieser wechselvollen Geschichte bietet das Languedoc den idealen Nährboden für Mythen und Legenden. Sie erzählen von Minnesängern und Ketzern, von Rittern und Räubern und vor allem auch von Geheimnissen und verborgenen Schätzen.

Unter all den Geschichten ist keine so phantastisch wie die von Rennes-le-Château, einem kleinen Bergdorf in den östlichen Ausläufern der Pyrenäen. Noch nicht einmal hundert Einwohner zählt das verschlafene Nest heute, und doch genießt es Weltruhm. Zu verdanken hat es ihn Bérenger Saunière, der zwanzig Jahre lang als Priester in der Dorfkirche diente.

Als der damals 33-jährige Gottesmann am 1. Juni 1885 sein Amt antritt, sieht er alles anderem als einer glanzvollen Zukunft entgegen. Als Seelsorger für damals rund 200 Gemeindemitglieder kann er weder eine große Karriere noch besondere Reichtümer erwarten. Als Einkommen stehen Saunière etwa 900 Franc im Jahr zur Verfügung, genug zum Leben, aber nicht mehr. Er ist sprichwörtlich «arm wie eine Kirchenmaus». Und kaum hat er sich eingerichtet, droht Saunière seine Pfarrei gleich wieder zu verlieren. Nach dem verlorenen Krieg gegen Deutschland war in Frankreich die Dritte Französische Republik ausgerufen worden, und längst nicht alle waren damit zufrieden. Nicht nur der Adel, auch Teile der katholischen Kirche lehnten die republikanisch-demokratische Staatsform ab, so auch Saunière. Nachdem er am 4. Oktober seine Gemeinde von der Kanzel aus davor warnt, die Republikanische Partei zu wählen, beruft ihn seine Präfektur in das Priesterseminar zurück. Doch anderthalb Jahre später erhält er die Erlaubnis zurückzukehren. Alles scheint sich zum Guten zu wenden, denn Saunière hat eine hübsche Summe Geld im Gepäck. Dokumente belegen, dass der Abbé während oder kurz nach seinem «Mini-Exil» in Narbonne eine Spende von 1000 Goldfranc von der Comtesse de Chambord erhält. Ob Maria-Theresia ihm das Geld gibt, weil der Pfarrer seine Gemeinde aufrief, «königstreu» zu wählen, ist nicht überliefert, aber durchaus möglich, denn ihr Gemahl war niemand anders als ein Enkel König Karls X. und damit legitimer Thronprätendent. Mit dem Geld der Comtesse sowie zusätzlichen 1400 Franc, die er sich aus der Gemeindekasse leiht, beginnt Saunière die Renovierung seiner Kirche. Das aus dem Jahre 1059 stammende Gebäude hat es dringend nötig. Zusammen mit zwei Maurern und den beiden Ministranten des Dorfes macht sich der Bauunternehmer Elie Bot ans Werk. Zunächst soll der Boden erneuert und dabei auch gleich ein neuer Altar errichtet werden, den eine wohlhabende Gönnerin als Dank für die Genesung von einer schweren Krankheit zu stiften versprochen hatte. Beim Abbau des alten Altars machen die Arbeiter angeblich einen ungewöhnlichen Fund. Sowohl über das genaue «Wo» und «Wie» als auch das «Was» finden sich abweichende Angaben.

Eine Lesart besagt, dass die Maurer einen Hohlraum im Boden entdeckt hätten, in dem ein Kessel voller Goldmünzen versteckt war. Als sie ihren Fund Saunière zeigen, hätte dieser den «Schatz» als mehr oder weniger wertlose «Wallfahrtmemorabilien» abgetan.

Andere behaupten, Saunière habe beim Abtransport in einem der beiden alten Pfeiler, auf denen die Altarplatte ruhte, einen Hohlraum entdeckt. In diesem lagen angeblich drei mit Wachs versiegelte Holzzylinder, die mehrere Stücke Pergament enthielten.

Laut eines dritten Berichts fiel dem Glöckner Antoine Captier wenige Tage später das Kapitell einer Holzsäule vor die Füße. Als er das Holz wegräumen will, bemerkt er einen Hohlraum, in dem eine Glasphiole steckt. In dieser soll sich ein in Pergament gewickelter Knochen befunden haben. Als der Glöckner seinen Fund dem Abbé bringt, soll dieser es als wertlose Reliquie bezeichnet haben.

Was auch immer die Arbeiter in der Kirche gefunden haben mögen, am nächsten Tag sei der Abbé unverzüglich nach Carcassonne gefahren, um seinem Vorgesetzten, Bischof Félix Arsène Billard, davon zu berichten. Der habe Saunière sofort nach Paris geschickt, wo die Funde von hohen kirchlichen Würdenträgern sowie Angehörigen esoterischer und okkultistischer Kreise begutachtet wurden. Drei Wochen später sei der Pfarrer wieder nach Rennes-le-Château zurückgekehrt. Doch all das ist reines Hörensagen. Unzweifelhaft ist aber, dass Saunière in den folgenden Jahren nicht nur einen regen Briefverkehr, der weit über die Grenzen Frankreichs hinausgeht, aufnimmt, sondern plötzlich auch über viel Geld verfügt.

Dank der verbesserten finanziellen Situation stellt der Abbé Anfang 1891 Alexandrine Dénarnaud aus dem nahegelegenen Dorf

Espéraza als Haushälterin ein. Eine folgenschwere Entscheidung, denn Alexandrine kommt nicht allein, sondern bringt gleich ihre ganze Familie mit, darunter auch Marie, die siebzehnjährige Tochter des Hauses. Es kommt, wie es kommen muss, der fromme Mann verliebt sich hoffnungslos, und bald übernimmt Marie nicht nur die Arbeit ihrer Mutter als Haushälterin, sondern teilt mit dem Geistlichen sowohl Haus als auch Bett. Die sündige Beziehung sorgt zwar für Unruhe, aber letztendlich stehen die Dorfbewohner zu ihrem Pfarrer. Nicht zuletzt wohl auch deshalb, weil ganz Rennes-le-Château vom plötzlichen Reichtum des Abbé profitiert.

Am 21. Juni 1891 veranstaltet Saunière eine Weihprozession, für die er extra eine neue Marienstatue hat anfertigen lassen. Den krönenden Abschluss der Feier bildet die Aufrichtung der Statue vor der Kirche. Sie ist Maria in ihrer Erscheinung als «Unsere liebe Frau von Lourdes» geweiht. Als Postament dient der alte Pfeiler, in dem Saunière angeblich die Pergamente fand. Die Inschrift, die der Abbé unterhalb der Statue anbringen lässt, ruft zur Reue und Buße auf. Gleich zweimal steht dort das Wort «Pénitence» – sicher eine Anspielung auf die Jungfrau Maria, die genau diese Worte bei ihren Erscheinungen in Lourdes ausgesprochen haben soll. Im unteren Bereich des Pfeilers ist «Mission 1891» eingraviert. Im offiziellen Report über die Prozession und Weihung ist zu lesen, sie habe anlässlich der Verabschiedung eines Missionars stattgefunden, der den Armen der Gegend predigte, deshalb die ungewöhnliche Wortwahl «Mission». Auch der Heilige, dem dieser Tag geweiht ist, wird im Report ausdrücklich erwähnt. Es ist der Jahrestag des heiligen Aloysius von Gonzaga. Bedenkt man die Lebensumstände des Abbé, der mit seiner Haushälterin in wilder Ehe lebt, und die Tatsache, dass der heilige Aloysius der Jungfrau Maria im zarten Alter von neun Jahren ewige Keuschheit gelobte, eine durchaus bemerkenswerte Terminwahl für das Weihefest.

Nach der Prozession beginnt eine Zeit emsiger Arbeiten. Die Renovierungsarbeiten im Inneren der Kirche schreiten voran. Da das Lesen der Messe in der Kirche dabei kaum möglich ist, lässt Saunière

Der Magdala-Turm, benannt nach dem Heimatort der Maria von Magdala, der Jesus sieben Dämonen austrieb – Saunières Bibliothek

am Rande des Friedhofs eine kleine Kapelle mit provisorischem Altar errichten. Doch immer öfter werden er und seine «Madonna», wie die Dorfbewohner Marie scherzhaft nennen, auch nachts in der Nähe der Kapelle gesehen. Auffallend häufig haben sie Werkzeuge und Schaufeln dabei. Die Dorfbewohner fürchten um die Totenruhe ihrer Verwandten und wenden sich an den Bischof. Bei der offiziellen Befragung gibt Saunière an, dass er lediglich Knochen aus alten Gräbern in ein Beinhaus bringe, um Platz für neue Gräber zu schaffen. Bei ein, höchstens zwei Beerdigungen im Jahr kein sehr überzeugendes Argument. Gerüchte werden laut, dass der Pfarrer einen Schatz gesucht und gefunden habe – zumal Saunières Quelle des Reichtums offensichtlich immer kräftiger sprudelt. Der Abbé renoviert nicht nur die Kirche, sondern baut für sich und seine Gefährtin ein komfortables Haus, das er Villa Béthania nennt.

Darüber hinaus kauft er Land, um Kirche und Haus mit einem großzügigen Garten zu umgeben. Für seine Bibliothek baut er ein eigenes imposantes Gebäude und nennt es «Tour Magdala», den Magdala-Turm. Immer mehr gleicht sein Anwesen eher dem eines wohlhabenden Landadeligen als der Unterkunft eines Landpfarrers. Auch die Gäste, die er hier beherbergt, erwartet man nicht unbedingt in einem Pfarrhaus, darunter ein gewisser «Monsieur Guillaume», der niemand anders als der Cousin des österreichischen Kaisers, Johann Salvator von Habsburg, war. Mit zunehmendem Alter wird der Pfarrer immer wunderlicher. Angeblich habe ihm der Geistliche, der an sein Sterbebett gerufen wird, sogar die Sakramente verweigert.

Als Bérenger Saunière am 22. Januar 1917 stirbt, finden sich in seinem Nachlass neben Eisenbahnfonds und Erdölaktien auch Unterlagen über ausländische Konten. Die Alleinerbin ist seine langjährige Haushälterin und Vertraute Marie Dénarnaud, der er schon zu Lebzeiten allen Besitz überschrieben hatte. Auf die Frage, woher der Reichtum des Abbé kam, soll sie einmal gesagt haben: «Die Bewohner Rennes-le-Châteaus wandeln auf purem Gold. Es ist genug, um alle in dem Ort hundert Jahre lang aufs beste zu kleiden und zu ernähren, und selbst dann wäre noch eine gehörige Menge übrig.» Angeblich soll ihr Saunière erst kurz vor seinem eigenen Tod verraten haben, woher sein ganzes Geld stammte. Marie ihrerseits sollte das Geheimnis erst kurz vor ihrem Tod wiederum an einen Vertrauten weitergeben, um der Gemeinde die Quelle des Reichtums zu erhalten. Als sie am 29. Januar 1953 an den Folgen eines Schlaganfalls stirbt, nimmt sie das Geheimnis jedoch mit ins Grab. Es schien damit für immer verloren.

Der Schatz von Rennes-le-Château

«Die atemberaubende Entdeckung des Millionen-Pfarrers – Abbé Saunière fördert mit einem Spatenstich den Schatz der Blanche von Kastilien zutage.»

«DÉPÊCHE DU MIDI», 12. JANUAR 1956

Zwei Jahre nach Maries Tod und fast 40 Jahre nach seinem eigenen Ableben sorgt der Abbé für Schlagzeilen. An drei aufeinanderfolgenden Tagen enthüllt der Journalist Albert Salomon in der Tageszeitung «Dépêche du Midi» die vermeintliche Herkunft des Vermögens. Seine Quelle ist durchaus glaubwürdig, denn es handelt sich um den Erben von Marie Dénarnaud, ein Mann namens Noël Corbu. Dieser hatte Marie einige Jahre zuvor zufällig bei einem Spaziergang kennengelernt und blieb in der Folge mit ihr in Kontakt. Als Marie während des Krieges in eine finanzielle Klemme gerät, hilft Corbu aus, und zum Dank setzt sie ihn als ihren Alleinerben ein. Als sie 1953 stirbt, erbt Corbu nicht nur das Grundstück mit allen Gebäuden, sondern auch den schriftlichen Nachlass des Abbé Bérenger. Wirtschaftlich bisher alles andere als erfolgreich – Corbu hatte sich als Geschäftsmann in Perpignan, als Fabrikant in Marokko und als Schriftsteller versucht –, eröffnet der frischgebackene Erbe zu Ostern 1955 in der Villa Béthania ein Hotel mit zugehörigem Restaurant. Im darauffolgenden Januar erscheint die Artikelserie, mit der Rennes-le-Château und sein Dorfpfarrer zu Weltruhm gelangen. Denn Corbu nennt nicht nur den Schatz der Königin Blanche von Kastilien als Quelle von Saunières Reichtum, sondern auch dessen Summe, mehr als 28,5 Millionen Goldmünzen. Könnte der Abbé bei seinen nächtlichen Grabungen tatsächlich auf diesen Schatz gestoßen sein?

Die Berge um Rennes-le-Château sind von unzähligen Höhlen und Tunneln durchzogen, die zum Teil bereits aus der Römerzeit stammen. Sie dienten vor allem zum Abbau von Eisen, Kupfer und Blei. Darüber hinaus bieten die weitverzweigten Stollen natürlich ein ideales Versteck. Tatsächlich gilt ein Aufenthalt der Königin Blanche von Kastilien in der Umgebung von Rennes-le-Château als gesichert.

Die Königin war die Mutter König Ludwigs IX. von Frankreich. Über Bestimmung und Höhe ihres Schatzes gibt es unzählige Legenden. Mal wird er als Kriegskasse für ihren Sohn im Kampf gegen die verfeindeten Engländer genannt, mal als Lösegeld für seine Freilassung, als er während eines Kreuzzuges in Ägypten in Gefangenschaft geriet. Auf einer Reise soll Blanche im Languedoc als Gast bei einem der ansässigen Fürsten untergekommen sein und ihn dabei gebeten haben, ihren Besitz zu verwahren.

Tatsächlich ist der Schatz der Blanche von Kastilien nicht der einzige, der hier versteckt worden sein soll. Ein zweiter gehörte den Katharern, die sich selbst als «veri christiani», «wahre Christen», oder als «boni homines», «gute Menschen», bezeichneten. Sie waren eine der größten christlichen Laienbewegungen des Mittelalters, verwarfen einige der grundlegenden Glaubensbekenntnisse der katholischen Kirche und waren damit dem Papst ein Dorn im Auge. Ihr Hauptsitz befand sich auf dem Montségur, dem «sicheren Berg» – nur wenige Kilometer von Rennes-le-Château entfernt. Anfang des 13. Jahrhunderts hatte der Papst genug von den Aufwieglern, die ihm immer mehr Gläubige abspenstig machen. Er ruft zum Kreuzzug gegen die Ketzer auf. Kurz vor der Erstürmung der letzten Bastion der Katharer, ebenjener Burg auf dem Montségur, sollen diese ihre Kostbarkeiten an einen Ort irgendwo in der Umgebung geschafft haben.

Nur wenige Kilometer von Rennes-le-Château entfernt erhebt sich der Mont Bézu. Auf ihm finden sich Reste einer Festung, die einer der angesehensten Gesellschaften des Mittelalters gehörte, den Templern. Im Jahre 1119 zum Schutz der Pilger auf ihren Wallfahrten ins Heilige Land gegründet, war die legendenumwobene Ritterschaft in den folgenden zwei Jahrhunderten zu einem der mächtigsten Orden der Christenheit aufgestiegen. Sie galten als gottesfürchtige Kämpfer, die bereit waren, für die heilige Sache zu sterben, «Soldaten Christi», der militärische Arm des Heiligen Stuhls. Kein Fürst oder König konnte ihnen befehlen, Gehorsam schuldeten sie allein dem Papst in Rom. Für ihn zogen sie in den Heiligen Krieg, und als Dank befreite er sie von jeglicher Steuerpflicht. Nur 150 Jahre nach der Gründung ihres Ordens waren die Templer eine mächtige Institution. Ihr Hauptquartier in Jerusalem lag in einem Flügel des königlichen Palastes, der auf den Grundmauern des salomonischen Tempels stand, daher leiteten sie auch ihren Namen ab. Darüber hinaus verfügten sie über mehr als tausend Stützpunkte in Italien, Frankreich und Spanien. Die ehemaligen «Armen Ritter Christi» waren zu einer der reichsten Vereinigungen Europas geworden.

Doch so kometenhaft wie ihr Aufstieg vollzog sich auch ihr Fall. Mit dem Sturz von Akko im Mai 1291 ging die letzte Bastion des Königreichs Jerusalem verloren. An diesem Tag nahm auch der Untergang der Templer seinen Anfang. Geschlagen und ihres Lebenszweckes beraubt, denn kein Pilger wagte mehr die Reise ins Heilige Land, zogen sich die Ritter in ihre europäische Heimat zurück. Hier hätten sie vielleicht in Frieden leben und eine neue Aufgabe finden können, doch ihr Erfolg hatte auch viele Neider hervorgebracht, zumal die Templer nicht nur den Ruf hatten, besonders geheimniskrämerisch, sondern auch hochfahrend und arrogant zu sein. Als die Truppen des Papstes das Languedoc auf ihrem Kreuzzug gegen die Katharer durchzogen, nahmen die Tempelritter die «Ketzer» auf und boten ihnen Zuflucht. Doch der Burgfrieden hielt nicht lange. Nachdem der Heilige Stuhl zwei Jahrhunderte lang seine schützende Hand über sie gehalten hatte, wurde ihr Orden im Jahre 1307 auf Befehl des französischen Königs in einer spektakulären Aktion zerschlagen. In einer konzertierten Aktion ließ Philipp IV. im Oktober 1307 einen Großteil der Ritter gefangen nehmen. Ihren Schatz, der der eigentliche Grund für den Angriff war, suchte er aber vergebens. Angeblich hätten die Templer das Unheil geahnt und ihn kurz zuvor in Sicherheit gebracht. Die einen behaupten, er sei auf 18 Galeeren verladen und nach England verschifft worden, eine andere Spur führt zu der Festung der Ritter vom Mont Bézu. Die hier stationierten Ritter kamen völlig unbehelligt davon.

Und noch ein viel älterer, geradezu heiliger Schatz könnte in unmittelbarer Nähe von Rennes-le-Château auf seine Entdeckung warten: das goldene Inventar des Tempels von Jerusalem.

Knapp zwei Kilometer von dem Bergdörfchen entfernt liegt sein Pendant in der Ebene, Rennes-les-Baines. Archäologische Funde beweisen, dass bereits die alten Römer in den heißen Quellen, die dem Ort seinen Namen gaben, Entspannung suchten. Und in ihrer Heimat Rom befindet sich auch einer der wichtigsten Hinweise auf den heiligen Schatz. Der Triumphbogen des Titus wurde zur Erinnerung seines Sieges über das aufständische Judäa und die Einnahme von Jerusalem im Jahre 70 errichtet. Damals plündern die römischen Truppen nicht nur die Stadt, sondern auch den jüdischen Tempel. Auf dem Inneren des Titusbogens ist die kostbare Kriegsbeute in ihrer ganzen Pracht zu sehen. Der jüdische Geschichtsschreiber Flavius Josephus, der mit den Truppen des Titus nach Rom zieht, beschreibt den Eindruck, den der Schatz damals machte: «Andere Kriegsbeute wurde haufenweise getragen, doch alles musste erbleichen vor den Tempelgefäßen von Jerusalem: ein goldener Tisch von mehreren Talenten an Gewicht, ein Kronleuchter ebenfalls aus Gold ...»

Im Jahre 410 eroberten die Westgoten Rom, und dabei fiel ihnen auch der Tempelschatz in die Hände. Jetzt berichtet der Geschichtsschreiber Prokop von Caesarea, wie sich Alarich der Große, der Heerführer der Goten, «mit den Schätzen Salomos, des Königs der Hebräer», davonmacht, und fährt fort: «ein einmaliger Anblick, denn sie waren zum größten Teil mit Smaragden besetzt und einst von den Römern aus Jerusalem geraubt worden». Mit ihrer Beute zogen die Westgoten zurück in ihre Heimat Südfrankreich. Eine ihrer Festungen erhob sich auf dem Berg oberhalb von Rennes-les-Bains, wo sich heute die Ruinen der Burg Blanchefort befinden. Und auch vom geraubten jüdischen Tempelschatz fehlt bis heute jede Spur.

Außer Noël Corbus Aussage gibt es keinerlei Hinweis darauf, dass Bérenger Saunière tatsächlich den Schatz der Blanche von Kastilien entdeckt haben könnte. Kein einziges Stück von diesem oder einem der anderen Schätze ist je in einer privaten Sammlung oder auf dem Kunstmarkt aufgetaucht.

Aber irgendetwas Wertvolles muss der Abbé gefunden haben. Zumindest etwas, das jemand für wertvoll hielt, denn wie sonst ließe sich erklären, dass Saunière ab einem gewissen Zeitpunkt über reichlich Bargeld verfügt?

Das geheimnisvolle Grab

«Brief aus Granès. Grab entdeckt. Am Abend Regen.» Die Eintragungen im Tagebuch Saunières für den 21. September 1891 sind so lakonisch wie spannend. Während sich der letzte Satz von selbst erklärt, bezieht sich ersterer, wie andere Eintragungen nahelegen, auf eine Anfrage für die Übernahme von Messen im vier Kilometer entfernten Dorf Granès. Was aber hat es mit dem Grab auf sich? Könnte damit ein Fund in der Kirche gemeint sein, den der Pater in diesen Wochen macht? Als die Arbeiter in der Kirche die Bodenplatte entfernen, auf der zuvor die hölzerne Säule stand, in deren Kapitell angeblich die Phiole mit dem Pergament versteckt war, entpuppt sich diese als eine Grabplatte. Ausführung und Stil der Dekoration deuten auf ein hohes Alter. Während links ein Mann hinter seinem Pferd unter einer Arkade steht, ist das Pferd rechts zum Aufbruch bereit. Auf seinem Rücken scheinen gleich zwei Reiter zu sitzen.

Noch am selben Tag unterbricht Saunière die Arbeiten für mehrere Wochen. In dieser Zeit besucht er laut Tagebuch vier Priester aus der Umgebung, den Pfarrer von Névian, Abbé Gélis, einen Abbé Carrière sowie den Generalvikar von Carcassonne, Abbé Cros. Fünf Tage nach diesem Treffen verzeichnet Saunière den Besuch von vier «Mitbrüdern» in Rennes-le-Château, von denen er aber weder den Namen noch ihr Anliegen erwähnt. Später wird behauptet, dass es bei diesen Treffen um ein Geheimnis geht, auf dessen Spur ihn die Entdeckung der Grabplatte gebracht hätte. Ein Geheimnis, das auch auf den Pergamenten erwähnt wird, die Saunière bei den Bauarbeiten gefunden haben soll.

Das Vermächtnis des Abbé Begou

«Schäferin, keine Versuchung, dass Poussin, Teniers den Schlüssel bewahren, Friede 681.»

Dieser Satz soll Teil einer kryptischen Botschaft sein, die als Chiffre auf einem der Pergamente aus Rennes-le-Château versteckt wurde. So zumindest ist es in dem Buch «Das Gold von Rennes oder Das ungewöhnliche Leben des Bérenger Saunière, Pfarrer von Rennes-le-Château» des französischen Journalisten Gérard de Sède zu lesen, das 1967 erscheint.

Erstmals Erwähnung findet das Pergament aber bereits mehr als zehn Jahre zuvor, in ebenjenen Artikeln der «Dépêche du Midi», die dem angeblichen Schatz des «Millionen-Pfarrers» gewidmet sind. Damals wird allerdings nur vom Fund der Pergamente gesprochen, kein Wort zu Aussehen, Datierung oder Inhalt. Fasziniert von dieser Geschichte beginnt der französische Nachrichtenjournalist Gérard de Sède damals mit seinen eigenen Recherchen und legt erstmals eine genaue Abschrift der Dokumente vor.

Bei dem Text auf dem ersten Pergament handelt es sich offensichtlich um eine Abschrift der ersten Verse aus dem 12. Kapitel des Johannesevangeliums. Die Bibelverse erzählen vom Besuch Jesu bei seinem Freund Lazarus und dessen Schwestern Maria und Martha in deren Haus in Bethanien. Einige Buchstaben sind in diesem Zitat jedoch leicht erhöht geschrieben. Liest man sie in Folge, so ergibt sich ein neuer Text, dessen erste Zeilen den obenzitierten Satz bilden. Unter dem Bibeltext hatte der Schreiber noch weitere Zeilen notiert, die anscheinend in keinem engeren Zusammenhang standen. Es heißt dort: «Jesus erlöse uns von unserer Pein. Einzige Hoffnung für unsere Vergebung. Dank der Tränen Magdalenas tilgst du unsere Sünden.» Als Verfasser nennt de Sède den Abbé Antoine Bigou, der um 1780 Seelsorger in Rennes-le-Château und Vertrauter der Bewohner des Schlosses Hautpoul war. Und noch ein zweites Pergament aus dessen Hand stellt de Sède vor, in dem ebenfalls eine chiffrierte

Botschaft versteckt ist. Darin heißt es: «A DAGOBERT II ROI ET A SION EST CE TRESOR ET IL EST LA MORT», «dieser Schatz gehört König Dagobert II. und Zion (Sion), und er ist der Tod». Für de Sède ein eindeutiger Hinweis darauf, dass Saunière mit Hilfe der Dokumente tatsächlich einen verborgenen Schatz in seiner Kirche gefunden hat, einen Schatz, der ursprünglich Dagobert II., dem letzten König der Merowinger, und Sion oder Zion, also Jerusalem gehörte.

Nur wenig später zieht der Schatz des Abbé Saunière einen weiteren Journalisten in seinen Bann. Durch Zufall gerät de Sèdes Buch in die Hände des britischen Fernsehmachers Henry Lincoln, der die Geschichte zunächst in der Dokumentation «Jerusalems verlorener Schatz?» für das Fernsehen aufbereitet. Doch auch nach der Ausstrahlung lässt das Thema den Briten nicht mehr los. In den folgenden Jahren dringt er immer tiefer in die Geschichte um Rennes-le-Château ein und kommt dabei zu der Überzeugung, dass sich hinter dem Schatz ein noch viel größeres Geheimnis verbirgt. Es geht dabei nicht um kostbares Geschmeide oder Gold, sondern um das Vermächtnis des Gottessohns. Denn nur so lässt sich die chiffrierte Botschaft des ersten Pergamentes verstehen.

Vom «San Greal» zum «Sang Real»

Was Lincoln und seine Co-Autoren in ihrem 1982 erscheinenden Buch «Der Heilige Gral und seine Erben» behaupten, liest sich spannender als jeder Krimi. Ihre Hypothese: Jesus sei keineswegs auf Golgatha gestorben, sondern lebend von seinen Jüngern in Sicherheit gebracht worden. Zusammen mit Maria Magdalena sei er nach Frankreich gekommen und hier befände sich auch sein Grab. Das allein wäre schon Sprengstoff genug, doch die Autoren legen noch nach. Maria Magdalena sei nicht nur eine Nachfolgerin Christi gewesen, sondern seine Frau. Mit ihr habe er die Blutlinie Jesu begründet, deren Erben bis heute unter uns leben.

Minuziös legen die Autoren dar, dass es über die Jahrhunderte immer Eingeweihte gab, die von diesem Geheimnis wussten. So hätten die beiden Maler Nicolas Poussin und David Teniers in ihrem Werk zahlreiche Hinweise auf die Familie und ihr Begräbnis gegeben. Deshalb habe Abbé Bigou sie in seiner geheimen Botschaft auch als Träger des Schlüssels genannt.

Als Beleg für ihre Hypothese führt Lincoln unter anderem die beiden anderen Pergamente aus dem Fund in der Kirche an. Sie sollen jeweils Genealogien enthalten haben, die in direktem Zusammenhang mit der Blutlinie Jesu stehen. Demnach hätte sich das Blut der Nachkommen Christi mit dem der königlichen Familie der Franken vermischt, woraus die Dynastie der Merowinger hervorgegangen sei. Anders als bisher angenommen, sei mit der Ermordung Dagoberts II., dessen «Schatz» in einer der verschlüsselten Botschaften der Pergamente erwähnt wird, die Dynastie der Merowinger nicht erloschen, sondern sein Sohn Sigisbert IV. habe sie fortgesetzt. Die «Grabplatte der Ritter», die Saunière in seiner Kirche fand, stelle die Rettung des jungen Sigisbert durch seinen Onkel dar. Das habe auch der Abbé herausgefunden und seinen Vorgesetzten mitgeteilt. Eine explosive Nachricht, denn welches Recht hätte der Papst, sich «Stellvertreter Christi auf Erden» zu nennen, wenn es leibliche Nachfahren des Herrn gibt? Die Dokumente legen weiter nahe, dass die Blutlinie Jesu von Sigisbert IV. über die Grafen von Razès und die Herzöge von Lothringen auf den berühmten Kreuzfahrer Gottfried von Bouillon überging. Damit wäre die Heilige Stadt im Juli 1099 von einem direkten Nachfahren Jesu aus den Händen der Heiden befreit worden. Nach seiner Ernennung zum Regenten des neuerrichteten Königreiches von Jerusalem habe Gottfried einen Geheimbund gegründet: die Prieuré de Sion, die «Bruderschaft von Zion», benannt nach ihrem Ordenshaus, das auf dem Berge Zion lag. Einzige Aufgabe der Ordensmitglieder: der Schutz der Blutlinie Jesu. In Organisation und Aufgabe vergleichbar mit den späteren

Tempelrittern, steht auch der Prieuré seit ihrer Gründung ein Großmeister vor.

Durch die Vermittlung von de Sède lernt der englische Journalist den damals amtierenden Großmeister des Ordens kennen, einen Mann namens Pierre Plantard. Dieser gibt Lincoln zunächst nur zögerlich Auskunft über die geheime Organisation. Doch er macht ihn auf das erstaunliche Zusammentreffen von Ereignissen aufmerksam. So erscheinen nur wenige Jahre nach Gottfrieds Einnahme von Jerusalem die ersten Zeugnisse der sogenannten Gralslegende in Europa.

Die Legenden beschreiben den Gral als wundertätiges Gefäß, das zusammen mit einer blutenden Lanze in der Burg des Gralskönigs aufbewahrt und von Gralsrittern bewacht wird. Seinem Besitzer soll das Gefäß ewige Lebenskraft spenden. Viele Ritter begeben sich auf die Suche nach dem Heiligen Gral, doch nur wenige Auserwählte können ihn finden. Dabei wird das Gefäß allmählich mit dem Kelch gleichgesetzt, den Jesus beim letzten Abendmahl verwendete und in dem Josef von Arimathäa am folgenden Tag das Blut des Gekreuzigten auffing. Dem Großmeister der Prieuré zufolge kein Zufall, denn ursprünglich sei der Heilige Gral oder «San Greal» eine Umschreibung des «Sang Real», des «Heiligen Blutes», der Erben Jesu gewesen.

Dank Plantard kommt Lincoln auch den Aufzeichnungen eines Mannes auf die Spur, der sich bereits vor ihm mit der Geschichte der Prieuré befasste. Unter dem Schlagwort «Geheime Dokumente» findet der Journalist in den Archiven der Nationalbibliothek den Nachlass von Henri Lobineau. Seine «geheimen Dossiers» enthalten nicht nur Hinweise darauf, dass sich die Blutlinie Jesu über die Habsburger in viele europäische Königshäuser ausbreitete, sondern auch eine Liste der Großmeister der Prieuré. Sie liest sich wie ein «Who was Who» herausragender Persönlichkeiten der vergangenen Jahrhunderte, darunter Leonardo da Vinci, Isaac Newton, Claude Debussy, Victor Hugo und Jean Cocteau. Fast alle waren nicht nur für ihre Genialität bekannt, sondern auch für ihre Konflikte mit der katholischen Kirche. Einige Werke Victor Hugos standen jahrelang auf dem Index. Sir Isaac Newton kam bei seinen Untersuchungen zu der Überzeugung, dass die Dreifaltigkeitslehre nichts anderes als Häresie sei, und Jean Cocteau stellte einmal lakonisch fest: «Christi Niederlage war nicht die Kreuzigung, sondern der Vatikan.»

Die Feindschaft des Vatikans gegen die Träger und Beschützer der Blutlinie Jesu ist auch der Hauptgrund für die strikte Geheimhaltung der Prieuré. Mehr als einmal sollen die Nachfolger Petri versucht haben, die Nachkommen Jesu auszulöschen. Schon bei der Ermordung des letzten Merowingerkönigs, Dagoberts II., habe der Papst die Hand im Spiel gehabt, damals gab es den schützenden Orden noch nicht. Gut hundert Jahre nach Einführung der Prieuré wurde in Jerusalem ein neuer Orden gegründet, die Templer. In den ersten Jahrzehnten nach der Gründung soll deren Großmeister zugleich auch der Großmeister der geheimen Bruderschaft gewesen sein. Und obwohl sich die Wege der beiden Orden laut den Dokumenten der Prieuré bereits Ende des 12. Jahrhunderts wieder trennten, soll der Abbé Saunière die Aufdeckung des Geheimnisses der Nachfahrin eines Tempelritters verdanken.

Der sechste Großmeister des Templerordens, Bertrand de Blanchefort, damals auch noch Großmeister der Prieuré, habe das Geheimnis um die Blutlinie Jesu kurz vor seinem Tod im Jahre 1069 seinem ältesten Sohn anvertraut, und dieser sei bei seinem Tod genauso verfahren. In der Folge sei das Wissen von Generation zu Generation gewandert, bis mit der Bewohnerin des Schlosses Hautpoul, Marie de Negri d'Ables, Freifrau von Hautpoul de Blanchefort, die letzte Nachfahrin des Großmeisters ohne männlichen Erben starb. Deshalb habe sie sich kurz vor ihrem Tod im Jahre 1781 ihrem Beichtvater, dem Abbé Bigou, mit der Bitte anvertraut, das Geheimnis seinerseits an einen geeigneten Hüter weiterzugeben. In den Wirren der Französischen Revolution muss Bigou Frankreich fluchtartig verlassen. Damit das Geheimnis nicht für immer mit ihm verlorengeht, hinterlässt der Pfarrer die chiffrierten Pergamente in seiner Kirche, wo sie ein Jahrhundert später Bérenger Saunière in die Hände fallen.

Für Lincoln erklärt sich damit auch der plötzliche Reichtum des Gottesmannes. Das Geld, das Saunière kurz nach der Entdeckung der Grabplatte zur Verfügung steht, sei nichts anderes als Schweigegeld, bezahlt vom Vatikan für die Geheimhaltung des Fundes. Saunière habe das Geld zwar angenommen, aber zugleich dafür verwendet, der außerbiblischen Liebesgeschichte zwischen Jesus und Maria Magdalena in seiner Kirche ein Denkmal zu setzen. Den Beweis liefert den Unterlagen der Prieuré nach wieder die Inschrift auf dem ersten Pergament, denn dort heißt es am Ende des chiffrierten Textes:

«(...) A MIDI POMMES BLEUES», «(...) am Mittag blaue Äpfel».

Die Renovierung von St. Maria Magdalen

Kurz vor Wiedereinweihung der Kirche im Juni 1897 bestellt Saunière neue Buntglasfenster. Die angesehenen Glasmaler Henri und Marcel Feur aus Bordeaux fertigen sie nach genauen Vorgaben des Pfarrers. Zu bestimmten Zeiten projizieren die Scheiben erstaunliche Muster auf die gegenüberliegenden Wände. Genau in der Mittagszeit erscheint dort etwas, das man durchaus als «blaue Äpfel» erkennen kann.

Nach sechs Jahren sind die Renovierungsarbeiten abgeschlossen, die der Abbé nur wenige Tage nach dem Fund der «Grabplatte der Ritter» im Oktober 1891 begann. Von der ursprünglich romanischen Ausstattung des fast tausend Jahre alten Baus ist nichts mehr zu sehen. Vom Bodenbelag bis zum Dachstuhl, von den Malereien und Statuen bis hin zu den Fenstern hat der Abbé alles erneuern und nach seinen Angaben ausführen lassen.

Direkt an der Pforte empfängt die Inschrift «Terribilis est locus iste», «Dieser Ort ist schrecklich», den Besucher. Und tatsächlich scheint sich der Satz sofort nach dem Eintritt in die Kirche zu be-

Die Pforte der Kirche St. Maria Magdalen trägt u.a. die Inschrift «Terribilis est locus iste»: «Dieser Ort ist schrecklich».

wahrheiten, denn das Weihwasserbecken wird von einem Dämon getragen.

Obwohl die begleitende Inschrift keinerlei Hinweis auf seine Identität gibt, wird er oft als Asmodeus bezeichnet. Außerbiblischen Traditionen zufolge gelang es König Salomo, diesen Dämon mit einem Zauberring zu binden. So unterworfen zwang er ihn zunächst, den Tempel von Jerusalem zu errichten und danach als sein Wächter zu dienen. In den Zauberbüchern des Mittelalters gilt seine Anwesenheit daher immer als sicherer Beweis für einen Schatz. Könnte es sich bei ihm um einen ersten Hinweis auf das in der Kirche verborgene Geheimnis handeln? Die Inschrift über der Skulptur scheint in diese Richtung zu deuten. Über dem Dämon steht der berühmte Satz: «in hoc signo vinces», «in diesem Zeichen wirst du siegen». Eine Erinnerung daran, dass Kaiser Konstantin I. seinen Gegner im Oktober 312 an der Milvischen Brücke besiegte, weil er auf das Kreuz vertraute. Doch Saunière hat diesen Satz nicht nur ins Französische übersetzt, sondern auch noch das Wort «le», «ihn», eingefügt, «par ce signe tu le vaincras». Direkt unterhalb des «le» befindet sich eine Kartusche mit den Insignien des Pfarrers «BS», sodass sich zusammen gelesen «bles» ergibt, und «blés» steht im Französischen umgangssprachlich für «Geld».

Die übrige Ausstattung scheint auf den ersten Blick «normal». Neben einer Darstellung der berühmten Bergpredigt finden sich solche der 14 Stationen des Kreuzweges, die an den letzten Weg Jesu auf Erden erinnern. Dieser führte ihn gemäß christlicher Tradition durch die Straßen von Jerusalem bis zur Kreuzigungsstätte auf Golgatha.

Doch einige Details sind dabei auffällig. Wer sind die beiden Kinder, die aufgrund ihrer Kleidung eindeutig aus späterer Zeit stammen müssen? Und was hat der Vollmond auf der 14. Station des Kreuzweges zu suchen, die der Grablegung Jesu gewidmet ist? Gemäß der Bibel starb Jesus doch zur 9. Stunde des Tages und wurde kurze Zeit später bestattet. Könnte es sich dabei um eine Anspielung handeln, dass Jesus nachts aus dem Grab herausgeschafft wurde? Und warum liefert die Landschaft um Rennes-le-Château den Hintergrund fast aller Bilder und nicht das Land Palästina?

Und das sind längst nicht die einzigen Auffälligkeiten. Die vielen Darstellungen der Maria Magdalena erklären sich aus der Tatsache, dass die Kirche ihr geweiht war, aber welchen Grund hatte Saunière, auch eine Statue des heiligen Antonius aufzustellen, der eigentlich in Ägypten zu Hause war? Und weshalb sind neben Maria Magdalena auf dem Altarbild auch ein Pergament sowie ein Schädel dargestellt? Anspielungen auf die Funde in seiner Kirche?

Die Inschrift, die ursprünglich unter dem Bild angebracht war, ist heute nicht mehr zu lesen. Sie lautete: «Jesus erlöse uns von unserer Pein. Einzige Hoffnung für unsere Vergebung. Dank der Tränen Magdalenas tilgst du unsere Sünden.» Eine exakte Kopie der letzten Zeilen auf dem Pergament des Abbé Bigou!

Die rätselhafteste Darstellung befindet sich jedoch im Altarraum, denn dort trägt sowohl die Statue des Josef wie auch die der Maria ein Kind auf dem Arm.

Von der Sünderin zur Heiligen

«Aus königlichem Geschlecht, edel, reich und minniglich, trug sie ihr Gemüt hoch. Eine Burg in Magdala ist ihr Besitz, und weil es ihr so wohl ist, wird sie zur Sünderin.» So beschreibt Papst Gregor der Große im Jahre 591 Maria aus Magdala, eine schöne Sünderin, die der Hölle näher stand als dem Himmel.

In der Bibel findet sich darüber nichts, weder über das königliche Geblüt noch die Sünde. Hier wird von einer Maria aus Magdala berichtet, die sich Christus und seinen Jüngern anschloss, nachdem er ihr sieben Dämonen ausgetrieben hatte. Weiter erzählt der Bibelbericht, dass Maria im Folgenden eine enge Verbindung zu Jesus aufbaute. Ihr Name wird sehr viel öfter als die der anderen Frauen im Umfeld Jesu genannt. Ausdrücklich wird erwähnt, dass sie bei seiner Kreuzigung auf Golgatha bitterlich weinte, und auch, dass sie dort ausharrte, bis sein Leichnam abgenommen und ins Grab gelegt worden war. Nur den folgenden Tag verbrachte sie zu Hause, da es ein Sabbat war. Gleich am darauffolgenden Morgen kam sie wieder zum Grab, um den Leichnam Jesu zu salben. Dort trat ihr aber der auferstandene Jesus entgegen und sprach zu ihr die berühmten Worte: «noli me tangere», «berühre mich nicht», als sie ihn offensichtlich umarmen wollte.

Zur Sünderin wurde sie erst im 4. Jahrhundert. Damals flossen gleich drei Frauengestalten, die in der Bibel Erwähnung finden, zu einer einzigen zusammen. Die eben genannte Maria aus Magdala, die namenlose Sünderin, die nach der Beschreibung des Apostels Lukas die Füße Jesu mit kostbarem Nardenöl salbte, und Maria, die mit ihren Geschwistern Lazarus und Martha in Bethanien lebte, wurden zu einer einzigen Person.

Damals begann der Siegeszug der Ikone Maria Magdalena als reuige Sünderin. Tausendfach wurde sie seitdem gemalt – immer kostbar gekleidet und meist auch mit einem Salbgefäß in der Hand. Ihr zu Ehren wurden Hunderte Kirchen und Kapellen errichtet. Eine der berühmtesten steht in einem Ort mit dem seltsamen Namen Saintes-Maries-de-la-Mer, «Die heiligen Marien vom Meer».

Eine frühchristliche Legende berichtet, dass Maria Magdalena am Rande des Rhone-Deltas strandete, nachdem sie im weit entfernten Palästina von ihren Feinden in einem Boot ohne Segel ausgesetzt worden war. Mit ihr im Boot waren ihre Geschwister Lazarus und Martha, Josef von Arimathäa, zwei weitere Frauen namens Maria sowie deren Dienerin, Schwarze Sara genannt, und der Kelch, der in der Folgezeit zum Heiligen Gral wurde.

In Erinnerung an die wunderbare Rettung wurde der Ort «Saintes Maries-de-la-Mer» genannt. Während sich die beiden anderen Marien mit ihrer Dienerin hier niederließen, soll sich Maria Magdalena zunächst zur Buße in eine einsame Höhle in den Bergen zurückgezogen haben. Später sei sie dann durch Südfrankreich gezogen, um die Lehre des Christentums unter den Franken zu verbreiten. Betrachtet man die schiere Anzahl von Kirchen, die in Frankreich Maria Magdalena geweiht sind, hatte sie damit ganz offensichtlich Erfolg.

Glaubt man der Prieuré de Sion, dann hatte Maria Magdalena aber noch einen weiteren Grund, sich von den anderen zu trennen. Denn in ihrer Begleitung befanden sich nicht nur die eben erwähnten Personen, sondern auch ihr Ehemann Jesus Christus. Zusammen mit ihm habe sie sich zurückgezogen, um in aller Verborgenheit das gemeinsame Kind zur Welt zu bringen, mit dem die Blutlinie Jesu ihren Anfang nahm.

Tatsächlich stehen die Angehörigen der Prieuré mit ihrer Behauptung, Maria Magdalena und Christus seien ein Paar gewesen, nicht allein.

Erinnerungen aus dem alten Ägypten

> *«Papyrus aus dem 4. Jahrhundert: ‹Jesus sagte zu ihnen: Meine Ehefrau.›»*
> (DER SPIEGEL)

> *«Papyrus-Fund – Jesus heiratete Maria Magdalena.»*
> (DIE WELT)

> *«Uraltes Papyrus-Dokument, Jesus hatte möglicherweise eine Ehefrau.»*
> (FOCUS)

Am 19. September 2012 versetzt ein kleines Papyrusfragment die internationale Presse in Aufregung. Die darauf enthaltene Inschrift scheint ein Gespräch von Jesus mit einigen seiner Jünger wiederzugeben. Darin wird der Name Maria genannt, und am Ende der vierten Zeile stehen die Worte: «Jesus sagte zu ihnen: Meine Frau (...)»

Die amerikanische Religionswissenschaftlerin Karen King, die den Papyrus auf einem Fachkongress in Rom vorstellt, tritt nicht zum ersten Mal mit hochexplosiven neuen Einsichten zum frühen Christentum an die Öffentlichkeit.

Ihr Spezialgebiet sind die sogenannten Apokryphen, Schriften, die – so die Bedeutung des Wortes selbst – «Verborgenes» enthalten, das nur Eingeweihten, den sogenannten Gnostikern, verständlich war. Wie auch das kleine Fragment stammen die meisten dieser Schriften aus Ägypten.

Sie alle beschreiben Maria Magdalena als Gefährtin des Herrn. So heißt es etwa im Evangelium des Thomas: «Drei (Frauen) hatten ständig Umgang mit dem Herrn: seine Mutter Maria, (seine) Schwester und Magdalena, die ‹seine Gefährtin› genannt wird. Denn ‹Maria›, so heißt seine Schwester; und seine Mutter heißt so; und seine Gefährtin heißt so (...) Und die Gefährtin (des Erlösers) ist Maria Magdalena. Der (Erlöser liebte) sie mehr als (alle) Jünger, und er küsste sie (oft) auf ihren (Mund).» (Nag-Hammadi-Codex II)

Selbst ein eigenes Evangelium der Maria ist aus Ägypten überliefert. In dem Papyrus, der aus dem 5. Jahrhundert stammt, wird behauptet, dass «der Erlöser (Maria) mehr liebte als die übrigen Frauen». (Codex Berolinensis Gnosticus)

Ansonsten berichtet dieses Evangelium aber vor allem von der Konkurrenz zwischen Maria Magdalena und dem Apostel Petrus.

Ist es nur ein Zufall, dass ausgerechnet all diese Schriften nicht in den Bibelkanon aufgenommen wurden, oder haben Petri Nachfolger extra dafür gesorgt?

Nach Christi Tod und Auferstehung breiten sich seine Lehren wie ein Lauffeuer in den römischen Provinzen aus. Laut kirchlicher Tradition trägt der Apostel Markus sie nach Ägypten, der Apostel Petrus stirbt angeblich in Rom für seinen Glauben, gefolgt von Paulus. Immer mehr Menschen verlassen die alten Götter und wenden sich der neuen, christlichen Heilslehre zu. Schließlich erheben der ost- und weströmische Kaiser das Christentum am 27. Februar 380 per Dekret zur Staatsreligion. Es wird verfügt: «Alle Völker, über die wir ein mildes und maßvolles Regiment führen, sollen sich zu der Religion bekehren, die der göttliche Apostel Petrus den Römern überliefert hat, (...) und zu dem sich der Pontifex Damasus klar bekennt wie auch Bischof Petrus von Alexandrien (...) Das bedeutet, dass wir gemäß apostolischer Weisung und evangelischer Lehre an eine Gottheit des Vaters, Sohnes und Heiligen Geistes in gleicher Majestät und heiliger Dreifaltigkeit glauben. Nur diejenigen, die diesem Gesetz folgen, sollen, so gebieten wir, katholische Christen heißen dürfen. Die Übrigen, die wir für wahrhaft toll und wahnsinnig erklären, haben die Schande ketzerischer Lehre zu tragen. Auch dürfen ihre Versammlungsstätten nicht als Kirchen bezeichnet werden. Endlich soll sie vorab die göttliche Vergeltung, dann aber auch unsere Strafgerechtigkeit ereilen, die uns durch himmlisches Urteil übertragen worden ist.» Fast tausend Jahre später sollte dieser letzte Satz zur Grundlage der Inquisition werden.

Schauen wir uns aber die ersten beiden Sätze des Dekrets genauer an. Danach gab es damals offensichtlich verschiedene, durchaus widersprüchliche Glaubensvorstellungen und Überzeugungen innerhalb des frühen Christentums. Daraus ergab sich etwa zeitgleich mit der Ausrufung des Christentums zur Staatsreligion die Notwendigkeit eines Bibelkanons, die Festlegung der Bibelbücher, die nach der Ansicht früherer Theologen den Lehren der Urkirche entsprachen. Alle anderen sonderten sie als Apokryphen aus. Wohl nicht ganz zufällig stammen die meisten dieser ausgesonderten Schriften aus Ägypten.

Im Land am Nil spielten Traditionen schon immer eine wichtige Rolle. Als das Christentum seinen Siegeszug antritt, hat es hier relativ leichtes Spiel. Der Glaube an die Gottessohnschaft war bereits unter den Pharaonen verankert, und die Heilige Familie gehört ebenso zu den Grundprinzipien der altägyptischen Religion wie die Vorstellung der Auferstehung und das Paradies. Zwei wesentliche Dinge aber fehlten der neuen Religion: das allgegenwärtige Prinzip der Fruchtbarkeit und die geheimen Riten und Texte, die das Zentrum der altägyptischen Religion bildeten. Genau diese Lücke füllten die Apokryphen.

Auch wenn es auf den ersten Blick so scheinen mag, können die Apokryphen nicht als Beweis für die Existenz der Blutlinie Jesu herangezogen werden. Aber im Grunde genommen ist das auch gar nicht nötig.

Das Geheimnis des Abbé Saunière

Am 5. Dezember 1911 wird Bérenger Saunière von einem Untersuchungsausschuss des Bischofs von Carcassonne in Abwesenheit zur Schadensersatzleistung für erlittene Einbußen verurteilt. Dem Abbé wird jahrelange Veruntreuung von Messgeldern vorgeworfen. Katholischen Priestern ist es bis heute erlaubt, gegen Gebühr Seelenmessen für Verstorbene zu lesen. Zurzeit kostet eine solche Messe zwischen fünf und zehn Euro, damals etwa einen Franc. In seinem

Tagebuch notiert Saunière am 15. September 1893 neben der Liste von Messen, für die er bezahlt worden war: «Hier aufgehört.» Zwar nahm er weiterhin Aufträge entgegen, aber führte sie nicht mehr aus. Solange das Ganze in einem kleinen Rahmen blieb, fiel es nicht weiter auf, denn nur selten saßen die Menschen, die für die Messen zahlten, auch in der Kirche und hörten zu. Ab Juli 1896, etwa zeitgleich mit einem Großauftrag, den er für die Ausschmückung seiner Kirche erteilt, beginnt Saunières Messbetrug im großen Stil. Der Abbé inseriert in religiösen Zeitungen und Magazinen. Beim Bistum rechnet er offiziell drei Messen am Tag ab, inoffiziell dürfte die Zahl um mehr als das Zehnfache höher gelegen haben.

Die Sache fliegt auf, als der Abbé beginnt, auch noch Briefe an Priester in ganz Frankreich zu schreiben, in denen er sie bittet, ihm Messen abzugeben. Gleich zweimal untersagt der Bischof Félix Billard ihm im Jahre 1901, solche Bittbriefe zu schreiben – ohne Erfolg. Als sich der Bischof keinen anderen Rat mehr weiß, als den Abbé zu versetzen, legt dieser sein Amt nieder. Seine Messen liest er aber trotzdem weiter, in einer privaten Kapelle in der Villa Béthania. Betrug in großem Stil, und das über mehrere Jahre.

Bei 30 Messen pro Tag, etwa 10 000 pro Jahr, bedeutet das geschätzte Einnahmen von mindestens 100 000 Franc in zehn Jahren. Damit kann Saunière leicht die 27 000 Franc zahlen, die die Renovierung der Kirche, der Bau der Villa Béthania sowie aller anderen Anlagen und die Landkäufe nachweislich kosten.

Als Auslöser des großangelegten Messhandels lässt sich vermutlich der Auftrag festmachen, den der Bildhauer Bernhard Giscard, ansässig in der Rue de la Colonne 25 in Toulouse, am 20. November 1896 erhielt. Für ein Entgelt von 2500 Franc verpflichtete er sich, die Bilder für die Ausschmückung der Dorfkirche herzustellen. Die Darstellungen in der Kirche von Rennes-le-Château, in denen Saunière angeblich geheime Botschaften über die Blutlinie Jesu versteckt haben soll, sind keine Unikate, sondern Massenware. Aus einem umfangreichen Katalog konnte der Abbé auswählen, was am besten zu seiner, der Maria Magdalena geweihten Kirche passte.

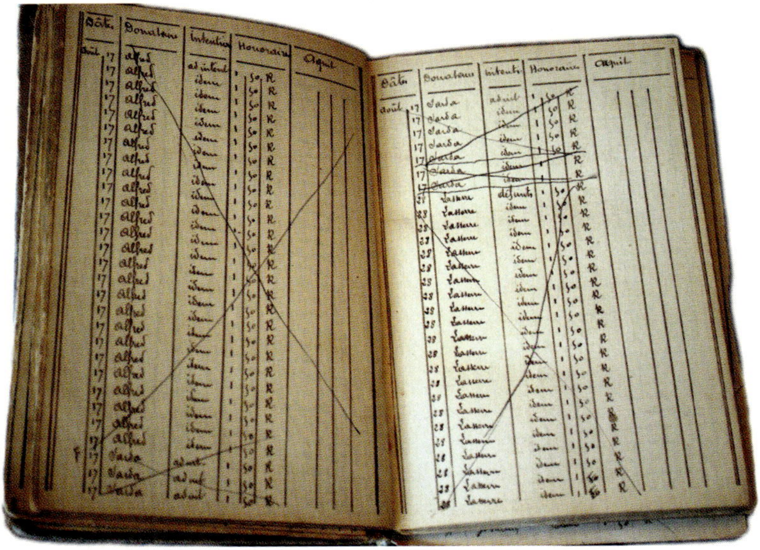

Das Messbuch des Abbé Saunière

Der Satz «Terribilis est locus iste» deutet nicht auf ein furchtbares Geheimnis, sondern stammt aus Genesis 28,17 und sollte besser lauten: «Dieser Ort ist ehrfurchtgebietend, es ist das Haus Gottes, das Tor zum Himmel.» Das Bibelzitat ziert viele Gotteshäuser, denn es ist die gängige Weihformel für jede Kirche. Der furchterregende Dämon unter dem Weihwasserbecken und die zugehörige Inschrift erklären sich aus der Darstellung darüber. Sie zeigt vier Engel, die das Kreuzzeichen schlagen, das übliche Ritual beim Eintritt in eine katholische Kirche.

Die Worte «par ce signe tu le vaincras», «in diesem Zeichen wirst du es besiegen», die angeblich auf einen verborgenen Schatz hinweisen, sind somit ganz wörtlich zu nehmen. Im Zeichen des Kreuzes kann man alles besiegen, auch das Böse, verkörpert durch den Dämon unter dem Weihwasserbecken.

Die Einbindung der Landschaft um Rennes-le-Château in die Stationen des Kreuzweges und die Darstellung der Maria Magdalena ist durchaus üblich und keine Besonderheit. Und auch die Darstellung des heiligen Antonius lässt sich als Lokalpatriotismus erklären, denn seit dem 7. Jahrhundert wurde der Eremit auch in der 20 Kilometer von Rennes-le-Château entfernten Schlucht von Galamus verehrt. Vielleicht hat ihn sogar Maria Magdalena hierhergebracht, denn schon früh mischt sich auch die Legende der Ägypterin Maria, die als reuige Sünderin einsam und allein in der Wüste lebte, mit der Legende der schönen Galiläerin. Zeitgleich mit dieser Vermischung entstanden auch die ersten sogenannten «Schwarzen Madonnen», die vor allem in Frankreich zu finden sind.

Bei den beiden Kindern in moderner Kleidung könnte es sich um den Abbé selbst und seinen Bruder Alfred handeln, der ebenfalls als Priester diente. Sie wären nicht die ersten Stifter, die sich auf den von ihnen bezahlten Denkmälern verewigen ließen.

Es bleibt der Vollmond an der 14. Station des Kreuzweges, der angeblich nicht die Grablegung bescheint, sondern den Transport des verwundeten Christus in ein geheimes Versteck. Der Bibelbericht besagt, dass Jesus zur neunten Stunde des Tages starb. Weiter heißt es, Josef von Arimathäa sei am späten Nachmittag zur Kreuzigungsstätte gekommen, als Jesus bereits tot war. Daraufhin ging Josef zu Pilatus und erbat die Erlaubnis, den Leichnam Jesu vom Kreuz zu nehmen und zu bestatten. Diese wurde ihm nach kurzer Rücksprache mit den Wachen gewährt. Im Anschluss kaufte Josef Leinen, wickelte den Körper darin ein und legte ihn schließlich in die Gruft. All dies dürfte mehrere Stunden gedauert haben. Nach dem jüdischen Kalender beginnt der Tag nach Sonnenuntergang und ist in zwölf Nacht- und zwölf Tagstunden eingeteilt. Jesus starb unmittelbar vor dem Passahfest, das immer am Tag des ersten Vollmonds nach der Frühjahrs-Tagundnachtgleiche beginnt, dem 14. Nisan. Im Jahre 2013 ging die Sonne in Jerusalem am 14. Nisan um 17:56 Uhr unter, während der Mond etwa eine Viertelstunde später, um 18:12 Uhr, am Himmel erschien. Wenn Christus etwa zur neunten Stunde des Tages, also gegen drei Uhr starb, und Josef tatsächlich erst am späten Nachmittag kam und im Anschluss all das oben Erwähnte erledigte, dann dürfte der Vollmond längst am Himmel gestanden haben, als er den Leichnam Jesu ins Grab legte.

Eine geheime Botschaft, die über das allgemeingültige Mysterium des Todes und der Auferstehung Jesu hinausgeht, ist in Rennes-le-Château nicht zu finden.

Vier Hochstapler und ein Todesfall

Als Noël Corbu die Villa Béthania nach Marie Dénarnauds Tod in ein Hotel umwandelt, hat er ein großes Problem. Woher sollen die Gäste kommen? Es ist kein Zufall, dass die ersten Gerüchte um den geheimnisvollen Schatz des Abbé Saunière nur ein halbes Jahr später in der Lokalpresse erscheinen und dafür sorgen, dass sich Corbus Hotelzimmer mit Schatzsuchern füllen. Zu Hunderten stürmen sie das Bergdorf mit Spitzhacke, Schaufel, aber auch bereits mit Metalldetektoren. Gefunden haben sie alle nichts. Zehn Jahre später verkauft Corbu seinen Besitz, aber die Schatzsuche geht auch ohne ihn weiter. Neu angefacht wird das Fieber im Jahre 1967 durch Gérard de Sèdes Buch «Das Gold von Rennes», in dem erstmalig Abschriften der Pergamente zu lesen sind, die Saunière angeblich in der Kirche fand. Warum, so stellt sich die Frage, hatte nicht schon Corbu die Dokumente als Wegweiser bei seinen eigenen Grabungen benutzt? Offensichtlich hat ihm damals niemand diese Frage gestellt, und als er nur ein halbes Jahr nach Erscheinen des Buches bei einem Autounfall stirbt, ist es dafür auch zu spät. Als der britische Journalist Henry Lincoln mit seinen Nachforschungen beginnt, die ihn auf die Spur der Prieuré de Sion bringen, muss er sich allein auf die Aussagen von de Sède verlassen.

Obwohl Lincoln selbst einräumt, dass einige Dokumente der Prieuré es darauf anlegen, «zu täuschen, zu verwirren, Tatbestände zu verschleiern und auf Bedeutsames beziehungsweise Unheilvolles anzuspielen», ist er dennoch bereit, ihnen zu glauben. Eine kapitale Fehleinschätzung, wie sich gut ein Jahrzehnt und viele Tausend verkaufte Bücher später herausstellt.

Im September 1993 bekommt die Geschichte der Prieuré eine völlig neue Wendung. Pierre Plantard hat sich einem Untersuchungsausschuss freiwillig als Zeuge zur Verfügung gestellt. Es geht um Korruptionsvorwürfe gegen Roger-Patrice Pelat, einen engen Freund des Präsidenten François Mitterrand. Der Untersuchungsrichter kann kaum glauben, was Plantard behauptet: Der Angeklagte sei der amtierende Großmeister einer geheimen Bruderschaft und dafür gäbe es auch Beweise. Doch die folgende Untersuchung bringt zutage, dass die Geschichte der Prieuré de Sion eine reine Erfindung ist. Zusammen mit drei Freunden, dem Journalisten Gérard de Sède, dem Schriftsteller und Schauspieler Philippe de Chérisey sowie dem Journalisten Jean-Luc Chaumeil, habe er fast drei Jahrzehnte lang das undurchdringliche Netz der Geheimgesellschaft gesponnen. Geschickt verwoben sie dabei wahre historische Begebenheiten mit der Fiktion der Blutlinie Jesu. Die Pergamente des Abbé Bigou hat es nie gegeben. Noël Corbu hatte sich ihren Fund ausgedacht und Philippe de Chérisey in der Folge ihre Inhalte. Als Vorlage dienten ihm alte Codices und die Ausgestaltung von Saunières Kirche St. Maria Magdalen. Auch die «Geheimen Dossiers» wurden von den Verschwörern selbst verfasst. Um ihre Spuren zu verwischen, ließen sie sie am 27. April 1967 als Nachlass eines Mannes namens Henri Lobineau in der Bibliothèque national registrieren. Dort lagen sie für zukünftige Forscher bereit, geadelt mit dem «Duft der Wahrhaftigkeit», der allen Dokumenten in der ehrwürdigen Institution anhaftet. Das Quäntchen Wahrheit, das all ihre Fälschungen enthalten, entnahmen sie Geschichtsbüchern und alten Legenden, aber auch Zeitungsartikeln, aktuellen Nachrichtensendungen und sogar berühmten Kunstwerken. Eines davon lieferte Dan Brown für seinen Krimi über die Prieuré sogar den Originaltitel: «Da Vinci Code».

«Das Abendmahl» nach Leonardo da Vinci: Der angebliche Großmeister der Prieuré habe nicht den Apostel Johannes, sondern Maria Magdalena neben Jesus abgebildet.

Leonardo da Vincis Leben und Werk gibt bis heute viel Anlass zu Spekulationen. Die Frage aber, ob er – oder ein anderer auf der langen Liste der Prieuré – Großmeister eines Geheimordens war, der die Blutlinie Jesu schützt, stellt sich nicht mehr.

Die aufgrund der Aussagen Pierre Plantards eingeleiteten gerichtlichen Nachforschungen ergeben, dass dieser die Prieuré de Sion bereits am 25. Juni 1956 registrieren ließ. Gemäß den Gründungsstatuten wollten die Mitglieder sich für sozialen Wohnungsbau einsetzen. Ihren Namen Prieuré de Sion erhielt die geheime Bruderschaft von einem Hügel namens Mont Sion, der in der Nähe von Plantards damaligem Heimatort Annemasse liegt. Bereits ein halbes Jahr später wurde der Verein wieder aufgelöst, um Anfang der 1960er Jahre mit der neuen, bekannten Ausrichtung wiederzuerstehen. Den Anlass lieferten Plantard die Zeitungsartikel mit Noël Corbus Aussagen zum Schatz von Rennes-le-Château.

Bleibt die Frage nach dem Warum? Warum machen sich vier Hochstapler über 30 Jahre die Mühe, eine solch komplizierte Geschichte auszudenken, die noch dazu in wahrhaft «höchsten Kreisen» spielt. Die Antwort lautet für jeden der Verschwörer wahrscheinlich anders. Pierre Plantard stammte aus einfachsten Verhältnissen. Sein Vater arbeitete als Diener, seine Mutter war Köchin. Zeit seines Lebens hat er sich wohl dieser Herkunft geschämt. Die Position des amtierenden Großmeisters der Prieurè de Sion verschafft ihm die ersehnte Anerkennung. Ab dem Jahr 1975 adelt er sich zudem selbst, indem er seinem Namen Plantard noch den kleinen Zusatz de Saint-Clair anfügt und damit zum Spross eines uralten französischen Adelsgeschlechts wird.

Bei Philippe Louis Henri Marie de Chérisey verhält es sich hingegen genau andersherum. Der 9. Marquis de Chérisey stammte aus einer alten Adelsfamilie und galt schon früh als ihr schwarzes Schaf. Gegen den Willen seines Vaters machte er eine Ausbildung zum Schauspieler und schloss sich der surrealistischen Bewegung an. Wie alle Surrealisten liebte de Chérisey alles Unwirkliche und Traumhafte. Die Schaffung der Parallelwelt der Prieuré de Sion muss ihn zutiefst fasziniert und befriedigt haben.

Auch der Journalist Gérard Marie de Sède hatte Kontakte zu den Surrealisten. Zum Verschwörer wird er jedoch genaugenommen durch ein Plagiat. Sein berühmtes Buch «Die Templer sind unter uns oder Das Rätsel von Gisor» stammte zum größten Teil aus der Feder Plantards. Doch der fand keinen Verleger. Erst in de Sèdes Bearbeitung wird es zum Kassenschlager.

Über die Beweggründe von Jean-Luc Chaumeil lässt sich nur wenig sagen. Fest steht aber, dass der vierte Verschwörer sein Wissen um die Prieuré auch heute noch vermarktet.

Das wahre Geheimnis der Prieuré de Sion

Die Geschichte der Prieuré de Sion ist mit der eidesstattlichen Erklärung Pierre Plantards, alles erfunden zu haben, noch längst nicht zu Ende erzählt. Egal, ob sich Mitwisser outen oder «Beweise» als Fälschungen identifiziert werden, die Prieuré ist darüber erhaben. Immer neue Spuren werden entdeckt – oder gelegt, alte und neue «Erben» identifiziert. Je intensiver man sich mit der Prieuré und der angeblichen Blutlinie beschäftigt, desto mehr Fragen tun sich auf. Und immer wieder gibt es Momente, in denen man sich fragt, könnte es nicht vielleicht doch sein? Kann es so viele Zufälle geben, die alle in eine Richtung deuten? Gibt es vielleicht doch eine im Geheimen operierende Macht, die unsere Geschicke lenkt? Existiert nicht doch ein größerer Zusammenhang, der all die kleinen und großen Ereignisse, die unsere Welt immer wieder erschüttern, in eine logische Abfolge bringt, die geradlinig zu einem, den meisten von uns noch unbekannten Ereignis führt? Warum hat Papst Franziskus I. ausgerechnet die Nardenblüte für sein Wappen ausgewählt, offiziell zwar das Symbol des heiligen Josef, aber eben auch die Pflanze, aus der die wertvolle Salbe bestand, mit der die Sünderin Jesu Füße salbte? Und weist nicht auch der Tabubruch des neuen Papstes bei der erstmaligen Fußwaschung an Frauen, die er Ostern 2013 vornahm, darauf hin, dass der Heilige Stuhl etwas gutzumachen hat?

Die Geschichte der Prieuré de Sion macht eines deutlich: Solange das Mysterium des Glaubens ein wesentlicher Bestandteil des menschlichen Lebens ist, so lange wird es auch den Glauben an Geheimgesellschaften geben, die angeblich den Schlüssel zu diesem Mysterium besitzen.

KAPITEL 5

Die Freimaurer
Eine verborgene Welt

«Ich sage, die freie Welt hat eine Idee, die groß und wirksam ist: die Idee der Freiheit, der Freiheiten. Sie ist der Niederschlag von 3000 Jahren europäischer Geschichte. Das sind die Freiheiten, denen die Freimaurer verpflichtet sind.»

THOMAS DEHLER (1897–1967), BUNDESJUSTIZMINISTER, VIZEPRÄSIDENT DES DEUTSCHEN BUNDESTAGES UND FREIMAURER

Es ist eine mühevolle Schinderei, eine üble Drecksarbeit. Die Arbeiter verfluchen den Tag, an dem ihre Firma den Auftrag für den Abriss dieses Hauses annahm. Ganz vorsichtig soll das Gebäude unweit der Hamburger Binnenalster dem Erdboden gleichgemacht werden, ohne schweres Gerät. Mit einer Abrissbirne wäre alles in wenigen Stunden erledigt. Aber so ziehen sich die im Herbst 1937 begonnenen Arbeiten bis weit in das Jahr 1938 hin. Doch der Aufwand hat seinen Grund: Es ist nicht irgendein Haus, das damals aus dem Stadtbild Hamburgs verschwindet, sondern ein Freimaurertempel, ein Gebäude also, in dem die Mitglieder des bis heute größten Geheimbunds der Welt sich zu rätselhaften Ritualen treffen. Die Freimaurer sind in Logen organisiert, und in Hamburg sitzt eine davon, «Absalom zu den drei Nesseln», gegründet im Jahr 1737. «Absalom» ist die älteste Loge Deutschlands. Und genau das scheint das Haus in Hamburgs Innenstadt vor 75 Jahren ins Visier der Nationalsozialisten zu bringen.

Die neuen Machthaber in Deutschland haben der Freimaurerei den Krieg erklärt. Der Abriss soll ein Zeichen setzen – und den Logen quasi den «Todesstoß» versetzen. «Die Nazis hofften damals in der

Versammlungsraum der Freimaurer in der Freemason Hall in London

Welckerstraße ein Geheimnis entdecken zu können. Darum wurde das Haus Stein für Stein abgetragen», erinnert sich Rolf Appel, einer der bedeutendsten Freimaurer Deutschlands, der als Teenager die Vorgänge in der Welckerstraße beobachtet.

Doch was soll dieses Geheimnis gewesen sein? Es gibt nur wenige Dokumente zu den Vorgängen in der Welckerstraße, die den Zweiten Weltkrieg überstanden haben. Hoffen die Nazis, Beweise dafür zu finden, dass die Freimaurer tatsächlich Teil jener «jüdisch-bolschewistischen Weltverschwörung» sind, die Deutschland vernichten will? Fest steht: Das Freimaurerwesen wird heftig verfolgt, die Logenhäuser werden geplündert, die Freimaurerei ist ab 1935 verboten. Der Reichsführer-SS, Heinrich Himmler, lässt diffamierende Ausstellungen gegen die Freimaurerei organisieren, in denen es vor Skeletten und anderen Geisterbahneffekten nur so wimmelt, um die angebliche Verderbtheit der Bruderschaften zu suggerieren. Aber Himmler ist auch fasziniert von den Ritualen der Logen und ihren geheimnisvollen Wurzeln.

Bis heute kursieren Gerüchte, die Freimaurerlogen seien die geheimen Erben der Tempelritter und ihres Schatzes. Die Rede ist von Gold, von der sagenumwobenen Bundeslade oder einem geheimen Hort des Wissens, den sie im unterirdischen Gängegewirr des Jerusalemer Tempelbergs fanden. Doch der Templerschatz bleibt den Nazis ebenso verborgen wie Beweise für eine internationale Verschwörung gegen die «arische Rasse». Es gibt nicht den kleinsten Hinweis darauf, dass die Arbeiter etwas fanden. Die ganze Plackerei – umsonst.

Die Schrecken der Nazi-Herrschaft sind Vergangenheit. Längst ist die Baulücke in der Welckerstraße wieder gefüllt. Seit 1971 steht hier ein mehrstöckiges Gebäude, gleich gegenüber dem Opernhaus. Es ist erneut ein Versammlungsort der Freimaurer. Das auffällige Dekor der zweiflügeligen Eingangstür symbolisiert ihre weltweite Brüderkette. Darüber steht in großen Lettern das Wort «Logenhaus». In den Räumen dahinter treffen sich unter anderem die Mitglieder der «Vereinigten 5 Hamburgischen Logen» und rund ein Dutzend weitere Logen.

Festakt im kirchlichen Rahmen. 2012 feiert die älteste Loge Deutschlands, «Absalom zu den drei Nesseln», im Hamburger Michel ihr 275-jähriges Bestehen.

Fünf Millionen Freimaurer weltweit sind eine beeindruckende Zahl. Auch die deutsche Freimaurerei kann sich selbstbewusst präsentieren, wenngleich ihre Mitgliederzahl noch immer weit geringer ist als vor der Nazi-Diktatur: Ca. 15 000 Freimaurer bedeuten nicht einmal ein Fünftel der alten Stärke. Im September 2012 feierte die Loge «Absalom» im Hamburger Michel mit 1500 internationalen Gästen glanzvoll ihr 275-jähriges Bestehen. Das zeigt: Es ist viel geschehen seit der Verbotszeit. Mehr denn je stellen sich die deutschen Logen der Öffentlichkeit. Viele haben heute einen «Tag der offenen Tür». Aber nach wie vor lassen sich die Freimaurer nicht gänzlich in die Karten schauen. Auch die Feierlichkeiten im Michel finden unter Ausschluss der Öffentlichkeit statt. Handverlesene Medienvertreter dürfen zwar den Einzug der Freimaurer-Delegationen beobachten. Aber danach müssen auch sie die Kirche verlassen. Lediglich Mitgliedern der Logen ist es gestattet, den Ritualen im Innern des Michels beizuwohnen.

Freimaurer sind zur Verschwiegenheit verpflichtet. Sie weisen den negativ besetzten Begriff des Geheimbunds weit von sich. Sie verstehen sich als «diskrete Gesellschaft», die eine uralte Form des Persönlichkeitstrainings praktiziert, für dessen Rituale die Aura des Geheimnisvollen unbedingt intakt gehalten werden muss. Nur darum soll nichts von dem, was in den Logen gesprochen und getan wird, «Profanen» offenbart werden – auch wenn natürlich im Laufe der Jahrhunderte etliche «Verräterschriften» erschienen sind. Doch dieser kompromisslose Wille zur Geheimhaltung macht vielen Menschen die Freimaurerei nach wie vor suspekt. Wer etwas geheim hält, hat etwas zu verbergen. Und wer etwas verbirgt, ist dunkler Machenschaften verdächtig. Noch 1955 ist im «Wörterbuch der deutschen Volkskunde» zu lesen: «In zahlreichen Sagen schreibt man den Freimaurern Zauberkunst und Teufelsbündnis und deshalb jähen Tod zu.» Die Logen, heißt es darin weiter, seien unterirdisch angelegt, der Saal sargförmig – und jedes Jahr müsse ein Freimaurer geopfert werden. Es sei denn, der durch Los gezogene Todeskandidat kaufe sich durch die Ermordung eines unschuldigen Kindes oder eines Dienstmädchens frei. Alte Schauermärchen, könnte man meinen. Aber in den Untiefen des Internets finden sie heute ihre zeitgemäße Entsprechung. Auf Seiten wie «@rea51.de», «weltverschwoerung.de» oder «alles-schallundrauch.blogspot.de» ziehen die Freimaurer als eine geheime Weltregierung die Fäden und sind verantwortlich für alles Schlechte auf der Welt – von der Euro-Krise bis zum Klimawandel. Und Satanisten sind sie angeblich sowieso.

Diese buchstäbliche Verteufelung steht in absolutem Gegensatz zum Selbstverständnis der Freimaurer. Einer der ersten deutschen Logenbrüder definiert im Jahr 1742 die Freimaurerei als Tugendbund, der sich für eine bessere Gesellschaft einsetzt, als «eine Verbindung von einsichtigen Männern, die, gefestigt durch das brüderliche Band und geführt durch die Vorschriften der sittlichen Tugend, versuchen, eine vernunftgemäße Gesellschaft zu bilden, der ein jedes ihrer Glieder all das beisteuern muss, was sie nützlich und angenehm machen kann».

Wieso liegen Welten zwischen dem Selbstbild der Freimaurer und dem Feindbild ihrer Gegner? Wieso ist der Bund der Logenbrüder in den Augen von Millionen Menschen eine Ausgeburt des Bösen? Durchzieht wirklich eine blutige Linie freimaurerischer Kriege, Revolutionen und Attentate die Geschichte der Menschheit? Sind die Logen eine geheime Bruderschaft, die im Besitz eines Schlüssels zu den innersten Geheimnissen der menschlichen Zivilisation ist?

Baumeister von Gottes Gnaden

Mindestens einmal im Monat, oftmals jedoch einmal die Woche durchlebt jeder Freimaurer eine seltsame Verwandlung. Als ganz normaler Bürger geht er in seine Loge und wird zum Mitglied eines Geheimbunds. Er streift sich weiße Handschuhe aus feinem Leder über und bindet sich einen Maurerschurz um den Bauch. Der ist je nach Loge und Rang entweder weiß oder farbig eingefasst und mit Symbolen und Buchstaben versehen. Vielleicht noch ein «Bijou» umgehängt, das Abzeichen der Loge – und fertig ist die für einen angeblich finsteren Weltverschwörer reichlich seltsame Ausstattung. Man mag es dem Ornat nicht ansehen, aber es steht für die uralten historischen Wurzeln des Geheimbunds – und ist die Eintrittskarte in die geheimnisvolle Welt der Logen.

Wenn sich die Mitglieder der Loge «Absalom zu den drei Nesseln» in ihren Tempelraum begeben, umhüllt sie ein dämmriges Licht. Nur langsam wird es in dem fensterlosen Raum, dessen Decke mit vielen Dutzenden Sternen übersät ist, heller. An den Seiten des Saals sitzen die Mitglieder, die «Beamte» genannten Funktionsträger der Loge haben festen Plätze: der Meister vom Stuhl als Logenvorsitzender, die Aufseher, der Schaffner, der Schriftführer und der Schatzmeister. In der Mitte des Raums brennen auf drei Säulen Kerzen. Diese sogenannten kleinen Lichter symbolisieren Weisheit, Schönheit und Stärke bzw. Sonne, Mond und Logenmeister. Die Säulen stehen auf einem rechteckigen Feld aus weißen und schwarzen Quadraten: Zeichen der Dualität dieser Welt, von Gut und Böse, Licht und Finsternis. Über dem Sitz des Meisters prangt strahlenumkränzt in einem Dreieck das allsehende Auge, auch Auge Gottes genannt. Auf einem kleinen Altar davor liegen die «drei großen Lichter»: Buch des heiligen Gesetzes, Zirkel und Winkelmaß. Zu Beginn der Zeremonie werden sie aus einem kleinen Nebenraum geholt, in dem auf Regalen die mit Symbolen versehenen sogenannten Arbeitsteppiche liegen, dazu Kerzenleuchter, zeremonielle Stäbe, maurerisches Werkzeug und in einem unscheinbaren Schrank: Totenschädel. Einen davon trägt der Freimaurer-Geselle bei seiner rituellen Erhebung zum Meister vor sich her – als Zeichen seiner Sterblichkeit.

Einige Freimaurer sind der Überzeugung, dass die Symbolwelt ihrer Logen dem legendären Salomonischen Tempel in Jerusalem entstammt, dessen Errichtung und Pracht das 1. Buch der Könige im Alten Testament beschreibt. Viele Logen in den USA legen darum

Die Symbole der Freimaurer: Zirkel und Winkelmaß, ausgestellt im Freimaurermuseum in Bayreuth

sogar Wert darauf, dass wenigstens ein Baustein ihrer Tempel aus den Steinbrüchen König Salomos stammt, der Zedekia-Höhle unter der Altstadt Jerusalems. «Weil die Ursprünge der Freimaurerei weitgehend im Dunkeln liegen, hat das immer wieder Anlass für Spekulationen gegeben», weiß Marian Füssel, Lehrstuhlinhaber für Geschichte der Frühen Neuzeit an der Universität Göttingen und Experte für Freimaurer-Geschichte. «Aber inzwischen tendiert die moderne Forschung dazu, ihren Ursprung in der mittelalterlichen Bauhütten-Bewegung zu sehen.»

Um dem Geheimnis der Freimaurer auf die Spur zu kommen, muss man 900 Jahre zurückgehen. Damals, um das Jahr 1100, erfasst ein gigantischer Bauboom West- und Mitteleuropa. Überall entstehen Klöster und vor allem Kirchen in einem neuartigen Baustil. Er ist Ausdruck der Aufbruchstimmung, die damals den Kontinent erfasst. Die Gotik erlaubt Bauten von nie da gewesener Grandiosität – allen voran die von Licht erfüllten Kathedralen mit ihren riesigen Buntglasfenstern und himmelhohen Decken, die nur von wenigen gigantischen Säulen gestützt zu sein scheinen.

In jener Zeit überbordender Baulust entsteht im englischsprachigen Raum der Begriff «Freimaurer». Denn wie auf dem Kontinent geraten mit dem Aufkommen der Gotik auch auf den britischen Inseln die einfachen Dienste der Maurer («roughstone masons») in den Schatten der «freestone masons». Hinter dem Begriff verbergen sich die hochangesehenen Steinmetze mit ihren speziellen Fähigkeiten, einen unbehauenen Stein in eine Skulptur zu verwandeln, mit Ornamentik zu versehen oder so zu behauen, dass er exakt in die gewaltigen Bögen eines Kirchengewölbes passt.

An der Spitze dieser Bauexperten: die «master masons», die Maurermeister, Bauingenieure und Architekten zugleich. «Das war eine intellektuelle Elite, die sogar Zugang zu den adligen Höfen hatte», so Füssel. Ein Baumeister sorgt nicht nur für gute Kontakte zu den Auftraggebern, sondern achtet auch auf die Arbeitsleistung seiner Männer. Die Handwerker halten zusammen, und so umgibt diese Verbände, Bauhütten genannt, eine exklusive Aura: Sie sorgen sich um ihre Kollegen und deren Familien. Die Meister müssen viel reisen, ihr Netzwerk ist international.

Doch nach einer langen Zeit der Blüte geraten die Bauhütten im 16. Jahrhundert in eine Krise. Mit der Spaltung der christlichen Kirche durch die Reformation und den sich daraus ergebenden Glaubenskriegen in Europa bleiben die Bauaufträge aus. Die immer mächtigeren Landesherren und die Zünfte in den Städten wollen die selbstbewussten Vereinigungen mit ihren Sonderrechten nicht mehr dulden. Händeringend suchen die Bauhütten nach neuen Verbündeten ...

Kirche, Kneipe, Konspiration: Die Geburt der modernen Freimaurerei

In der Luft liegt der herbe Geruch von Bier, Branntwein, deftigem Essen und Männerschweiß. Die erste Großloge der Welt formiert sich im schummrigen Kerzenlicht des Gasthauses «Zur Gans und zum Bratrost» im Herzen Londons. Man schreibt das Jahr 1717. Die englische Hauptstadt ist auf dem Weg, die bevölkerungsreichste Metropole der Erde zu werden, das Zentrum des bald schon weltumspannenden britischen Empires.

Dass die erste Großloge der Welt, die «Premier Grand Lodge of England», im «Goose and Gridiron» gegründet wird, liegt nahe. Das Pub liegt im Schatten der St. Paul's Cathedral, die nach dem großen Brand von London 1666 fast wiederhergestellt ist – viel Arbeit für die Steinmetze, die sich im Pub nahe der Baustelle gerne mit einem Humpen Ale den Staub aus den Kehlen spülen. Hier stößt das neue aufstrebende Bürgertum mit den seit Jahrhunderten bestehenden Steinmetzbruderschaften auf die Zukunft an. Die Bauhütten haben durch ihre Exklusivität einen legendären Ruf. Sie sollen schon zu Zeiten König Salomos existiert haben, raunen sich die Bürger zu. Es heißt, Steinmetze begrüßten sich mit Handzeichen und verständigten sich anhand geheimer Symbole, damit ihr uraltes Wissen nicht in falsche Hände gerät.

Doch nicht nur das vermeintlich mysteriöse Wissen der Bauleute übt auf die bürgerlichen Gentlemen eine ungeheure Faszination aus. Die Bauhütten verkörpern etwas, das viele Bürger gerne in der gesamten Gesellschaft als Grundwerte etablieren wollen: Gleichheit und Freiheit. Die Steinmetze sind eine Gemeinschaft, in der allein Leistung zählt, man wird nach dem bemessen, was man kann – und nicht daran, ob man einen Adelstitel trägt oder in der Gunst des Königshauses steht.

Das Interesse der Bürger wird erwidert. Denn den «Lodges» fehlt es an Unterstützern. Der Wiederaufbau Londons nach dem verheerenden Großbrand im Jahr 1666 geht zu Ende. Es fehlt an Folgeaufträgen. Wozu soll es noch Bauhütten geben, wenn es nichts mehr zu bauen gibt? Darum entschließen sich die Bauhütten, Bürger als «angenommene Maurer» aufzunehmen. Auf diese Weise halten die Steinmetzbruderschaften ihre gesellschaftliche Stellung, obwohl ihre wirtschaftliche Bedeutung abnimmt. Die Folge: Die «symbolische Freimaurerei» wird immer bedeutender. Sie glaubt, in der Freimaurerei ein Welterklärungssystem entdeckt zu haben. Der «raue Stein» symbolisiert nun den Menschen, die Kathedrale die Gesellschaft, in deren «Gewölbe» der Mensch, «feinbehauen», seinen Platz findet. Genau wie eine Kathedrale nur durch exakt angewandtes Wissen errichtet werden kann, so soll auch die Gesellschaft ein Reich des Wissens sein und nicht des bloßen Glaubens und Gehorchens.

Diese philosophische Überhöhung der Steinmetzkunst trifft den Zeitgeist. Bald schon sind in den Logen mehr Nicht-Maurer als Handwerker zu finden, es entstehen sogar neue, in denen nur noch angenommene Maurer tätig sind. Anstelle der harten Arbeit auf den Baustellen steht während der Zusammenkünfte nun der Mensch selbst zur Diskussion.

Wahrscheinlich um eine unkontrollierte Ausbreitung der Freimaurerei zu verhindern, gründen die vier Logen in jenem Jahr 1717 im «Goose und Gridiron» die erste Großloge der Welt. 1723 gibt man sich mit den «Old Charges» («Alte Pflichten») eine Art Verfassung: Eckpfeiler ist unter anderem das Verbot, über Politik und Religion zu reden. Aber auch die Keimzellen anti-freimaurerischer Verschwörungstheorien finden sich darin: die Aufforderung zur absoluten Geheimhaltung und zur unbedingten Solidarität unter Logenbrüdern: «Mit Worten und in eurem Auftreten sollt ihr vorsichtig sein, sodass auch der scharfsinnigste Fremde nicht ausfindig machen kann, was sich zur Weitergabe nicht eignet (...).» Im Notfall soll ein Logenmitglied «einen armen Bruder (...) jedem anderen armen Menschen, der in der gleichen Lage ist, vorziehen».

Was nach 1717 passiert, wird jedoch alle Erwartungen der englischen Brüder überstiegen haben: Es kommt zu einer «explosionsartigen» Ausbreitung freimaurerischer Ideen. Binnen weniger Jahre gründen Bürger, zu denen sich bald auch interessierte Adlige gesellen, Dutzende neue Logen innerhalb Englands. Die irische Großloge entsteht 1730, die schottische 1736. 1735 vereinigen sich die Logen Frankreichs zu einer Großloge. Und auch im Norden Europas organisieren sich Freimaurer. 1737 wird die «Loge d'Hambourg» gegründet, die erste Freimaurervereinigung auf deutschem Boden. Sie wird sich bald in «Absalom zu den drei Nesseln» umbenennen – und ein äußerst prominentes Mitglied in ihre Reihen aufnehmen ...

Freimaurerei im Jahrhundert der Aufklärung

Nicht einmal zwei Jahre nach Gründung der «Loge d'Hambourg» bekommt deren Vorsitzender, der «Meister vom Stuhl» Baron Oberg, die Mitteilung überbracht, dass ein «illustrer Unbekannter» Freimaurer zu werden wünsche. Doch der mysteriöse Kandidat stellt eine Bedingung: Er will nicht in der Hansestadt, sondern aus gewichtigen

Gründen in Braunschweig in die Loge aufgenommen werden. Die Loge lässt sich darauf ein. Als Treffpunkt ist der Gasthof «Zur Stadt Salzdahlum» in Braunschweig abgemacht. Man nimmt dort Zimmer. Doch zum Schlafen kommen die Freimaurer nicht. Die Legende erzählt, dass ein Mitglied abbeordert wird, einen Edelmann unter den Tisch zu trinken, der neben den Räumen der Freimaurer Quartier bezogen hat. Der Adlige soll nicht mitbekommen, was seine Zimmernachbarn treiben. Die anderen Freimaurer kümmern sich um die Vorbereitungen für das Aufnahmeritual. Es beginnt um Mitternacht. Die Aufregung ist vermutlich groß. Denn das neue Mitglied hat sich als einer der wichtigsten Adeligen Deutschlands entpuppt. Es ist Kronprinz Friedrich von Preußen. Er wird als Friedrich der Große in die Geschichte eingehen.

Was für ein Fang für die noch junge Bewegung!

Doch warum treibt es einen hohen Adeligen in diesen bürgerlichen Geheimbund, der bereits zu jener Zeit den Mächtigen Europas verdächtig ist? Der Grund ist ein ganz besonderer Wind, der damals auch durch die deutschen Staaten weht: Nicht nur im Bürgertum, auch im Adel werden die Ideen der Aufklärung diskutiert. Sie sorgen für erhebliche Unruhe, denn diese neue europäische Philosophie fordert die Abkehr vom Prinzip der totalen Bevormundung durch Krone und Altar. Stattdessen sollen die Menschen lernen, selbständig zu denken, zu handeln und sich zu entwickeln.

Der Kronprinz sympathisiert mit der heraufziehenden Aufklärung. Sie verspricht ihm Ausbruch aus dem preußischen Kasernenmuff. Friedrich ist begeistert, dass er in den Logen auf Gleichgesinnte trifft. Praktischerweise sind Friedrichs neue Brüder auch zur Verschwiegenheit verpflichtet. Denn Friedrichs Vater, Preußens frommer Soldatenkönig Friedrich Wilhelm I., beobachtet dieses Aufbegehren Friedrichs argwöhnisch.

Kronprinz Friedrich erlebt im Gasthof «Zur Stadt Salzdahlum» entsprechend seinem politischen Rang in einer einzigen Nacht einen rasanten Aufstieg durch alle drei Hierarchiestufen: Lehrling, Geselle, Meister. Unklar ist, wie sehr die Ideale der Freimaurer Einfluss

Deutscher Sonderweg: Dass Friedrich der Große (2. v. r.) Freimaurer ist, verdeutlicht, dass die Logen damals staatstragend sind.

auf die spätere Regentschaft Friedrichs nehmen. Nicht einmal über das Ausmaß seiner freimaurerischen Tätigkeit besteht Klarheit. Aber er begründet zumindest eine Tradition: Er und seine Nachfolger protegieren die preußischen Logen – was den im Großen und Ganzen staatstreuen und konservativen Charakter der deutschen Freimaurerei erklärt, der auch nach Gründung des deutschen Kaiserreichs fortbesteht. Die deutschen Kaiser Wilhelm I. und Friedrich III. sind ebenfalls Logenmitglieder. Erst der dritte Hohenzollern-Herrscher, Wilhelm II., wird mit dieser Tradition brechen – und nach seiner Absetzung 1918 wie so viele in Deutschland behaupten, die Freimaurerei habe zusammen mit französischen Logen den Untergang des Kaisertums in Deutschland und Österreich betrieben.

Särge, Totenschädel und geheime Codes

Die Freimaurerei erscheint verwirrend und rätselhaft, doch der erste Eindruck täuscht. Nichts wird im Freimaurer-Kosmos dem Zufall überlassen, alles hat seine Bedeutung. Weltweit dominiert die Johannismaurerei, benannt nach dem Schutzpatron der Steinmetze, Johannes dem Täufer. Ihr Logenraum hat meist dieselbe rechteckige Form mit stets den gleichen Ritualgegenständen, die entsprechend den nach strenger Ordnung ablaufenden Ritualen an genau festgelegten Orten stehen oder liegen. In der Regel wird dem Kandidaten erst nach einer Weile der Zugehörigkeit im Rang eines «Suchenden» gestattet, ordentliches Mitglied zu werden und die drei Grade (Lehrling, Geselle, Meister) der Johannismaurerei zu durchlaufen.

Jeder dieser Hierarchiestufen entspricht eine Erkenntnisstufe. Ein Freimaurer im Anfänger-Status beginnt seine Karriere gewissermaßen mit einem mehrfachen Handicap. Wenn er zum Lehrling initiiert wird, betritt er die Loge humpelnd, weil er laut Ritualvorschrift nur einen Schuh trägt. Alleine würde er niemals den Weg finden und sich im Kreis drehen, denn er ist außerdem blind: Vordergründig, weil ihm die Augen verbunden sind. Symbolisch, weil er weder sich noch seine Umwelt wirklich kennt. Er ist ein «rauer Stein», wie es in der Terminologie der Freimaurer heißt. Die Loge wird ihm helfen, seine Persönlichkeit zu finden und zu verfeinern. Seine Brüder weisen ihm nicht nur den Weg durch das Ritual, sondern auch den Pfad hin zu einem besseren Menschsein.

Am Ende des Aufnahmerituals muss der zukünftige Lehrling einen Eid ablegen. Dabei wird ihm ein Zirkel auf die entblößte Brust gesetzt und einem älteren Ritual folgend zum Abschluss das Ende des Degenknaufs auf die Zunge gelegt. Verschwiegenheit und Regelkonformität sind die ersten Lektionen für den Lehrling. Bei Bruch des Eides wurden früher – und schon damals nur symbolisch – grausame Strafen angedroht, wie in einer «Verräterschrift» aus dem Jahr 1730 zu lesen ist: «(...) als dass meine Gurgel abgeschnitten, meine

Zunge aus dem Gaumen meines Mundes genommen, mein Herz aus meiner linken Brust gerissen, um sodann im Sande des Meeres begraben zu werden die Länge eines Kabeltaues weit vom Ufer, wo Ebbe und Fluth zweimal in 24 Stunden abwechselt; mein Körper zu Asche verbrannt, meine Asche auf die Oberfläche der Erde zerstreut werde, damit nicht das geringste Andenken von mir unter den Maurern übrig bleibe.» Auch das geheime Handzeichen der Lehrlinge spiegelt diese drastische Strafandrohung wider: Mit waagerecht gehaltenen Fingern wird symbolisch die eigene Kehle durchtrennt.

Die Aufnahme in den Meistergrad gipfelt in einer Auseinandersetzung mit der eigenen Vergänglichkeit und dem Mysterium der unsterblichen Seele – dazu wird es düster: «(D)er Altar, die Tische des Meisters und der Beamten sind mit schwarzem Tuch verhangen», beschreibt Historiker Dieter A. Binder die Vorgänge im Tempel. Das in den Logen präsente Symbol des Pentagramms wird ausgetauscht: «Der Flammende Stern der Gesellenloge (...) wird durch einen in der Form des Hexagramms ersetzt.» Diese uralten Zeichen der Hexerei und Magie haben in der Freimaurerei einen weitaus positiveren Symbolwert: Sie stehen für die Durchdringung und Vereinigung von Oben und Unten, Geist und Materie.

Zentrales Symbol beim Meisterritual ist laut Dieter A. Binder ein Sarg, auf dessen Deckel ein Totenschädel und ein Akazienzweig liegen. Am Kopfende des Sargs, im Westen, befindet sich ein Winkelmaß, im Osten ein rechtwinklig geöffneter Zirkel. Die offenen Seiten der Werkzeuge zeigen Richtung Sarg. Das Ritual gipfelt in der Wiederauferstehung des angehenden Meisters. Zuvor schlüpft dieser in die Rolle des Baumeisters Hiram Abiff. Der sagenhafte Architekt des Salomonischen Tempels wird nach freimaurerischer Legende von drei Gesellen getötet, denen er das geheimnisvolle Meisterwort nicht verraten will.

Im Meisterritual wird Abiffs Ermordung nachgestellt und symbolisch überhöht. Wer den höchsten Grad der Johannismaurerei erlangen will, wird gleich mehrfach «gemeuchelt»: Mit der Messlatte wird ihm die Kehle durchgeschnitten, er wird mit dem Winkel erstochen, und der Spitzhammer zertrümmert seinen Schädel – symbolisch natürlich. «Hier liegt der erschlagene Meister», heißt es dann im Ritual zur Meistererhebung. «So will ich ihn mit den fünf Punkten erwecken», sagt der Logenvorsitzende, der Meister vom Stuhl. Er setzt daraufhin seinen rechten Fuß gegen den rechten Fuß des «Toten» und beugt sich zu ihm herunter, bis sein Knie das des Liegenden berührt. Der Meister erfasst die rechte Hand des zukünftigen Meisters über dem Handgelenk und zieht ihn zu sich empor, sodass sie Brust gegen Brust stehen. Die linke Hand des Meisters legt sich um die Schulter des Wiedergeborenen. Er flüstert ihm das Wort «Macbenach» in das eine Ohr und noch leiser in das andere den Satz: «Er lebt im Sohne!» Alle anwesenden Brüder sprechen das Wort «Macbenach» halblaut nach. Losungswort und Handgriff sollen zusammen mit dem Passwort «Tubalkain» für den Tempeleintritt den Zutritt «Profaner» zur Loge verhindern.

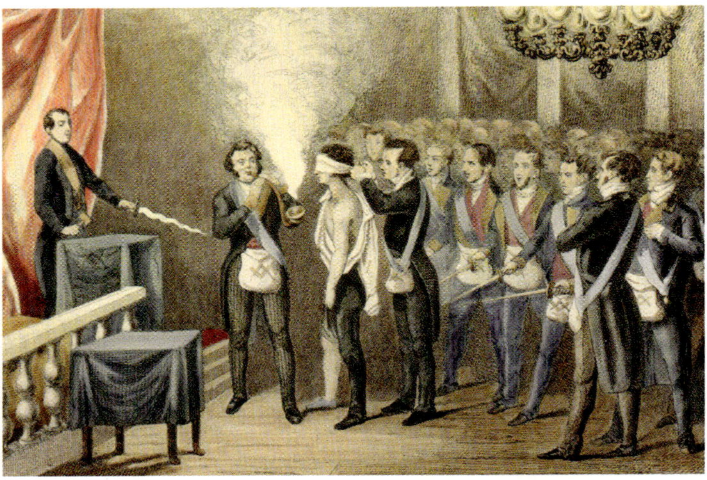

Die Rituale der Freimaurer sind voller Symbolik. Hier: die Aufnahme eines Novizen (3. v. l., Stahlstich 1843).

Macbenach ist das Meisterwort, das dritte und letzte, das dem Freimaurer bei seinem Aufstieg durch die Grade verraten wird. Jede Stufe hat ihr Losungswort. Beim Gesellen ist es «Boas», benannt nach der linken Säule im Vorhof des Salomonischen Tempels, wo die Gesellen ihren Lohn ausbezahlt bekamen. Beim Lehrling ist es «Jachin», die rechte Säule.

Ergänzt wird das System der Geheimzeichen durch das Fußzeichen, mit denen Freimaurer ihren Grad im Beisein von «Profanen» gegenüber Mitbrüdern zu erkennen geben können. Beim Lehrling sieht es folgendermaßen aus: Rechter und linker Fuß formen den Buchstaben T. Einen Gesellen erkennt man daran, dass beide Füße einen 90-Grad-Winkel bilden und sich dabei knapp an den Fersen berühren. Die Fußstellung beim Meister: Beide Fersen berühren sich und bilden ebenfalls einen Winkel von 90 Grad.

Da jedoch sämtliche Geheimzeichen und Losungsworte bereits in «Verräterschriften» veröffentlicht wurden und auch im Internet leicht zu finden sind, haben sie heute nur noch symbolischen Wert. Kein «Profaner» könnte sich damit Zutritt zu einer Loge verschaffen. Sicherlich ebenso sinnlos wäre es, in einer gefährlichen Situation den Beistand eines Freimaurers zu erwarten, in dem man «Zu mir, ihr Söhne der Witwe» ruft, die Arme über den Kopf hebt, die Finger ineinander verschränkt, die Handinnenflächen nach oben dreht und die Füße rechtwinklig setzt. Warum «Söhne der Witwe»? Der Legende nach soll Hiram Abiff der Sohn einer Witwe gewesen sein. Doch ebenso ungesichert wie der Ursprung dieses Notrufs ist seine Wirksamkeit. Aus der Zeit des amerikanischen Bürgerkriegs sind zumindest Fälle bekannt, in denen Freimaurer sogar Brüdern aus dem feindlichen Lager zur Hilfe eilten. Auch in Deutschland ist das legendäre «Große Not- und Hilfszeichen» von den Großlogen nicht außer Kraft gesetzt. Verschwörungstheoretikern gilt es noch immer als ein Beleg für die eiserne Treue, die sich die Mitglieder des Geheimbunds geschworen haben und die ihnen hilft, ihren Traum von der Weltherrschaft Schritt für Schritt zu verwirklichen ...

Zwischen Bürgerbund und Ritterspielen

«An alle gottgläubigen Menschen» ist ein Flugblatt adressiert, das im Jahr 1689 in den Londoner Straßen verteilt wird. Mit Erstaunen lesen die Passanten, denen das Pamphlet in die Hände gedrückt wird, dass ihre Stadt in die Hände einer «teuflischen Sekte» zu fallen droht. Sie schicke sich an, ein Reich des Schreckens zu errichten: «Denn warum sollten sie sich an geheimen Plätzen mit geheimen Zeichen treffen, wenn es ein Gottesdienst wäre? Sind das nicht die Mittel, derer sich das Böse bedient?» Der Name der Satansbruderschaft: die Freimaurerei.

Schon immer wird den Logen nachgesagt, ein straff organisierter, global agierender Geheimbund zu sein. Sein Ziel: die Zerstörung aller gesellschaftlichen Ordnung durch Unterwanderung des bestehenden Systems. Und in der Tat ist auffällig, dass besonders Angehörige der bürgerlichen Elite, die im absolutistischen Staat Führungspositionen in Kultur, Verwaltung und Armee bekleideten, oft Mitglieder von Logen wurden. Der amerikanische Experte für das Zeitalter der Aufklärung, Anthony La Vopa, schreibt, warum: «Denn sie (die Logen) stellten nicht nur einen privaten Zufluchtsort vor dem Absolutismus dar, sondern auch dessen informelle Verlängerung.» Aber: «Während in England die Freimaurerei aus einem bereits etablierten Bürgertum hervorging», schreibt Dieter A. Binder, seien es in Frankreich die eklatanten Standesgegensätze, die auf die Logen prägend wirkten. In Deutschland hingegen sind sie «Schmelztiegel von Adel und aufsteigendem Bürgertum», so Norbert Schindler.

Allein schon diese unterschiedlichen Startbedingungen verhindern eine uniforme Ausbildung des freimaurerischen Logenwesens. Sogar auf nationaler Ebene herrscht bald ein wildes Durcheinander an Freimaurer-Spielarten. Im 18. Jahrhundert sind im deutschsprachigen Raum zwar 25 000 Männer in Logen organisiert. Deren Gemeinsamkeiten kann man aber an einer Hand abzählen – schlechte Voraussetzungen für eine wie auch immer geartete «Geheimregierung». Zu einer konzertierten Aktion ist die Freimaurerei in ihrer 300-jährigen Geschichte zu keinem Zeitpunkt in der Lage.

Nur in einer Hinsicht agieren alle Logen europaweit einheitlich: Sie sind besonders im Zeitalter der Aufklärung Hotspots bürgerlichen Kulturstrebens. Schon nach wenigen Jahrzehnten ist der Einfluss der Freimaurerei unübersehbar. Ein herausragendes Beispiel dafür ist Wolfgang Amadeus Mozart, der schon als 16-Jähriger für einen Freimaurer komponiert und neben etlichen anderen Werken besonders mit «Die Zauberflöte» der Freimaurerei und ihren Werten ein Denkmal setzt. Allerdings ist es um Mozarts Ruf unter seinen Logen-Brüdern nicht gut bestellt. Man bekrittelt seinen exzessiven Lebensstil, der mit freimaurerischer Moral nicht übereinstimmt. «Sein früher Tod sei uns die kräftigste Mahnung zur Tugend», heißt es dann auch abschließend in der «Maurerrede zu Mozarts Tod». Weil die Freimaurer den Tod ihres Bruders so distanziert zur Kenntnis nehmen, keimt unter den Feinden der Logen der Verdacht auf, Mozart habe in «Die Zauberflöte» zu viel über die Geheimnisse der Freimaurer preisgegeben und sei deshalb von ihnen heimtückisch vergiftet worden.

Diese Verschwörungstheorien haben die Anziehungskraft der Logen auf kreative Köpfe nicht schmälern können. Charakteristisch für die Freimaurerei ist und bleibt die «humane Kultivierung der Männergesellschaft». In Deutschland hat sicher dazu beigetragen, dass auch gesellschaftliche Vorbilder wie Goethe und Lessing sich mit den Inhalten der Freimaurerei beschäftigten. Aber auch außerhalb des deutschsprachigen Raums hatte und hat die Freimaurerei erhebliche Anziehungskraft auf Intellektuelle und Künstler. Als Duke Ellington «I'm beginning to see the Light» komponiert, inspirieren ihn freimaurerische Symbole. Ebenso bekannt ist die freimaurerische Prägung im Werk des finnischen Komponisten Jean Sibelius. Und auch der lebenslange Einsatz des Ausnahme-Geigers Yehudi Menuhin für Menschenrechte und Frieden beruht auf seinem freimaurerischen Engagement.

Dennoch haftet den Freimaurern bis heute der Ruf an, ein Hort des Okkultismus zu sein. Der Vorwurf lässt sich bis ins 18. Jahrhundert zurückverfolgen. Damals misstrauten weltliche und geistliche Obrigkeit dem Treiben ihrer Bürger prinzipiell – und den Logen im Besonderen. Die Gründe dafür finden sich in einer bis heute für die Freimaurerei ebenso bedeutsamen wie verhängnisvollen Rede, die das Mitglied der Royal Society, Andreas Michael Ramsay, 1737 vor der französischen Großloge hält: «Die wichtigsten Unterscheidungsmerkmale der Menschen sind nicht die Sprachen, die sie sprechen, die Kleider, die sie tragen, die Länder, die sie bewohnen, noch die Würden, die ihnen verliehen wurden. Die Welt ist eine große Republik, in der jede Nation eine Familie und jeder Einwohner eines ihrer Kinder ist.

Wir wollen alle Menschen von aufgeklärtem Geiste und guten Sitten vereinigen (...) durch die erhabenen Grundsätze der Tugend, der Wissenschaft, der Religion, in welchen das Interesse der Bruderschaft zum Interesse des ganzen menschlichen Geschlechts wird (...).»

Ramsay lässt keinen Zweifel daran, dass er die Freimaurerei als einen überstaatlichen Fortschrittsmotor ansieht – und bestätigt damit die Vorurteile aller, die in der Logenbewegung eine Quelle staatsfeindlicher Umtriebe sehen. Damit nicht genug: Des Weiteren formuliert er noch zwei Sätze, die bis heute auf fatale Weise das Image der Freimaurer in der Öffentlichkeit prägen – und eine Steilvorlage für antifreimaurerische Propaganda darstellen: «Unsere Vorfahren, die Kreuzfahrer, die sich aus allen Teilen der Christenheit im Heiligen Lande zusammengefunden hatten, wollten so die Menschen aller Nationen in eine einzige Bruderschaft vereinigen. Sie taten sich mit den ‹Rittern des heiligen Johannes zu Jerusalem› zusammen, die sich dann im Abendlande Freimaurer nannten.»

Ramsay adelt mit diesen Worten eine bis dahin recht unbedeutende, aber nun immer wichtiger werdende Subszene der Freimaurerei. In ihr wird ernsthaft daran geglaubt, die Logen stünden in einer direkten Nachfolge mythenschwangerer Ritterbünde. Die Anhänger dieses «Neo-Rittertums» lassen sich von der geheimnisvollen Welt der als Gotteslästerer verfemten Templer inspirieren – zum Entsetzen der katholischen Kirche. Die Logen werden in den Jahren nach

Ramsays Rede mehr und mehr zu «Sanktuarien okkulter Bestrebungen» voller Mystik und angeblich uralter, bis in biblische Zeiten zurückreichender Traditionen. In der Freimaurerei wimmelt es nun vor neuen Hierarchiestufen mit hochtrabenden Titeln und phantastischen Kostümierungen. Sie verwandeln auch den biedersten Kaufmann in einen beeindruckenden Schwertträger. Diese «Show-Freimaurerei» nährt den Vorwurf der Gegner, die Freimaurer seien Geheimbündler mit finsteren Absichten.

Auch für die Freimaurerei hat diese neue Strömung fatale Auswirkungen. Sie bringt zwar viele neue Mitglieder, zerstört aber die rituale Einheit. Das klare Drei-Stufen-Modell der Johannismaurerei wird durch die sogenannten Hochgradsysteme mit ihren verwirrend vielen Hierarchiestufen aufgelöst. Sie werden heute noch von den Logen des «Alten und Angenommenen Schottischen Ritus» zelebriert. Damit nicht genug: Von Rängen bestehender Hochgradsysteme abzweigend, werden im Laufe der Jahre weitere Systeme entwickelt, die wiederum die schon bestehenden beeinflussen. Dieses kreative Chaos prägt die Freimaurerei bis heute – trotz mehrfacher Bemühungen, wieder zur ursprünglichen Einheit zurückzukehren. Viele Logen glichen damals «templerischen Erlebniswelten» – und einige Freimaurergrade stehen bis heute in dieser Tradition.

Doch ist damit automatisch der Beweis erbracht, dass es keinerlei Berührungspunkte zwischen der Freimaurerei und den sagenumwobenen Tempelrittern gibt?

Von den Wüsten Palästinas in die Nebel Schottlands

Die Grafschaft Argyll im Westen des schottischen Hochlandes, Anfang des 14. Jahrhunderts: Eine Flotte nähert sich der felsigen Küste des Hochlandes im Norden der britischen Insel. An Bord der Schiffe: Tempelritter aus Frankreich. Sie sind auf der Flucht vor Verhaftung, Folter und den Scheiterhaufen der Inquisition. Denn in Frankreich, wo der Orden der Templer schon immer die größte Macht besitzt und in dessen Hauptstadt Paris ihr Hauptquartier liegt, ist es König Philipp IV. gelungen, den als unbesiegbar geltenden Ritterbund durch eine Intrige zu zerschlagen.

Die Tempelritter haben sich in den 200 Jahren zuvor als Mönchskrieger auf den Kreuzzügen im Heiligen Land einen legendären Ruf erworben. Als die Kreuzfahrerstaaten Ende des 13. Jahrhunderts verlorengehen, konzentrieren sich die Templer darauf, Handels- und Finanzgeschäfte zu betreiben. Der wirtschaftliche Erfolg der elitären Kriegerkaste ruft bald mächtige Neider auf den Plan. Philipp IV. entdeckt die einzige Schwachstelle des aufgrund seiner Nähe zum Papst als unantastbar geltenden Ordens: Der König wirft ihm Ketzerei vor. Denunzianten berichten von Teufelsanbetung, Hostienschändung und perversen sexuellen Praktiken. Im Oktober 1307 fallen Philipps Soldaten über die Templer her, verhaften Dutzende von ihnen und stürmen ihr Hauptquartier in Paris. Der politisch schwache Papst Clemens V. wird von den Aktionen des Königs überrumpelt und lässt die Templer im weiteren Verlauf der Ereignisse fallen. Philipp ist ein zutiefst gläubiger Mensch, der möglicherweise tatsächlich glaubt, was ihm über die Templer zugeflüstert wird. Aber es geht ihm natürlich auch um Geld und Besitz. Doch der Legende nach sei es den Rittern gelungen, im letzten Augenblick ihre Reichtümer aus Paris zu evakuieren und auf Schiffe im Hafen von La Rochelle verladen zu lassen, die Kurs auf Schottland nehmen. Dort herrscht König Robert I. Weil er vom Papst mit dem Kirchenbann belegt ist, macht ihn das gewissermaßen zum natürlichen Verbündeten der Tempelritter.

Die Frage ist jedoch: Bestanden die Reichtümer der Templer wirklich aus Gold, Silber und Edelsteinen? Oder handelt es sich beim Schatz der Templer gar nicht um irdische Güter? Möglicherweise ist die ganze Legende von der Flucht nach Schottland am Ende nur ein Symbol für einen ganz anders gelagerten, weitaus abstrakteren Vorgang, der sich um etwas dreht, das schon vor tausend Jahren weitaus wertvoller ist als Gold: Wissen.

Schon lange vor der Zerschlagung des Ordens existiert der Vorwurf, dass die Templer während der langen Friedensphasen im Heiligen Land einen intensiven Kontakt zur arabischen Seite pflegen. Gut möglich, dass sie damals gewisse Finanztechniken lernen, die es ihnen ermöglichen, in Europa hervorragende Geldgeschäfte abzuwickeln. Ebenfalls unbestritten ist in der Forschung die Begeisterung der Templer für Kunst und Architektur. Als die Kreuzfahrer das Heilige Land beherrschen, entwickeln auch die Templer dort eine immense Bautätigkeit. Sie investieren große Summen in ihre Festungen und ahmen mit dem Bau achteckiger Kirchen in Europa die Architektur des Felsendoms nach. In der französischen Burg Chinon sind heute noch in die Steinmauern gekratzte geometrische Figuren zu sehen – mühsam eingeritzt von den Dutzenden dort ab 1308 eingekerkerten Templern.

Ist es nur ein Zufall, dass Aufstieg und Fall des Tempelritterordens und die Bauaktivität an gotischen Kathedralen so auffallend parallel verlaufen? Der Gedanke liegt nahe: Erst die Templer haben durch Kultur- und Techniktransfer aus dem arabisch-antiken Wissensuniversum sowie durch ihre Finanzkraft die Errichtung der ebenso sündhaft teuren wie bautechnisch anspruchsvollen gotischen Kathedralen möglich gemacht. In diesem Fall hätten die Bauhütten, die Ahnherren der modernen Freimaurerei, ohne Zweifel von den Templern profitiert.

Die Theorie, dass dieses Wissen hoch im Norden, in Schottland, einen neuen Besitzer findet, ist für Marco Frenschkowski nicht ganz von der Hand zu weisen: «Die wohl kulturgeschichtlich interessanteste, sachlich immerhin nicht ganz unmögliche Legende verbindet fliehende Templer mit Schottland und letztlich mit den Freimaurern», schreibt der Religionswissenschaftler und Geheimbund-Experte. Ein erster Hinweis auf diese Templer-Freimaurer-Verbindung findet sich nur wenige Kilometer von den mutmaßlichen Ankerplätzen der Templerflotte entfernt im Landesinnern von Argyll. Dort liegt inmitten einer lieblichen Hügellandschaft der für seine «Templer-Grabplatten» berühmte Friedhof von Kilmartin. Wenngleich nicht erwiesen ist, dass die teilweise aufwendig verzierten Steine wirklich für verstorbene Tempelritter errichtet wurden, so findet sich immerhin ein handfester Hinweis auf eine mögliche Verbindung zwischen Rittern und den mittelalterlichen Spezialisten für Bauwesen in Kilmartin. Denn einer der Grabsteine ist mit einem Zirkel und einer Messlatte verziert – eindeutig ein Beleg für die Existenz von Bauhütten in Schottland.

Gerne wird als Beweis für ein Bündnis von Templern und Schotten der Eingriff der Mönchskrieger in die Schlacht von Bannockburn 1314 angeführt, der den Hochländern demnach zu einem völlig überraschenden Sieg über die Engländer verhilft. Doch es fehlen Dokumente, die das beweisen. Fakt ist immerhin, dass in Schottland der Templer-Orden anders als im übrigen Europa nach 1307 nie offiziell aufgelöst wird. Das lässt Raum für Spekulationen. Nach der umstrittenen Theorie der Templer-Experten Michael Baigent und Richard Leigh behalten die Templer eine Art «unsichtbare Präsenz». Zwar übernehmen nach und nach auch in Schottland andere Orden die Güter des verbotenen Ritterbundes. Aber Templerbesitz und -vermögen werden noch lange Zeit getrennt verwaltet, und es wird sogar im Namen der Templer Gericht gehalten. Diese seltsame «Präsenz» hält sich bis Ende des 16. Jahrhunderts, also zu einer Zeit, als in den schottischen Logen die ersten Nichtmaurer Mitglied werden und sich die «symbolische Freimaurerei» herausbildet ...

Dan Brown und die Kirche der Rätsel

Die Tempelritter errichten damals nur wenige Kilometer von Edinburgh entfernt am Fluss South Esk ihr Hauptquartier. Das Dorf trägt heute den bezeichnenden Namen Temple. Von dort ist es nicht mehr weit bis Rosslyn Chapel, Pilgerstätte von Verschwörungstheoretikern und Esoterikern und Sehnsuchtsort für alle, die überzeugt sind, dass die offizielle Geschichtsschreibung im Namen der Mächtigen eine tiefere Wahrheit unterdrückt. Im Durchschnitt besichtigen 130 000 Besucher jährlich das nur 21 Meter lange und ungefähr halb so breite Kirchlein, dessen Anziehungskraft zu einem Gutteil auf ein paar Sätzen beruht, die der Autor Dan Brown in seinem Millionen-Bestseller «Sakrileg» zum Besten gibt: «Die Nachfahren der Tempelritter hatten Rosslyn Chapel als genaues architektonisches Abbild von Salomos Tempel in Jerusalem entworfen – samt (...) der unterirdischen Kammer mit dem Allerheiligsten, aus der die neun ursprünglichen Tempelritter ihren unermesslichen Schatz geborgen hatten.»

Ritter, Schätze, dunkle Gewölbe: keine Frage, Dan Brown kennt die Vorlieben seiner Leser. Rosslyn Chapel ist in der Tat eines der merkwürdigsten sakralen Gebäude der Christenheit. Der letzte Prinz der sturmumtosten Orkney-Inseln, Sir William St Clair, lässt sie erbauen. Grundsteinlegung ist im Jahr 1446. Obwohl nur ein Drittel so groß wie ursprünglich geplant, dauert es vierzig Jahre, um Rosslyn Chapel zu dem zu machen, was es heute in den Augen vieler Menschen ist: steinerner Beweis für die mysteriöse Umwandlung des Templerordens in einen Geheimbund, in die Logen der Freimaurer.

Sir William St Clair ist nicht nur der Bauherr, sondern einer Chronik aus dem Jahr 1700 zufolge quasi auch der Baumeister von Rosslyn Chapel. Erst holt er «Handwerker aus allen Regionen und ausländischen Königreichen» nach Schottland. Dann koordiniert er persönlich die Planung und Ausführung der Steinmetzarbeiten. Ein Text aus dem Jahr 1697 feiert die Herren von Rosslyn als große Bauherren: «Die Lairds von Roslin waren grosse Architecten und Förderer der Baukunst durch mehrere Zeitalter. Sie sind verpflichtet, das Maurerwort anzunehmen, das ist ein Erkennungszeichen, mittels dessen die Maurer der ganzen Welt einander erkennen.»

Die Steinmetzarbeiten in der Rosslyn-Kapelle sind einzigartig in ihrer Qualität und ihrer Formenfülle. Sir William St Clair errichtete jedoch ein «Gesamtkunstwerk», dessen sakraler Zweck auf seltsame Weise hinter der überbordenden Ornamentik und den Unmengen an Skulpturen zu verschwinden scheint. Erstaunlich viele der Steinmetzarbeiten haben mit dem christlichen Glauben wenig bis gar nichts zu tun. So gibt es nicht nur über hundert Darstellungen des keltischen Fruchtbarkeitssymbols «green man» (nach einer anderen Theorie ist es das Abbild des von den Templern angebeteten Götzen Baphomet). Es gibt auch Steinarbeiten, die Einblicke in Freimaurerriten geben, wie die extrem verwitterte Darstellung eines mit einer Augenbinde und einem Strick um den Hals versehenen Mannes, der von anderen Männern geführt wird – ein Aufnahmeritual. Außerdem zu entdecken: Engel, die freimaurerische Erkennungszeichen tragen. Und mit der prunkvoll von oben bis unten mit Ornamenten versehenen sogenannten Lehrlingssäule verbindet sich folgende Geschichte, die als möglicher Ursprung der freimaurerischen Legende um Salomons Architekten Hiram Abiff gilt: «Während des Baues der Kapelle von Roslin stellte sich heraus, dass der Plan eines Pfeilers, dessen Riss in Rom aufbewahrt wurde, verloren war. Der Baumeister reiste daher nach Rom, denselben zu holen. Inzwischen hatte aber ein geschickter Lehrling einen Pfeiler ausgehauen, und dieser hatte den Brüdern so gut gefallen, dass sie ihn an der offenen Stelle sofort aufstellten. Als der Baumeister, von Rom zurückgekehrt, diesen Pfeiler sah, ward er von Zorn und Eifersucht so übermannt, dass er den Lehrling totschlug. Der Lehrling war der Sohn einer Witwe, der Meister aber verfiel dem Tod durch Henkershand.»

All dies scheinen beeindruckende Indizien für eine bisher ungeschriebene freimaurerische «Frühgeschichte» zu sein: Rosslyn als Urzelle – inklusive templerischer Vorgeschichte. Doch der Schein trügt: Die Kapelle wurde im 15. Jahrhundert gebaut. Die frühesten

Aufzeichnungen über schottische Freimaurerlogen modernen Zuschnitts datieren aber aus dem späten 16. Jahrhundert. Wie passt die Bauzeit der Kapelle also mit all den freimaurerischen Steinmetzarbeiten und Legenden zusammen? Die Antwort liefert der Baustoff, aus dem Rosslyn Chapel erbaut wurde: Es ist Sandstein. Gut zu bearbeiten, aber nicht besonders haltbar. James St Clair-Erskine, dritter Earl of Rosslyn, beauftragt um das Jahr 1860 herum einen Architekten namens David Bryce, das Innere der Kirche zu restaurieren. Doch der Architekt belässt es nicht bei Reparaturen. Denn Bryce ist Freimaurer – und sieht es als legitim an, den rätselhaften Symbolen Rosslyns noch ein paar eindeutig freimaurerische hinzuzufügen.

Auch die Legende vom Baumeister, der seinen talentierten Lehrling umbringt, ist vermutlich nicht steinalt. Dass sie es sei, behauptet im 17. Jahrhundert der Gelehrte Sir Robert Sibbald. Sibbald ist jedoch nicht nur ein Mann der Wissenschaft, sondern auch dem Okkultismus und der Freimaurerei eng verbunden. Das macht seine Aussagen nicht gerade glaubhaft.

Die Frage, warum Freimaurer zu solchen Mitteln greifen, um sich authentisch zu machen, ist schnell geklärt: Als die Freimaurerei eine europäische Bewegung wird, sucht sie nach historischen Wurzeln. Sie sollen der Bewegung Patina verleihen, sie weniger angreifbar machen. Was alt ist, ist wichtig. Und im Falle der Freimaurer kann es gar nicht alt genug sein. Denn Gegner haben die Logen von Anfang an. Einige davon sind ebenso mächtig wie unerbittlich.

Ritter Kadosch und die Rächer der Templer

Paris, am Morgen des 21. Januar 1793. Dicht gedrängt stehen 20 000 Menschen auf dem Place de la Révolution. Sie erwarten die Ankunft einer Kutsche, die sich vom Hauptturm des Vieux Temple, des ehemaligen Hauptquartiers der Templer in Paris, auf den Weg gemacht hat. Darin sitzt schwer bewacht der durch die Revolution abgesetzte französische König Ludwig XVI. Es ist zehn Minuten nach zehn, als der Monarch auf dem Platz eintrifft und aussteigt. Drei Minuten später trennt das Fallbeil der Guillotine seinen Kopf vom Rumpf. Die Menschenmenge jubelt. Die Bürger tauchen ihre Piken und Taschentücher in das Blut des toten Bourbonen.

Die Hinrichtung Ludwigs ist mit einer merkwürdigen Legende verbunden. Sie besagt, ein Mann habe sich in der vor Begeisterung rasenden Menge nach vorne schieben können. Er sei auf die Richtstätte gestürmt, habe den Kopf aus dem Weidekorb gerissen, ihn der Menge gezeigt und gerufen: «Jacques de Molay, endlich bist du gerächt!» Natürlich ist die Geschichte des unbekannten Schafott-Stürmers etwas, das Historiker nur müde lächeln lässt. Unwahr bis ins Mark, durch kein zeitgenössisches Dokument gesichert. Doch irgendjemand muss diese Legende in Umlauf gebracht und mit ihr etwas bezweckt haben. Tatsächlich ist in die Geschichte trickreich ein Subtext eingearbeitet, der eine Verschwörungstheorie erzählt. Sie besagt: Als die Revolution das alte Regime hinwegfegt und das gottgegebene Bündnis aus Thron und Altar zerschlägt, geschieht dies von langer Hand geplant auf Geheiß einer Organisation, die sich als Erbe der Templer sieht. Wer zur Revolutionszeit und danach die Legende hört, weiß sofort, dass der Unbekannte am Schafott ein Freimaurer ist.

Die Botschaft ist klar: Das Volk wird manipuliert und missbraucht – von einem Geheimbund, in dessen Hierarchien es heute noch den Grad eines «Tempelritters» gibt und eines «Ritter-Kommandeurs des Tempels». Auch das Kadosch-Ritual des 30. Grades Alten und Angenommenen Schottischen Ritus kann spielend leicht als Beweis für den militanten Kampf der Logen gegen Thron und Altar herangezogen werden. Darin symbolisieren ein Dolch und zwei Schädel die Rache der Freimaurer für den Tod des letzten Templer-Großmeisters Jacques de Molay, der von Philipp IV. und Papst Clemens V. auf den Scheiterhaufen gebracht wurde. Etwas hilflos erscheint die Argumentation der Freimaurer, das Ritual sei ein symbolischer Aufruf, die Gesellschaft so positiv zu verändern, dass es keine Gräueltaten gegen Andersdenkende mehr geben wird.

Kaum entstehen Logen auch außerhalb Englands, hagelt es schon Verbote. Die ersten verhängen 1735 die protestantischen Staaten Holland und Friesland. Ein Jahr später verbietet das calvinistische Genf seinen Bürgern den Logenbeitritt, ebenso Hamburg und Paris. 1738 erlässt Clemens XII. dann als erster von sechs Päpsten eine Rechtsakte, eine sogenannte Bulle, gegen das Freimaurertum. In den folgenden Jahrzehnten steigern sich die Anfeindungen aus dem Vatikan bis zu dem Vorwurf, die Freimaurerei sei «eine Synagoge des Satans», eine «unreine Seuche», die es auszurotten gelte. Sie strebe die Weltherrschaft an, um die christliche Zivilisation zu zerstören. Bei Strafe der Exkommunikation wird allen Katholiken der Beitritt zu Freimaurerverbänden verboten.

Im 18. Jahrhundert wirken die Werte und Ziele der Freimaurerei wie ein Gegenentwurf zur gesellschaftlichen Realität. Das provoziert Reaktionen seitens der absolutistischen Staaten und Glaubenshüter, zumal diese rätselhaften Logen wie aus dem Nichts in ganz Europa aus dem Boden schießen. Besonders in Portugal, Spanien und Italien, wo die Macht der katholischen Kirche ungebrochen ist, trifft die Freimaurer brutale Verfolgung: Verbannung, Kerker- und sogar Todesstrafen werden ausgesprochen und vollstreckt. Auch weiter im Norden Europas sind Anhänger und Vertreter traditioneller Werte und Ordnung davon überzeugt, dass ohne die Freimaurer der französische König niemals seinen Kopf verloren hätte, dass die Logen die Revolution zu verantworten haben. Sind das nur haltlose Verleumdungen, oder haben diese Anschuldigungen vielleicht doch jenen berühmten wahren Kern?

Bruderkrieg im Bürgerkrieg: Frankreichs große Revolution

Versailles, am 23. Juni 1789. Seit Wochen ringen die 1139 Vertreter aus Adel, Klerus und Bürgertum um die Zukunft Frankreichs. Die Tage der absoluten Monarchie sind gezählt. Davon ist die Mehrheit in der Nationalversammlung überzeugt. Der Staat braucht eine Verfassung, um Chaos und Bürgerkrieg zu verhindern, denn die hungernden Bauern und Arbeiter sind bald nicht mehr unter Kontrolle zu halten. Auf seine Soldaten kann sich der König nicht mehr verlassen. Das Land steht am Abgrund. Das weiß jeder. Nicht jedoch Ludwig XVI., der an jenem Tag im Juni 1789 erklärt: Niemand habe ihm etwas zu raten – und erst recht nicht der Pöbel, der dritte Stand: «Ich werde allein für das Glück meines Volkes sorgen.» Ludwig verlangt, dass die Abgeordneten des Bürgertums, die in der Versammlung die Mehrheit stellen, sofort den Saal verlassen. Jeder der Stände soll getrennt tagen. Die Antwort ist eisiges Schweigen. Dann stehen drei Deputierte auf, um mit ein paar Worten die Welt aus den Angeln zu heben: «Es scheint, die versammelte Nation nimmt keine Befehle entgegen», sagt der Freimaurer und Präsident der Versammlung, Jean-Sylvain Bailly. Der Vordenker der Revolution Emmanuel Joseph Sieyès, ebenfalls Mitglied einer Loge, erhebt sich und spricht: «Meine Herren Abgeordneten, wir sind heute das, was wir gestern waren. Die Beratungen gehen weiter.» Und um dem König klarzumachen, was die Stunde geschlagen hat, entgegnet der Abgeordnete Gabriel de Riqueti, Marquis de Mirabeau und Freimaurer in der Elite-Loge «Les Neuf Sœurs» (Die Neun Schwestern), dem König: «Wir weichen nur der Gewalt der Bajonette.»

An jenem Tag im Juni 1789 endet die Vorherrschaft der Monarchie in Europa. Denn kein einziger Soldat seiner Majestät senkt das Gewehr, um die Bürger aus der Versammlung zu vertreiben. Drei Wochen später stürmen Aufständische die Bastille in Paris. Vier Jahre später wird Ludwig XVI. enthauptet.

Die Französische Revolution verändert das politische Gesicht Europas. Tat sie es, weil Freimaurer es so wollten? Schon wenige Jahre nach der Revolution, im Jahr 1797, gibt Augustin Barruel, Abbé und Domherr in Paris, all jenen eine Stimme, die überzeugt sind, dass ohne den Einfluss der Freimaurer ein Umsturz unmöglich gewesen wäre. In seinen fünf Büchern über die «Denkwürdigkeiten zur Geschichte des Jakobinismus» spricht er ein vernichtendes Urteil: Die Freimaurer allein seien für die Revolution und ihre Gewaltexzesse verantwortlich, für den Tod Zehntausender Menschen. Das Werk des französischen Geistlichen gilt heute als antifreimaurerisches Standardwerk – und als pure Propaganda.

Außer Frage steht, dass die Logen damals wissen, dass die Tage der absoluten Monarchie gezählt sind. In den 1789 einberufenen Generalständen, aus denen die Nationalversammlung hervorgeht, sind von den 578 Deputierten des Bürgertums 477 Freimaurer, von den 270 Adligen sind es 90, und auch unter den Klerikern befinden sich Logenmitglieder. Im vorrevolutionären Frankreich ist die Loge «Les Neuf Sœurs» Dreh- und Angelpunkt einer Art «Freimaurer-Demokratie». Einige ihrer Mitglieder sind weltberühmt: Montesquieu und Voltaire sind die Speerspitze einer ganzen Phalanx führender Wissenschaftler, Dichter und Maler, die sich in den Logen wohlfühlen. Sie sind das intellektuelle «Führungspersonal» des neuen Frankreichs.

Doch die Zahlen und die Rolle der Freimaurer in den Tagen und Monaten vor der Revolution täuschen. Von den politischen Erdbeben, die Frankreich und Europa erschüttern, werden auch die Logen überrascht. Viele Freimaurer sind Royalisten, die an nichts weniger denken als an eine gewaltsame Beseitigung der Monarchie. Den radikalen Schwung bekommen die Ereignisse erst durch die Wut der verarmten Bauern auf dem Land und die Militanz der hungernden Arbeiter, Handwerker und Soldaten in Paris. 1792 werden die Logen von den radikalen Jakobinern zwangsaufgelöst. Deren Schreckensherrschaft unter der Führung des Freimaurers Maximilien de Robespierre fällt 1793 nicht nur der König zum Opfer. Noch im gleichen Jahr wird auch der Kopf des Großmeisters der Großloge «Grand Orient de France», Louis-Philippe d'Orléans, vom Rumpf getrennt. Insgesamt werden während der Revolution Hunderte Freimaurer enthauptet. Es ist eine brutale Ironie der Geschichte, dass dies mit Hilfe eines mechanischen Fallbeils geschieht, das ein Logenmitglied ersinnt: Joseph Ignace Guillotine, Mitbegründer des «Grand Orient» und Mitglied in «Les Neuf Sœurs». Unterm Strich ist die Wirkung der Französischen Revolution auf die Logen also verheerend. Die französischen Freimaurer helfen zwar mit, das Rad der Geschichte in Bewegung zu setzen. Aber die Richtung zu bestimmen, in die es letztlich rollt, übersteigt ihre Macht.

Verschwörungstheoretiker sehen das jedoch völlig anders. Für sie offenbart die Französische Revolution die wahren Ziele der Freimaurer: den Aufbau eines von Logen beherrschten Staates, wie er jenseits des Atlantiks wenige Jahre zuvor bereits Realität geworden ist – durch einen Krieg, der von Freimaurern ausgelöst, geführt und gewonnen wurde.

Brüder, zu den Waffen! Die Gründung der USA

Die britischen Kolonien in Nordamerika im Herbst des Jahres 1772 gleichen einem Pulverfass. Immer wieder ist es in den letzten Monaten zu militanten Aktionen von Kolonisten gekommen. Federführend ist dabei eine Gruppe namens «Sons of Liberty» (Söhne der Freiheit), von denen einige auch Mitglieder der «St Andrew Lodge» in Boston sind. Im November des Jahres 1772 verzeichnet diese Loge auffällig oft eine geringe Beteiligung ihrer Brüder an den Versammlungen. Am 16. Dezember verlegt die Loge ihr Treffen auf den nächsten Abend. Der Grund der Vertagung wird verschlüsselt im Protokollbuch vermerkt. Über eine ganze Seite erstreckt sich der Buchstabe T. Was die

Freimaurer in den Wochen zuvor von ihrer Loge in der «Green Dragon Tavern» fernhält, sind die Vorbereitungen für den Startschuss zur amerikanischen Revolution: die Boston Tea Party.

An jenem Donnerstagabend stürmen mindestens 50 als Mohawk-Indianer verkleidete Kolonisten im Hafen von Boston die «Dartmouth», ein Schiff der East India Company. Unter ihnen sind mindestens zwölf Freimaurer der Bostoner Loge. Aus Protest gegen die ungerechte Abgabenpolitik der britischen Krone werfen sie 342 Teekisten über Bord. Die «St Andrew Lodge» verzeichnet nach der Stürmung des Schiffes einen signifikanten Mitgliederzuwachs – wohl weil ihre Mitglieder unter den Aufrührern ordentlich Eindruck machen. Von der Freimaurerei scheint man noch einiges erwarten zu können. Zu Recht, wie sich im amerikanischen Unabhängigkeitskrieg herausstellt. Nach langen Kämpfen siegen nicht nur die Kolonisten triumphal, sondern auch die Ideale der Freimaurer – wie ein Blick auf ein Ereignis zeigt, das sich 20 Jahre nach dem Zwischenfall im Hafen von Boston abspielt:

Am 18. September 1793 überquert George Washington, Kriegsheld und erster Präsident der Vereinigten Staaten von Amerika, den Fluss Potomac an jener Stelle, an der sich heute die wohl wichtigste Stadt der Welt erstreckt: Washington D. C. Damals ist die Hauptstadt der Supermacht USA eigentlich nur Sumpfland, das gerade erst urbar gemacht wird. Am Ufer angelandet, ist Washingtons Ziel ein kleiner Hügel. Den Weg dorthin auf einem kaum Straße zu nennenden Pfad beschreitet der Präsident nicht allein. Die Lichtgestalt der amerikanischen Revolution flankiert eine große Eskorte «voller feierlicher Würde, von Musik, Trommelwirbel, wehenden Fahnen und dem Jubel der Zuschauer begleitet». Washingtons Begleitung besteht nicht aus Soldaten. Auch nicht aus Abgeordneten oder Mitgliedern seiner Regierung, sondern aus Freimaurern. Sie wollen einem Ritual ihres Triumphs beiwohnen. Auf dem ungefähr 30 Meter hohen Hügel angekommen, legt der US-Präsident unter den Augen der begeisterten Öffentlichkeit im vollen Ornat eines Mitglieds der Großloge von Maryland den Grundstein für das Kapitol, das prachtvolle Macht-

Die Grundsteinlegung für das Kapitol 1793 erfolgt nach freimaurerischem Ritual – vollzogen vom ersten US-Präsidenten George Washington.

zentrum der US-Demokratie: Winkel, Lot und Wasserwaage werden angelegt, um den perfekt geschnittenen Stein auszurichten. Washington lässt Getreidekörner aus seiner Hand auf den Stein rieseln, Wein aus einer Karaffe darüberfließen und anschließend Öl. Alles getreu freimaurerischer Tradition. Und niemand nimmt Anstoß daran. Kein geifernder Konservativer, kein Evangelikaler pöbelt gegen die Freimaurer, die es wagen, an eine das Universum lenkende göttliche Kraft zu glauben, aber nicht an jenen Gott, der den Alltag der Menschen bestimmt.

Wer einen Blick auf die Jahre zwischen der Boston Tea Party und der Grundsteinlegung wirft, wird erkennen, warum damals niemand protestiert: Mit Fug und Recht kann die Freimaurerei nämlich behaupten, eine der einflussreichsten geistigen Strömungen in den USA zu sein. Allein die Zahlen beeindrucken schon: Es heißt, dass 30 Prozent der US-Generäle im Unabhängigkeitskrieg Freimaurer sind. Die «Declaration of Independence» (Unabhängigkeitserklärung) unterzeichnen mindestens neun Freimaurer, und 13 Unterschriften unter der «Constitution of the United States» (Verfassung der Vereinigten Staaten) stammen ebenfalls von Freimaurern.

Heute braucht man in den Untiefen des Internets nicht lange zu suchen, bis man die Behauptung findet, die USA würden von einer Geheimregierung ferngesteuert. Es heißt sogar, darum zeige das Straßennetz in Washington bestimmte Symbole der Freimaurer, wie Winkel und Zirkel und auch das Antlitz Baphomets, des Götzen der Templer. Jedoch stimmt das eine so wenig wie das andere. Tatsache ist, dass Washington D. C. am Reißbrett entsteht. Doch die maßgeblichen Stadtplaner Pierre Charles und Andrew Ellicott sind keine Freimaurer. Sie legen die Stadt lediglich streng geometrisch an. Ähnliches kann man auch aus dem Grundriss von Städten konstruieren, die eines Freimaurereinflusses völlig unverdächtig sind: Pjöngjang in Nordkorea, Riad in Saudi-Arabien oder Neu-Delhi in Indien.

Auffälligkeiten gibt es aber auch zwischen bestimmten Sternenbildern und der Lage bedeutender Bauwerke in Washington D. C. Der Freimaurer-Forscher David Ovason fand Hinweise darauf, dass die Lage von Kapitol, Washington Monument und Weißem Haus die Hauptsterne des Sternbilds Jungfrau widerspiegeln. Ähnliches behauptet man auch bei den Pyramiden auf dem Gizeh-Plateau in Ägypten. Die Jungfrau hat laut Ovason eine große Bedeutung in der Symbolwelt der Freimaurer. Sie repräsentiert die altägyptische Göttin Isis. Ihre Gestalt steht für den mystischen Prozess der Wiedergeburt und Wiederbelebung. Skeptiker entgegnen, dass Astrologie damals auch außerhalb der Freimaurerei hoch im Kurs steht und all das kein Beweis für den Einfluss der Logen auf das Stadtbild Washingtons sei. Ähnliches gilt für die heißdiskutierten Symbole auf dem US-Staatssiegel und der Ein-Dollar-Note: Allsehendes Auge, Ölzweige und bestimmte Zahlenwerte sind keine freimaurerischen «Erfindungen» und auch unter Nicht-Freimaurern populär. Von einer speziellen Ausrichtung kann also nicht die Rede sein – auch wenn Verschwörungstheoretiker dahinter natürlich eine perfide Taktik sehen, den wahren Einfluss der Logen zu verschleiern.

Von diesen «interpretatorischen Grabenkämpfen» abgesehen ist Washington D. C. für die amerikanischen Freimaurer tatsächlich ein ganz besonderer Ort. Nur wenige Kilometer vom Weißen Haus entfernt ragt genau 333 Fuß (101 Meter) hoch das George Washington Masonic Memorial in den Himmel. Mitten in Washington befinden sich zudem ein imposanter Tempel des Alten und Angenommenen Schottischen Ritus und andere Freimaurer-Gebäude. Auch ein Denkmal für den Südstaaten-General Albert Pike steht dort, ein «Freimaurer-Guru» seiner Zeit, der einen Großteil seines Lebens der Ritualwelt des Alten und Angenommenen Schottischen Ritus widmet. Und worauf wohl jeder US-Freimaurer uneingeschränkt stolz ist, sind die mindestens 14 ihrer Brüder, die US-Präsidenten geworden sind und im Weißen Haus regiert haben.

Im Reich der 97 Grade

Freimaurer als Unterzeichner der Unabhängigkeitserklärung, der Verfassung, als US-Präsidenten – reicht das aus, um zu sagen, die USA werden von Freimaurern gelenkt? Was dazu so gar nicht passt, ist die Tatsache, dass es im 19. Jahrhundert etliche Jahre regelrecht gefährlich ist, sich zu einer Logenmitgliedschaft zu bekennen – ähnlich wie es in den 1950er Jahren während der McCarthy-Ära riskant ist, ein Kommunist zu sein.

Die Krise der US-Freimauerei beginnt in den 30er Jahren des 19. Jahrhunderts, als die Erinnerungen an die glorreichen Taten der freimaurerischen Gründungsväter allmählich verblassen. Zunehmend finden Prediger Gehör, die gegen die angebliche Gottlosigkeit der Logen wettern, und es beginnen Gerüchte zu kursieren, dass ausländische Freimaurer statt ehrliche Amerikaner in Washington D. C. die wahren Mächtigen sind. Noch kann die Freimaurerei mit der Kritik leben. Die entscheidende Wende zum Schlechten bringt die sogenannte Morgan-Affäre im Jahr 1826. William Morgan ist ein Kriegsveteran, ehemaliger Steinmetz und Brauereibesitzer, der in jenem Jahr bekanntgibt, Freimaurergeheimnisse publizieren zu wollen – als Rache für ein abgelehntes Aufnahmegesuch. Ein Kreis von übereifrigen Logenmitgliedern will das verhindern. Sie entführen Morgan, der dann unter rätselhaften Umständen verschwindet. Millionen Amerikaner sind überzeugt: Morgan fiel einem Ritualmord zum Opfer. Zehn Jahre lang tobt eine nie für möglich gehaltene «Anti-Freimaurer-Welle» durch die USA. Eine Flut von Hetzschriften erscheint. Freimaurer verlieren ihre Anstellung, ihre Kinder werden der Schulen verwiesen. Und all das hält an, obwohl William Morgan im Jahr 1831 wieder unversehrt auftaucht. 1835 umfasst die Großloge von New York nur noch 41 Logen von ehemals 227.

Es dauert Jahrzehnte, bis sich die Freimaurerei von diesen Verlusten erholt. 1925 zählen die Logen zwar wieder drei Millionen Mitglieder. Doch für das Wachstum ist ein Preis zu zahlen: In Auftritt und Anspruch passen sich die Logen dem zunehmend frömmelnden Zeitgeist an. Der Geist der Aufklärung verflüchtigt sich. Zu jener Zeit beginnt der Alte und Angenommene Schottische Ritus in den USA sehr populär zu werden. Die pompösen Rituale des Hochgradsystems gleichen Theatervorstellungen. Die Mitgliedsgelder ermöglichen den Bau riesiger Freimaurertempel.

Noch heute raunt man sich im Internet zu, wie geheimnisvoll doch der Alte und Angenommene Schottische Ritus mit seinen 33 Graden sei. Je mehr Grade, umso mehr Erkenntnis, könnte man meinen. Doch dem ist nicht so. Die verschiedenen Riten teilen den «Kuchen der Weisheit» nur in unterschiedlich große oder eben kleine Stücke. Die Logenleiter hochzuklettern ist kein entbehrungsreicher Akt. Man will den Mitgliedern ja Erfolgserlebnisse bieten und sie bei der Stange halten. Darum verfügen die meisten Mitglieder über den 30., 31. oder den 32. Grad. Der 33. ist ein reiner Ehrengrad. Und wem 33 Grade nicht genügend «Event» bieten, wende sich dem Memphis-Ritus zu. Der hat 97.

Heute rekrutieren die US-Freimaurer die meisten ihrer neuen Mitglieder im Rentenalter. Ihre Zahl hat sich seit 1959 auf zwei Millionen halbiert. Mag die Freimaurerei den USA ihren symbolischen Kern gegeben haben, wie der US-Historiker Steven Bullock schreibt, und mögen der amerikanische Bürgersinn, der hohe Stellenwert von Bildung und Fortschritt sowie religiöse Toleranz auch freimaurerische Wurzeln haben, so schützt das nicht vor Anfeindungen der mächtigen radikalkonservativen Tea-Party-Bewegung und anderer christlich-fundamentalistischer Gruppen. Diese sehen in den Logen Feinde des wahren Amerikas und verfolgen sie mit den üblichen uralten Anschuldigungen. Wenn die Freimaurer die USA also angeblich regieren, so scheint ihnen das eher schlecht zu gelingen.

Die Logen sind die Sündenböcke der Geschichte. Zu unbedeutend, als dass sie sich gegen Anschuldigungen wehren können. Groß genug, dass man ihnen alle möglichen Schandtaten unterschieben kann. Im Laufe der Geschichte steigert sich die Angst vor ihrem Einfluss bis zur Hysterie. Jedes geschichtliche Großereignis wird von der einen oder anderen politischen Seite als Werk der Freimaurerei enttarnt: ob Krieg, Umsturz oder dann, Anfang des 20. Jahrhunderts, ein Attentat, aus dem sich gleich zwei Weltkriege entspinnen …

Schüsse in Sarajevo

Es fehlt nicht an Warnungen, die Reise anzutreten. Sogar aus Serbien, dem Erzfeind Österreich-Ungarns, gibt es Hinweise, der designierte Nachfolger auf dem Kaiserthron der k. u. k. Monarchie, Erzherzog Franz Ferdinand, solle Sarajevo nicht besuchen, vor allem nicht am 28. Juni, dem St. Veitstag, dem Tag der heroischen Niederlage serbischer Heerscharen gegen die Osmanen auf dem Amselfeld vor 525 Jahren. Doch Franz Ferdinand wischt im Frühjahr 1914 alle

Bedenken zur Seite: Wenn er nicht führe, täte es Kaiser Franz Josef selbst – «und das wäre noch ärger».

Zu diesem Zeitpunkt ist das Todesurteil über den Thronfolger schon gesprochen: «Serben, ergreifet alles, was ihr könnt, Messer, Gewehre, Bomben und Dynamit», heißt es bereits im Dezember 1913 pathetisch in der Zeitung «Srbobran», einem Blatt für serbische Emigranten. «Nehmet heilige Rache! Tod der Habsburgerdynastie, ewiges Andenken jenen Helden, die gegen sie Hände erheben.» Sieben Verschwörer tun sich zusammen, um Franz Ferdinand zu ermorden. Sie sehen im Thronfolger den Anführer der Kriegspartei in der k. u. k. Monarchie, die nichts anderes will, als Serbien auszulöschen und alle Serben der Doppelmonarchie zu unterwerfen.

Die Attentäter sind bereit, für die serbische Sache zu sterben. Sie ahnen nicht, dass Millionen Menschen in ihnen bald die Handlanger einer internationalen Verschwörung sehen werden. In jenen Wochen im Frühsommer 1914 plagt sie ein großes Problem, schreibt der Mitverschwörer Ivo Kranjčević viele Jahre später in seinen Memoiren: «Niemand von uns besaß Waffen oder konnte diese leicht beschaffen (...), für die Freiheit zu kämpfen, brauchte es mindestens eine Bombe, deren Explosion bis nach Wien hallen würde.» Ein Aufenthalt der Verschwörer Gavrilo Princip und Nedeljko Čabrinović in der serbischen Hauptstadt Belgrad löst das Problem. Sie kommen in Kontakt mit Milan Ciganović, Mitglied von «Narodna Odbrana» (Nationale Verteidigung), einer paramilitärischen Organisation. Ihm gelingt es, vier Revolver und vier Bomben aus Armeebeständen zu besorgen – dank guter Kontakte zu Major Vojin Tankosić, Mitglied des radikalen Geheimbunds «Crna Ruka» (Schwarze Hand). In ihr sind ultranationalistische serbische Militäroffiziere organisiert. Sie stellen die eigentliche Macht Serbiens dar. Die «Schwarze Hand» trainiert die Verschwörer aus Bosnien-Herzegowina im Schießen und organisiert die Rückkehr der bewaffneten jungen Männer nach Sarajevo.

Im Fall der Schüsse auf den Erzherzog Franz Ferdinand bestätigt sich einmal mehr: Ein erfolgreiches Attentat braucht nicht nur den

Die deutschen Kaiser Wilhelm I. ...

fanatischen Hass des Angreifers, sondern auch die Hybris seines Opfers. Sogar nach damaligen Maßstäben sind die Sicherheitsvorkehrungen für den Besuch von Erzherzog Franz Ferdinand in Sarajevo lächerlich. Gerade einmal 180 Polizisten sichern die lange Route der Wagenkolonne mit dem Kronprinz und seiner Gattin Sophie Gräfin Chotek. Zeiten und Fahrtstrecke sind detailliert in der Presse bekannt gegeben worden. Die Autoritäten Sarajevos wollen möglichst viele jubelnde Einheimische auf die Straße locken. Niemand in Wien erhebt dagegen Einspruch. Die Verschwörer können in aller Ruhe überlegen, wo sie dem Erzherzog auflauern. Sie verteilen sich mit Pistolen und Bomben bewaffnet an der Straße entlang des Flusses Miljacka. Dennoch geht zunächst alles schief. Als um 10 Uhr der Wagen den ersten Attentäter passiert, erkennt dieser den Erzherzog nicht und lässt die Bombe in seiner Tasche. Die Granate, die aus der zweiten Verschwörergruppe geworfen wird, verfehlt ihr Ziel und rollt vom Verdeck des Wagens Franz Ferdinands auf die Straße. Sie detoniert erst neben dem dritten durchfahrenden Wagen. Die Kolonne fährt nun mit hoher Geschwindigkeit Richtung Rathaus. Auch dort sind Attentäter postiert. Aber sie plagen plötzlich Skrupel, weil eine Frau, die Gattin Franz Ferdinands, neben dem Thronfolger sitzt.

Im Rathaus angekommen, beschließen Franz Ferdinand und seine Entourage, den durch das Attentat verletzten Oberstleutnant Merizzi im Garnisonskrankenhaus zu besuchen, und wählen dazu eine alternative Strecke. Doch der Wagen des Thronfolgers biegt in eine falsche Straße ab, weil man den Fahrer nicht über die Routenänderung in Kenntnis gesetzt hat. Der Wagen muss rückwärtssetzen, um umzukehren, und passiert dabei Gavrilo Princip. Niemand hat es für nötig befunden, nach weiteren Attentätern zu suchen. Die Frage, ob das alles Zufall sein kann, stellt sich Princip nicht. Er sieht seine Chance gekommen, sich zum Helden zu machen, zieht seine Browning-Pistole und schießt aus wenigen Metern Entfernung auf den für einen Moment stillstehenden Wagen. Franz Ferdinand wird an der Halsschlagader getroffen, seine Frau in den Unterleib. Sie stirbt noch auf der Fahrt zum Wohnsitz des Statthalters von Bosnien-Herzegowina, der Erzherzog kurz nach der Ankunft dort.

… und Friedrich III. mit freimaurerischer Bekleidung und Amtsabzeichen

Die Attentäter und einige der Hintermänner sind schnell gefasst. Die Anklage lautet auf Hochverrat, um möglichst viele von ihnen hinrichten zu können, nicht nur die direkt am Attentat Beteiligten. Als der Prozess am 11. Oktober beginnt, haben die Generalstäbe in Berlin und Wien das Attentat bereits als willkommene Chance genutzt, den Ersten Weltkrieg zu entfesseln. Zwölf Tage später werden fünf Mitverschwörer wegen Beihilfe zum Mord zum Tode verurteilt, die übrigen zu hohen Haftstrafen. Die noch minderjährigen Hauptangeklagten erhalten 20 Jahre Kerkerstrafe und sterben in der Haft an Tuberkulose. Einem einzigen Attentäter gelingt es, der Justiz zu entkommen. Er flieht nach Montenegro.

Als die katastrophale Niederlage der Mittelmächte im Ersten Weltkrieg die Monarchien hinwegfegt und die alten Eliten in die größte Krise seit den Napoleonischen Kriegen führt, erscheint den Menschen der Gedanke geradezu grotesk, dass eine Gruppe junger Polit-Heißsporne aus dem bettelarmen Bosnien-Herzegowina den Startschuss für diese politischen Umwälzungen gegeben haben soll. Ein so großer Machtblock wie das kaiserliche Mitteleuropa kann nur von einer noch viel größeren Macht zur Strecke gebracht worden sein, glauben viele. Wer diese Macht ist, darüber besteht für den «Mann auf der Straße» bald schon kein Zweifel mehr. So findet sich im Kriegstagebuch der deutschen Arztfrau Antonia Helming unter dem Datum des 28. Juni 1915 folgender Eintrag: «Heute ist der Jahrestag des Mordes von Sarajevo (...) Wenn ich jetzt sehe, wie die Freimaurerei den Krieg mit Italien heraufbeschworen hat, wie sie auch in Griechenland das Zepter schwingt, dann kommt mir der Gedanke, ob der Thronfolger nicht zum Mindesten Opfer der Gottesleugner und Ungläubigen geworden ist.»

Die katholische Arztfrau aus dem deutsch-niederländischen Grenzgebiet ist natürlich nicht die Urheberin dieser Verschwörungstheorie, sondern folgt der Propaganda antifreimaurerischer Artikel, die in jenen Jahren in katholischen Zeitschriften publiziert werden. Im September jenes Jahres erscheint in den «Petrus-Blättern» ein Artikel mit dem Titel «Der Mord von Sarajevo und die Freimaurerei», der zum Teil heute noch im Internet kursiert und angeblich das Verhör des Attentatsbeteiligten Čabrinović durch den Oberlandesgerichtsrat Alois von Curinaldi wiedergibt:

Präsident (v. Curinaldi): «Sagen Sie uns noch etwas über die Motive der Mordtat. War es Ihnen, bevor Sie das Attentat beschlossen, irgendwie bekannt, dass Tankosić und Ciganović Freimaurer seien? Hat auf Ihren Entschluss der Umstand, dass Sie und jene Freimaurer sind, einen Einfluss gehabt?»

Čabrinović: «Ja.»

Präsident: «Erklären Sie mir das. Haben Sie von ihnen den Auftrag bekommen, das Attentat auszuführen?»

Čabrinović: «Ich habe von niemandem den Auftrag bekommen, das Attentat auszuführen. Die Freimaurerei steht mit dem Attentate insofern in Verbindung, als sie mich in meinem Vorhaben bestärkte. In der Freimaurerei ist der Mord erlaubt. Ciganović hat mir gesagt, dass die Freimaurer den Erzherzog schon vor einem Jahre zum Tode verurteilt haben.»

Präsident: «Hat er das sofort gesagt oder erst dann, als Sie ihm sagten, dass Sie willens seien, das Attentat auszuführen?»

Čabrinović: «Wir haben auch früher über die Freimaurerei gesprochen, aber er sagte uns nichts von dieser Verurteilung, bis wir zum Attentate fest entschlossen waren.»

Das Verhör ist eine Fälschung, weiß man heute – jedoch eine sehr geschickte, die gekonnt mit Insiderwissen hantiert. Die Spur führt nach Wien. Dort sind einige Reliquien des tragischen Attentats in Sarajevo heute noch im Besitz jenes christlichen Ordens, der im 19. Jahrhundert und darüber hinaus als der große Gegenspieler der Freimaurer gilt: Jesuiten besitzen die Pistolen, mit denen auf das Ehepaar geschossen wird, das blutgetränkte Hemd des Thronfolgers und die Rose, die die Erzherzogin am weißen Kleid trug, als sie die tödliche Kugel traf. Bereitwillig stellt der kaiserliche Hof diese makabren Erinnerungsstücke an das Attentat der «Societas Jesu» zur Verfügung. Einer ihrer Ordensbrüder, Pater Anton Puntigam aus Sarajevo, beabsichtigt damit eine Erinnerungsstätte zu bestücken. Der Jesuit wohnt auch dem Sarajevo-Prozess bei und sorgt dafür, dass der Verteidiger des Angeklagten Čabrinović, Dr. Konstantin Premuzic, den Attentäter

Friedrich Ludwig Schröder (1744–1816), ein wegweisender Reformator der deutschen Freimaurerei. Während der NS-Zeit macht man die Freimaurerinsignien durch Übermalen unkenntlich (links oben). Vor kurzem wurde das Bild restauriert.

auf die Rolle der Freimaurer anspricht. Čabrinović nimmt natürlich dankbar den Ball auf und schildert den Einfluss europäischer Logen als maßgeblich, um von einer Verwicklung serbischer Kräfte in das Attentat abzulenken. Puntigam wiederum verfälscht die Antworten Čabrinovićs, um daraus antifreimaurerisches Kapital zu schlagen.

Doch damit nicht genug: 1918 erscheint in Berlin das Buch «Der Prozess gegen die Attentäter von Sarajewo», in dem ein Professor Pharos «nach dem amtlichen Stenogramm der Gerichtsverhandlung» die Verwicklung von französischen Freimaurerkreisen in die Vorbereitung des Attentats nachweist. Das Werk verbreitet die Ansicht, dass die «Schwarze Hand» nichts anderes ist als eine Loge, die im Auftrag der französischen Großloge antihabsburgischen Terrorismus fördert. Laut Darstellung des «Internationalen Freimaurerlexikons» verbirgt sich hinter dem professoralen Pseudonym niemand anders als Pater Anton Puntigam.

Dass die große Freimaurerverschwörung ein reines Phantasieprodukt ist, vertraut der Jesuit einzig und allein seinem Tagebuch an. Und so findet die These von der Verschwörung der «Entente-Freimaurerei» gegen die Monarchien der Mittelmächte nach dem Ende des Ersten Weltkrieges bald auch außerhalb katholischer Kreise begeisterte Aufnahme. Das Sarajevo-Attentat wird in der öffentlichen Wahrnehmung zum Logen-Mord – und zum Schlussstein eines gigantischen verschwörungstheoretischen Kuppelbaus, unter dessen Wölbung das gesamte Spektrum antifreimaurerischer Legenden Platz hat. Schon hundert Jahre zuvor beginnen konservative Publizisten die Demokratie als gottfeindlich und die Judenemanzipation als Ausgeburt der Freimaurerei zu verunglimpfen. Juden werden zu Gründern der Freimaurerei erklärt und die Freimaurer zu Ahnherren des judenfreundlichen Liberalismus. Die rechtsradikale Szene spitzt die Vorwürfe noch weiter zu: Die Freimaurerei habe im Weltkrieg den Feind begünstigt und dem deutschen Soldaten den Dolch in den Rücken gestoßen. Sie sei der Steigbügelhalter der Juden auf dem Weg zur Weltherrschaft. Die Mittel: linke Revolutionen. Das Endziel: «Schaffung einer Weltrepublik».

Puntigam hat viele Nachahmer. Heinrich Himmler, der spätere Reichsführer-SS, verschlingt als 19-Jähriger das Buch «Weltfreimaurerei, Weltrevolution, Weltrepublik». Darin beschreibt der Autor Erich Wichtl, wie die Freimaurerei mittels kommunistischer Revolutionen der jüdischen Weltherrschaft zum Sieg verhelfe. Himmler notiert damals in sein Tagebuch: «Ein Buch, das über alles aufklärt und uns sagt, gegen wen wir zu kämpfen haben.» Ein massenmörderischer Zirkelschluss entsteht: Wer Jude ist, ist Freimaurer. Wer Freimaurer ist, ist ein Revolutionär. Alle Revolutionäre sind Juden. Darum gehört die Freimaurerei ebenso ausgemerzt wie die Juden ausgerottet.

Diktatoren, Reflexe und ein guter Rat von Helmut Schmidt

In der Forschung stimmt man überein, dass jeder Diktatur und jeder Ideologie oder Religion mit Absolutheitsanspruch die Feindschaft gegen die Freimaurerei mehr oder weniger ins Herz gepflanzt ist. Das ist der Grund für das bis heute nicht spannungslose Verhältnis zwischen Freimaurern und katholischer Kirche (vom Islam ganz zu schweigen), für den nahtlosen Übergang von der Verfolgung der Freimaurerei im «Dritten Reich» zur Verfolgung der Logen in den Staaten des Warschauer Pakts bis 1990. Und auch in Südeuropa führt nach dem Zweiten Weltkrieg der Diktator Franco in Spanien seine Antifreimaurer-Politik ebenso fort wie Portugals Alleinherrscher Salazar.

Heute gibt es auf der Iberischen Halbinsel ebenso selbstverständlich Logen wie in Osteuropa nach dem Zusammenbruch des Kommunismus. Doch nicht einmal in Europa sind die Freimaurer das Image der geheimnisvollen Schattenmacht los. Sogar die alte Behauptung, es gäbe eine Verbindung zwischen den Logen und dem «internationalen Finanzjudentum», existiert weiter in den Köpfen der Menschen. Das zeigen die Entgleisungen des griechischen Metropoliten von Piräus, Seraphim. 2010 macht dieser hohe Geistliche Freimaurer und Juden für die Probleme Griechenlands verantwortlich: «Es findet eine Verschwörung statt, die Griechenland und das orthodoxe Christentum zu versklaven sucht.» Da ist er wieder: der Vorwurf, Freimaurer und Juden würden die christliche Zivilisation vernichten wollen, anscheinend ein unausrottbarer kultureller Reflex. Sogar in Großbritannien, dem Heimatland der Freimaurerei, fürchtet man eine Unterwanderung durch den jahrhundertealten Männerbund, weshalb die britische Regierung in den späten 1990er Jahren untersuchen lässt, wie viele Richter in England und Wales Logenmitglieder sind (Ergebnis: 5,4 Prozent). Mehrere Jahre über müssen Bewerber, die für eine Stelle im Justizwesen in Frage kommen, erklären, ob sie Freimaurer sind oder nicht. Erst 2009 wird die Regelung aufgehoben.

Die 275-Jahr-Feier der ältesten Loge Deutschlands, «Absalom zu den drei Nesseln», mit ihrer prachtvollen Feier im Hamburger Michel 2012 hat zwar auch in überregionalen Medien Beachtung gefunden. In Deutschland dreht sich die Diskussion in den Logen aber nach wie vor um die Frage, ob sie sich der Öffentlichkeit öffnen sollen, wie Altkanzler Helmut Schmidt angesichts des noch immer kaum bekannten Stiftungswesen der Freimaurer bereits vor Jahren empfiehlt: «Tue Gutes und rede darüber.»

Und es hat sich einiges getan. Die Gesellschaft hat sich verändert. Die Freimaurer auch. Was noch fehlt, ist eine öffentliche Meinung, die die Freimaurerei in Deutschland als das ansieht, was sie wirklich ist: keine geheime Weltregierung, sondern eine der vielschichtigsten Organisationen, die Europas Geschichte je hervorgebracht hat.

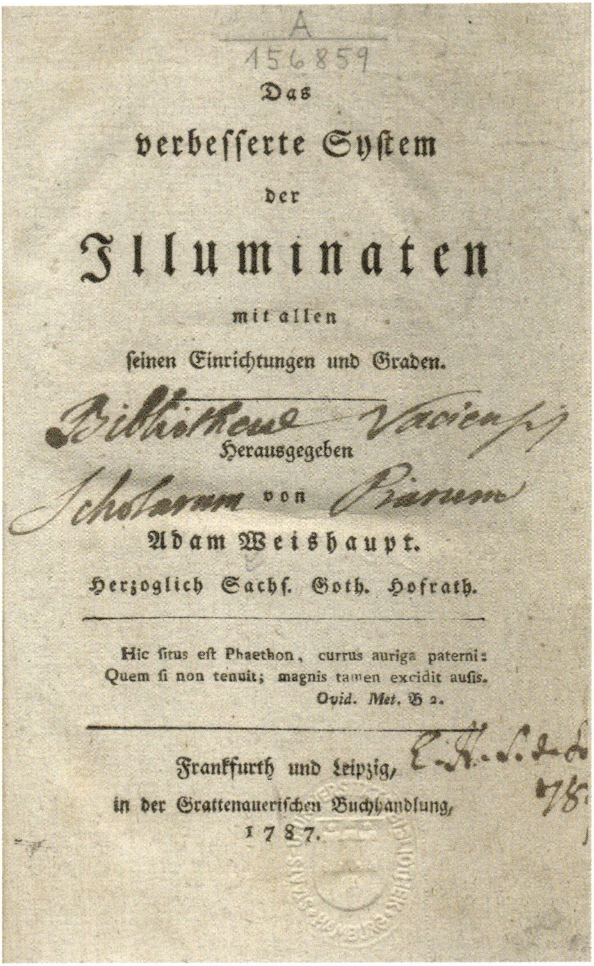
Das
verbesserte System
der
Illuminaten
mit allen
seinen Einrichtungen und Graden.

Herausgegeben
von
Adam Weishaupt.
Herzoglich Sachs. Goth. Hofrath.

Hic situs est Phaethon, currus auriga paterni:
Quem si non tenuit; magnis tamen excidit ausis.
Ovid. Met. B 2.

Frankfurth und Leipzig,
in der Grattenauerischen Buchhandlung,
1787.

Bis in alle Einzelheiten planen die Illuminaten Ende des 18. Jahrhunderts die Unterwanderung der Gesellschaft. Ihr Ziel: ein gewaltloser Umsturz zum Wohle des Menschen. Nie zuvor hatte ein Geheimbund Ähnliches versucht.

KAPITEL 6

Die Illuminaten Zwischen Jesuitenangst und Neuer Weltordnung

Ingolstadt, Ende Februar 1785. Nie hätte Adam Weishaupt gedacht, dass es so weit kommen würde. Vor kurzem war er noch ein junger erfolgreicher Professor an der Universität Ingolstadt – und jetzt? Seine Karriere ist ruiniert, wahrscheinlich sogar sein Leben. Man verfolgt ihn wie einen Hexer. Und das nur, weil er mehrmals auf die Anschaffung angeblich ketzerischer Bücher gedrängt hat? Nur weil er sich weigert, das Glaubensbekenntnis abzulegen?

Der Rektor der Universität befiehlt Weishaupt, sofort die Stadt zu verlassen. Doch in diese Falle tappt er nicht. Er weiß: Die Wachen an allen vier Stadttoren haben Befehl, ihn zu verhaften. Seit Tagen hält sich der Professor für Kirchenrecht darum versteckt. Der 37-Jährige weiß, ihm droht ein Prozess. Heute würde man sagen: wegen Bildung einer terroristischen Vereinigung. Sie jagen ihn. Sie werden ihn entdecken. Die Stadt ist klein. Es wird viel geredet. Nichts bleibt lange verborgen. Auch nicht, dass der Schlossermeister Joseph Martin ihn versteckt hält, weil er es mit dem Verschwörer Professor Weishaupt und seinen Anhängern hält. Propaganda wird dafür sorgen, dass diese in den Augen vieler nur noch Abschaum sind, Sodomiten, Giftmischer und Gotteslästerer.

Aus Angst vor Kerker und Schlimmerem setzt Weishaupt alles auf eine Karte. Er zieht sich Handwerkskleidung über und lenkt das Gespann des Meisters Martin aus der Stadt. Er hat Glück. Die Wachen am Harderthor erkennen ihn nicht. Wenige Zeit später erreicht

Weishaupt die freie Reichsstadt Regensburg. Dort den flüchtigen Gelehrten zu verhaften, erlaubt das Reichsrecht den Häschern des bayerischen Kurfürsten nicht. Weishaupt ist gerettet – fürs Erste. Seine Heimat Ingolstadt wird er nie wiedersehen. Was Weishaupt nicht ahnt: Mit seiner spektakulären Flucht aus Ingolstadt legt er den Grundstein für den legendären Ruf des angeblich geheimsten aller Geheimbünde: der Illuminaten.

Adam Weishaupt, erster Präsident der USA?

Wenn es nach dem Bestsellerautor Dan Brown («Sakrileg», «Illuminati», «Das verlorene Symbol») geht, ist die Geschichte der Illuminaten schnell und einfach erzählt. Von der Inquisition verfolgt, verlässt der Geheimbund aus Wissenschaftlern Italien. Das geschieht angeblich Ende des 17. Jahrhunderts. Nach langer Wanderung findet der Geheimbund eine neue Heimat in einer bayerischen Bruderschaft von Steinmetzen: den Freimaurern. «Und von dort aus nutzten die Illuminati ihre weltweiten Verbindungen, um ihren Einfluss auszuweiten», schreibt Dan Brown in «Illuminati», nicht ohne die unglaubliche Geschichte einige Zeilen später in bewährter Manier um einen weiteren «Knaller» zu ergänzen. Ihr globales Ziel sei «die Schaffung einer einzigen Weltregierung, eines weltumspannenden Staates, einer säkularisierten neuen Weltordnung».

Wohl kein Geheimbund regt die Phantasie der Menschen so an wie die Illuminaten. «Erleuchteter» heißt «Illuminat» übersetzt. Doch positiv ist das Image des Geheimbunds nicht. Seine Mitglieder tragen keinen Heiligenschein, sondern eher die Hörner des Leibhaftigen. Und Dan Brown ist nicht der Erste, der sie damit ausstaffiert. Kaum entdeckt, müssen die Illuminaten für die Existenz allen Übels auf der Welt herhalten. Kein Wendepunkt in der Geschichte der Neuzeit, kein politisches Attentat von geschichtlichem Rang, in dem der Geheimbund angeblich nicht seine Finger im Spiel hat. Sogar der Vatikan sei ihr Büttel, schreibt Dan Brown. Die Illuminaten bilden eine Elite des Bösen, die von einem unbekannten Ort aus die Geschicke der Menschheit in Richtung Sklavenstaat beeinflussen. Denn schließlich ist die Globalisierung auch ihre Erfindung: Ihre Führung weiß alles, die Basis immer noch mehr als der Rest der Welt.

Sogar hartgesottene Illuminaten-Phantasten stimmen zu, dass der Geheimbund 1776 von Adam Weishaupt gegründet wird, aber das ist auch alles. Adam Weishaupt stirbt ihrer Meinung nach nicht in Deutschland, sondern entdeckt seine Ähnlichkeit mit George Washington, gründet einen US-Zweig der Illuminaten, lässt Washington meucheln und schlüpft dann in dessen Rolle. Dieser Coup begründet nach Überzeugung von Verschwörungstheoretikern die Herrschaft der Illuminaten über die USA – und die ist so unanfechtbar, dass es sich der Geheimbund leisten kann, auf der Ein-Dollar-Note Hinweise auf seine Existenz geben zu können. Die Legende besagt, dass ein vermummter Mann Thomas Jefferson, dem maßgeblichen Urheber der US-Verfassung, das Layout für den Dollar überreicht hat. Die Jahreszahl 1776 auf dem Geldschein soll sich angeblich auf das Gründungsjahr der Illuminaten beziehen und nicht auf das der USA. Gerne verweisen Verschwörungstheoretiker auf die angeblich satanische Zahl 13, die überall auf dem Dollarschein zu finden ist: Das Brustschild des Adlers hat 13 Streifen. Die 13 Speere in seiner Kralle stehen für die zerstörerische Kraft des Bundes. In der anderen Kralle hält der Adler einen Zweig mit 13 Blättern und 13 Beeren. Und dann sei da noch der Slogan der Neuen Weltordnung zu finden: «E Pluribus

Der Ein-Dollar-Schein: voller Symbole der Herrschaft der Illuminaten über die USA?

Unter Kontrolle der Illuminaten? Das Kapitol in Washington D.C., Zentrum der US-Demokratie

Unum» (Aus vielen machen wir eins). Dass sich natürlich auch die in okkulten Kreisen so gefürchtete Zahl 666, also die Zahl des Antichrist aus der Offenbarung des Johannes, auf der Dollar-Note findet, ist fast schon erwartbar. Unter den 13 Streifen des Brustschilds finden sich sechs dunkle, die jeweils wieder aus drei Streifen bestehen. «Damit symbolisiert sich die Zahl 6 in einer dreifachen Abfolge, was letztendlich zur Zahl 666 führt», wie es auf einer der Ein-Dollar-Note gewidmeten Seite im Internet heißt.

Nur so viel dazu: In Wahrheit ist das Aussehen des Dollar-Scheins das Ergebnis eines langen Entwicklungsprozesses. Die immer wieder auftretende Zahl 13 bezieht sich auf die Zahl der Mitglieder, die zur Zeit der Gründung der USA 1776 dem Staatenbund angehören – und nicht auf die Grade der Illuminaten, wie von Verschwörungstheoretikern ebenfalls behauptet wird. Gerne vorgebracht wird auch, dass die unvollendete Pyramide ein Illuminaten-Symbol sei. Sie steht jedoch für die noch nicht abgeschlossene Staatenbildung der damaligen USA. Ebenso ist das sehende Auge im Dreieck kein Symbol der Illuminaten. Es ist vielmehr das im Christentum weitverbreitete «Auge der Vorsehung» und in diesem Fall Symbol göttlicher Unterstützung. «Annuit Coeptis» heißt nicht: «Möge die Verschwörung gelingen», wie mancherorts im Internet zu lesen ist, sondern: «Das Unternehmen soll gelingen.» Das Zitat entstammt einem Lehrgedicht Vergils über die Landwirtschaft. Außerdem bedeutet «Novus ordo seclorum» nicht «Neue Weltordnung» sondern «Neue Ordnung der Zeitalter». Dieses Zitat ist ebenfalls aus einem Werk Vergils (vierte Ekloge 4, Vers 5) entliehen. Darin sehnt sich Vergil nach einer Zeit der Harmonie und des Friedens. Es sieht nicht danach aus, als wenn dies den Illuminaten irgendwann vergönnt ist. Sie scheinen auf unabsehbare Zeit als Geheimbund der Superlative durch die Geschichte irrlichtern zu müssen.

Ein einsamer Kämpfer

«Unter den Talaren der Muff von 1000 Jahren» ist während der Studentenrevolte der 1960er Jahre ein beliebter Spruch, um die verkrusteten Strukturen an den Universitäten der Bundesrepublik zu beschreiben. Ähnliches mag Adam Weishaupt, ein junger, ehrgeiziger Universitätsprofessor, denken, als ihn 1772 im Alter von nur 25 Jahren der Ruf an die Universität von Ingolstadt erreicht, eine der bekanntesten katholischen Universitäten Deutschlands. Es sind nur noch wenige Jahre bis zum Ausbruch der Französischen Revolution. Aber die Macht der absolutistisch regierenden Fürsten und Könige in Deutschland scheint unerschütterlich. Sie regieren über Territorien, in denen von einer Zeitenwende nichts zu spüren ist. Die deutschen Lande sind wirtschaftlich unterentwickelt. Mehr als zwei Drittel der Menschen arbeiten in der Landwirtschaft. Noch immer haben die mittelalterlichen Zünfte das Sagen in der Wirtschaft. Fabriken wie in

England, große Manufakturen wie in Frankreich haben im Heiligen Römischen Reich Deutscher Nation Seltenheitswert. Das Bürgertum konzentriert sich in den Handelsstädten wie Hamburg und Frankfurt am Main. Dort entwickelt es Selbstbewusstsein, während es sich in der Provinz und in den aufblühenden Residenzstädten des Absolutismus noch in völliger Abhängigkeit der Landesherren befindet.

Aber in einigen Dingen haben die deutschen Lande durchaus internationales Niveau. Das Rechtssystem und die Verwaltung funktionieren vorbildlich. Und auch das Bildungssystem hält trotz seiner Zersplitterung durch die Kleinstaaterei jedem Vergleich mit dem eines anderen Staates in Europa stand. Doch hinter den Fassaden der Lehranstalten rumort es kräftig. Hintergrund ist der Einfluss der Aufklärung sowie der schwindende Einfluss der europaweit tätigen Jesuiten. Diese von besonderer Frömmigkeit und Papstergebenheit geprägte Ordensgemeinschaft wird von den europäischen Königs- und Fürstenhöfen zunehmend kritisch angesehen. Die Societas Jesu nimmt als theologischer Berater politischen Einfluss auf die europäischen Staaten, was man damals als eine nicht mehr zeitgemäße Einmischung des Papstes in die inneren Angelegenheiten zu verurteilen beginnt. Die Jesuiten geraten nun als verlängerter Arm Roms ins Zwielicht von Verschwörungstheorien und werden in einigen katholischen Staaten verboten. Auch im bayerischen Ingolstadt ist dieser Sinneswandel zu spüren. Dort werden mit der Auflösung des mächtigen Jesuitenordens durch den Papst 1773 die universitären Lehrstühle einer von den Idealen der Aufklärung beeinflussten Reform unterzogen. Die fortschrittlichen Kräfte erhoffen sich zudem viel von dem zukünftigen Landesherrn Karl Theodor, der dem neuen Zeitgeist noch ein wenig stärker zugetan ist als der amtierende Kurfürst Max III. Joseph.

Doch auch wenn die Macht der «Soldaten Christi», die Speerspitze der Gegenreformation, mit dem Verbot gebrochen ist: Ihr Geist spukt noch immer durch die Universität. Weishaupts Position und Person an der Universität ist umstritten. Er liegt im Dauerstreit mit Geistlichen ehemals jesuitischer Provenienz. Weishaupt wehrt sich gegen den Einfluss des Klerus auf Staat und Wissenschaft. Er provoziert. Für Weishaupts Gegner ist allein schon seine Berufung auf den Professorenposten ein Affront: Er ist der erste Nichtgeistliche auf dem Lehrstuhl für Kirchenrecht seit fast hundert Jahren! Das wollen sich die ehemaligen Mitglieder der Gesellschaft Jesu nicht bieten lassen.

Zum Erstaunen vieler sucht Weishaupt hin und wieder Kontakt zu den Ex-Jesuiten. Das irritiert die Progressiven. Beruhen die Treffen auf echter Sympathie, oder sind es nur taktische Annäherungen, um den Feind und seine Strategie auszukundschaften? Ein enttäuschter Mitstreiter Adam Weishaupts wird diesem später vorwerfen, dass sein Geheimbund der Illuminaten jesuitische Züge trage. Gründet er die Organisation etwa nur, um dem Geist des Jesuitenordens etwas Ebenbürtiges entgegenzusetzen? Vielleicht geschieht dies zunächst mit der Absicht, die Illuminaten könnten ihm eine nützliche Truppe im akademischen Kleinkrieg gegen die Kleriker sein. Doch bald schon beschließt Weishaupt, den Illuminaten ein völlig anderes, ein globales Ziel zu geben.

«Wir sind die Streiter gegen die Finsterniß»

In den nächsten Jahren werden Weishaupt und seine Vertrauten die Illuminaten zu etwas ausbauen, das die Welt bis dato nicht kennt: zu einem politischen Geheimbund, der durch Unterwanderung eine schleichende Machtübernahme erwirken will. Jahrhunderte später wird man das als «Marsch durch die Institutionen» bezeichnen: «Man muss um die Mächtigen der Erde her eine Legion von Männern versammeln, die unermüdet sind, alles zu dem großen Plan, zum Besten der Menschheit zu leiten und das ganze Land umzustimmen; dann bedarf es keiner äußeren Gewalt.»

Illuminaten-Gründer Adam Weishaupt: Sein Geheimbund ist anfangs nicht mehr als ein Literaturzirkel.

Weishaupt will einen völlig neuartigen Tugendbund gründen, als Schrittmacher einer neuen Zeit. Aber Weishaupts Ordensgründung hat mehrere Ursachen. Während die Freimaurer sich aus den mittelalterlichen Bauhütten formten und die Rosenkreuzer dem Gespür eines Autorenkollektivs für den Zeitgeist des 17. Jahrhunderts entspringen, liegen die Wurzeln der Illuminaten in der Konfrontation mit anderen Geheimbünden. Zum einen mit dem angeblich inoffiziell weiterexistierenden Jesuitenorden. Doch Weishaupt gründete die Illuminaten nicht allein, um die Vormacht der Kirche zu brechen. Eine weitere Ursache, sogar die eigentliche Initialzündung, ist die Formierung einer Loge der Gold- und Rosenkreuzer im 120 Kilometer von Ingolstadt entfernten Burghausen. Weishaupt bezeichnet die Rosenkreuzer mit einer Mischung aus Bewunderung und Verachtung als «verderbliche Seuche», die sich mit ihrem alchemistischen Aberglauben erdreistet, seine fähigsten Studenten zu «Goldmacherei und anderen Thorheiten» zu verführen.

Doch zunächst sind die Illuminaten nichts anderes als eine fixe Idee Weishaupts, ein organisatorischer Schnellschuss, der sich zunächst etwas unbeholfen «Bienenorden» und dann «Bund der Perfektibilisten» nennt. Schließlich wählt er den Namen «Illuminaten» – eine geniale Idee. Alle drei Namen weisen darauf hin, was sie vorrangig wollen: den Nektar der Aufklärung schlürfen, die Avantgarde der neuen Zeit sein, unbeirrbar, umfassend gelehrt, der Zukunft zugewandt.

Die Eule wird das Symbol des neuen Geheimbunds. Es ist die Eule der Göttin der Weisheit, Athene. Sie steht für Intelligenz und Weitsicht. Aber die Eule verkörpert auch das Geheimnisvolle, in der Finsternis Verborgene, ähnlich wie die Rituale der Illuminaten.

Die Erleuchteten glauben, einer Zeitenwende beizuwohnen, einer Wende zum Guten. Ihre Aufgabe sehen sie darin, den Anbruch eines neuen Zeitalters zu unterstützen, nicht darin, ihn herbeizuführen. Dennoch werden die Illuminaten eine Art «Untergrundorganisation». Denn Weishaupt sieht sich von Feinden umgeben und gibt darum als Parole aus: «Stillschweigen und Geheimnis sind die Seele unseres Ordens.»

Was als harmloser studentischer Lesezirkel unter der Führung eines jungen Professors beginnt, der mit unorthodoxem Auftreten ständig im festgefügten Universitätssystem aneckt, gewinnt mit der Zeit einen ernsten Charakter. Weishaupt sorgt dafür, dass die Illuminaten bald eine Aura des Unerklärlichen, des abgrundtief Rätselhaften umgibt: «Der Orden hat ein doppeltes Geheimnis zu beobachten; ein äußeres, wodurch den Profanen nicht nur unser Zweck, Operationen und Personale, sondern auch sogar unser Daseyn unbekannt bleiben soll; (…) ein inneres, wodurch einem jeden Mitgliede gerade soviel von Ordenssachen und Personen eröffnet wird, als der Grad seiner Zuverlässigkeit, die Ausdehnung seines Wirkungskreises, die Erhaltung seines Zutrauens und Eifers fordert», heißt es in einem programmatischen Aufsatz Weishaupts.

1780 hat der Geheimbund erst ein paar Dutzend Mitglieder. Doch das stört Weishaupt kaum. Er setzt auf die Zeit als Verbündeten. Für ihn zählt ohnehin nicht die Masse. Kaum etwas stößt Weishaupt mehr ab als der Pöbel: «Siegt das Volk, so steht ein Zustand bevor, der nun ärger als aller Despotismus, und der Aufklärung noch viel gefährlicher ist: Wir laufen Gefahr, in einen anarchischen Zustand zu verfallen», schreibt Weishaupt in einem Brief aus dem Jahr 1790.

Adam Weishaupt ist kein Umstürzler. Der Mensch soll seine Würde und Freiheit bekommen, Rationalismus und Wissenschaft sollen die Welt läutern. Doch davon abgesehen gibt es für ihn ein klares Oben und Unten, heißt es in der Enthüllungsschrift Johann Heinrich Fabers, seines Zeichens Kurfürstlicher Hofgerichtsrat in Mainz, über die Ziele und Rituale der Illuminaten: «Der ganze Plan des Ordens beruht darauf, die Menschen zu bilden. Man muß ein allgemeines Sittenregiment einführen, eine Regierungsform, die allgemein über die ganze Welt sich erstreckt, ohne die bürgerlichen Bande aufzulösen (...). Die Menschen sollten weise und gut werden, sollten sich von den Weiseren und Besseren leiten lassen, zu ihrem eignen Vorteil.»

Weishaupt bestätigt die Enthüllungen Fabers, der in den Besitz von Originaldokumenten der Illuminaten gekommen ist. Der Anführer der «Erleuchteten» glaubt an den aufgeklärten Absolutismus. Die gekrönten Häupter sieht er lediglich von falschen Beratern umgeben. Er kritisiert den Einfluss des Adels und wirbt für die Herrschaft einer Wissenselite, die den Monarchen zur Seite steht.

Natürlich ist ihm auch der Klerus ein Dorn im Auge. Er glaubt nicht an die Trinität aus Vater, Sohn und Heiligem Geist. Aber er lehnt nicht die Religion per se ab. Jesus ist für ihn ein Aufklärer und die Illuminaten ein Abbild wahren Christentums. Trotz aller Feindschaft wird der Orden nach Vorbild der Jesuiten organisiert: mit strenger Hierarchie und absoluter Gehorsams- und Geheimhaltungspflicht. Darüber hinaus fordern die Illuminaten die Offenlegung aller persönlichen Verhältnisse. Die Mitglieder müssen Exerzitien durchlaufen, wenn sie aufsteigen wollen. Alle Mitglieder erhalten zudem Pseudonyme. Städte bekommen Tarnnamen. Es gibt ein eigenes Kalendersystem, und ein Spitzelsystem hält die Mitglieder bei der Stange, damit nicht ein Zentimeter von dem Tugendpfad abgewichen wird, den die Führung des Ordens vorgibt. Jeder muss sich unbarmherziger Selbstkritik unterwerfen, sein Privatleben und das seiner Angehörigen offenlegen. Wer nicht pariert, wer nicht regelmäßig wie in einem Schneeballsystem neue Mitglieder rekrutiert, braucht sich keine Hoffnung zu machen, in die Welt der Allwissenden aufzusteigen.

Der Krieg der Geheimbünde

Richtig Schwung bekommen die Aktivitäten des Geheimbunds allerdings erst mit dem Beitritt des Freiherrn Adolph von Knigge. Der Mann, der uns heute als Verfasser von Benimm-Büchern ein Begriff ist, ist damals wie viele andere auch bereits Mitglied eines anderen Geheimbundes: Knigge ist Freimaurer. Er kennt sich aus in der «Szene», steht auch mit Rosenkreuzern in Kontakt. Knigge wird gewusst haben, wie ein interessanter Geheimbund auszusehen hat: Er muss zwar eine ausgeprägte Hierarchie besitzen, seine Mitglieder müssen aber trotzdem eine reelle Chance haben, die «Karriereleiter» der Gemeinschaft hochklettern zu können. Das darf nicht zu schnell passieren, aber auch nicht zu schwierig sein. Die angebliche Existenz geheimer Oberer macht einen Geheimbund zusätzlich attraktiv – und das Versprechen, mit jedem neuen Grad ein wenig mehr Einblick in das Geheimnis zu bekommen. Ebenso vorteilhaft sind ein wenig Mystik und Symbole, die der Organisation den nötigen rätselhaften Anstrich geben. Die Rituale dürfen ausschweifend sein, und auch Kostümierungen dürfen nicht fehlen:

«Linker Hand steht ein Tisch rot bedeckt auf welchem die Kleidung der Regenten liegt. Diese Kleidung ist folgende: über dem Rock wird eine Art von Küraß oder Brustschild, aber nur von weichem Leder, getragen, worauf ein rotes Kreuz steht. Über demselben ein offener weißer Mantel mit Ärmeln (...). Auf dem Kopf tragen sie einen weißen Hut mit roten Federbuschen. An den Füßen rot zugeschnürte Halsstiefel (...). Das Zimmer ist rot tapeziert und gut erleuchtet», heißt es in einer Ritualbeschreibung. Anschließend soll das neue Mitglied in einen anderen Raum geführt werden. Der ist schwarz tapeziert, auf einer kleinen Empore steht ein Skelett, «zu dessen Füßen Krone und Schwert» liegen. Dann wird der Neuling gefesselt. Nachdem er höheren Ordensmitgliedern Rede und Antwort gestanden hat, legen Mitglieder ihm eine spezielle Tracht an: «Das Brustschild steht für Treue, Wahrheit, Festigkeit und Glaube, damit die

Pfeile der Verleumdung und des Unglücks abgewehrt werden. Die Stiefel stehen für Schnelligkeit und die Bereitschaft zum Guten und zur guten Tat. Der Mantel ist das Symbol, ein Fürst für das Volk zu sein, ein weiser redlicher Wohltäter und Lehrer der Brüder. Der Hut steht für die Freiheit, die nie mit einer Krone zu vertauschen ist.»

Treffen und Aufnahmerituale der Illuminaten finden anscheinend vorzugsweise an pittoresken Orten statt, zum Beispiel in einer Berggrotte im Schlosspark Aigen nahe Salzburg, im sogenannten Hexenloch. Vor der Grotte grüßt damals eine über den Eingangssäulen platzierte Sphinx die Eintretenden. Im Innern der Höhle rauscht damals wie heute noch ein Wasserfall. Es ist nasskalt und unheimlich. Nur Kerzen erleuchten die Szenerie der Initiationen und Sitzungen. Es heißt, die Illuminaten-Höhle habe Wolfgang Amadeus Mozart für das Bühnenbild der «Zauberflöte» inspiriert und in Wahrheit handele es sich bei der Oper nicht um eine Inszenierung von Freimaurer-Ritualen, sondern «um Zeremonien der Illuminaten in Aigen».

Der Einzug dramatischer Showeffekte in den Orden beruht auf dem zunehmenden Einfluss Knigges. Weishaupt akzeptiert ihn nur zähneknirschend, weil Knigge binnen kurzer Zeit 500 hochkarätige Mitglieder für den Bund geworben hat. Knigges Fleiß setzt Weishaupt unter Druck. Seine Vorstellungen vom Ordensleben sind vage, muss Weishaupt letztlich zugeben. Er lässt Knigge bei der praktischen Ausgestaltung freie Hand. Und dieser weiß, wie aus den Illuminaten etwas Großes werden kann ...

Zu jener Zeit gerät die Freimaurerei in Deutschland in eine Krise. Viele Logen lösen sich auf. Das hinterlässt eine Menge heimat- und orientierungsloser Mitglieder – was wiederum eine einmalige Chance für die Illuminaten ist, erkennt Knigge. Er führt freimaurerische Grade in den Orden ein. Außerdem erfolgt der Aufstieg durch die Hierarchie nun schneller als unter Weishaupts Alleinherrschaft.

70 Prozent der ca. 1500 Illuminaten sind Akademiker. Der Bund spiegelt daher so etwas wie die «Aristokratie des Geistes» wider. Besonders in Bayern finden sich zahlreiche Weishaupt-Anhänger in der Verwaltung des Königreichs. Viele glauben, einer Freimaurerloge bei-

getreten zu sein. Sie erfahren erst nach und nach, dass sie Illuminaten geworden sind. Diese Strategie funktioniert zunächst. Es scheint, als könnten Weishaupts Visionen einer friedlichen Transformation der Gesellschaft durch Unterwanderung Wirklichkeit werden.

Freiherr Adolph von Knigge: Er ist Freimaurer und steht auch mit den Rosenkreuzern in Kontakt. Unter seinem Einfluss werden die Illuminaten groß.

Immer neue Mitglieder werden geworben, Freimaurer von Rang wie Johann Christoph Bode und hohe Adlige, Fürsten sogar. Auch Goethe, Lessing und Pestalozzi versprechen sich etwas von der Mitgliedschaft. Sie alle wollen erkunden, ob dieser Bund vielleicht wirklich etwas vollkommen Neues ist: ein Geheimbund, der den Weg zur Macht jenseits aller höfischer Etikette ebnet. Bei den Illuminaten handelt es sich um eine Art Proto-Partei: Eine Gruppe Gleichgesinnter tut sich zusammen, um ihre Ziele zu erreichen. Das Einzige, was diese Proto-Partei von modernen Parteien unterscheidet, ist der Zwang zur Heimlichkeit ihres Tuns.

Das 18. Jahrhundert ist das Jahrhundert der Geheimgesellschaften. Wer Freimaurer ist, war oder werden will, kennt sicher jemanden, der Rosenkreuzer ist, war oder werden will, der wiederum jemanden kennt, der Illuminat ist, war oder werden will. Und so bleiben die Aktivitäten des Ordens nicht das, was sie sein sollten: unentdeckt.

Bald sind auch die Gold- und Rosenkreuzer über die zunehmende Aktivität der Illuminaten im In- und Ausland informiert – und alles andere als erfreut. Die Rosenkreuzer sind den Illuminaten nicht nur feindlich gesinnt, weil diese im Gegensatz zu den Rosenkreuzern von der Krise der Freimaurerei profitieren. Die ideologische Kluft zwischen beiden Geheimbünden ist einfach riesig: Der eine ist ein aufgeklärter Tugendbund und trotz mystischer Einsprengsel spiritistischer Schwärmerei abgeneigt. Der andere ist schwärmerisch-spirituell und sieht Aufklärung als ein Grundübel der Zeit an. Geheimbund des Wissens contra geheime Kirche: Kein Wunder, dass der Gold- und Rosenkreuzer und preußische Staatsminister Johann Christoph von Wöllner in den Illuminaten «gefräßige Wölfe» und «Seelenmörder» sieht. Der Hass auf die Illuminaten nimmt zu, als bekannt wird, dass Freiherr von Knigge unter Pseudonym ein Buch namens «Über Jesuiten, Freymäurer und deutsche Rosenkreutzer» veröffentlichen lässt und darin die Rosenkreuzer als «unwissende Brüder» bezeichnet, die ein Reich aus «Betrug und Dummheit» aufbauen wollen.

Es kommt zu einer Art Showdown zwischen den beiden konkurrierenden Geheimbünden, und es stellt sich heraus, dass die Illuminaten den Rosenkreuzern nicht gewachsen sind. Von den 270 Ordensfilialen, die Knigge plant, existieren erst 90. Die Machtbasis ist also weiterhin klein. Die Unterwanderung der Freimaurerlogen bringt zwar viele neue Mitglieder. Doch die machen Ärger. Sie fordern mehr Einblick in die Strukturen, wollen mehr über die Ziele des Ordens wissen. Das ist unvereinbar mit den Grundsätzen der Illuminaten.

Seit 1783 gibt es zudem Warnungen vor dem zunehmend schlechten Ruf der Illuminaten und möglichen Staatsaktionen gegen den Bund. Im Dezember jenes Jahres löst das Buch «Über Freymaurer. Erste Warnung» heftige Diskussionen aus. Die Autoren sind enttäuschte Ex-Illuminaten und treten mit dem Buch eine Agitationswelle gegen den Geheimbund los. Doch damit nicht genug. Knigge zerstreitet sich mit Weishaupt. Denn der Freiherr will eine umfassende Reform des chaotisch geführten Ordens, scheitert aber am Widerstand Weishaupts. Im Juni 1784 verlässt Knigge den Orden – zu einem denkbar schlechten Zeitpunkt.

Schlimmer als die Pest

Dass die Illuminaten inzwischen in den Augen der Öffentlichkeit Staat und Gesellschaft zersetzen wollen, macht es den Rosenkreuzern nun leicht, gegen ihren Feind zu arbeiten. Zumal sie in unmittelbarer Nähe des Kurfürsten Karl Theodor ein ranghohes Mitglied sitzen haben: Pater Frank, ehemaliger Jesuit, Leiter des Münchner Rosenkreuzerzirkels, ist Beichtvater des Monarchen. Frank und andere antiaufklärerisch eingestellte Kräfte am Hof des Kurfürsten treiben den Monarchen dazu, entschieden gegen alle Arten von Geheimbünden vorzugehen, besonders gegen die Freimaurer und die Illuminaten. Von Juni 1784 bis 1787 werden drei entsprechende Dekrete verfasst. Das dritte belegt das Rekrutieren von Mitgliedern für die Logen der Freimaurer und Illuminaten sogar mit der Todesstrafe. Hintergrund der geballten Reaktion ist das Auffinden umfangreicher Mitgliederlisten, die ein erschreckendes Maß der Unterwanderung offenbaren. Das Beweismaterial wird der Legende nach im Mantel eines vom Blitz erschlagenen Kuriers der Illuminaten entdeckt. Tatsächlich findet man es aufgrund einer Hausdurchsuchung beim Regierungsrat und Illuminatenmitglied Franz Xaver von Zwackh im Oktober 1787. Für die bayerische Monarchie ist der Geheimbund nun endgültig ein «weit mehr als die Pest zu verabscheuendes Übel». Und Pestquellen muss man ausmerzen.

Schon ein Jahr zuvor erscheint Adam Weishaupt auch Regensburg nicht mehr sicher genug: Er flieht erneut, diesmal nach Gotha unter den Schutzschirm seines mächtigsten Verbündeten, Ernst II. von Sachsen-Gotha-Altenburg. Der Herrscher über das Herzogtum in Thüringen ist so wie viele Illuminaten bereits Freimaurer, als er 1783 zum Geheimbund stößt. Unter seinen Untertanen kursieren Gerüchte über magische Fähigkeiten des Fürsten. Es heißt, er könne Feuer bannen. Zumindest kann Ernst II. die Sorgen Weishaupts beseitigen, Opfer eines Anschlages zu werden. Der verfemte Professor hatte sich nach seinem Eintreffen in Gotha aus Angst vor einem

Anschlag drei Tage lang im Kamin seiner Wohnung in der Siebleber Straße versteckt. Weishaupt scheint nach Jahren der Flucht einem Nervenzusammenbruch nahe zu sein.

Zwar ist der Orden in Bayern, im Herzland der Illuminaten, aufgrund des Verfolgungsdrucks nicht mehr existent. Viele andere Filialen des Ordens arbeiten aber auch nach 1787 weiter oder werden vom neuen Führungsgremium um Bode und Ernst II. reaktiviert. Die territoriale Zersplitterung des Alten Reichs verhindert die totale Zerschlagung des Bundes. Ein Verbot von Geheimbünden in einem Fürstentum konnte deren Förderung in einem anderen zur Folge haben – wie im Falle der Illuminaten geschehen. Sogar in Dänemark, in der Schweiz und in Russland treffen sich die Illuminaten weiterhin – was vielleicht der Ursprung der Legende eines angeblich weltumspannenden Netzwerks ist. Dazu trägt sicherlich auch bei, dass die Illuminaten gerade in der Zeit stärkster Verfolgung einen ihrer größten Erfolge feiern können – und das nicht in Deutschland, sondern in einem Land, in dem ein Volksaufstand bald Weltgeschichte schreiben wird.

In geheimer Mission: Frankreich

Der Reisende aus Deutschland, der sich im Juni 1786 nach Paris aufmacht, durchquert ein Land am Rande des sozialen und moralischen Zusammenbruchs. Frankreichs Wirtschaft befindet sich seit Jahren auf Talfahrt. Das Ansehen des Königshauses leidet unter Affären und Korruptionsskandalen. Der Adel zwingt seine Untertanen, höhere Abgaben zu zahlen. Allein die niedrigen Getreidepreise verhindern noch den Ausbruch von Unruhen. Doch schon jetzt kostet Brot einen einfachen Arbeiter die Hälfte seines Einkommens. 1788 wird eine Missernte den sozialen Kessel explodieren lassen. Aber während sich der Illuminat Johann Christoph Bode der französischen Hauptstadt nähert, ist noch alles ruhig.

Bode hat sich nicht zum Privatvergnügen auf den Weg gemacht. Er ist auf einer Mission. Wie in Deutschland befindet sich die Freimaurerei auch in Frankreich in der Krise. Bode will für die Illuminaten die Werbetrommel rühren. Zu diesem Zweck sendet er – von einem Zirkel reformorientierter Freimaurer in der Loge «Amis Réunis» (Die vereinigten Freunde) aufgefordert – eine Stellungnahme seines Geheimbunds zur Zukunft der Freimaurerei nach Frankreich. Die Loge zeigt sich durchaus interessiert.

«Amis Réunis» ist nach der radikal aufklärerisch eingestellten Loge «Les Neuf Sœurs» (Die neun Schwestern) die wohl wichtigste Loge in Frankreich. In ihr sitzen Männer der politischen Praxis an den Schaltpulten des absolutistischen Machtapparats. Sie haben als Finanz- und Verwaltungsexperten das Sagen am Hof, in der Armee und der Flotte. Es befinden sich Militärs aller Dienstgrade in den Reihen der Loge, ebenso Diplomaten, aber auch Angehörige der wissenschaftlichen und wirtschaftlichen Elite: Bankiers, Ingenieure, Forscher. Senken die Mitglieder dieser Loge den Daumen, hat das marode monarchische System Frankreichs ausgespielt.

Doch Machtspiele interessieren «Amis Réunis» nicht sonderlich. Der Loge liegt die Zukunft der Freimaurerei am Herzen. Ähnlich wie auf der anderen Seite des Rheins haben auch in Frankreich immer mehr Freimaurer genug von den mystischen Spielchen der Hochgradmaurerei. Stattdessen wollen sie grundlegende Fragen geklärt haben: Was ist eigentlich eine Loge? Wann entstand die Freimaurerei wirklich? Haben die vielen rätselhaften Ausdrücke und Symbole auch eine reale historische Bedeutung, oder sind sie nur Hokuspokus? Und was ist von dem ganzen Brimborium selbsternannter Magier und Auserwählter mit ihren angeblichen Kontakten zu geheimen Oberen und Geistwesen zu halten? Noch immer sind weite Kreise der hohen französischen Gesellschaft gebannt vom Treiben des Grafen Cagliostro, eines der umtriebigsten Hochstapler des 18. Jahrhunderts. Unter dem Schutz seines Gönners, des Straßburger Kardinal-Erzbischofs Prinz Louis Rohan, etabliert Cagliostro in Frankreich sein ganz persönliches Freimaurer-System des «Ägyptischen Ritus». Frauen ist der Zutritt ausdrücklich gestattet.

Cagliostro verspricht nichts weniger als die Wiedergeburt. Für die muss man laut «Internationalem Freimaurerlexikon» allerdings hohe Hürden wie diese nehmen: «Wer die physische Wiedergeburt erlangen wollte, der musste sich im Vollmond des Maimonats aufs Land begeben, sich dort in ein Zimmer verschließen und 40 Tage lang mit magerer Kost begnügen. Er musste sich während dieser Zeit ein paar Mal etwas Blut abzapfen lassen, durfte nur destilliertes Wasser trinken und hatte nach und nach ein paar Tropfen ‹Materia prima› einzunehmen.»

Um solche Wildwüchse der Freimaurerei zu unterbinden, gründet «Amis Réunis» eine Loge innerhalb der Loge namens «Philaleten» (Freunde der Wahrheit). Dieser Rat der Weisen beschließt: Wer in Zukunft in der Freimaurerei etwas zu sagen haben will, soll seine Sicht der Dinge schriftlich zur Prüfung vorlegen. Unter den wenigen Memoranden, die von den Philaleten positiv beurteilt werden, gehören die der Illuminaten Prinz Christian von Hessen-Darmstadt und Johann Christoph Bode.

Tatsächlich ist Bodes Schrift so überzeugend, dass sich die Beziehungen zwischen den «Amis Réunis» und den Illuminaten stark intensivieren. Bode gelingt es, fünf wichtige Mitglieder der Elite-Loge zu Mitgliedern des in den Untergrund abgewanderten Geheimbunds zu machen. Der Illuminat aus Deutschland erhält Einblick in die geheimen Interna einer der bedeutendsten Logen Frankreichs.

Unter Verschwörungstheoretikern heißt es, die Illuminaten hätten die Elite-Loge völlig unterwandert und zu einem Werkzeug der Revolution gemacht. Tatsächlich ist es so, dass sich nach Bodes Besuch innerhalb der «Amis Réunis» zwei neue Hierarchieebenen bilden: ein 76 Köpfe starkes «Kapitel» und darüber ein geheimer Führungszirkel mit nur 22 Mitgliedern. Elf davon sind Illuminaten, darunter alle von Bode dazu ernannten. Doch was sind schon Zahlen? Reichen elf Illuminaten aus, eine rund 360 Mitglieder umfassende Loge zu beherrschen? Kann eine einzige Loge eine Revolution auslösen? Dass die «Amis Réunis» und Mitglieder ihrer Führung in die Französische Revolution verwickelt sind, liegt einerseits aufgrund ihrer gesellschaftlichen Bedeutung auf der Hand. Andererseits gibt es keinen einzigen Hinweis auf planvolles Vorgehen der gesamten Loge – und erst recht kein Dokument mit Beweiskraft. Oder doch?

Das Geheimnis der «Schwedenkiste»

Zeitsprung in das Jahr 1945. Als die Rote Armee im März 1945 das Schloss Schlesiersee in Schlesien (heute Polen, Woiwodschaft Lebus) nach erbitterten Kämpfen gegen die SS erobert, treffen sie auf eine surreale Szenerie: Der riesige Hof der Residenz ist mit Papieren übersät. Überall brennen Haufen von Dokumenten. Es sind die Bestände des Sonderarchivs des Reichsführers-SS, Heinrich Himmler: 140 000 Bände über Geheimbünde und Hexenverfolgung. Ein zentrales Element der Sammlung ist die sogenannte Schwedenkiste: 20 Bände voller Schriftstücke aus der Geschichte der Illuminaten.

Das Schicksal der Schwedenkiste gleicht einer Odyssee. Nach dem Tod Ernsts II. gelangt sie nach Stockholm. 1883 wird die Kiste mit den Tausenden Schriftstücken wieder nach Deutschland geschafft, in das Archiv der Loge «Ernst zum Kompaß» in Gotha. 1934 wird sie von der Gestapo in einer Nacht-und-Nebel-Aktion beschlagnahmt. Die Rote Armee transportiert sie nach Kriegsende von Schlesien nach Moskau in ein militärisches Geheimarchiv. 19 Bände werden 1957 an die DDR übergeben. Sie stehen heute unter dem Siegel «Freimaurer 5.2. G 39 JL Ernst zum Kompaß, Nr. 100–119» im Geheimen Staatsarchiv Preußischer Kulturbesitz in Berlin für Forschungszwecke zur Verfügung. Doch ein Band bleibt in Moskau:

Band X unterliegt bis heute strenger Geheimhaltung. Hofft die russische Führung aus seinem Inhalt noch politisches Kapital schlagen zu können? Verrät ihr Inhalt ungeahnte Dinge über politische Ereignisse des 18. Jahrhunderts? Man weiß, dass Band X unter anderem das handschriftliche Aufnahmeersuchen Goethes enthält. Sind noch andere Namen von Weltrang darunter, vielleicht sogar Namen, die bisher nie in Zusammenhang mit den Illuminaten gefallen sind?

In der Schwedenkiste befinden sich Briefe, Protokolle und Ritualbeschreibungen. Doch seltsamerweise datiert kein Dokument aus der Zeit nach 1788, obwohl der Orden nachweislich auch danach noch besteht. Waren die Dokumente vielleicht zu kompromittierend? Wurden sie vernichtet?

In den zur Verfügung stehenden Aufzeichnungen Bodes über seinen Parisaufenthalt findet sich kein Wort über Umsturzpläne. Naheliegend wäre, dass Bode sich nach Rückkehr im Alten Reich, beflügelt durch das Pariser Erfolgserlebnis, um die Zukunft der deutschen Filialen kümmert. Doch das Gegenteil ist der Fall. Zurück in Deutschland, fordert Bode die Auflösung der Illuminaten. Es ist, als wenn seine Jahre als Illuminat nur eine große biographische Schleife bilden, an deren Ende er wieder zu seinen Wurzeln zurückkehrt, zur Freimaurerei. Er will lediglich einige Elemente der bayerischen Geheimorganisation in den neuen «Bund der deutschen Freimaurerei» aufnehmen, den Bode gründen will. Er soll gänzlich ohne mystische Hochgrade auskommen. Bode stirbt 1793. Sein Bund ist bis heute nicht realisiert worden.

Ab 1790 hört der Geheimbund der Erleuchteten endgültig auf zu existieren. Die Geschichte der Illuminaten ist also kurz und wäre heute eine Fußnote der Geschichte, wenn reaktionären Kräften nicht aufgefallen wäre, wie hervorragend sich die Illuminaten zur Dämonisierung politischer Feinde eignen. Erstmals wird diese Taktik nach der Französischen Revolution angewendet, durch den Jesuit Abbé Augustin Barruel. Er macht Bodes Reise nach Paris zum Aufhänger für die Mär, Illuminaten hätten Frankreich ins Unglück der Revolution gestürzt.

Bode hingegen ist unter anderem nach Paris gereist, um seine eigene Verschwörungstheorie zu verbreiten: Man muss die Freimaurerei radikal von den Hochgraden säubern, weil diese von den Jesuiten installiert worden sind, um die Freimaurerei zu ruinieren. Vielleicht konnte Abbé Barruel solche Vorwürfe nicht auf sich beruhen lassen. Dann wären seine Vorwürfe von 1794 gewissermaßen eine Retourkutsche. Fest steht: Barruels Idee, aus den Illuminaten Profi-Revolutionäre zu machen, erweist sich bald als eine universell einsetzbare politische Mine.

Die Kolonie der Illuminaten

In der Zeit nach der Französischen Revolution werden die Illuminaten endgültig zum Beelzebub der Geschichte. Zu jener Zeit, als Bode sich der Idee eines deutschen Freimaurerbunds zuwendet, beschäftigt er sich auch mit der Verfassung der USA, die 1788 in Kraft tritt. Viele der Unterzeichner der Verfassungsurkunde sind Freimaurer. Auch wenn die Freimaurer in den USA als ein gesellschaftliches Element unter vielen akzeptiert sind, gibt es eine Gegenbewegung in den USA, die Geheimbünden feindlich gesinnt ist. Ende des 19. Jahrhunderts beginnt in den jungen USA die Illuminaten-Angst zu grassieren. Wortführer ist der Prediger Jedidiah Morse, Vater von Samuel F. B. Morse, dem Erfinder des Morse-Alphabets. In seinen Andachten wettert er ganz in der Manier von Abbé Barruel («Denkwürdigkeiten zur Geschichte des Jakobinismus») gegen die Gefahr aus Europa, gegen die Zersetzung der USA durch das nihilistische Gedankengut der Illuminaten: «Wir haben Grund, um die Sicherheit unserer politischen wie auch unserer religiösen Arche zu zittern.» Sogar Präsident John Adams befürchtet, dass der gottlose Napoleon mit seinen Armeen auch gegen die USA marschieren wird. Im Nu verabschiedet

«Jedermann weiß, dass die Bruderschaft längst zu Staub zerfallen ist.»

«Eine listige Täuschung. Der gefährlichste Feind ist der, den niemand fürchtet.»

«Die Bruderschaft existiert also noch?»

«Tiefer im Untergrund als je zuvor. Unsere Wurzeln durchdringen alles, was Sie um sich herum sehen ...»

DAN BROWN
«ILLUMINATI»

der Kongress ein Gesetz zur Einschränkung der Bürgerrechte.

Morse macht bei seinen Attacken nicht viel Unterschied zwischen Freimaurern und Illuminaten. Seine Anhänger ebenfalls nicht. Die Diskussion wird hysterisch geführt. Auch George Washington sieht sich gezwungen einzugreifen. «Ich habe keinen Grund zu bezweifeln, dass die Doktrin der Illuminaten und die Prinzipien der Jakobiner nicht versuchten, sich in den USA auszubreiten.»

Doch damit liegt George Washington nicht ganz richtig. Denn tatsächlich ist es im Jahr 1780 zu Kontakten zwischen offiziellen Vertretern der USA und den Illuminaten gekommen. Letztere wollen die Möglichkeit ausloten, in «Elysium», wie die USA in der Code-Sprache des Geheimbunds heißen, eine Kolonie zu errichten. Man will endlich die Ideale der Illuminaten verwirklichen. Befremdlich wirkt heute, dass die Kolonie der so freiheitlich orientierten Illuminaten mit Hilfe von Sklaven realisiert werden soll. Die Anfragen für ein Siedlungsprojekt auf «einer Quadratmeile Landes in einer gemäßigten, fruchtbaren und gesunden Region» werden von einem Illuminat der ersten Stunde, Ferdinand Maria von Baader, verfasst. Der Meister der Freimaurerloge «Theodor zur guten Tat» schreibt an Benjamin Franklin, John Adams und wahrscheinlich auch an den Kontinentalkongress in Philadelphia. Die Antworten sind durchaus freundlich und ermutigend. Jedoch führt der Unabhängigkeitskrieg der USA in jener Zeit dazu, dass ausgerechnet die Gebiete, die für die Besiedlung in Frage kommen, unter britische Kontrolle geraten.

Die Errichtung einer Illuminaten-Kolonie ist aller Wahrscheinlichkeit nach keine Idee gewesen, die von der Führung der Illuminaten mitgetragen wird. Sie stellt nur eine winzige Episode in der ohnehin kurzen Geschichte der Illuminaten dar. In den USA bleibt der deutsche Geheimbund dennoch in der Diskussion. Denn der Begriff Illuminat wird im späten 18. Jahrhundert zu einem Kampfbegriff, um politische Gegner zu diskreditieren. Auch in der jüngsten Vergangenheit wird die These der Illuminaten-Verschwörung in den USA noch einmal aufgefrischt. Der ehemalige Präsidentschaftskandidat der Republikaner, Pat Robertson, beschreibt in seinem Buch «The New World Order» die verheerenden Folgen einer Verschwörung aus Freimaurern, Illuminaten und jüdischen Bankern. Abbé Barruel hätte seine Freude an diesem Werk gehabt, das im Erscheinungsjahr 1991 sofort die Bestsellerliste der «New York Times» erobert.

Natürlich sind Robertsons Vorwürfe unhaltbar. Aber sie haben eine hartnäckige Präsenz in der Diskussion um die angebliche Allmacht der Illuminaten. Und das, obwohl ausgerechnet Bayern, wo Weishaupts Geheimbund seinem Ziel der Unterwanderung am nächsten gekommen war, rund 20 Jahre nach dem Verbot der Illuminaten erkennt, bei der Verfolgung des Ordens der Erleuchteten überhart vorgegangen zu sein: 1808 wird Weishaupt zum auswärtigen Mitglied der Bayerischen Akademie der Wissenschaften ernannt. Er erhält zu diesem Zeitpunkt schon seit drei Jahren eine Art Pension aus Bayern, die anteilig auch an seine Frau weitergezahlt wird, als Weishaupt 1830 in Gotha stirbt. Der Stein auf seinem inzwischen eingeebneten Grab trägt eine Inschrift, die ebenso einfach wie eindrücklich beschreibt, um was es Weishaupt bei der Gründung der Illuminaten wirklich geht – und welchen Preis er dafür zahlt: «Hier liegt Weishaupt, ein Mann von Begabung, Verstand und Gelehrsamkeit. Vorkämpfer und energischer Verteidiger der Bürgerfreiheit. Verbannt ist er achtzigjährig verstorben.»

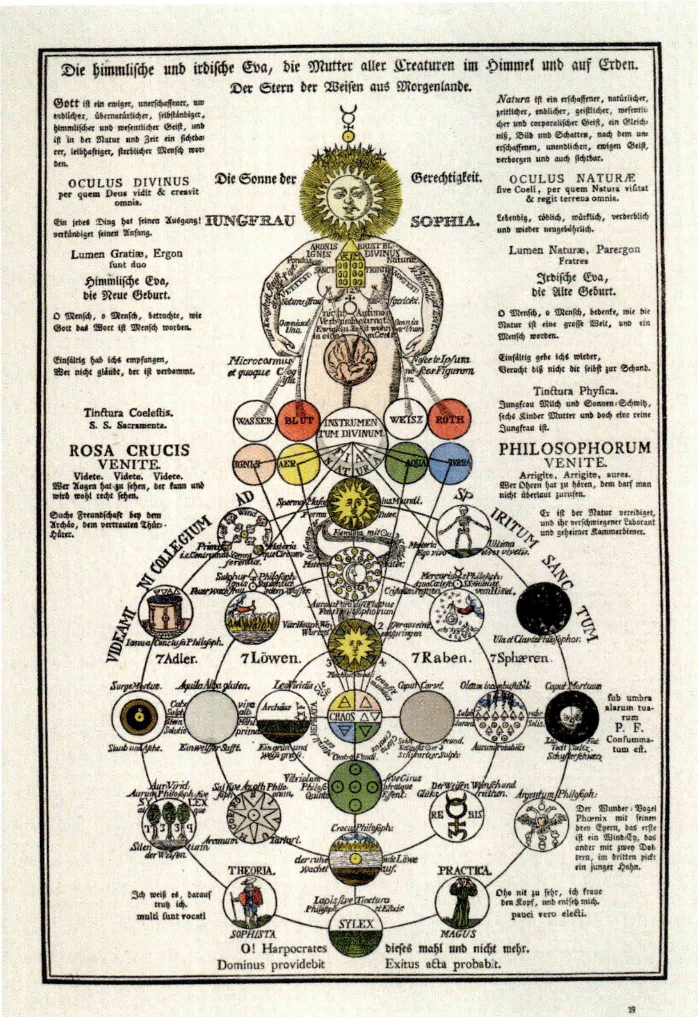

Die Symbolwelt der Rosenkreuzer ist hochkomplex. Sie fußt u. a. auf der christlichen Kabbala und antiken Offenbarungs- und Geheimlehren.

KAPITEL 7

Die Rosenkreuzer Der Orden der Wissenden

Es gibt nicht viel, woran sich die Deutschen um das Jahr 1600 festhalten können. Die Welt scheint aus den Fugen geraten zu sein. Europa ist von Religionskonflikten gespalten, und der Riss geht quer durch das Heilige Römische Reich. Die Konflikte um den wahren Glauben spalten Länder, Städte, Dörfer und Familien. Die Zeichen stehen auf Krieg. Wirtschaftskrisen und mehrere Missernten aufgrund einer Klimaverschlechterung suchen die Menschen heim. Damit einhergehend: Inflation, Hungersnöte und Seuchen. Wer 40 Jahre alt wird, hat das Glück auf seiner Seite. Wer die 50 erreicht, hat Gott zum Freund. Allein in Nürnberg, mit 45 000 Einwohnern eine der größten Städte Deutschland, sterben zwischen 1561 und 1585 mehr als 20 000 Menschen an der Pest. Die Autoritäten, egal ob weltlich oder geistlich, stehen der Krise machtlos gegenüber. Magie und Aberglaube regieren in den Köpfen der Menschen.

Die ersten zarten Blüten der modernen Naturwissenschaft können daran nur wenig ändern: Leonardo da Vincis anatomische Studien, Galileo Galileis astronomische Entdeckungen und Francis Bacons Erkenntnis, dass Wissen und Macht zwei Seiten der gleichen Medaille darstellen, sind nur einem verschwindend kleinen Kreis von Gelehrten bekannt. In Prag residiert Kaiser Rudolf II. mit einem Hofstaat, in dem es von Zauberern und Alchemisten wimmelt. Die Hexenverfolgungen erreichen um das Jahr 1600 einen ihrer Höhepunkte. Apokalyptische Prophezeiungen kursieren. In Europa sehnen sich nicht nur die 20 Millionen Deutschen nach Erlösung. Die

Auffassung, dass die Zahnräder der großen Weltenuhr festgefahren sind, findet sich überall auf dem Kontinent. Vielen ist das ein Indiz für ein kommendes Weltenende, für die Apokalypse.

Doch dann bricht ein Lichtstrahl durch die Finsternis – in Form eines nur ein paar Dutzend Seiten umfassenden Büchleins namens «Fama Fraternitatis, deß löblichen Ordens des Rosencreutzes / an alle Gelehrte und Häupter Europae geschrieben». Die Wirkung des 1614 anonym in Kassel gedruckten Werkes ist ungeheuerlich. Binnen weniger Jahre erscheinen europaweit 400 Publikationen, die sich mit dem rätselhaften Orden beschäftigen – für die damalige Zeit ist das ein «literarischer Tsunami». «Wie groß das Interesse an der ‹Fama Fraternitatis› war, lässt sich daran erkennen, dass schon in demselben Jahr 1614 eine zweite Auflage nötig war», weiß der Rosenkreuzer-Experte Roland Edighoffer. «Insgesamt wurde es bis 1617 siebenmal gedruckt.» Bald ist ganz Europa verrückt nach den Rosenkreuzern. Denn der Orden verspricht, den Kontinent aus seinem Elend zu befreien und zu neuer Herrlichkeit zu führen. Und so mancher Zeitgenosse mag sich an eine der Weissagungen des Nostradamus, des berühmtesten aller Propheten dieser Krisenzeit, erinnern:

«Eine neue Sekte von Philosophen,
Tod, Gold, Ehre und Reichtum verachtend,
bleibt nicht auf die deutschen Berge begrenzt,
erhält Unterstützung und Antrieb vom Gefolge.»

Doch was genau empfanden die Menschen damals an dieser «Sekte» der Rosenkreuzer als so elektrisierend? Wer sich heute die «Fama» zu Gemüte führt, dem erscheint die Aufregung zunächst kaum verständlich – und zwar buchstäblich. Der Inhalt des Buches ist schwer zugänglich, ergeht sich in Andeutungen, steckt voller Symbolismen und rätselhafter Formulierungen. Im Grunde genommen ist die Saga vom Christian Rosencreutz eine Mischung aus Dan Browns Robert-Langdon-Zyklus, vermischt mit ein wenig «Matrix» und «Herr der Ringe». Rosenkreuzer-Experten haben die «Story» der «Fama» in die heutige Zeit transformiert, um die Hysterie, die sie damals auslöst, nachvollziehbar zu machen:

Man muss sich dazu eine Welt vorstellen, die vom Klimawandel bereits in voller Härte getroffen ist, in der die 2007 ausgebrochene Weltwirtschaftskrise immer noch andauert und von China über Europa bis nach Amerika die Regierungen aufgrund von Bürgerkriegen, politischen Krisen und religiösen Unruhen nicht mehr in der Lage sind, auch nur die dringendsten Probleme anzugehen. Aussicht auf Besserung: gleich null. In diesem Moment globaler Depression erscheint plötzlich weltweit zeitgleich ein von Rosen umgebenes Kreuz auf den Kanälen der wichtigsten TV-Stationen, außerdem auf YouTube und den Startseiten aller führenden Social-Media-Plattformen. Ein Geheimbund, der sich «Orden der Rosenkreuzer» nennt, gibt bekannt, über unbegrenzte finanzielle Mittel und das Knowhow zu verfügen, die Menschheit vor dem Untergang zu retten. Sein Erschaffer, Christian Rosencreutz, sei als Jugendlicher von einer geheimen Elite in die Mysterien einer bislang unbekannten Wissensquelle eingeweiht worden. Der Gelehrte habe seine ungeheuren Fähigkeiten bereits vor längerem den Weltmächten und der UNO zur Verfügung stellen wollen, sei aber ignoriert worden. Daraufhin habe er sich entschlossen, in den Untergrund zu gehen und ein paar Auserwählte um sich zu scharen, mit denen er sein Wissen teilte. Rosencreutz sei extrem hochbetagt an einem unbekannten Ort gestorben. Per Zufall habe die dritte Generation der Bruderschaft nun sein Grab entdeckt – mit seinem Leichnam darin, der unheimlicherweise nicht das geringste Anzeichen biologischen Verfalls aufzeigt. Angesichts des drohenden Weltuntergangs habe man beschlossen, der Menschheit eine letzte Chance zu geben. Die Rosenkreuzer erklärten sich bereit, die fähigsten Wissenschaftler zu erwählen, mit ihnen die Welt zu retten und die menschliche Zivilisation auf eine neue, weitaus höhere Stufe ihrer Existenz zu heben. Die Medien überschlagen sich angesichts dieser Nachricht. In Presse, Fernsehen, Internet und Radio gibt es kein anderes Thema mehr: Wann endlich offenbart sich der Geheimbund der Wissenden? Wer sind seine Köpfe? Werden die Rosenkreuzer die Welt wirklich retten können? Oder ist das alles nur Lug und Trug?

So oder ähnlich müssen die Leser den Inhalt der «Fama Fraternitatis» im 17. Jahrhundert empfunden haben. Was damals zusätzlich für Aufsehen gesorgt haben mag: Mit den Rosenkreuzern betritt vor 400 Jahren eine Organisationsform die Bühne der neuzeitlichen Geschichte Europas, die so neu ist, dass es dafür nicht einmal einen Namen gibt: ein Geheimbund. Allein schon die Tatsache, dass eine Gruppe von Menschen es wagt, sich der Kontrolle der Obrigkeit zu entziehen, muss damals vielen ungeheuerlich vorgekommen sein. Zumal dieser geheime Bruderbund sich herausnimmt, zwischen 1614 und 1616, am Vorabend des Dreißigjährigen Krieges also, zwei weitere Schriften zu veröffentlichen: «Confessio Fraternitatis» und «Chymische Hochzeit».

Jede weitere Schrift befeuert den Hype erneut – und er hält bis heute an. Es gibt Millionen Menschen weltweit, die sich als Rosen-

Das von Rudolf Steiner inspirierte «Goetheanum» bezeichnet der Begründer der Anthroposophie als ersten oberirdischen Rosenkreuzertempel.

kreuzer bezeichnen oder sich mit einer rosenkreuzerischen Lehre beschäftigen – und das, obwohl wissenschaftlich schon lange kein Zweifel daran besteht, dass es nie einen Christian Rosencreutz gab. Doch die Rosenkreuzer sind das Chamäleon unter den Geheimbünden. Mehrmals in seiner Geschichte verschwindet der Geheimbund, um dann in gänzlich gewandelter Gestalt mit völlig anderer Philosophie und Organisationsstruktur wieder aufzutauchen – immer unter dem Zeichen der Rose und des Kreuzes. Was gibt dem Rosenkreuzertum die Kraft, alle Wechselfälle der Geschichte zu überstehen? Verbirgt sich hinter dem Symbol tatsächlich «ein westlicher Einweihungsweg»? «Vom 20. Jahrhundert an werden alle Religionen im Rosenkreuzermysterium vereinigt sein», schreibt Rudolf Steiner, der Begründer der Anthroposophie. Bringt die Geschichte des Christian Rosencreutz eine geheime Saite im abendländischen Menschen zum Schwingen?

Kann ein Geheimbund eine neue Welt erschaffen?

Wer die Rosenkreuzer-Bücher geschrieben hat, ist bis heute nicht ganz geklärt. Ebenso wenig ist ihre Entstehungszeit gesichert. Fest steht, dass ein gewisser Johann Valentin Andreae mit ihnen in Verbindung steht. Er ist es, der 1614 die «Fama Fraternitatis» publiziert. Zum Zeitpunkt des Erscheinens keine 30 Jahre alt, steht er in Verbindung mit einem Kreis Tübinger Gelehrter, in etwa so jung wie er und ebenfalls protestantische Theologen. Als erwiesen gilt, dass Andreae die dritte Schrift der Rosenkreuzer, die «Chymische Hochzeit», schreibt. Möglicherweise sind die anderen beiden Bücher gemeinsam von jenem Kreis Tübinger Theologen verfasst worden. Nicht ausgeschlossen, dass sich der oder die Autoren auf ältere wesensgleiche

Schriften beziehen und sie in ihrem «rosenkreuzerischen» Sinne umschreiben. Heutige Rosenkreuzer, für die diese drei Bücher quasi heilig sind, glauben hingegen nicht daran, dass ein Autor oder ein Autorenkollektiv um das Jahr 1600 intellektuell in der Lage gewesen sei, sie zu verfassen. Zu tiefgründig und bedeutungsschwanger sei ihr Inhalt. Für sie sind die Bücher tief in der abendländischen Kultur verwurzelt und beruhen auf mystischen Traditionen, die bis in die Zeit der Pharaonen zurückreichen – Behauptungen, denen Historiker äußerst skeptisch gegenüberstehen.

Hundertprozentig erwiesen ist hingegen, dass die Rosenkreuzerschriften den Nerv all jener Zeitgenossen treffen, die sich nach Erlösung aus dem Elend ihrer Epoche geradezu verzehren. Wer auch immer die Bücher verfasst, bedient sich dazu des seit der Antike in Europa sehr beliebten Topos des Utopia, eines Ortes, an dem alles aufs beste geregelt ist, was in der realen Welt so gar nicht funktionieren will. Da wird gerecht geherrscht, alle haben genug zu essen, sind tolerant und zufrieden. Aber dieses Utopia-Konzept erhält einen völlig neuen «Dreh»: Es koppelt diese idealgesellschaftlichen Visionen nicht an einen Ort, sondern an eine Gruppe von Menschen, an die Rosenkreuzer. Plötzlich kann das, was sich normalerweise auf einer fernen Insel abspielt, jederzeit und überall Wirklichkeit werden. So mancher Leser der «Fama» mag gehofft haben, dass der Geheimbund an seine Tür klopft. Denn das Büchlein wird nicht vom «Mann auf der Straße» gelesen, sondern von gelehrten Männern – von denen sich etliche für würdig wähnen, Teil des Geheimbunds zu sein. Nur so lässt sich die Rosenkreuzer-Hysterie in weiten Teilen Europas erklären.

«Fama Fraternitatis» erscheint zunächst zusammen mit einer satirischen Generalkritik am Zustand der Wissenschaften in jener Zeit: «Allgemeine und General-Reformation der gantzen weiten Welt». Das spricht wiederum dafür, dass Andreae der Autor der «Fama» ist oder zumindest zum Autorenkollektiv gehört. Denn dieser Wunsch nach radikaler Reform deckt sich absolut mit seiner überaus kritischen Zeitsicht: «Falscher Adel, geheuchelte Religiosität, inhumane

Politik und eitle Gelehrsamkeit» stoßen Andreae während seines ganzen Lebens immer wieder auf. Andreae will eine radikale Hingabe an das Wort Gottes, die Bibel. Sie zu besitzen reicht genauso wenig aus wie sie einfach nur zu lesen. Sie muss «ausstudiret» sein. Denn nur «welcher sie recht verstehet / der ist Gott am aller gleichsten und ehnlichsten». Es wäre aber weit gefehlt, Andreae als Frömmler abzutun. Das Gegenteil ist der Fall. Er ist ein Anhänger der Magia naturalis, die Theologie mit der Welt der Physik und Mathematik zu verschmelzen sucht. Er fordert eine «vertiefte Naturerkenntnis». Denn durch Wissenschaft, speziell durch Mathematik, könne «die erfreulichste Gemeinschaft von Himmel und Erde hergestellt werden (...)». Doch dafür muss Schluss sein mit der Kleingeistigkeit der Gelehrten, ihrer Selbstverliebtheit und Streitsucht, ihrem Hang zum ewigen Wiederkäuen altbekannter Erkenntnisse.

Es ist eine Ironie der Geschichte, dass eine der wirkmächtigsten Bücher der europäischen Geschichte von seinem geistigen Vater selbst bald schon verdammt wird. Für Andreae ist die «Fama Fraternitatis» mit ihrem Heraufbeschwören einer geheimen Bruderschaft wenige Jahre später eine peinliche Jugendsünde. 1619 schreibt er in einem weiteren Buch («Turris Babel»): «Wohlan, ihr Sterblichen, ihr dürft auf keine Brüderschaft mehr warten. Die Komödie ist aus. Die Fama hat sie aufgeführt und auch wieder eingerissen. Die Fama sagte Ja; jetzt sagt sie Nein.» Der Grund für Andreaes Verdammung ist, dass der Geist, den die Rosenkreuzer-Verfasser aus der Flasche ließen, sich schnell ihrem Einfluss entzogen hat. Die Abfuhr, die Andreae all dem zwielichtigen Volk erteilt, das nun im Namen der Rosenkreuzer mit Zauberkünsten und Hochstapelei den Menschen das Geld aus der Tasche zieht, verhallt jedoch ungehört.

Die «liederlichen Gesellen», «unglücklichen Alchymisten» und «Betrüger» schmarotzen weiter – bis der Dreißigjährige Krieg der ersten Welle der Rosenkreuzer-Begeisterung den Garaus macht. Dieser nicht enden wollende Gewaltausbruch und nicht eine Generalreformation baut ab 1618 den aufgestauten gesellschaftlichen und politischen Druck in Europa ab. Der Preis dafür ist der Tod von Abermillionen Menschen. Mitteleuropa braucht Jahrhunderte, um sich von den Verwüstungen zu erholen. Andreae schreibt von all den Grausamkeiten und Katastrophen 1629 erschöpft in einem Brief: «Wir waren eine Anzahl Männer, Männer von Gewicht, die wir uns nach dem Blendwerk mit der leeren Fama (...) zusammentaten, als die Unruhen in Deutschland ausbrachen und uns fast ganz zerstreuten. Die meisten, in ein besseres Vaterland eingehend, verließen uns; darüber trauerten einige, andere mischten sich in die Unruhen, manche verzweifelten; ich zog die Segel ein. Nun sind nur noch wenige übrig, die sich mehr nach einem seligen Ende sehnen, als dass sie dazu geeignet sind, den Augiasstall auszuräumen ...» Andreae stirbt 1654, wenige Jahre nach dem Westfälischen Frieden, sein christlicher Idealismus zerschellt an der Brutalität des Krieges. Der Glaube an die Existenz des Ordens der Rosenkreuzer übersteht das Gemetzel hingegen schadlos ...

Der Geheimbund der Alchemisten

Paris im Jahr 1623. Nach einem längeren Auslandsaufenthalt kehrt der französische Philosoph René Descartes in die Metropole an der Seine zurück. Er ist um eine Illusion ärmer. In Deutschland hat er Nachforschungen über den Geheimbund der Rosenkreuzer betrieben. Der Vater des modernen Rationalismus («Ich denke, also bin ich») ist fasziniert von der rosenkreuzerischen Utopie der Wissenschaften. Doch nirgends findet er eine Spur von dem Orden. Für ihn ist die Sache damit beendet – als Fiktion entlarvt.

In Paris aber sieht man das ganz anders. Die Stadt ist in heller Aufregung. Denn in den Straßen kursiert eine Flugschrift, in der unsichtbare Mitglieder der Rosenkreuzer ankündigen, Paris aufzusuchen, um ihre magischen Künste der Welt zu offenbaren: alle Sprachen der Welt zu sprechen, ohne sie aus Büchern lernen zu müssen. Die Flugzettel sprechen von Rosenkreuzern als Wesen «ohne Irrtum und Tod» und dass sie beabsichtigen, die noch sichtbaren Rosenkreuzer ebenfalls unsichtbar zu machen, um sie dann an jeden beliebigen Ort der Welt zu bringen. Paris ist geradezu hysterisch – so hysterisch, dass die Rückkehr von Descartes aus Deutschland gerade zu diesem Zeitpunkt für viele schon Beweis genug ist, dass auch er zu den Rosenkreuzern gehört. Der Philosoph und Naturwissenschaftler ist natürlich empört und weist alles von sich. Aber seine Dementis nützen ihm nichts. Er gehört die nächsten Jahre für viele zu dieser Sekte, die kabbalistische Studien betreibt und in düsteren alchemistischen Laboren nach dem Stein der Weisen sucht.

Descartes' Schwierigkeiten zeigen, dass die von Nostradamus geweissagte «Sekte von Philosophen» schon wenige Jahre später ein gesamteuropäisches Phänomen darstellt. Die Rosenkreuzer-Schriften driften seitdem wie ein wohldosierter Duftnebel aus einem glitzernden Flakon durch das europäische Geistesleben. Erstaunlich schnell verlieren die Rosenkreuzer ihr Image einer christlichen Bruderschaft. Schon bald nach Erscheinen der Rosenkreuzer-Schriften spekuliert das gebildete Bürgertum darüber, ob die Rosenkreuzer ihre Wurzeln in den uralten Kulten im Schatten der Pyramiden am Nil, in der griechischen Antike oder im Hinduismus haben. Ihnen erscheinen die Rosenkreuzer-Schriften als eine Quintessenz aus christlichem Glauben und vorchristlichen Mysterienwelten.

Während die Rosenkreuzer-Bewegung heute ein Millionen-Publikum anspricht, faszinieren die Rosenkreuzer-Schriften der frühen Neuzeit vor allem Gelehrte, insbesondere jene, die sich mit der Alchemie beschäftigten. Sogar der Name Rosencreutz wird alchemistisch gedeutet. «Ros» steht für den Tau, der von Alchemisten als Lösungsmittel genutzt wird, und das «Crux» ist als Kreuz Sinnbild des Lichts und der Erleuchtung. Bis ins 18. Jahrhundert ist Alchemie ein Kulturphänomen mit beachtlicher Reichweite. Von Hermes Trismegistos, einer mystischen Gestalt der Antike, abstammend, dem man zahlreiche Schriften aus dem Bereich Astrologie, Okkultismus und Philosophie zuschreibt, obwohl es ihn wohl nie gegeben hat, wird die Alchemie im arabischen Raum zum praktischen Handwerk geläutert, um dann im Europa der Renaissance wieder spirituell aufgeladen zu werden. Zunächst geht es darum, alles Minderwertige durch das Auffinden des Steins der Weisen («Lapis philosophorum») veredeln zu können. Dazu muss jeder Stoff einen viele Stufen umfassenden Arbeitsprozess durchlaufen, bis zum Schluss durch Hinzugeben von pulverisiertem Lapis Gold oder Silber entsteht.

Als Kunst der Veredlung von Materialien, aber auch des menschlichen Geistes beeinflusst die Alchemie unter anderem Medizin, Pharmazie, Mineralogie und Philosophie. In den 400 Jahren ihrer Blütezeit wird sie nicht nur zu einer Geheimwissenschaft mit einer für Nichteingeweihte unverständlichen Fachsprache. Den drei Grundstoffen der praktischen Alchemie, Mercurius, Sulfur und Salz, stehen Geist, Seele und Leib der spirituellen Alchemie gegenüber. Die spirituelle Alchemie versteht sich zudem als ein philosophisches Handwerk am Menschen. Es will ihn im christlichen Sinne läutern. Ab dem 16. Jahrhundert glaubt man sogar, die in die Krise geratene christliche Kirche durch einen alchemistischen Prozess reformieren zu können.

Weil Naturerfahrung, Alchemie und Gotteserkenntnis zu jener Zeit eng zusammenhängen, nehmen die Intellektuellen damals die von alchemistischer Symbolik durchzogenen Rosenkreuzer-Schriften begeistert auf. Nicht bei jedem ist dies so eindeutig nachweisbar wie bei Gottfried Wilhelm Leibniz. Dieser Vordenker der Aufklärung ist als junger Gelehrter in Nürnberg Mitglied eines alchemistischen Rosenkreuzerbundes. Auch der «Vater der Pädagogik» Johann Amos Comenius ist von der Ideenwelt des Ordens beeinflusst und pflegt einen innigen Briefkontakt zu Andreae. Als Rosenkreuzer gelten auch der bedeutende englische Philosoph, Arzt und Theosoph Robert Fludd, ebenso der ehemalige Leibarzt Kaiser Rudolfs II., Michael Maier, sowie Francis Bacon.

Die Reformation hat das Alltagsleben und den Glauben gründlich entmystifiziert. Ähnlich wie heute glaubte man auch im 17. Jahrhundert, das Rosenkreuzertum könne jenes schmerzvoll empfundene spirituelle Vakuum füllen. Noch etliche andere Geheimbünde werden in der Neuzeit versuchen, diese Sehnsucht nach dem Mysterium zu stillen. Die Rosenkreuzer gehen von einem Primat des Geistlichen aus, sie wollen ein versöhnendes Weltbild stiften bzw. wiederherstellen, in dem sich das Geistliche mit dem Materiellen versöhnt. Sie leisten abendländische Pionierarbeit darin, dem Suchenden einen esoterisch-okkulten Weg zum Lebenssinn offerieren zu können. Doch auch abseits dieser spirituellen Pfade, die man beschreiten oder ablehnen mag, lassen sich Dinge entdecken, die man den Rosenkreuzern als Verdienst gutschreiben kann ...

Auf der Jagd nach dem Grünen Löwen

London, Carlton House Terrace 6–9: Nach diversen Umzügen in ihrer mehr als 370-jährigen Geschichte hat die Royal Society in einem cremefarbenen klassizistischen Gebäude mitten in der Londoner City eine neue Heimat gefunden. Seit ihrer Gründung im Jahr 1660 versteht sich die weltweit erste Akademie der Wissenschaft als Hort der Forschungsfreiheit. Nur wenig bekannt ist hingegen, dass damals ein rosenkreuzerischer Impuls zur Entstehung der Royal Society maßgeblich beiträgt, wie der Experte Christopher McIntosh ausführt: «Wahrscheinlich war die Royal Society ein Versuch der praktischen Umsetzung rosenkreuzerischer Ideale der Bruderschaft des Lernens und der Erleuchtung, um dem Utopia näherzukommen, das Bacon, Andreae und Comenius vor Augen hatten.»

Eng mit der Geschichte der Royal Society verbunden ist der Name Isaac Newton. Als dieser 1703 Präsident der Wissenschaftsgesellschaft wird, führt er sie aus einer tiefen Krise, in die sie in den ersten Jahrzehnten ihres Bestehens geraten ist. Was wohl keiner damals

Sir Isaac Newton: Er ist nicht nur der sachorientierte Vater der modernen Wissenschaft. Im Geheimen führt er alchemistische Experimente durch und beschäftigt sich intensiv mit dem Werk der Rosenkreuzer.

ahnt: Der Mann, der heute als Vater der experimentellen Physik und Vorkämpfer der modernen Wissenschaft gilt, führt ein Doppelleben. Tagsüber ist er ein seriöser Wissenschaftler. Doch die Nächte widmet er der Alchemie. Er besitzt mehr als 170 Bücher, die sich mit okkulten Themen befassen – eine für damalige Verhältnisse beachtliche Sammlung. Und in seinem Labor jagt er mit endlosen Versuchsreihen dem Grünen Löwen hinterher, Symbol des göttlichen Geistes, der Leben schafft. Die Alchemisten sind überzeugt, der Grüne Löwe, ein Lösungsmittel, bestehe aus einem Salz- und Salpetersäure-Mix und sei die elementare Voraussetzung für die Anfertigung des Steins der Weisen.

Inzwischen geht die Forschung davon aus, dass Newton als letzter Magier der Neuzeit im Besitz mindestens einer Rosenkreuzer-Schrift ist. Ein den Rosenkreuzer-Gedanken zumindest nahestehender Physiker an der Spitze des ersten Wissenskollegs der Welt: Das hätte den stets von pädagogischen Ideen begeisterten Andreae geradezu entzückt. Was ihn jedoch sicherlich irritiert hätte: Auf Tausenden Seiten hält Newton seine Studien zu Bibelversen fest und kommt darin zu dem Schluss, dass Gott den Termin des Weltuntergangs auf das Jahr 2060 gelegt hat. Vermutlich aus Imagegründen hält Newton diese Erkenntnis jedoch ebenso geheim wie die Ergebnisse seiner alchemistischen Forschungen.

Zwei ungleiche Brüder

Die Geschichte der Geheimbünde ist zu einem großen Teil eine Geschichte der Legenden. Sie säumen auch die Spur der Rosenkreuzer. Oft jedoch führen sie in die Irre. Und so mag an folgender Geschichte nicht mehr wahr sein als die Tatsache, dass der 30. Januar 1649 in London wirklich bitterkalt ist und an jenem Tag ein Scharfrichter den

Kopf vom Rumpf des englischen Königs Karl I. trennt. Das ist ein in der Geschichte Europas bis dahin beispielloser Vorgang. Denn der König fällt nicht irgendeiner Palastintrige zum Opfer. Er wird wegen Hochverrates nach einem Gerichtsurteil im Namen des Volkes hingerichtet.

Als der Henker sein blutiges Amt zu Ende gebracht hat, ruft er: «Seht, das ist der Kopf des Verräters», worauf ein entsetztes Aufstöhnen durch die Menschenmenge geht, die der Hinrichtung beiwohnt. Empfindet das Volk die Strafe für den blutigen Bürgerkrieg, den der König verursacht hat, plötzlich als zu hart? Wenn es nun nach der rosenkreuzerischen Legende geht, ist das Entsetzen der Menge über das blutige Ende ihres Königs unnötig gewesen. Denn demnach verliert an jenem Januartag nicht der König seinen Kopf, sondern ein königstreuer Doppelgänger: das Gründungsmitglied der Royal Society, Elias Ashmole. Karl I. hingegen widmet sich den Rest seines Lebens den Studien dieses aufopferungsvollen Forschers, Juristen und Alchemisten.

Abseits dieser abstrusen Geschichte ist Ashmole in der Erforschung der Geschichte der Geheimbünde für eine echte Kontroverse gut. In der Literatur über die Rosenkreuzer wird Ashmole gerne als Beweis dafür herangezogen, dass die Rosenkreuzer die Väter der Freimaurerei sind. Denn Ashmole gehört zu jenem Kreis englischer Gelehrter, die das Erbe der Rosenkreuzer bewahren, als diese auf dem Kontinent im Chaos des Dreißigjährigen Krieges fast restlos untergehen. Dazu gründet Ashmole mit Gleichgesinnten das «Haus Salomonis». Was das Ganze pikant macht: Die Versammlungsräume befinden sich in der Londoner Mason's Hall, dem Haus der damals noch hauptsächlich operativ tätigen Maurer Londons. Ashmole wird 1646 als Nichthandwerker in diese Gilde aufgenommen. Ein Vorgang, der damals in England, anders als in Schottland, noch relativ ungewöhnlich ist.

Die Theorie, wonach die Rosenkreuzer die Gründung der Freimaurerei im 17. Jahrhundert in die Wege leiten, gilt inzwischen jedoch als widerlegt. Denn zu unterschiedlich sind beide Geheimbünde: ein «Bund zur ethischen Vervollkommnung des einzelnen Individuums» ist der eine, der andere hat an einer radikalen Reform der Wissenschaft, des Glaubens und der Gesellschaft Interesse. Warum sollen die Rosenkreuzer einen so vollkommen anders gelagerten Geheimbund ins Leben rufen?

Neueste Forschungsergebnisse zeigen, dass in der Geschichte der Geheimbünde Doppelmitgliedschaften nichts Ungewöhnliches sind – auch nicht die Mitgliedschaft in zwei so unterschiedlichen Gesellschaften wie den Freimaurern und den Rosenkreuzern. Dies gilt übrigens bis in die Gegenwart: Regelmäßig versammelt sich eine rosenkreuzerische Vereinigung in einem Hamburger Logenhaus, ohne dass dies zum Eklat führt.

Aber die Rolle der Rosenkreuzer in der Geschichte der europäischen Geheimbünde beschränkt sich nicht nur darauf, Inspirationsquelle für Alchemisten und Vorreiter der modernen Wissenschaften zu sein. 150 Jahre nachdem der Dreißigjährige Krieg die rosenkreuzerische Bewegung in Deutschland mit Flamme und Schwert ausgemerzt zu haben scheint, taucht sie in einer dramatischen Phase der europäischen Geschichte überraschend wieder auf: am Vorabend jener Kriege, mit denen Frankreichs Revolutionsheere die politische Landkarte Europas für immer verändern ...

Preußens Krone im Bann der Rosenkreuzer

Was sich in der Zeit zwischen dem 17. Juli 1795 und dem 16. November 1797 im Park von Schloss Marquardt im Havelland abspielt, ist noch 90 Jahre später so präsent, dass Theodor Fontane die Ereignisse von damals in seinen «Wanderungen durch die Mark Brandenburg» wiedergibt:

«Zwischen (...) 17. Juli 1795 und dem 16. November 1797 lagen (...) zwei Sommer, während welcher der König seine Besuche mehrfach erneuerte. Die Dorftradition sagt, er kam in Begleitung weniger Eingeweihter, meist in der Dämmerstunde (...). Man begab sich nach der ‹Grotte›, einem dunklen Steinbau, der im Parke, nach dem rosenkreuzerischen Ritual, in einem mit Akazien bepflanzten Hügel angelegt worden war (...). In diese ‹blaue Grotte›, deren Licht- und Farbeneffekt ein wunderbarer gewesen sein soll, trat man ein; der König nahm Platz. Alsbald wurden Stimmen laut; leiser Gesang, wie von Harfentönen begleitet. Dann stellte der König Fragen, und die Geister antworteten. Jedesmal tief ergriffen, kehrte Friedrich Wilhelm ins Schloß und bald darauf nach Potsdam zurück.»

Der verzauberte König ist niemand anders als Friedrich Wilhelm II. von Preußen, Regent einer Großmacht im Herzen Europas, Kommandeur über eine Armee von legendärer Schlagkraft sowie Herrscher über eines der fortschrittlichsten Staatswesen der Welt. Im Volk als «der dicke Lüderjahn» (Taugenichts) bekannt, ist Friedrich Wilhelm II. von ganz anderem Schlag als sein Onkel, der strenge, selbstbeherrschte Friedrich der Große. Er ist ein leicht zu beeinflussender und wechselhafter Charakter, der sich zudem mit mehreren Mätressen schmückt. Friedrich Wilhelm II. ist Mitglied zweier Freimaurerlogen. Aber nicht aus den gleichen Gründen wie der Alte Fritz. Seit dessen Initiation hat sich die Welt der Freimaurer gründlich geändert. Statt der Johannismaurerei mit ihren drei Graden prägt nun der Dschungel der Hochgradsysteme die Geheimbundszene in den deutschen Landen – mit Ritteridealen statt der Förderung des Bürgersinns, mit Mystik statt aufklärerischem Vernunftstreben. 1772 sind Abertausende Freimaurer, darunter mehr als zwei Dutzend Fürsten, in den Hochgraden der «Strikten Observanz» organisiert.

Auch Kronprinz Friedrich Wilhelm wird schließlich unter den Einfluss der Freimaurer geraten, allerdings auf besonders obskure Weise. Auf dem Rückzug der Preußen aus dem Bayrischen Erbfolgekrieg 1778 spürt der Thronfolger im Feldlager am Lagerfeuer plötzlich eine Hand auf seiner Schulter. Dann wird ihm das Wort «Jesus» zugeflüstert. Der Prinz wagt nicht, sich zu rühren. Das Erlebnis überwältigt ihn völlig. Denn Friedrich Wilhelm ist für alles Übernatürliche und Spirituelle sehr empfänglich. Er erfährt nie, dass die Hand auf seiner Schulter keinem Geistwesen gehört, sondern Friedrich August von Braunschweig, Mitglied der Rosenkreuzer-Variante des 18. Jahrhunderts: des Geheimbunds der «Gold- und Rosenkreuzer».

In den Jahrzehnten zuvor hat das Bild der Rosenkreuzer eine grundlegende Wandlung durchgemacht. Es tauchen plötzlich Neudrucke von uralten Rosenkreuzer-Schriften auf, die weit vor 1600 geschrieben sein sollen. Sie befeuern das fast erloschene Interesse an dem rätselhaften Bund. In einem der Bücher wird sogar behauptet, der Orden besitze das Geheimnis des Steins der Weisen. Heute weiß man: Die Datierung der Bücher ist eine Fälschung. Im 18. Jahrhundert jedoch gelten sie als Beweis für eine bis in die Antike zurückreichende Existenz von Rosenkreuzer-Bünden. Vom Mystizismus begeisterte Freimaurer gründen einen Geheimbund der «Gold- und Rosenkreuzer», dessen Name sich von einem 1710 erschienenen Werk des Predigers und Alchemisten Samuel Richter ableitet: «Die Wahrhaffte und Vollkommene Bereitung des philosophischen Steines der Bruderschaft aus dem Orden des ‹Gülden- und Rosen Creutzes›». Es verbreitet sich die Legende, an seiner Spitze hätten geheime Obere das Sagen, die aus Totenkammern am Nil die Schriften einer altägyptischen Priesterschaft empfangen hätten. Als Stifter des Ordens wird nicht mehr länger Christian Rosencreutz angegeben, sondern ein durch den Evangelisten Markus getaufter ägyptischer Priester, Gründer eines Magierordens namens «Schule der Weisen des Lichtes». Nach dem Ende der Kreuzfahrerstaaten sind der Legende nach Zauberer nach Schottland geflohen, wo sie den «Orden der Bauleute des Ostens» gründen, nach Lesart der Gold- und Rosenkreuzer der Ursprung der Freimaurerei.

Alchemie und Geisterbeschwörung sind elementare Bestandteile der Rosenkreuzer-Bewegung im 18. Jahrhundert. Ein weiteres Tätigkeitsfeld ist die Politik. Dass 1781 Friedrich Wilhelm II. in den Orden aufgenommen wird, ist ein immenser Erfolg. Bei dem Aufnahmeritual sind die Mitglieder der «Strikten Observanz» Friedrich August von Braunschweig, Johann Christoph Wöllner und Johann Rudolf von Bischoffwerder zugegen. In wenigen Jahren erreicht Friedrich Wilhelm den achten von neun Rosenkreuzergraden. Er ist nun ein «Magister», über dem nur noch der «Magus» steht, der oberste Führer, mehr Geist als Mensch. Doch diesen Magus hat es wohl ebenso wenig gegeben wie den Schädel, aus dem der Prinz angeblich Blut trinken muss, und die aus magischen Wurzeln bereitete Speise, die man ihm reicht.

Bei der Aufnahme in den Bund der Rosenkreuzer handelt es sich um einen waschechten Versuch der Machtübernahme durch eine esoterische Sekte. Friedrich August von Braunschweig plant allem Anschein nach eine theokratische Diktatur mit einem von Priestern gelenkten König an der Spitze. Die Gold- und Rosenkreuzer sind elitär ausgerichtet: Mitglieder werden nur Freimaurer im Meistergrad. Es ist ein Konzept, das aufgeht. 1779 gehören den Rosenkreuzern allein in Norddeutschland bereits 234 Männer an. 60 Prozent davon Beamte und Militärs. Die neun Grade des Ordens versprechen die Erlangung höchster Geheimnisse und befriedigen das ausgeprägte Bedürfnis nach mystisch-christlichen Erfahrungen in von der Aufklärung verunsicherten Kreisen des Bürgertums und des Adels. Johann Christoph Wöllner führt die norddeutschen Logen an. Von Bischoffwerder fungiert als geistiger Pate des Jung-Rosenkreuzers Friedrich Wilhelm. Insgesamt vier Predigten werden dem Prinzen gehalten. Dabei geht es um die übernatürlichen Kräfte der schier allmächtigen und von Gott auserwählten obersten Rosenkreuzer. Sie suggerieren dem Prinzen auch, dass er als Rosenkreuzer die Fähigkeit haben werde, die Absichten seiner Feinde zu erkennen, und sie schwören ihn ein, dass nur eine gottgefällige Regierung in der Tradition seines berühmten Onkels Erfolg haben werde. Friedrich Wilhelm soll sich gegen die angeblich antichristlichen Ideale der Aufklärung stemmen.

Mit diversen von optischen Effekten und sphärischer Musik untermalten spiritistischen Sitzungen in der «Blauen Grotte» sowie dem Belvedere im Park des Charlottenburger Schlosses versuchen die Rosenkreuzer den geistergläubigen Prinzen und späteren König unter ihre Kontrolle zu bekommen. Ein angeblich in Trance versetztes Mädchen warnt ihn davor, Rosenkreuzer wie von Bischoffwerder aus seiner Regierung zu entfernen: «Diese wenigen Untertanen, die heut um dich sind, o, diese sind dir treu (...) sie lieben dich, Monarch; o liebe sie auch.» Was dem leicht zu beeindruckenden Monarchen damals widerfährt, bezeichnet man heute als Gehirnwäsche. «Von den Weissagungen der Somnambulen war K. M. (königliche Majestät) im Anfange äußerst eingenommen», heißt es aus Hofkreisen.

Der Krieg der «Geheimen Kirche»

In der Forschung ist strittig, wie stark der Einfluss der Rosenkreuzer auf Friedrich Wilhelm II. wirklich wird. Tatsache ist hingegen, dass Wöllner und von Bischoffwerder unter seiner Regentschaft wichtige Posten bekommen: Sie führen das Religions- bzw. Kriegsministerium. Sogar der Philosoph Immanuel Kant bekommt die antiaufklärerische Komponente in der Politik der Gold- und Rosenkreuzer zu spüren – in Form des Religionsedikts, das Wöllner initiiert und das 1788 wirksam wird. Es verbietet Theologen in Preußen jegliche Kritik an dem Wertesystem der Konfessionen. Ergänzend kommt 1789 das Zensuredikt hinzu, das die «Zügellosigkeit der jetzigen sogenannten Aufklärer» beenden soll. Ebenso will man der «in Preßfrechheit ausartenden Preßfreiheit» einen Riegel vorschieben. Alle importierten oder in Preußen erstellten Schriften werden auf Äußerungen gegen die «allgemeinen Grundsätze der Religion, den Staat und die bürgerliche Ordnung» kontrolliert. Immanuel Kant wird wegen «Herabwürdigung mancher Grundlehren der Heiligen Schrift und des Christentums» verwarnt und mit einem Schreibverbot über religiöse Themen belegt.

Deckt Preußens König also einen rosenkreuzerischen Krieg gegen die auch im preußischen Staat immer mächtigeren Kräfte der Aufklärung? Tatsächlich sind die Rosenkreuzer am Vorabend der Französischen Revolution bereits ein Schatten ihrer selbst. Die anspruchsvolle Klientel der Rosenkreuzer erwartet alchemistische Wunder und tiefe Naturerkenntnisse. Die aber bleiben aus. 1782 versuchen die Rosenkreuzer auf dem Reform-Kongress der Freimaurer in Wilhelmsbad die Führung aller deutschen Logen an sich zu reißen. Es ist ein letzter verzweifelter Versuch, sich Bedeutung zu verschaffen. Er endet in einer Katastrophe. Die auf dem Kongress zu Grabe getragene «Strikte Observanz» mit ihrer inzwischen als hohl empfundenen Tempelritter-Mystik reißt auch die aus ihr hervorgegangenen Gold- und Rosenkreuzer mit in den Abgrund. 1787 werden deren Logen durch Wöllner und von Bischoffwerder aufgefordert, ihre Arbeit einzustellen.

Religions- und Zensuredikt entspringen anscheinend ohnehin eher einem privaten Feldzug des Rosenkreuzers Wöllner gegen die Kräfte der Aufklärung. Einen geheimen Operationsplan der Gold- und Rosenkreuzer hat es nicht gegeben. Zudem bezweifelt die neuere Forschung, dass die Gold- und Rosenkreuzer grundsätzlich gegen die Aufklärung sind – ebenso wie die Freimaurer nicht per se alle Aspekte der Aufklärung begrüßen.

Tatsache ist: Die «Geheime Kirche» der Gold- und Rosenkreuzer existiert zur Zeit der Edikte bereits nicht mehr. Nur ihr Geist spukt in der Politik Preußens noch herum. 1794 wird Wöllners Religionsedikt aber wieder aufgehoben, sein politischer Niedergang ist zu dem Zeitpunkt bereits im vollen Gange. Als Friedrich Wilhelm II. am 16. November 1797 stirbt, endet Wöllners Karriere definitiv. Er wird von Friedrich Wilhelm III. ohne Gewährung einer Pension entlassen. Von Bischoffwerders Ruf wird mit dem für Preußen peinlichen Ausgang des Feldzugs 1792 gegen das jakobinische Frankreich reichlich lädiert: In der Kanonade von Valmy triumphieren die Revolutionstruppen erstmals über ein Feudalheer. Es besteht aus Preußen und Österreichern. «Von hier und heute geht eine neue Epoche der Weltgeschichte aus, und ihr könnt sagen, ihr seid dabei gewesen», behauptet Goethe, zu Soldaten auf dem Rückzug aus Frankreich gesagt zu haben.

Die Gold- und Rosenkreuzer sind zu diesem Zeitpunkt bereits das, was das alte Preußen bald sein wird: Geschichte. Das belegt ein Fund, den Archäologen 2005 bei Grabungen in den Überresten des im Zweiten Weltkrieg zerbombten Königsberger Schlosses finden: Es ist eine Schatulle mit zehn Amuletten und einem Ring. Alles ist verziert mit rätselhaften Buchstaben, Zeichen und Figuren, wie etwa einem Hexagramm oder einer vogelköpfigen Venus. Der Volkskundler Dieter Harmening dechiffriert eines der Amulette als ein «astrologisch-magisches Aphrodisiakum» und ist überzeugt, sowohl die Macher als auch den Empfänger identifiziert zu haben: Die Gold- und Rosenkreuzer ließen sie für ihr Logenmitglied Friedrich Wilhelm II. anfertigen. In den letzten Jahren seiner Regentschaft scheint dieser die Wirkungslosigkeit der Amulette erkannt und sie abgelegt zu haben – wie auch wohl den Glauben an die magische Macht der Rosenkreuzer.

Wieder einmal senkt sich das Dunkel der Geschichte über diese okkulte Bewegung herab, für viele Jahrzehnte. Als die Logen der Gold- und Rosenkreuzer um die Wende zum 19. Jahrhundert aufhören zu existieren, sorgt allein die Phantasie von Dichtern und Denkern in ganz Europa dafür, dass die Erinnerung an den christlichen Mysterienorden nicht verlorengeht. «Es steht das Kreuz mit Rosen dicht umschlungen. Wer hat dem Kreuze Rosen zugesellt?», heißt es etwa in Goethes Gedichtfragment «Die Geheimnisse». Es erinnert an die «Chymische Hochzeit» und ist nicht die einzige Verbeugung vor den Rosenkreuzern, die sich in Goethes Werk findet. Eine weitere Reminiszenz an den

Die Rose im Kreuz: zentrales Symbol der Anhänger des Christian Rosencreutz (Titelvignette aus: «Geheime Figuren der Rosenkreuzer aus dem 16ten und 17ten Jahrhundert», 1785)

«Jesusorden» findet sich auch bei den Freimaurern. Der «Ritter vom Rosenkreuz» bildet den 18. Grad im freimaurerischen Hochgradsystem des «Angenommenen und Alten Schottischen Ritus». Darin geht es laut «Internationalem Freimaurerlexikon» um die «Suche nach dem ‹Verlorenen Wort›, das mit Hilfe der drei Flammen (Säulen), Glaube, Liebe, Hoffnung, wiedergefunden wird».

Literatur und freimaurerische Schwärmerei: Aus diesen beiden Samen keimen Ende des 19. Jahrhunderts neue rosenkreuzerische Bewegungen, schillernder und populärer als alle zuvor. Aber zwischen ihren Lehren und dem christlichen Utopia, das Johann Valentin Andreae zeit seines Lebens zu verwirklichen sucht, liegen Welten.

«Der Tod existiert nicht, er ist nur eine Illusion.»

Es ist ein Bild des Grauens, das sich den Feuerwehrmännern am 4. Oktober 1994 bietet, als sie die Trümmer eines Hofes untersuchen, der im Schweizer Kanton Freiburg in der Nacht zuvor niedergebrannt ist. In einem verspiegelten und mit roten Stoffbahnen verhängten Raum finden sie unter einem Jesusbild die toten Körper von 22 Menschen. Einige sind in einer Art Priestertracht gekleidet, anderen hat man Plastiktüten über den Kopf gezogen. Wenige Stunden später schlagen Flammen aus einem Chalet im Kanton Wallis. Dort findet die Kriminalpolizei die teilweise verbrannten Leichen von 25 Menschen, darunter fünf Kinder. 14 Monate später werden die leblosen Körper von elf Erwachsenen und vier Kindern gefunden, in einem Wald 30 Kilometer südlich von Grenoble, sternförmig um ein heruntergebranntes Lagerfeuer angeordnet, das ihre beiden Mörder entfacht haben. Deren Leichen findet die Polizei in unmittelbarer Nähe des Tatortes. Im März 1997 entdeckt die kanadische Polizei fünf Tote in einem Haus in der kanadischen Provinz Quebec.

Bei allen Opfern und ihren Mördern handelt es sich um Mitglieder einer Organisation namens «Sonnentempler», einer Sekte, die zur Zeit der Massaker wenig mehr als zehn Jahre alt ist, deren Gründer aber behaupten, ihre Wurzeln seien weitaus älter. Auf von den Sonnentemplern hinterlassenen Videos verbrämen sie die Morde und Selbstmorde als kultisches Vorgehen: «Wir, treue Diener des Rosenkreuzes, erklären: So wie wir eines Tages verschwunden sind, werden wir wiederkehren (...) denn das Rosenkreuz ist unsterblich (...) Gleich ihm sind wir von jeher und auf immer.»

Mit Endzeitpredigten unter dem Motto «Der Tod existiert nicht, er ist nur eine Illusion» bereitet Joseph di Mambro, einer der Anführer der Sonnentempler, seine Anhänger jahrelang auf einen kollektiven Todestrip vor. Di Mambro ist bis 1968 Mitglied des weltweit größten Rosenkreuzer-Bundes A.M.O.R.C. («Ancient and Mystical Order Rosæ Crucis», «Alter Mystischer Orden vom Rosenkreuz»).

Stellt di Mambros Sonnentempler-Sekte nur einen bösartigen Auswuchs einer ansonsten harmlosen okkulten Bewegung dar? Oder ist das Ende der Sonnentempler das brutale Symbol für eine im Laufe der Jahrhunderte mehr und mehr ad absurdum geführte christliche Utopie? Fest steht: Die blutigen Ereignisse werfen ein grelles Licht auf die esoterische Szene, die sich seit Anfang des 20. Jahrhunderts in den USA und Europa gebildet hat, in der sich etliche auf die Tradition der Rosenkreuzer berufen. Die Sonnentempler erscheinen wie ein Zerrbild dieser okkulten Gemeinschaften.

Heim ins Reich der Sterne

«In unseren Reihen, Bruder, wirst Du haben, alles was Dich zeitig und ewig beglücken kann. Dir gehört die folgsame Natur ohne Zwang, Sie leiht Dir ihre Kräfte, Du hast Kenntnis der Macht und Erlaubnis das durch den Fluch der Sünde inwärts gekehrte Licht wieder heraus zu wenden, alle Gerinnung hinweg zu nehmen, Körper von ihren harten Schlacken zu befreien, Helle zu machen und auf den Höhepunkt der Vollkommenheit zu bringen», heißt es in einer Schrift der Gold- und Rosenkreuzer des 18. Jahrhunderts. An diesen Versprechen hat sich seitdem nicht viel geändert. Die Existenz der Neo-Rosenkreuzer basiert auf dem, was schon die Gold- und Rosenkreuzer im 18. Jahrhundert zur Blüte führt: auf dem Unbehagen der Menschen, die in der Säkularisierung der Welt eine «Verödung des Lebenswunders» sehen. Sie wünschen sich eine spirituelle Rückbesinnung auf die voraufklärerische Welt, in der Religion und Wissenschaft angeblich noch eine Einheit sind.

Die heutige Szene der Neo-Rosenkreuzer lässt sich in einen spirituellen und einen initiatorischen Zweig aufteilen. Dem ersteren nach ist Christian Rosencreutz ein spirituelles Wesen, das Einfluss auf die Geschicke der Menschheit nimmt. Das Rosenkreuzertum hat für Anthroposophen das Potenzial einer alle Glaubensrichtungen umfassenden Weltreligion. Wie das Rosenkreuzerische helfen soll, den Einweihungsweg zu gehen, muss sich jedoch jeder individuell erarbeiten. Ganz anders geht der initiatorische Zweig unter den Neo-Rosenkreuzern vor, der in seiner Geschichte eine Vielzahl von Bünden hervorgebracht hat. Den allermeisten kann man Harmlosigkeit attestieren. Wer einen Guru sucht, ist bei ihnen fehl am Platz. Stattdessen wird versucht, dem Interessierten eine spirituelle Weltsicht zu vermitteln, die mit einem Studium magischen Schrifttums und einer vielschichtigen Symbolwelt verbunden ist. Diese ist keineswegs geheim, sondern schon 1785 in Altona unter dem Titel «Die geheimen Figuren der Rosenkreuzer» veröffentlicht worden.

Die Intensität des rosenkreuzerischen Studiums ist jedem selbst überlassen. Flankiert wird es mit meditativen Unterweisungen in Verbindung mit rosenkreuzerischen Ritualversammlungen, deren Abläufe laut Hans Peter Kurr von der Rosenkreuzer-Vereinigung «Templum C.R.C.» mit dem Entzünden von Lichtern für die «älteren Brüder» und einem halbstündigen Schweigen beginnen, aber im

Übrigen «nicht erzählbar» sind. Beim «Templum C.R.C.» umfassen die Grade rosenkreuzerischer Erleuchtung neun Stufen, beginnend mit dem Zelator («der Eifrige») über den Practicus, den Theoreticus, mehreren Adepten-Graden bis hin zu den mystisch daherkommenden Meister-Graden des Magister Templi und des Magus, deren Halter das «Große Werk» vorbereiten bzw. im Besitz der «sieben geheimen Schlüssel» sind.

Rosenkreuzer sehen sich als Bewahrer des spirituellen Erbes des Abendlandes. Sie glauben an Reinkarnation, an die Erklärungskraft der Astrologie und der Zahlenmystik christlicher Kabbala, an Seelenwanderung und die Kraft der Meditation. Letztere ermögliche dem Menschen, sein Inneres zu erkunden, den Widerhall des Göttlichen in sich zu spüren und sich sogar von der Angst vor Sterben und Tod zu befreien. Die Anzahl der Rosenkreuzer-Bünde, die diese und andere Ansichten unter den esoterisch Interessierten verbreiten, ist kaum überschaubar. Zwei unter ihnen nehmen aufgrund ihrer Größe beziehungsweise extremen Ausrichtung eine Sonderstellung ein: der bereits erwähnte A.M.O.R.C. und das «Lectorium Rosicrucianum» (LR). Der Gründer des A.M.O.R.C., Harvey Spencer Lewis, verdient sein Geld zunächst unspektakulär als Büroangestellter, bevor er sich der Parapsychologie zuwendet. Er entdeckt die Rosenkreuzer, und es heißt, dass Lewis die Suche nach ihnen nach Frankreich führt, wo er von einem Pariser Antiquar den Tipp bekommt, in der Nähe von Toulouse einen alten Turm zu erforschen. Dort erhält er von einem alten Mann einen Brief, fährt in einem Wagen zu einem Schloss und schläft dort ein. Im Traum erhält er den Auftrag zur Gründung einer rosenkreuzerischen Organisation in den USA. Dies ist kurz umrissen die A.M.O.R.C.-Gründungslegende.

Dass diese von der «Chymischen Hochzeit» Andreaes abgekupfert ist, tut dem Erfolg der Organisation keinen Abbruch. Ebenso, dass A.M.O.R.C.-Gründer Lewis Forscher veranlasst, die Anfänge der Rosenkreuzer in Amerika auf Anfang des 16. Jahrhunderts vorzudatieren – also noch vor der eigentlichen Besiedlung des Kontinents durch Europäer. Bis vor wenigen Jahren gilt innerhalb der

A.M.O.R.C. sogar als bewiesen, dass die Organisation eine antike Mysterienschule ist, die in Ägypten vor 3500 Jahren von Pharao Thutmosis III. gegründet wird und dass die ältesten Nachweise rosenkreuzerischen Denkens sogar 800 000 Jahre alt sind. Von dieser völlig überzogenen Selbstdarstellung ist A.M.O.R.C. inzwischen abgerückt. Dessen Mitgliederzahl ist im Übrigen beeindruckend. Man schätzt sie auf bis zu 250 000.

Die Einführung in das moderne Rosenkreuzertum beginnt bereits bei den Kindern der A.M.O.R.C.-Mitglieder. Sie werden im «Kinder-Institut» und dem «Junioren-Orden der Fackelträger» organisiert. Mit Volljährigkeit können sie dann dem A.M.O.R.C. beitreten. Mitglieder erhalten Lehrbriefe und Monographien ausgeliehen, um die vier Neophyt- und die elf Tempelgrade zu durchlaufen. Die erforderlichen Rituale für die niederen Grade können im selbstgebastelten «Heim-Sanktuarium» eigenhändig durchgeführt werden. Für das finanzielle Auskommen der Organisation sorgt ein jährlicher Mitgliedsbeitrag von derzeit 378 Euro.

«Die mystischen Lehren des Ordens Rosæ Crucis, die der höheren Esoterik zugehören, haben Überlebenswert», lautet das rätselhafte Heilsversprechen des A.M.O.R.C. in einer Informationsschrift. «Sie (die Lehren) verhindern die Zerstörung der Persönlichkeit, die in unserem so aufgeklärten Zeitalter in größter Gefahr ist. Durch die Lehren des Ordens und ihre gezielt dosierte Anwendung wird die wahre, eigene Persönlichkeit entdeckt und vor der Vermassung bewahrt (...).» Außerdem könnte die «Widerstandsfähigkeit des Körpers» ebenso gefördert werden wie «eine bessere Lebenseinstellung» und die «Zufriedenheit mit sich selbst und der eigenen Umgebung». Im Kern geht es dem A.M.O.R.C. darum, dem Menschen den Weg zu seinem göttlichen Ursprung frei zu machen, zum «inneren Selbst» und zum «inneren Bewusstsein».

Die Mittel dazu sind ein Mix aus wissenschaftlichen Informationen mit esoterischem Überbau. So werden in einem Vortrag über rosenkreuzerisches Heilen sachlich «Anweisungen zu therapeutischem Atmen und ausreichend Flüssigkeitszufuhr» gegeben, bevor es dann etwas kryptisch heißt: «Die Rosenkreuzermethode der Heilung ist immer eine geistige. Die seelisch-geistige Seite wird entkrampft, geklärt und gereinigt und so in ihre ursprüngliche Harmonie zurückgebracht. Und sie ist zusätzlicher Art. Dies sollte stets beachtet werden.» Kein Wunder, dass A.M.O.R.C. bereits treffend als «kommerzieller Dienstleister zur Lebensbewältigungshilfe» bezeichnet wurde.

Eine weitaus intensivere Beziehung zwischen Organisation und Mitglied besteht im «Lectorium Rosicrucianum». Im Unterschied zum A.M.O.R.C. verbreitet das LR ein geschlossenes Weltbild. Es wird ein harter Gegensatz zwischen «wir hier drinnen» und «die da draußen» aufgebaut, der erhebliche Skrupel und Ängste erzeugt, das LR wieder zu verlassen, wie ehemalige Mitglieder berichten.

Das LR will ihre Mitglieder weltanschaulich festigen. Darum kümmern sich allein in Deutschland 45 Zentren um die ca. 4500 Mitglieder. Weltweit sollen es ca. 16 000 sein. Die Rosenkreuzer-Doktrin des LR beinhaltet, dass der Mensch nur durch ein kosmisches Unglück auf die Erde gekommen sei. Eigentliche Heimat des Menschen sei jedoch ein kosmisches Lichtreich. Das LR glaubt sich im Besitz einer Geheimlehre, die dem Menschen hilft, das kosmische Unglück zu revidieren. Dazu müsse ein «Geistfunkenatom» aktiviert werden, das im Innern des Menschen schlummere, aber immer mehr abstirbt, je länger sich ein Mensch im Diesseits glücklich fühlt. Das LR will das irdische Ich zerbrechen, um mittels «Transfiguration» die göttliche Persönlichkeit zu befreien. Weil diese Transfiguration angeblich buchstäblich bis ins Mark geht, also sogar körperliche Veränderungen hervorruft und auch psychisch erhebliche Anforderungen stellt, wird den Mitgliedern nach ihrem Eintritt ein enges Netz aus kollektiven Zusammenkünften übergeworfen: Tempeldienste, Zirkelzusammenkünfte und Konferenzen gehen einher mit einer alle Bereiche des LR umfassenden Verpflichtung zur absoluten Geheimhaltung. Die Anforderungen an den Lebenswandel sind hoch: kein Alkohol, keine Zigaretten, keine Drogen, kein Fleisch. Bis 1996 gilt sogar Fernsehverbot. Austritt aus Parteien und religiösen Vereinigungen wird vorausgesetzt. Auch sexuelle Askese sieht man für den Ausbruch aus dem Kreis irdischer Reinkarnationen als notwendig an. Intensives Studieren von LR-Texten sowie tägliche und wöchentliche Rituale werden ebenfalls abgefordert. Das LR verfügt über eine ausgeklügelte Hierarchie. Der dreistufigen «äußeren Schule» folgt die «innere Schule». Danach tritt man in die «priesterliche Schar» der «Ekklesia» ein. An deren Spitze steht «die Gemeinschaft des Goldenen Hauptes». Im Gegensatz zum grundsätzlich lebensbejahenden A.M.O.R.C. ist die Weltsicht des LR radikal negativ. Wer nicht die Kraft hat, den wahren Charakter der Welt mit Hilfe des LR zu erkennen, ist verloren. Das LR glaubt, den Menschen von seiner «Todesnatur» erlösen zu können, damit er in einem Lichtreich aufgehen kann. Auf dem Weg dorthin erlangt der Mensch allmählich die Kraft, die Welt als das zu sehen, was sie ist: ein Ort der Verdammnis.

Im Laufe ihrer 400-jährigen Geschichte ist die Idee des Rosenkreuzertums mehrmals jäh aufgeblüht und genauso schnell wieder verwelkt. Dem Samen, aus dem die Blüten entstehen, scheint Kraft innezuwohnen, auch nach längeren Dürrephasen neue Triebe bilden zu können. Jeder Trieb hat sein spezielles Lehrgebäude errichtet. Eines aber eint sie: Sie glauben, eine Weisheit vermitteln zu können, die einen Weg in ein besseres Leben aufzeigt – wenngleich sich die meisten Rosenkreuzer heute nicht anmaßen, den Weg zu kennen, und auch keine Erfolgsgarantie geben, das Ziel des Weges erreichen zu können.

Dennoch: Wer in die Blättchen der Rosenkreuzerbünde schaut oder einen Blick auf ihre Homepages wirft, der kann mitunter den Eindruck spiritueller Maßlosigkeit bekommen: Innere Zufriedenheit ist erreichbar, wenn man nur weit genug in den Symbolkosmos der Rosenkreuzer hineinreist. Ein Blick in die «Chymische Hochzeit» zeigt, dass man das unter Berufung auf diese zentrale Schrift der Rosenkreuzer auch kritisch sehen kann. Denn als Rosencreutz zum Ritter des Goldenen Steins wird, ergänzt er seinen Namen unter der Ernennungsurkunde mit einem lateinischen Sinnspruch. Er lautet: «Summa scientia nihil scire.» Höchstes Wissen ist, nichts zu wissen.

KAPITEL 8

Die Templer Zwischen Öffentlichkeit und Geheimhaltung

«Eine bittere Sache, eine beklagenswerte Sache, eine Sache, über die man nur mit Schrecken nachdenken und hören kann, ein schreckliches Verbrechen, ein übermäßiges Übel, eine abscheuliche Tat, eine hassenswerte Schande, eine vollständig unmenschliche Angelegenheit, in der Tat völlig fern von jeder Menschlichkeit, ist uns, bestätigt von vielen glaubwürdigen Leuten, kürzlich zu Ohren gekommen, zu unserem nicht kleinen Erstaunen und heftigem Schrecken.» Mit diesen Worten beginnt König Philipp IV. von Frankreich das Schreiben an seine Amtsträger, mit dem er ein hartes Vorgehen gegen die Mitglieder des geistlichen Ritterordens der Templer in Frankreich anordnet. In der Tat sollten die Brüder ungeheuerliche Verbrechen begangen und sich als Wölfe im Schafspelz erwiesen haben. So würden sie beim Eintritt in den Orden mit dem Bild des Erlösers konfrontiert, den sie dreimal verleugnen und seinem Abbild dreimal ins Gesicht speien müssten. Dann hätten sie ihre weltliche Kleidung ablegen müssen, und der aufnehmende Bruder hätte sie auf das Gesäß, den Nabel und den Mund geküsst. Durch ihr Gelübde seien sie verpflichtet, miteinander Geschlechtsverkehr zu haben, eine fürchterliche Sünde, und sie würden nicht einmal davor zurückschrecken, Götzenbilder anzubeten. Weil sich diese Vorwürfe durch glaubwürdige Zeugen immer mehr erhärtet hätten, habe der König in seiner Verantwortung, die Freiheit der Kirche und des Glaubens zu verteidigen, ein Ermittlungsverfahren unter der Leitung des Bruders Guillaume

Der Felsendom auf dem Tempelberg von Jerusalem, neben der Al-Aksa-Moschee gelegen

de Paris, des Inquisitors für Nordfrankreich und königlichen Beichtvaters, eröffnet. Die Vorwürfe wurden zugleich in einen Fragenkatalog umgesetzt, den die Brüder zu beantworten hatten.

Dieses Schreiben Philipps IV. eröffnete den wohl spektakulärsten Prozess der mittelalterlichen Geschichte. Obwohl der Templerorden allein dem Papst und der geistlichen Gerichtsbarkeit unterstand, ließ der König am 13. Oktober 1307 die französischen Ordenshäuser durch seine Amtsträger besetzen und die völlig überraschten Brüder inhaftieren, unter ihnen den in Frankreich anwesenden Meister Jacques de Molay; nur wenige konnten fliehen. Damit begann ein langwieriges, auch durch die rechtlichen Unklarheiten geprägtes Verfahren. Die Inhaftierten wurden intensiv verhört und dabei nach mittelalterlichem Rechtsverständnis der Folter unterworfen. Eine Verurteilung setzte ein Geständnis voraus. Waren die Angeklagten nicht geständig, setzte man sie verschiedenen Stufen der Folterung aus, die ein Geständnis erzwingen sollten. Dieses war aber erst gültig, wenn es an einem weiteren Tag vor dem Richter ohne Anwendung der Folter wiederholt wurde. Wie wir heute wissen, wirkten die Folterqualen auch nach Tagen noch psychisch nach, sodass meist rechtsgültige Geständnisse zustande kamen. Vielen dürfte erst später bewusst geworden sein, was sie da gestanden hatten. Wer aber sein Geständnis widerrief, dem drohte die Einstufung als «relapsus», als rückfälliger Ketzer; und dies bedeutete das Todesurteil und dessen sofortige Vollstreckung – durch Verbrennung. So kann es nicht verwundern, dass viele sehr bald die ihnen zur Last gelegten Vergehen gestanden und später nur sehr zögerlich den Versuch unternahmen, die Geständnisse zu widerrufen.

Die Anklagen stützten sich offenbar auf die Vorwürfe, die ein gewisser Esquieu de Floyran schon 1305 bei König Jakob II. von Aragón vorgebracht hatte. Jakob hatte ihm aber keinen Glauben schenken wollen, woraufhin sich Esquieu nach Frankreich wandte.

Esquieus Vorwürfe entstammten einem Arsenal von stereotypen Klagen gegen Ketzer, das sich seit den 1230er Jahren aufgebaut hatte. Aufbauend auf den Berichten des deutschen Dominikaner-Inquisitors Konrad von Marburg, hatte Papst Gregor IX. in der Bulle «Vox in Rama» im Juni 1233 Rituale von Häretikern beschrieben, wie sie ähnlich dann auch im Prozess gegen die Templer relevant wurden: bei der Aufnahme Küsse auf Hinterteil und Maul (hier eines Frosches bzw. Katers), die Anbetung eines Tieres, Unzucht und gleichgeschlechtlicher sexueller Verkehr, dazu die Schändung der Hostie, die den Leib des Herrn darstellt. Daraus entwickelten sich im Laufe der Zeit immer weitergehende Vorstellungen, die die Inquisitoren ihren Opfern unterstellten und durch erzwungene Geständnisse real werden ließen.

Auch im Templerprozess erfuhren die Vorwürfe eine immer weitergehende Konkretisierung, die Kataloge von Vorwürfen und Fragen wurden immer länger. Ein Beispiel bieten die in 85 Paragraphen unterteilten 15 Artikel, die bei der Anhörung von 69 Templern durch Aubert Aicelin, den Bischof von Clermont, im Juni 1309 Anwendung fanden. So wird die Verleugnung Christi auch durch die Verleugnung Gottes und der Heiligen ergänzt, die Kreuzesschändung durch zusätzliches Treten oder Urinieren auf das Kreuz selbst nach dem Eintritt in den Orden. Auch die Sakramente seien abgelehnt worden, und neben den drei Küssen auf Gesäß, Nabel und Mund hätte es solche auf den Penis gegeben. Im gleichgeschlechtlichen Verkehr hätten die Brüder sowohl aktive wie passive Rollen übernommen; Götzenbilder mit drei Köpfen seien als Götter und Erlöser verehrt worden.

Einen besonderen Aspekt bildet schließlich der Vorwurf, die Aufnahme von Brüdern sei eine geheime Zeremonie gewesen, der nur die Brüder des Ordens beigewohnt hätten. Dazu passt die Unterstellung, die Brüder hätten untereinander nicht über die Rituale gesprochen, sie hätten nur (Priester-)Brüdern des Ordens beichten sollen und sie hätten geglaubt, nur der Meister des Ordens könnte ihnen Absolution erteilen.

Die Heimlichkeit der Rituale ist auch ein Kennzeichen häretischer Bewegungen, und im Fall der Templer hat sich auf der Grundlage der Vorwürfe aus dem Prozess die Vorstellung entwickelt, die Brüder hätten ein Geheimnis gehütet oder seien sogar aufgrund dieses Geheimnisses verfolgt worden; teilweise hat man bei ihnen sogar ein konspiratives Ziel ausgemacht, was den Templerorden zu einer Art Geheimgesellschaft machen würde. Die Geschichte der Templer und der mit ihnen in enger Verbindung stehenden anderen geistlichen Ritterorden spielte jedoch – bei aller im Krieg notwendigen und auch theologisch, später durch Thomas von Aquin, gerechtfertigten Geheimhaltung – durchaus im Licht der zeitgenössischen Öffentlichkeit.

Templer und Kleriker bei homosexuellen Handlungen. Aus: Jacques de Longuyon, «Les voeux du Paon», ca. 1350, Ms. Pierpont Morgan Library, New York

Einfache Anfänge: Die Kreuzzüge

Die geistlichen Ritterorden und mit ihnen die Templer sind gewissermaßen Kinder der Kreuzzugsbewegung. Während die frühen Christen vielfach jeder Gewaltanwendung fernstanden und den Soldatenberuf ablehnten, stellte sich seit der Wandlung des Christentums zur «Staatsreligion» des Römischen Reiches die Frage, wie man eigenen Besitz, die eigene Person, Kultur und Religion verteidigen könnte. Vor diesem Hintergrund formulierte der Kirchenvater Augustinus um 400 auf antiker Grundlage die Lehre vom «gerechten Krieg». Dieser bedarf eines gerechten Grunds, einer rechtmäßigen Autorität und der rechten Einstellung, die nicht auf Beute, sondern auf Wiederherstellung eines gerechten Zustands abzielt. Diese Vorstellungen gewannen seit dem Hochmittelalter wieder an Bedeutung; Kriegführung bedurfte zumindest in der theoretischen

Auseinandersetzung immer einer Rechtfertigung. Das galt auch für die Kämpfe gegen nichtchristliche Gegner, die im 10. und 11. Jahrhundert eine neue Intensität erreichten. Neben den Wikingern im Norden und den Ungarn im Osten waren es vor allem Muslime, die christliche Gebiete bedrohten. Spanien war seit 711 weitgehend erobert, auch Sizilien und Sardinien standen zeitweilig unter muslimischer Herrschaft, dazu kamen Überfälle auf Südfrankreich und Italien, nicht zuletzt auf Rom. Wegen der Abwesenheit der Kaiser organisierten die Päpste mehrfach die Abwehr und nahmen weltliche Krieger in ihren Dienst.

Auf der Synode von Clermont reagierte Urban II. 1095 schließlich auf die Bitte Kaiser Alexios' I. um Truppen mit dem Aufruf zum Ersten Kreuzzug. Der Kampf gegen die «Sarazenen» wurde als Verteidigungskrieg verstanden. Er sollte die orthodoxen Christen unterstützen sowie – allerdings erst in einem zweiten Schritt der Entwicklung – die verlorenen heiligen Stätten für das Christentum zurückgewinnen und von der «Tyrannei» der Muslime befreien. Die Kreuzfahrer, die sich in älterer Tradition auch als Pilger verstanden, erhielten für die Teilnahme geistlichen Lohn, den Erlass ihrer Sündenstrafen. Bezeichnenderweise erfuhr der Begriff der «Ritterschaft Christi» («militia Christi») in dieser Zeit einen wesentlichen Bedeutungswandel. Bis zum späteren 11. Jahrhundert bezeichnete er die Mönche, die ihren Kampf gegen Laster und Übel führten, um stellvertretend für die anderen ein vorbildliches Leben zu führen; danach beschrieb er die Kämpfer im Namen Christi, die sich auf einen päpstlichen Aufruf hin gegen die Feinde der Christenheit wandten. Kirche und Krieg gingen so eine enge Verbindung ein.

Während zahlreiche Teilnehmer des Ersten Kreuzzugs nach der Einnahme Jerusalems und der Errichtung der Kreuzfahrerstaaten (1099) in ihre Heimat zurückkehrten, mussten die neuen Strukturen etabliert und gegen muslimische Angriffe verteidigt werden. In dieser Situation entstanden beim Patriarchen von Jerusalem, dem geistlichen Oberhaupt des Königreichs, wie sich plausibel vermuten lässt, drei geistliche Gemeinschaften mit zentralen Aufgaben.

An erster Stelle waren dies die Chorherren vom Heiligen Grab, die für die Seelsorge und die liturgischen Pflichten in der Grabeskirche zuständig waren. Dazu kamen die Johanniter, die insbesondere die kranken und armen Pilger versorgten. Eine dritte Gruppe bildete sich aus den Rittern, die sich gegenüber dem Patriarchen oder den Chorherren als «Ritterschaft des Heiligen Grabes» («militia Sancti Sepulchri») auf kürzere oder längere Zeit zum Kriegsdienst im Heiligen Land verpflichteten (dabei ist oft von «Rittern auf Zeit» – «milites ad terminum» – die Rede). Besondere Dringlichkeit hatte dabei der Schutz der nun regelmäßig zu den Heiligen Stätten reisenden Pilger, die auf ihren Wegen im Heiligen Land immer wieder Angriffen ausgesetzt waren. Wahrscheinlich gab dies den Anstoß dafür, dass sich eine kleine Gruppe von Rittern enger zusammenschloss und sich verpflichtete, nach geistlichen Normen in Keuschheit, Gehorsam und persönlicher Armut zu leben. Folgt man Berichten aus dem späteren 12. Jahrhundert, erhielt diese Gruppe die Erlaubnis, sich einen eigenen Leiter zu wählen, und erfuhr bald weitreichende Förderung durch den Patriarchen, den König und die Großen des Königreichs Jerusalem.

Vermutlich kam es im Januar 1120 zur Anerkennung der jungen Gemeinschaft. König Balduin II. übergab ihnen einen Teil seines Palastes, des «palatium» oder «templum Salomonis». Darunter verstand man die in Gemächer unterteilte Al-Aksa-Moschee, und so ergab sich die Bezeichnung als «Ritterschaft vom Tempel (Salomos)» («militia Templi» bzw. «militia Templi Salomonis»). Zugleich spiegeln sich die auch im Siegelbild, der Darstellung zweier Ritter auf einem Pferd, fassbaren einfachen Anfänge in der Selbstbezeichnung als «arme Mitstreiter Christi» («pauperes commilitones Christi») wider, selbst wenn ein «pauper» nicht unbedingt arm sein musste, sondern diese Kennzeichnung auch nur für eine demütige Haltung stehen konnte. Zu den ersten Brüdern zählten Hugues de Payns und Geoffroi de Saint-Omer. Hugues, der zum ersten Leiter der Gemeinschaft wurde, kam wahrscheinlich 1114 ins Heilige Land und blieb dort, als die anderen Pilger zurückkehrten.

Zu den ersten Belegen für ihr Wirken zählt eine Urkunde aus der Zeit um 1125, in der hervorgehoben wird, dass die Pilger nun durch den Einsatz der Templer «sicherer zu den Heiligen Stätten aufbrechen können». Dennoch muss es bald zu Schwierigkeiten gekommen sein. Auch wenn die in späteren Zeugnissen genannte Zahl von neun Rittern im Jahre 1127 sicherlich zu niedrig ist, scheint die Gemeinschaft anfangs nur wenige neue Mitglieder angezogen zu haben. Als sich der als Erbe König Balduins vorgesehene Graf Fulk von Anjou im Heiligen Land aufhielt, mit den Templern in Kontakt kam und ihnen danach regelmäßig finanzielle Hilfe leistete, dürfte im lateinischen Westen die Akzeptanz der Templer eingesetzt haben. Dennoch fehlte noch eine breitere Unterstützung, und der besondere Charakter der Gemeinschaft – als Verbindung von Mönchtum und Rittertum – scheint vielfach Zweifel an der Legitimität der neuen Institution geschürt zu haben.

Siegel der Templer

Die Templer in der «Öffentlichkeit»

Nachdem die Templer sich bisher nur der «Öffentlichkeit» der Großen des Heiligen Landes präsentiert hatten, suchte Hugues de Payns nun die Unterstützung des Adels, der Herrscher und der Kirche im Westen. 1127 schloss er sich mit einigen Brüdern einer Gesandtschaft Balduins II. an Fulk von Anjou an, die diesen in die Kreuzfahrerstaaten holen sollte. Ihr erstes Ziel war Nordfrankreich, wo sie erfolgreich um Schenkungen an die Gemeinschaft warben. Noch im Frühjahr 1128 kamen Schenkungen aus dem Poitou hinzu, und eine

Reise im Sommer 1128 führte Hugues in die Normandie, nach England und Schottland. In der Normandie wurde er offenbar von König Heinrich I. von England ehrenvoll und mit reichen Geschenken empfangen und erhielt auch auf den weiteren Stationen der Reise umfangreiche Schenkungen. Er bekam nicht nur große Mengen Gold und Silber, die er ins Heilige Land überführen ließ, sondern warb zudem Krieger an, die sich selbst auf die Reise nach Palästina begaben. Erste Erfolge auf der Iberischen Halbinsel kamen hinzu. Schon im März 1128 übergab Königin Theresia von Portugal den Templern die Grenzfestung Soure, auch wenn sie dort erst in den 1140er Jahren aktiv wurden.

Die offensichtlich schon früh einsetzende Begeisterung des Adels war aber nur ein Teil dessen, was Hugues erreichen wollte. Für die endgültige Etablierung der Templer als geistliche Gemeinschaft bedurfte es auch im Westen der Akzeptanz der kirchlichen Institutionen. Selbst einer der großen Kirchenmänner der Zeit, der Zisterzienserabt Bernhard von Clairvaux, der den Templern bald ein Modell für ihr Ordensleben geben sollte, hielt um 1125 Mönchtum und Rittertum noch für unvereinbar. Es bedurfte daher eines sicheren Fundaments, auf das man die Gemeinschaft bauen konnte. Offenbar dafür wurde auf Bitten Hugues' für den Januar 1129 (das Jahr ergibt sich aus den anwesenden Personen) eine kirchliche Synode nach Troyes, in das Kernland der Templer, die Champagne, einberufen. Der Kreis der Teilnehmer war eindrucksvoll. Neben den Erzbischöfen von Reims und Sens, zehn nordfranzösischen Bischöfen, acht Äbten, darunter Bernhard von Clairvaux, sowie weiteren Geistlichen und einigen weltlichen Würdenträgern wie Graf Theobald von Blois und der Champagne, war auch ein päpstlicher Legat anwesend, Matthieu du Remois, Kardinalbischof von Albano.

Hugues de Payns musste sich zusammen mit den anderen Brüdern dieser kirchlichen Öffentlichkeit stellen. Der wichtigste Punkt waren die bisherige Lebensform und die Gewohnheiten der jungen Gemeinschaft, die Hugues zunächst der Versammlung erläuterte. Ihre Akzeptanz setzte notwendig voraus, dass man eine allgemein anerkannte Regel formulierte. Tatsächlich einigte man sich auf einen 71 Punkte umfassenden Entwurf, der sich vor allem auf die Lebensführung konzentriert. Den Anfang machen nicht zufällig die Gottesdienste und die Messen für verstorbene Brüder und Krieger, die sich der Gemeinschaft auf Zeit verpflichtet hatten. Weitere Abschnitte regeln das gemeinsame Essen, Fürsorge für die Armen, das nächtliche Schweigegebot, die Art der Kleidung, die Ausstattung mit Pferden und Waffen, die Aufnahme von Brüdern, die nur nach einer Prüfung zu erfolgen hatte, die Vermeidung von Hochmut und das Verbot jeden Kontakts mit Frauen. Die Ritter wurden damit an die mönchischen Gelübde Armut, Keuschheit und Gehorsam gebunden. Sie erhielten, wohl nach dem Vorbild der Zisterzienser, einen weißen Mantel als Zeichen ihrer «Aussöhnung» mit Gott; die dienenden Brüder sollten schwarze oder braune Mäntel tragen. Die Diskussionen über die Regel fanden in Troyes allerdings keinen klaren Abschluss; vielmehr sollte der Entwurf zur Bestätigung oder eventuellen Überarbeitung noch Papst Honorius II. und dem Patriarchen von Jerusalem, Étienne de la Ferté, vorgelegt werden.

Das war wiederum nur ein Teilerfolg, weil damit die erhoffte endgültige kirchliche Billigung ausblieb. Allerdings spielte die Synode von Troyes auch durch die Anbahnung von Kontakten für die weitere Entwicklung der Templer eine zentrale Rolle. Unter ihren Teilnehmern waren mehrere Zisterzienseräbte, neben Bernhard von Clairvaux auch der Abt des Mutterklosters Cîteaux, Stephen Harding, und der eines der vier ältesten Tochterklöster, Pontigny. Die Mönche entstammten denselben ritterlichen Schichten wie die Templer und erhofften sich wohl durch deren Unterstützung eine Ausweitung der kirchlichen Reformbewegung auch auf das Rittertum. Bernhard stand der neuen Gemeinschaft anfangs wohl eher zurückhaltend gegenüber, wurde dann aber zur Teilnahme überredet. In Troyes lernte er Hugues de Payns näher kennen und blieb offenbar auch danach mit ihm in Kontakt. Auf dessen mehrfache Bitte fand er sich schließlich bereit, seinen Einfluss zugunsten der Gemeinschaft geltend zu machen. Mit der wohl noch vor Hugues' Tod 1136/37 entstandenen

Schrift «Über das Lob der neuen Ritterschaft» («De laude novae militae») gab Bernhard nicht nur den Templern, sondern auch allen nach ihrem Vorbild gegründeten Gemeinschaften ihre geistliche Grundlage.

Bernhard grenzt mit seinem wie eine Predigt gestalteten Text die weltliche Ritterschaft von der «neuen Ritterschaft» der Templer ab, die «unermüdlich einen doppelten Kampf gegen Fleisch und Blut wie auch gegen die immateriellen Mächte des Bösen» führt. Dieser Kampf der neuen Ritterschaft soll den Christen Frieden bringen. Als wichtige Voraussetzung verweist Bernhard auf die strikte Lebensform der Brüder, die ohne Überfluss, ohne Frauen und Kinder gemeinsam in einem Haus lebten und den Befehlen ihres Meisters ohne Widerspruch folgten. Sie seien niemals müßig, sondern würden ihre freie Zeit nutzen, um Waffen zu reparieren oder Kleidung zu flicken. Jeder helfe dem anderen, es gebe keine Standes- oder Rangunterschiede, keinen weltlichen Schmuck oder adlige Unterhaltung. Sie legten wenig Wert auf ihre äußere Erscheinung, wohl aber auf eine gute Ausrüstung und Bewaffnung für den Kampf. Insgesamt resümiert er: «Ich weiß nicht, ob es angemessener wäre, von ihnen als Mönche oder als Soldaten zu sprechen, wenn es nicht besser wäre, sie als beides zu erkennen. Tatsächlich fehlt ihnen weder monastische Sanftmut noch ritterliche Kraft.»

Die Synode von Troyes und Bernhards Rechtfertigungsschrift brachten den endgültigen Durchbruch für die junge Gemeinschaft.

Die Brüder erhielten im Westen immer neue Schenkungen. Besonders spektakulär waren die Entwicklungen auf der Iberischen Halbinsel, auf der die christlichen Königreiche häufig in Konflikten mit ihren muslimischen Nachbarn standen, auch wenn es durchaus gelegentlich Allianzen zwischen beiden Seiten gab. Einzelne Brüder mussten im Westen verbleiben, um diesen Besitz zu verwalten und seine Erträge in das Heilige Land zu senden. Seit 1130 / 33 entstanden für Nordfrankreich, Spanien und Südfrankreich sowie für England eigene Ämter. Der um einzelne Häuser (Komtureien, «commanderies») konzentrierte Besitz an Ländereien und die daraus resultierenden Einkünfte und Rechte wurden in eine zunehmend differenziertere Verwaltungsstruktur integriert.

Dem Meister des Ordens kam auch nach Hugues de Payns der erste Rang zu. Er vertrat die Templer im Westen wie im Heiligen Land nach außen und traf zusammen mit anderen führenden Brüdern die wesentlichen Entscheidungen über den Ordensbesitz, die Versorgung der Brüder und den Einsatz im Heiligen Land. Dafür wurde er schon in der Mitte des 12. Jahrhunderts von einem Kaplan, einem Sergeanten, zwei Ritterbrüdern und einem Übersetzer unterstützt. Die Brüder waren zwar ihm gegenüber zum Gehorsam verpflichtet, allerdings war er kein absoluter Herrscher, sondern musste auf die Entscheidungen im Haupthaus, im Konvent, und auf den Rat der Führungsgruppe im Orden Rücksicht nehmen. Dazu zählte zunächst der Seneschall, der Stellvertreter des Meisters, der sich bereits 1129/32 nachweisen lässt. Bis 1160 kamen dann die Ämter des Marschalls, des Drapiers (für Kriegs- und Bekleidungswesen) sowie des Komturs des Königreichs Jerusalem (zugleich der Schatzmeister des Ordens) dazu. Im Heiligen Land entwickelten sich daneben mit den Komturen in Jerusalem, Akkon, Tripolis und Antiochia die wichtigsten lokalen Ämter. Der Komtur von Jerusalem organisierte den Pilgerschutz, die Komture zu Tripolis und Antiochia übernahmen ähnliche Aufgaben für ihre Regionen. Um 1200 wurde der Seneschall durch das etwas andere Amt des Großkomturs ersetzt, während das zuvor dem Marschall unterstellte Amt des Turkopoliers eigenständige Bedeutung gewann. Die Hierarchie setzte sich mit weiteren Ämtern «nach unten» sowie in den Ordensbesitzungen im Westen fort. So lassen sich um 1160 bereits Provinzialmeister in Nordfrankreich, dem Poitou, der Provence, Portugal, Aragón, Apulien, England und Ungarn nachweisen, weitere hohe Würdenträger kamen hinzu. Es war diese Oligarchie von Brüdern, die zusammen mit dem Meister den Orden lenkte und diesen im Westen wie im Heiligen Land repräsentierte. Die Templer hatten damit in der zeitgenössischen Öffentlichkeit ihren festen Platz gefunden, auch wenn ihnen noch die formale päpstliche Anerkennung (und damit der Status als Orden) fehlte.

Päpstliche Privilegien

Die Ausbreitung des Ordens im lateinischen Westen bewirkte in zweifacher Hinsicht eine erste Absicherung der Gemeinschaft im Heiligen Land: durch die direkte materielle Unterstützung, die aus dem übertragenen Besitz geleistet werden konnte, und durch die jetzt in vielen Regionen mögliche Anwerbung von neuen Brüdern. Schon die Reise Hugues', der wohl 1129 mit Fulk von Anjou ins Heilige Land zurückkehrte, war in dieser Hinsicht sehr erfolgreich, denn ihm schlossen sich zahlreiche kleinere Adlige und Ritter an. Selbst nachdem die ersten Kontingente im Dezember 1129 gegen eine kleinere Gruppe muslimischer Gegner eine opferreiche Niederlage erlitten hatten, kamen weitere Verstärkungen. Dennoch blieben sowohl Personalprobleme wie auch Fragen um die Verwaltung des Besitzes im Westen auf der Tagesordnung. Dazu gehörte auch die Einbindung des Besitzes in die Diözesen, in denen die Bischöfe auf der Zahlung des Zehnten durch die Templer bestanden, und zwar sowohl im Westen wie auch im Heiligen Land. Die Templer sahen sich dadurch in ihren finanziellen Ressourcen eingeschränkt, und es kam immer wieder zu Konflikten. Ein weiterer Problempunkt war die Stellung der Geistlichen, die die Ritterbrüder betreuen sollten, und der den Templern übergebenen Kirchen. Im Heiligen Land wurde die Situation der Gemeinschaft durch die Konflikte zwischen den Königen und den Patriarchen von Jerusalem erschwert, denen die Templer gleichermaßen verpflichtet waren.

Hugues de Payns starb im Mai 1136 oder 1137, und als seinen Nachfolger wählten die Brüder Robert de Craon (Robertus de Burgundio). Robert reiste wiederum bald nach seiner Wahl in den Westen, um für weitere Unterstützung zu werben. Dafür wandte er sich auch an Papst Innozenz II., der durch den Erfolg über seinen Gegenpapst (Anaklet II.) ein Schisma beseitigt hatte und nunmehr mit dem II. Laterankonzil daranging, die Einheit der Kirche machtvoll zu bekräftigen. Innozenz ließ den Templern daraufhin noch vor Beginn des Konzils und schon unter der Beteiligung zahlreicher Kardinäle am 29. März 1139 ein umfangreiches Privileg ausstellen, das nach seinen Anfangsworten als «Omne datum optimum» («Jede beste Gabe [und jedes vollkommene Geschenk kommt von oben vom Vater der Gestirne ...]») zitiert wird. Die Gemeinschaft der Templer, deren Gründung der Papst als jene «beste Gabe» verstehen wollte, wurde darin mit ihrem Besitz unter den Schutz des Papstes gestellt und so aus der Zuständigkeit der Bischöfe gelöst. Mit «Omne datum optimum» entstand ein geistlicher Orden, der durch den Auftrag, die Feinde der Christenheit im Namen Gottes und Sankt Peters mit allen Mitteln zu bekämpfen und gegen die «Tyrannei der Heiden» vorzugehen, so etwas wie den militärischen Arm des Papsttums bildete. Die Brüder sollten ihre Angelegenheiten ungestört von äußeren Einflüssen regeln. So durften sie nach dem Tode Roberts immer wieder eigenständig aus ihren Reihen ihren Meister wählen, und auch die vom Meister und den Brüdern eingeführten Gewohnheiten, die die Lebensführung in Keuschheit, Armut und Gehorsam regelten, durften nicht von außen verändert werden. Kein Fürst oder geistlicher Amtsträger durfte von ihnen einen Lehenseid oder entsprechende Verpflichtungen verlangen. Ihre Kriegsbeute wie die von ihnen erhobenen Zehnten durften sie für die eigenen Zwecke verwenden, die Bischöfe sollten ohne ihre Zustimmung keine Zehnten mehr von ihnen erheben. Ein wesentlicher Punkt betraf die Einführung eines Ordensklerus. Die Templer durften Priester und andere geweihte Kleriker in ihre Gemeinschaft aufnehmen, um in ihren Kirchen Gottesdienste abzuhalten und die Brüder, die dem Orden angeschlossenen (weltlichen) «confratres», die besonders intensive Zuwendung erfahrenden Stifter, das Personal und die abhängige Bevölkerung seelsorgerisch zu betreuen. Weigerte sich der lokale Bischof, die neuen Brüder zu Priestern zu weihen, konnten die Templer die Brüder beliebig durch andere Bischöfe weihen lassen. Die aufgenommenen Priesterbrüder unterstanden dem Meister und der Kontrolle durch das Kapitel.

Innozenz' Nachfolger, die Päpste Coelestin II. und Eugen III., bestätigten und ergänzten die in «Omne datum optimum» gewährten Rechte in zwei Urkunden von 1144 und 1145. So wurden Stifter nachdrücklich aufgefordert, den Orden zu unterstützen. In gewisser Analogie zur Teilnahme am Kreuzzug wurde ihnen dafür der siebente Teil der ihnen für Sünden auferlegten Bußen erlassen. Zudem durften die Templer eigene Kapellen und Friedhöfe bauen und die Brüder und ihre Klientel auf diesen bestatten – in Konkurrenz zu den Pfarrkirchen ein nicht unwesentliches Recht, weil so zusätzliche Schenkungen gewonnen werden konnten. Die päpstlichen Privilegien schufen insgesamt den Rahmen für die Stellung der geistlichen Ritterorden und damit ein Modell für die jüngeren Gründungen. Allerdings bedeuteten die Lösung aus der Jurisdiktion der Bischöfe und die Unterstellung unter das Papsttum keineswegs, dass die Templer und die anderen Ritterorden jetzt ohne jede Kontrolle agieren konnten und dass es nicht mehr zu Konflikten mit dem lokalen Klerus kam. Vielmehr wurde das weitere Vorgehen der Brüder durch ihre Zeitgenossen aufmerksam verfolgt. Ihr Erfolg hing entscheidend davon ab, inwieweit sie den Adel weiterhin zur Unterstützung und zum Eintritt in den Orden bewegen konnten. Auch die Geistlichkeit, insbesondere die Bischöfe, stand der neuen Institution – oft nach anfänglicher Förderung – nicht nur positiv gegenüber, sodass die Brüder die ihnen durch die päpstlichen Privilegien gewährten Rechte oftmals erst eigens einfordern oder sogar partiell darauf verzichten mussten, um überhaupt ihre Ansprüche irgendwie durchsetzen zu können.

Grund und Boden, Handel und «Bankgeschäfte»

Wirtschaftliche Fragen spielten für die Templer von Anfang an eine wichtige Rolle. Ohne den Besitz im Westen konnte der Orden seinen Aufgaben nicht in hinreichendem Maße nachkommen, denn die Schenkungen im Heiligen Land selbst hielten sich schon aufgrund der Situation in den Kreuzfahrerstaaten in Grenzen. Im Vergleich zu den anderen, geistlichen wie weltlichen, Grundherren wurde zwar die Stellung der Templer (wie die der anderen geistlichen Ritterorden) im Laufe des 12. und 13. Jahrhunderts immer stärker, doch war die Versorgung aus dem Heiligen Land selbst unmöglich. Der Templerbesitz in den Kreuzfahrerstaaten konzentrierte sich auf das Land. Ausnahmen bildeten Akkon, wo der Orden eine Reihe von Häusern besaß, die gegen Zins an Bürger ausgegeben waren, und – vor 1187 – wohl auch Jerusalem. Das gewissermaßen natürliche Zentrum war hier der Komplex um die Al-Aksa-Moschee in Jerusalem. Nachdem König Balduin II. seinen Palast in den 1120er Jahren in die Nähe des «Davidsturms» verlegt hatte, begann ein kontinuierlicher Ausbau für die geistlichen und militärischen Aufgaben des Ordens. Der langgestreckte Gebetsraum der Moschee war für die Zwecke der Templer in Zellen eingeteilt worden, und die darunterliegenden Gewölbe, die man als «Ställe Salomos» verstand, dienten als Speicher und Lagerräume, aber auch als Stallungen. In ihnen konnten nach dem wohl

Tunnel unter der Klagemauer. Weite Teile des Untergrunds der Jerusalemer Altstadt gleichen einem Labyrinth aus Gängen. Im Innern des Tempelbergs haben die Ritter angeblich ihre legendären Schätze versteckt.

überzogenen Bericht eines Pilgers 10 000 Pferde und deren Knechte untergebracht werden. Daneben entstanden Neubauten für administrative und repräsentative Aufgaben. Dieses Haupthaus, das wohl den größeren Teil der für das Königreich Jerusalem belegten 300 Ritter und 1000 dienenden Brüder beherbergte, stand auch zahlreichen Gästen offen.

Ansonsten übernahmen oder errichteten die Templer eine größere Zahl von Burgen und Festungsanlagen, zu denen jeweils Dörfer, Mühlen und Ländereien gehörten, auf denen abhängige (orientalische) Christen ebenso wie Muslime arbeiteten. Sie trugen mit ihren Abgaben und Diensten zum Burgenbau, zum Unterhalt der Besatzungen und zur Finanzierung der Aufgaben des Ordens bei. Burgen konnten allgemein nach der Verwüstung des Umlands und ohne abhängige Bevölkerung nur auf begrenzte Zeit gehalten werden.

Während im Heiligen Land militärische Aspekte im Vordergrund standen, waren die Ordenshäuser im Westen selten stark befestigt. Sie ähnelten den benachbarten Adelssitzen, auch wenn es im Unterschied zu diesen Räume für die gemeinsame Lebensführung der Brüder gab. Neben den meist nur wenigen Brüdern lebten in den Ordenshäusern in der Regel auch dort versorgte weitere Personen, die oft gegen Schenkungen aufgenommen worden waren – übrigens auch Frauen. Dazu kamen Donaten, die ein semireligiöses Leben führten, Weltkleriker, die teilweise angesichts zu geringer Zahlen von Priesterbrüdern zur geistlichen Versorgung angestellt wurden, sowie umfangreiches Personal. Auch im Westen konzentrierte sich der Ordensbesitz auf das Land. Neben den Feldern, die zum größeren Teil gegen Abgaben und Dienste verpachtet waren, besaß der Orden durch Schenkungen und weiteren Besitzausbau Wiesen, Weiden, Wald und Mühlen. In Letzteren fiel sowohl Geld wie Mehl an, zumal viele Bauern – wie bei anderen Grundherren – zum Mahlen in den Ordensmühlen verpflichtet waren («Mühlenzwang»). Die Eigenwirtschaft der Templer war regional unterschiedlich gewichtet. In Nordfrankreich herrschte Getreideanbau vor, im Südwesten teilweise Viehzucht. Dazu kamen Abgaben von Handwerkern, etwa im

Gebiet von Paris und in Valencia, oder Einkünfte aus Markt- und Wegerechten. Zudem verfügte der Orden über einen Anteil an den berühmten Messen von Troyes.

Für die Einkünfte der Templer waren Handelsaktivitäten von geringerer Bedeutung. Überschüsse aus den Ernten oder der von Handwerkern im Dienst des Ordens erzeugten Produkte wurden verkauft, um damit unter anderem die Versorgung der Brüder mit den kostspieligen Tuchen sicherzustellen. In gewissem Umfang verfügten sie zudem über Privilegien, die ihnen die zollfreie Einfuhr von Waren, so von Wein auf die Messe zu Provins, gestatteten. Daneben spielten Finanzgeschäfte eine wichtige Rolle, die vor allem bei der Nachwelt auf größtes Interesse gestoßen sind – die Templer erscheinen hier überzogen als «Erfinder» des Bankwesens. Tatsächlich erforderte der hohe Finanzbedarf der Aktivitäten des Ordens im Heiligen Land einen ständigen Transfer von Geldern von West nach Ost. Die Überschüsse der Häuser im Westen wurden nicht nur in Gestalt von Pferden, Waffen und Lebensmitteln in die Kreuzfahrerstaaten transportiert, sondern regulär in Form jeweils nach der aktuellen Situation festgesetzter Zahlungen der einzelnen Ordenshäuser, der «Responsionen». Wie aus einem Pariser Rechnungsfragment der Jahre 1295/96 hervorgeht, überwiesen die einzelnen Amtsträger auf lokaler wie regionaler Ebene je nach Gelegenheit und Bedarf verschiedene Summen an regionale Zentren wie den «Temple» in Paris; von dort wurden die Gelder dann in die Levante transferiert. Teilweise, wie im Fall Aragóns in den Jahren um 1300 mit 1000 Mark (um 250 Kilogramm) Silber, wurden von Ordensprovinzen auch feste Pauschalbeträge eingezogen.

Die ordensinternen Geldtransfers führten im Laufe der Zeit dazu, dass die Templer auch die Überweisung von fremden Geldern übernahmen. Kreuzfahrer und Pilger, die den Gefahren einer Reise mit einem reichen Münzschatz entgehen wollten, übergaben ihr Geld den Templern, um es dann im Heiligen Land wieder ausgezahlt zu bekommen. Häufig mussten dabei regionale Münzsorten gewechselt werden. Der Orden übernahm auch die Verwaltung von Testamenten und Stiftungen oder verwahrte in seinen sicheren Häusern die Kronjuwelen oder den Schatz der Könige von Frankreich, Aragón oder England.

All dies erforderte eine eigene Buchhaltung. Die Templer waren bekannt dafür, dass sie ihnen zur Verwahrung übergebene Gelder und Besitztümer nur auf die schriftliche oder persönliche Anweisung des Besitzers wieder herausgaben. So vertrauten die Pilger ihnen ihr Geld an oder übertrugen ihnen während ihrer Abwesenheit die Verwaltung des Besitzes. Belege für die heute zumeist verlorene Rechnungsführung des Ordens sind Nachrichten über detaillierte «Bankauszüge» (mit Anfangsbestand, einzelnen Ein- und Auszahlungen und Schlusssaldo), die die französische Königin Blanche von Kastilien in den 1240er Jahren dreimal jährlich erhielt. Erhalten haben sich auch die Abrechnungen aus dem Pariser «Temple» von 1295/96 mit rund 60 Konten der königlichen Familie, geistlicher und weltlicher Amtsträger sowie Pariser Kaufleute und den Kontobewegungen.

Diese Bankgeschäfte erlaubten es den Brüdern, den Königen, anderen Herrschaftsträgern und einzelnen Personen immer wieder mit Krediten zu Hilfe zu kommen. Das galt nicht nur für die Finanzierung von Kreuzzügen, wie schon während des Zweiten Kreuzzugs für Ludwig VII. von Frankreich oder 1260 für den Patriarchen von Jerusalem, sondern auch für politische Verpflichtungen, wie für die Bezahlung von Söldnern, die Johann von England 1215 gegen die aufständischen Barone einsetzte. Allerdings scheinen sich die Rücklagen des Ordens in der zweiten Hälfte des 13. Jahrhunderts, wohl aufgrund des Rückgangs an Schenkungen und fortgesetzter hoher Investitionen im Heiligen Land, zusehends vermindert zu haben. Schon 1253 verfügte Innozenz IV. Maßnahmen, um den verschuldeten Templern finanziell zu Hilfe zu kommen; in dieser Zeit musste der Orden seine Geschäfte auch mit Hilfe genuesischer Kaufleute abwickeln.

Dies wirft ein bezeichnendes Licht auf alle schon auf mittelalterlichen Vorstellungen fußenden Legenden über den unendlichen Reichtum des Ordens, die zur intensiven Suche nach einem Templerschatz geführt haben. Ein Zentrum dieser Suche war die Burg Gisors, wo der Schlosswächter Roger Lhomoy in den 1950er Jahren angeblich einen unterirdischen Saal mit Sarkophagen und Truhen gesehen haben wollte, bevor der Zugang wieder einstürzte. Tatsächlich hielten die Templer Gisors 1160 für kurze Zeit zusammen mit zwei anderen Schlössern im Vexin, einer Grenzlandschaft zwischen der Normandie und der Isle de France, übergaben diese aber an Heinrich II. von England. Danach war Jacques de Molay zusammen mit drei anderen führenden Brüdern vor seiner Hinrichtung in Gisors inhaftiert, dürfte aber, wie das Alain Demurger formuliert hat, kaum die Zeit gehabt haben, «den Untergrund umzugraben, um hypothetische Schätze zu verscharren». Ähnliches gilt für vermutete Templerschätze in Nordspanien, Portugal und anderenorts. Die Templer verfügten zwar über umfangreichen Besitz, der ebenso wie die Bankgeschäfte sichere Einkünfte garantierte, setzten aber zweifellos den weitaus größten Teil wieder unmittelbar für ihre Unternehmungen um. Nimmt man das noch im Prozess fassbare Vertrauen der Templer hinzu, sie könnten sich dem Vorgehen des französischen Königs entziehen, gab es zudem kaum Gründe dafür, heimliche Schätze aufzuhäufen. Obwohl die Brüder sicher alle Möglichkeiten nutzten, höhere Einkünfte zu erzielen, blieb der Einsatz im Heiligen Land die vorrangige Aufgabe der Templer, der sich der Orden mit allen verfügbaren Mitteln zuwandte.

Das Templer-«Netzwerk»

Der Nachschub an Personen, Material und Geld kam auf Schiffen aus dem Westen. Eigene Schiffe der Ritterorden lassen sich unter anderem durch einen Vertrag der Templer und Johanniter mit der Stadt

Marseille von 1233/34 nachweisen. Beide Orden hatten 1216 die Erlaubnis erhalten, den wichtigen südfranzösischen Hafen für die Organisation ihrer Transporte ins Heilige Land zu nutzen, doch offenbar kam es darüber bald zu Spannungen mit den dortigen Kaufleuten. So wurde eine Beschränkung auf jeweils zwei Schiffe jährlich eingeführt (eines im August, das andere zu Ostern), für die nicht mehr als 1500 Pilger zugelassen waren, während Kaufleute zusätzlich gegen Bezahlung mitreisen durften. Güter und Waren der Brüder durften frei ausgeführt werden, auch auf zusätzlichen Schiffen, sofern dafür Bedarf bestand, aber die Ausreise von Pilgern auf den anderen Schiffen war verboten. Die von der Iberischen Halbinsel kommenden Schiffe sollten zudem bei einer Reise über Südfrankreich in Marseille Station machen.

Die Versorgung des Heiligen Landes war so wichtig, dass die Ausfuhr von Waren und Lebensmitteln auch bei generellen Ausfuhrverboten fortgesetzt werden durfte, so im Raum um Carcassonne 1273. Eigene Schiffe nutzte der Orden auch für den Transport von Getreide, Tuch, Waffen und Pferden aus dem Süden Italiens ins Heilige Land. Im Königreich Sizilien verfügte Karl I. nach zeitweisen Restriktionen in der Stauferzeit 1267 die zollfreie Ausfuhr von Lebensmitteln, und sein Nachfolger Karl II. untersagte seinen Amtsträgern 1294, die aus den Häfen des Königreichs ausgeführten Waffen zu kontrollieren. Dabei wurden auf den Ordensschiffen nicht nur eigene, sondern auch fremde Waren mitgeführt, so noch 1299 Weizen für die Johanniter auf Zypern. Daneben wurden offenbar vor allem italienische Schiffe für den Warentransport genutzt, wie der Auftrag an zwei Venezianer von 1162 belegt, die Eisen ins Heilige Land bringen sollten. Es ist kein Zufall, dass die Schiffe der Templer vor allem im Mittelmeer im Einsatz waren, denn dort wurden sie gebraucht. Moderne Legenden über eine große Templerflotte in La Rochelle, die zu Beginn des Templerprozesses in Schottland in Sicherheit gebracht wurde, erweisen sich so als haltlos. Das gilt umso mehr für die damit verbundene absurde Behauptung, mit diesen Schiffen sei – schon hundert Jahre vor Kolumbus – Amerika entdeckt worden und sie hätten dann die Grundlage der Piraterie in der Karibik gebildet. Die zentrale Aufgabe der von den Templern eingesetzten Schiffe war vielmehr die Absicherung ihrer Unternehmungen im Heiligen Land.

In Marseille wie im Binnenland, in Burgund, lassen sich im 13. Jahrhundert eigene Amtsträger des Ordens nachweisen, die die Überfahrt ins Heilige Land, das «passagium», organisieren sollten. Den flexiblen Strukturen der Ritterorden entsprechend, finden sie sich mit verschiedenen Bezeichnungen wie Komtur der Schiffe, Komtur oder Meister des «passagium» in den Quellen. Sie dürften vor allem für Ersatz, Ergänzung und Verstärkung durch Personal, Brüder, Kreuzfahrer wie auch Pilger zuständig gewesen sein, die immer wieder nicht zuletzt angesichts hoher Opferzahlen der Templer in den großen Schlachten ins Heilige Land gesandt werden mussten. Es gelang aber, die Reihen des Ordens relativ rasch wieder zu füllen. So berichtet der englische Chronist Matthäus Parisiensis nach La Forbie: «Auch Johanniter und Templer sandten rasch neu aufgenommene Ritter und ein Kontingent bewaffneter Männer, zusammen mit nicht geringen Geldmengen, den Bewohnern dort, die gegen die täglichen Angriffe der Chorezmier und anderer Ungläubiger aushielten, zum Trost und zur Hilfe.»

Die Ergänzungen und Verstärkungen für das – keineswegs nach außen abgeschlossene – Templer-Netzwerk waren nur zu gewinnen, weil die Templer wiederum eng mit anderen, geistlichen wie weltlichen, vor allem adligen, Netzwerken verbunden waren. Im 12. Jahrhundert waren es die engen Beziehungen des Ordens zu den Zisterziensern, die zu Beitritten führten. Die Übernahme der zisterziensischen Ideale, die Anerkennung auf der Synode von Troyes 1129 und der 1139 sanktionierte Aufbau eines eigenen Ordensklerus, der die dem Orden verbundenen Stifter seelsorgerisch betreuen konnte, trugen zur wachsenden Anziehungskraft der Templer für den Adel bei. Teilweise traten Gruppen von jungen Adligen parallel bei Zisterziensern und Templern ein. Daneben spielten bei der Entscheidung für die Templer die in den adligen Familien und Verwandtschaftsgruppen gewachsenen Kreuzzugstraditionen eine Rolle. Selbst von diesen abhängige Ritter wie die Kastellane schlossen sich oft dem Orden an. Oft kam es zu einem Dominoeffekt von Eintritten, wie sich umgekehrt auch die Entfremdung ganzer Gruppen einstellen konnte. Die rasche Entsendung der Ritterbrüder in die Levante führte zudem zu Aufstiegsmöglichkeiten für die nichtadligen dienenden Brüder, die Sergeanten, die ihrerseits Netzwerken entstammten. Insgesamt waren die Templer schon seit der Mitte des 12. Jahrhunderts ein gut integrierter Bestandteil der Führungsschichten des lateinischen Westens, die mit allen Bevölkerungsgruppen in mehr oder weniger engem Kontakt standen.

Die Templer als Modell: Johanniter und Deutscher Orden

Die Erfolge der Templer, die den Kern der Kreuzfahrer-Kontingente bildeten und durch die Übernahme von Burgen zur Verteidigung ganzer Regionen beitrugen, ließen ihre Organisationsform und ihre Ideale vorbildlich für andere Gemeinschaften werden. Als Erste betraf dies die als Hospitalorden gegründeten Johanniter, die nach und nach militärische Aufgaben übernahmen und bei denen sich spätestens ab 1148 ein Zweig von Ritterbrüdern entwickelte. Die Betreuung von Pilgern, Armen, Kranken und Alten scheint uns heute wenig mit militärischen Aktivitäten vereinbar, doch für die Zeitgenossen war dies anders. Auch die Teilnahme am Kreuzzug war ein Werk der Nächstenliebe, der «caritas», sodass Papst Eugen III. schon 1152 das militärische Engagement der Johanniter als Fortsetzung ihres Kampfes im Dienst der Armen verstehen konnte. Diese Ausweitung zum Ritter- und Hospitalorden schuf wiederum einen Präzedenzfall für weitere Gemeinschaften, die an Hospitälern entstanden, aber im Laufe des späteren 12. oder des

13. Jahrhunderts eine «Militarisierung» erfuhren. Dabei handelte es sich um den Deutschen Orden, der aus einem während des Dritten Kreuzzugs 1190 vor Akkon gegründeten und nach der Eroberung in die Stadt verlegten Feldhospitals hervorging.

Eine weitere Gruppe von geistlichen Ritterorden entstand in den Konfliktzonen zwischen den Christen und ihren nichtchristlichen Gegnern im Westen und Nordosten Europas, auf der Iberischen Halbinsel und im Baltikum. Die ersten spanischen Ritterorden bildeten sich in derselben Zeit, als die Johanniter ihre abschließende Militarisierung erfuhren, und standen noch stärker als die Templer in enger Beziehung zum Zisterzienserorden. Während sie hauptsächlich zur Grenzverteidigung gegen die Muslime herangezogen wurden, ging es im Baltikum um die Bekämpfung des gewaltsamen Widerstands der Liven, Letten und Esten gegen die Christianisierung. Doch nur die Johanniter und der Deutsche Orden gewannen (nahezu) eine ähnliche Bedeutung wie die Templer.

Die Johanniter gingen auf ein schon vor dem Ersten Kreuzzug durch Kaufleute aus Amalfi gegründetes Johannes-Hospital zurück, das nach der Errichtung der Kreuzfahrerstaaten in zunehmendem Maße nicht nur im Heiligen Land, sondern auch im lateinischen Westen mit Besitz ausgestattet wurde. Das erste päpstliche Privileg von 1113 nennt schon Häuser in St. Gilles, Asti, Pisa, Bari, Otranto, Tarent und Messina, also entlang der Pilgerrouten ins Heilige Land, wobei nicht sicher ist, ob außer in St. Gilles tatsächlich Niederlassungen bestanden. Die Entwicklung zum Orden wurde zwischen 1135 und 1154 durch eine Reihe päpstlicher Bullen abgeschlossen, auch wenn die Johanniter anders als die Templer für die Weihe der Ordenspriester auf die regional zuständigen Bischöfe angewiesen blieben und damit keine völlige Lösung aus der bischöflichen Oberhoheit erreichen konnten. Die Schenkungen schufen die Grundlage für ein weitergehendes Engagement der jungen Gemeinschaft im Heiligen Land. So wurden den Johannitern schon bald Gebiete zur Verwaltung und zum Schutz übergeben, sie übernahmen feudale Rechte und die Aufgabe, die Verteidigung und Feldzüge gegen die Muslime zu organisieren. Nachdem schon 1148 ein «Ritter und Bruder des Hospitals» Gilbert belegt ist, gewannen die Ritterbrüder im Orden zunehmend an Einfluss. In den 1160er Jahren spielten die Johanniter für die Unternehmungen König Amalrichs I. gegen Ägypten bereits eine wichtige Rolle. Während die Statuten erst seit 1182, ausführlicher sogar erst seit 1204/06 die Entstehung eines Ritterbrüderzweiges berücksichtigen, hatte der Orden schon zuvor die Templer eingeholt. Templer und Johanniter konkurrierten in der Folge im Heiligen Land um militärische Erfolge, Herrschaftsgebiete und Einfluss auf die Politik des Königreichs Jerusalem.

Der dritte große Ritterorden, der Deutsche Orden, kam erst relativ spät dazu. Ohne direkten Bezug zu einem 1143 in Jerusalem belegten deutschen Hospital, geht er auf ein Feldlazarett zurück, das Bremer und Lübecker Kaufleute 1190 bei der Belagerung Akkons vor der Stadt errichteten und das nach der Rückeroberung 1191 in die Stadt hineinverlegt wurde. Erste Schenkungen trugen zur Stabilisierung bei, sodass sich das Hospital an der Verteidigung Akkons betei-

Templer beim Schach, in typischer Ordenskleidung

ligen konnte. Im März 1198 beschlossen dann die im Heiligen Land anwesenden Teilnehmer des gescheiterten Kreuzzugs Kaiser Heinrichs VI. zusammen mit dem hohen Klerus der Kreuzfahrerstaaten, die junge Gemeinschaft durch einen Zweig von Ritterbrüdern zu ergänzen. Dies wurde im Februar 1199 durch Papst Innozenz III. gebilligt. Der Papst nahm zudem die Institution unter seinen Schutz und bestätigte die Entscheidung, dass die Brüder für den Hospitaldienst der Johanniterregel, für den Kriegsdienst aber der Templerregel folgen sollten. Nach der aus der Mitte des 13. Jahrhunderts stammenden «Erzählung über die Anfänge des Deutschen Ordens» («Narratio de primordiis ordinis Theutonici») soll der Templermeister den Brüdern zugleich den weißen Mantel seines Ordens verliehen haben; allerdings kam es dann vor 1211 zu einem längeren Streit um die Ordenskleidung. Am Ende unterschieden sich Templer und Deutscher Orden durch die zusätzliche Kennzeichnung mit rotem und schwarzem Kreuz.

Die Verbindung von Templer- und Johanniterregel erwies sich als zu komplex, sodass der Orden schließlich im Februar 1244 von Innozenz IV. die Erlaubnis erhielt, die überkommenen Regeln den eigenen Bedürfnissen anzupassen; bis 1249 / 51 entstand so eine eigene Regel. Schon lange zuvor war die Gleichstellung mit den beiden anderen Ritterorden erfolgt, endgültig durch ein Privileg Honorius' III. vom Januar 1221, mit dem der Papst auch alle verbliebenen Bindungen des Deutschen Ordens an die Bischöfe aufhob und ihn so wie die Templer (und Johanniter) zum militärischen Arm des Papsttums machte. Unter dem vierten Hochmeister Hermann von Salza begannen während des Fünften Kreuzzugs (1217–1221) der Aufstieg des Ordens und ein intensives Engagement im Heiligen Land. Zudem waren die Brüder kurzzeitig in Ungarn (1211–1225) und seit 1230 in Preußen aktiv, um – auf Einladung König Andreas' II. bzw. Herzog Konrads von Masowien – christliche Territorien gegen die Angriffe noch heidnischer Völker zu verteidigen. In Preußen gelang der Aufbau einer eigenen Landesherrschaft, die sich bis zur Säkularisierung 1525 behaupten konnte. Ähnlich wie die Templer musste sich der Deutsche Orden immer wieder öffentlich für seine Politik rechtfertigen.

Rolle und Selbstverständnis

Im Laufe des 13. Jahrhunderts gewannen die Ritterorden für die nach 1187 verbliebenen oder zurückgewonnenen Gebiete der Kreuzfahrerstaaten immer größere Bedeutung. Sie besaßen, errichteten und verteidigten die größten Burgen. Im weiteren Umfeld Akkons waren dies unter anderem Château Pélerin und Safad bei den Templern und Montfort beim Deutschen Orden, im Norden in der Grafschaft Tripolis Margat und der Crac des Chevaliers bei den Johannitern sowie Tortosa bei den Templern. Noch in der zweiten Hälfte des 13. Jahrhunderts übernahmen sie weitere Befestigungen, die Johanniter 1255 den Berg Tabor, die Templer 1260 Sidon. Dazu kam ihre zentrale Funktion für die Heere der Kreuzfahrerstaaten. Dabei bestand, wie die Stellungnahme des Großmeisters Jacques de Molay zu Plänen für die Zusammenlegung der Ritterorden deutlich macht, durchaus eine Konkurrenz untereinander: «Wenn die Johanniter einen bewaffneten Zug gegen die Sarazenen unternehmen, haben die Templer keine Ruhe, bis sie einen entsprechenden oder größeren durchgeführt haben, und umgekehrt.» Bei größeren Kreuzzugsunternehmen teilten sich Templer und Johanniter die Aufgaben von Vorhut und Nachhut, um gemeinsam die im Land unerfahrenen Kämpfer vor Schaden zu bewahren.

Kern der Ordenstruppen waren die schwerbewaffneten, in geschlossener Formation kämpfenden Ritter. Nicht zufällig konzentrieren sich daher die Regeln der Templer auf diesen Bereich; ihr Einsatz erforderte höchste Disziplin. So soll der Templer-Meister Odo de Saint Amand 1177 die Schlacht von Montgisard entschieden haben, indem er mit 84 Ritterbrüdern mitten durch die Truppen Saladins ritt und alle niederwarf, die sich ihnen entgegenstellten. Aus den «Retrais», den ergänzenden Satzungen oder Gewohnheiten der Templer, geht hervor, dass die Brüder nicht ohne ausdrücklichen Befehl ihre Stellungen verlassen oder die Pferde mit Wasser versorgen durften. Insbesondere war es streng verboten, ohne Anweisung mit dem Angriff zu beginnen. Dies konnte zum Ausstoß aus dem Orden und zur Inhaftierung führen. Zu den Ordensaufgeboten gehörten aber auch in großen Zahlen eingesetzte Söldner mit leichterer Bewaffnung, die Turkopolen. Bei drohenden Belagerungen von Ordensburgen wurden Verstärkungen für die Besatzung herangeführt. Wo dies allerdings, wie im Fall des 1268 durch ein mamlukisches Heer bedrohten Baghras im Norden des Fürstentums Antiochia, ausblieb, stellte sich die Frage, wie sich die Brüder verhalten sollten. Die katalanisch-südfranzösische Fassung der Regel schreibt ausdrücklich vor, dass Grenzburgen nur mit Befehl der Oberen aufgegeben werden durften. In Baghras weigerten sich allerdings die Sergeanten der Templer, sich der Übermacht des Sultans zu stellen, sodass der Befehlshaber aufgab, bevor ihn die tatsächlich ausgesandte entsprechende Anweisung des Meisters Thomas Bérard erreichte. In der Folge musste er sich bei seiner Rückkehr nach Akkon einem Verfahren stellen, auch weil das Kriegsgerät nicht vor der Übergabe an den Sultan zerstört worden war.

Neben den militärischen Aufgaben spielten bei allen Orden die geistlichen Elemente eine wichtige Rolle. Dazu gehörten strikte Regeln für einfache Kleidung und Lebensführung, aber auch umfangreiche Bestimmungen zu den Gottesdiensten, zum Totengedenken, zum gemeinsamen Essen, Fasten, Tischgebet und zur Tischlektüre sowie zur Versorgung schwacher und kranker Brüder. So waren nicht nur die Priesterbrüder, sondern auch die Ritterbrüder zur Einhaltung der kanonischen Stundengebete verpflichtet. Bei den Templern sollten diese, wenn sie nicht in eine Kirche gehen konnten, am Morgen 13 Vaterunser sprechen, sonst sieben, und zur Vesper neun. Der geistliche Status auch der Ritterbrüder stand außer Frage, selbst wenn es ein Sonderfall war, dass dem Generalprokurator des Deutschen Ordens an der Kurie, Johann vom Felde, einem Ritterbruder, von Papst Bonifaz IX. 1399 gestattet wurde, vor Tagesanbruch die Messe zu lesen und dafür einen tragbaren Feldaltar zu nutzen. Religiöse Zeremonien spielten bei vielen wichtigen Abläufen innerhalb der Orden, so auch bei der Meisterwahl, eine zentrale Rolle. Wahrscheinlich war es auch die geistliche Seite der Ritterorden, die Wolfram von Eschenbach dazu inspirierte, seine Hüter des Grals an das Vorbild der Templer anzulehnen; die Gralsritter erscheinen bei ihm als «templeise». Dies bildete die Grundlage für immer neue Phantasien über die Templer und den nur literarisch fassbaren «Heiligen Gral», die in Hollywood-Filmen wie «Indiana Jones und der letzte Kreuzzug» und «The Da Vinci Code – Sakrileg» ihren Ausdruck fanden. Auch ergab sich eine Identifikation des Grals mit der alttestamentarischen Bundeslade, die die Templer als ihren Schatz gehütet hätten. Diese Ideen verkennen – neben der fehlenden historischen Verankerung – den ganz anderen Charakter des Ordens, der sich eben nicht wie etwa die Bettelorden durch geistliche Bildung und eine hochentwickelte Spiritualität auszeichnete. Sowohl die Ritter- wie auch die Priesterbrüder waren zweifellos tiefreligiös, was sich etwa in einer intensiven Marienverehrung äußerte. Sie hoben sich damit aber in keiner Weise von anderen geistlichen Gemeinschaften ab.

Das Selbstverständnis der Brüder speiste sich vielmehr wesentlich aus der Vorstellung, die «Verteidiger der Kirche und Kämpfer gegen die Feinde Christi» zu sein, wie dies schon Innozenz II. in der Bulle «Omne datum optimum» formulierte. Diese Auffassung blieb bei allen Ritterorden bis zum Ende des Mittelalters gültig. So verwiesen auch die im Templerprozess inhaftierten Brüder mehrfach auf die Opfer ihres Ordens im Kampf gegen die «Ungläubigen». Gerade das kämpferische Alte Testament bot viele Vorbilder. Schon Bernhard von Clairvaux sprach von den Templern als «wahren Israeliten», und bald – etwa in der Urkunde Coelestins II. vom Januar 1144 – bürgerte sich die Bezeichnung als «neue Makkabäer» ein. Die Orientierung an den kämpferischen Makkabäern, die im 2. vorchristlichen Jahrhundert noch einmal ein eigenständiges jüdisches Königtum errichteten, spielte bei allen Ritterorden eine wichtige Rolle. Die Johanniter gingen sogar so weit, die Geschichte ihrer eigenen Institution, des Hospitals, bis in die Zeit der Makkabäer zurückzuführen. Der Deutsche Orden ließ sich noch 1416 auf dem Konstanzer Konzil durch den Juristen Johannes Urbach mit den Worten verteidigen, die Brüder würden sich als «Mauer des Hauses Israel aufstellen, (indem) sie täglich in Erwartung des Martyriums den Kampf gegen die Feinde des Glaubens aufnehmen (und sich dieser) Mühe zur Ruhe der Gläubigen unterziehen». Sowohl der Deutsche Orden in Preußen wie die Johanniter auf Rhodos sahen sich noch im 15. Jahrhundert in der Pflicht, die kontinuierliche Erfüllung ihrer Stiftungsaufgabe unter Beweis zu stellen.

Regeln und Aufnahmerituale

Die hohe Disziplin der Brüder musste immer wieder mit Hilfe von Regeln und Statuten durchgesetzt werden. Bei den Templern wie bei den anderen Ritterorden auch waren die Ritterbrüder nicht des Lateinischen mächtig und konnten wahrscheinlich nur in Ausnahmen lesen, sodass volkssprachliche Regelfassungen zunehmend an Bedeutung gewannen oder sogar die einzige Textgrundlage bildeten. Bei den Templern umfasste die durch die «Retrais» ergänzte (nord)französische Regel in den 1260er Jahren bereits 686 Bestimmungen, die in der katalanisch-südfranzösischen Fassung noch erweitert wurden. Obwohl Artikel 326 ausdrücklich die Weitergabe von Abschriften an Ordensfremde verbietet, enthalten die Regeln und die «Retrais» kein okkultes Geheimwissen, sondern praktische Bestimmungen für das Alltagsleben im Orden. Die kürzere lateinische Fassung kursierte vor allem außerhalb des Ordens bei interessierten Klerikern, doch

Handschriften der französischen Regelfassung dürften in allen Häusern vorhanden und damit allgemein zugänglich gewesen sein. Der Text wurde zudem allen Kandidaten für den Eintritt in den Orden vorgelesen.

Die Befolgung der Regelungen für die im Templerprozess relevanten Aufnahmerituale zeigt sich insbesondere durch Abnutzungsspuren an den entsprechenden Stellen der Manuskripte. Die besondere Bedeutung dieser Bestimmungen ist auch daran messbar, dass sie in der französischen Fassung wesentlich ausführlicher ausfallen. Ein um 1260 verfasster, aber sicher schon ältere Gewohnheiten spiegelnder Anhang dazu zählt über 20 Abschnitte. Folgt man dieser normativen Darstellung, wurde die Aufnahme von neuen Brüdern zunächst vor der Versammlung der Brüder, dem Kapitel, angekündigt. Der Meister oder sein Stellvertreter hatte zu fragen, ob es irgendeinen Grund gebe, der gegen die Aufnahme des Kandidaten spräche. Wenn niemand Widerspruch erhob, wurde der Neuling von zweien oder dreien der ältesten und erfahrensten Brüder in einen Raum neben dem Kapitel geführt. Dort wurde er befragt, ob er tatsächlich bereit sei, sich dem Orden zu unterwerfen. Wenn er bejahte, wurde er nach seinem Vorleben befragt: Hatte er eine Frau, oder war er einer Frau versprochen? Hatte er bereits in einem anderen Orden ein Gelübde abgelegt? Hatte er unbezahlte Schulden? War er gesund und hatte keine versteckten Krankheiten? War er persönlich frei oder jemandem unterstellt?

Wenn der Kandidat die Fragen verneinte, holten sich die Brüder vom Kapitel die Erlaubnis, ihn zu unterweisen, wie er um die Aufnahme in den Orden zu bitten habe, und vor das Kapitel zu bringen. Dort kniete er vor dem Leiter des Kapitels nieder und bat um Aufnahme. Der führende Bruder hob daraufhin zunächst die Unterschiede zwischen der glänzenden äußeren Erscheinung, der «Schale» («escorche»), des Ordens und der Härte des Lebens in der Gemeinschaft hervor. Auch wenn der Orden seine Mitglieder mit Rüstungen, guten Pferden und Verpflegung ausstatte, müssten sie doch allen Befehlen der Oberen gehorchen. Sie müssten wachen, wenn sie schlafen wollten, und sich zur Ruhe legen, wenn sie wach sein wollten; säßen sie zum Essen am Tisch, würden sie zu anderen Aufgaben gerufen. Der Kandidat wurde deshalb gefragt, ob er wirklich bereit sei, sich alledem zu unterwerfen. Wenn er bejahte, wurde er noch einmal erinnert, dass er sich nicht für weltliche Güter und Ziele, sondern für die Abkehr von der Welt, Dienst an Gott und ein Leben in Armut und Buße dem Orden anschließe. Es folgten gemeinsame Gebete und eine weitere Befragung; und nachdem der Neuling noch einmal das Kapitel verlassen musste und dieses wiederum nach Gründen für eine Nichtaufnahme befragt worden war, wiederholte sich die Prozedur, mit Verweis auf die harten Strafen bei falschen Aussagen.

Schließlich musste sich der Kandidat bei Gott und der Jungfrau Maria den monastischen Gelübden des Gehorsams, der Keuschheit und der persönlichen Armut, den Regeln und Gewohnheiten der Templer und dem Schutz des Heiligen Landes und der Christenheit insgesamt verpflichten. Der Schlussteil der Zeremonie begann mit der Einkleidung in den Ordensmantel durch den Leiter des Kapitels sowie mit einem Psalmentext, den ein Priesterbruder vortrug, und gemeinsamen Gebeten. Der Leiter sollte danach den neuen Bruder aufstehen lassen und ihn auf den Mund küssen; und auch die Priesterbrüder küssten ihn. Dann wurde der Neuling formal zum Bruder erklärt und mit den Gründen vertraut gemacht, die zum Ausschluss aus dem Orden führen konnten. Obwohl man entgegen der lateinischen Vorlage in der französischen Fassung auf ein Noviziat verzichtet hatte, sollte es doch eine Probezeit der aufgenommenen Brüder geben.

Von den im Templerprozess inkriminierten Ritualen findet sich dabei nichts, mit Ausnahme des auch bei feudalen Zeremonien üblichen Bruderkusses. Es ließe sich zwar argumentieren, dass es homosexuelle Handlungen in allen geistlichen Korporationen gegeben hat, aber die Vorwürfe der Inquisitoren im Templerprozess zielten nicht auf Einzelfälle, die im Übrigen bei den Templern nachweislich hart bestraft wurden. Die Ermittler unterstellten nicht nur gleichgeschlechtliche Akte bei der Aufnahme, sondern gingen davon aus, dass sich die Brüder verpflichten mussten, einander dauerhaft sexuell zur Verfügung zu stehen. Aber während zahlreiche Templer unter der Folter die Blasphemien der Leugnung Christi und Schändung des Kreuzes zugaben, bekannten sich nur wenige der inhaftierten Brüder zur Teilnahme an homosexuellen Handlungen oder konkretisierten gar ihr Geständnis. So spricht vieles dafür, dass die Vorwürfe ritueller und kontinuierlicher Homosexualität ebenso der inquisitorischen Phantasie entsprangen wie die Vorstellung, die Templer hätten Götzenbilder angebetet. Auch wenn normative Texte nicht vollständig die Wirklichkeit spiegeln müssen, dürfte die Aufnahme neuer Brüder bis in die Schlussphase der Ordensgeschichte im Wesentlichen der Regel gefolgt sein.

Öffentliche Kritik und Prozess

Ungeachtet des Auslaufens der Schenkungen und der im 13. Jahrhundert kontinuierlich abnehmenden Kreuzzugsbegeisterung, blieben die Ritterorden ihrer meist adligen Klientel und den angeschlossenen Netzwerken eng verbunden. Sie waren stets auf Nachwuchs angewiesen; aber wenn sich der Ruf des Ordens verschlechterte, würden sich weniger neue Brüder der Gemeinschaft anschließen. Schon die Rekrutierung von neuen Brüdern war daher mit der öffentlichen Selbstdarstellung und Rechtfertigung der Orden verbunden. Zudem standen die Ritterorden durchgängig unter der Beobachtung weltlicher und geistlicher Autoritäten, die ihrem wachsenden Einfluss kritisch gegenüberstanden. Während sich die Bischöfe, Äbte und Priester immer wieder an den Privilegien der Orden stießen und es zu rechtlichen Auseinandersetzungen kam, sahen die weltlichen Herrschaftsträger in den Burgen und Kontingenten der Orden eine unerwünschte Konkurrenz zum Ausbau der eigenen Machtstellung. Dies dürfte auch ein wesentliches Motiv für das Vorgehen Philipps IV. gegen die Templer gewesen sein, die in Frankreich so etwas wie einen «Staat im Staate» bildeten.

Das Wirken der Ritterorden führte dann auch nicht zufällig immer wieder zu öffentlicher Kritik. Den Anfang machten die grundlegenden Zweifel an der Lebensform der Templer, die auch durch Bernhards «Lob der neuen Ritterschaft» nicht völlig aus der Welt waren. Im 13. Jahrhundert lassen sich dann zwei Phasen der Kritik unterscheiden. In der ersten, bis in die 1250er Jahre, wurden die Entscheidungen im Heiligen Land und insbesondere die Verwendung der dem Orden übertragenen Mittel kritisiert; in der zweiten Phase, in der sich die Kritik vor allem im Anschluss an den Verlust Akkons (1291) entwickelte, wurde die bisherige Organisationsform der Ritterorden grundsätzlich in Frage gestellt. Beispielhaft für die erste Phase ist die Kritik des englischen Chronisten Matthäus Parisiensis. Er berichtet, die Templer hätten Kaiser Friedrich II. die Erfolge seines Kreuzzugs geneidet und 1229 versucht, ihn in einen Hinterhalt zu locken, der Sultan habe den Kaiser aber gewarnt; Friedrich sei daher zum erbitterten Feind der Templer geworden. Matthäus kritisiert zudem den Einsatz der Gelder durch die Ritterorden; sie erhielten «so viele Einkünfte aus der gesamten Christenheit und verschlingen sie nur für die Verteidigung des Heiligen Landes, als ob sie sie im Schlund der Hölle versenkten».

Die ablehnende Haltung Friedrichs II. gegenüber den Templern findet sich in der Tat in seinen Briefen wieder. Nach dem endgültigen Verlust von Jerusalem 1244 machte er sie zusammen mit den Baronen des Königreichs für die Ereignisse verantwortlich und warf ihnen Einfalt und Hochmut vor. Der Vorwurf des Stolzes wurde gegenüber Templern und Johannitern auch schon 1222 vom Troubadour Peire Cardenal erhoben und zog sich im Folgenden durch, zusammen mit dem Vorwurf der Geldgier. Auf dem Zweiten Lyoner Konzil von 1274 kam zudem erstmals der Gedanke auf, die geistlichen Ritterorden für einen effektiveren Einsatz ihrer Mittel zusammenzulegen. Dies verstärkte sich nach 1291. In den Schriften mit Vorschlägen zur Wiedergewinnung des Heiligen Landes spielten die Ritterorden meist eine wichtige Rolle, aber weniger für eigenständige Unternehmen, sondern vor allem als Ressource. Sie sollten zusammengelegt werden und unter einem «Krieger-König» als Meister die Speerspitze des Heeres bilden, das das Königreich Jerusalem zurückeroberte. Diese Gedanken wurden auch an der Kurie diskutiert, sodass Clemens V. die Ritterorden 1305/06 um eine Stellungnahme dazu bat und zugleich deren eigene Kreuzzugspläne erfragte.

1302 war der letzte Versuch der Templer gescheitert, wieder im Heiligen Land Fuß zu fassen, indem man die Insel Ruad als ersten Stützpunkt eroberte. Es war diese Atmosphäre des Scheiterns und des Zweifelns, in der Philipp IV. von Frankreich sein Vorgehen gegen die Templer beschloss.

Über die Motive des Königs ist viel spekuliert worden. Das gerade aus moderner Sicht naheliegende – und immer an erster Stelle angeführte – Bestreben, das Vermögen der Templer an sich zu bringen, greift dafür zu kurz. Vielmehr wird die Vorstellung, sich selbst oder ein Mitglied seiner Familie an die Spitze der Ritterorden zu stellen, ebenso eine Rolle gespielt haben wie der Gedanke, eine in Frankreich zu mächtige Institution zu zerschlagen. Philipp gab stets wenig über seine eigenen Vorstellungen zu erkennen und ließ seine Berater für sich sprechen, doch war er ein tiefreligiöser Mensch, der in moralischen Fragen mit aller Härte vorging. So ist es durchaus möglich, dass Philipp auch die Vorwürfe gegen die Templer ernst nahm oder zumindest im Laufe des Verfahrens in wachsendem Maße bestätigt sah. Auf jeden Fall ließ er sich nicht davon abbringen, den Templerorden aufzulösen.

Bei den Verhaftungen des 13. Oktober 1307 kamen allein in Paris 138 Brüder in Gefangenschaft, 134 von ihnen gestanden innerhalb eines Monats, von den Ritualen gewusst und sie – meist widerwillig und eingeschränkt – vollzogen zu haben. Philipp IV. hoffte auf ein schnelles Verfahren, als er sich Anfang 1308 mit der Frage an

Verbrennung des Großmeisters Jacques de Molay und des Präzeptors der Normandie. Aus: «Chroniques de France ou de St Denis», BL Royal MS 20 C vii f. 48r

die Universität Paris wandte, ob Brüder eines nur dem Papsttum unterstellten Ordens in extremen Fällen auch von den königlichen Gerichten verurteilt werden dürften und der Besitz des Ordens eingezogen werden könne. Dies misslang, und der Papst machte sein Vorrecht geltend, indem er im August 1308 päpstliche Kommissionen einsetzte, die die Vorwürfe untersuchen sollten. Nachdem der Großmeister Jacques de Molay und andere Brüder schon zuvor auf einer öffentlichen Versammlung widerrufen und ihre Foltermale vorgezeigt hatten, setzte eine für die Templer gefährliche Mechanik ein, die ihnen wenig Aussichten für eine Rehabilitierung eröffnete. Die päpstliche Kommission in Frankreich wurde durch einen engen Vertrauten Philipps, den Erzbischof von Narbonne, geleitet. Im Ergebnis bestätigte die für Frankreich eingesetzte päpstliche Kommission im Juni 1311 die Vorwürfe. Die endgültige Entscheidung brachte dann das für Herbst 1311 einberufene Konzil von Vienne. Clemens V. verkündete am 22. März 1312 ungeachtet der Bedenken der Teilnehmer die Aufhebung des Templerordens. Diese wurde – nach einer an die Ketzerbulle Gregors IX. von 1233 angelehnten Aufzählung der Vorwürfe und einer Schilderung der Ereignisse vor dem und auf dem Konzil – mit den Gerüchten und dem daraus entstandenen üblen Ruf des Ordens begründet.

Zwei Jahre später wurde auch Jacques de Molay zu lebenslänglichem Kerker verurteilt. Als der Großmeister zusammen mit dem Komtur der Normandie, Geoffroi de Charney, widerrief, wurden beide auf Befehl des Königs als «relapsi» noch am selben Tag, am 18. März 1314, vor den Augen des Hofs und der Pariser Bevölkerung auf dem Scheiterhaufen verbrannt.

Die Legendenbildung hat auch dieses Ereignis ausgemalt. Eine Ursache waren die raschen Todesfälle, die sich anschlossen. So starb der Papst, Clemens V., schon einen Monat später; sieben Monate danach folgte ihm König Philipp IV., der bei einem Jagdunfall ums Leben kam. Vor allem in italienischen Chroniken findet sich daher der Bericht über einen «Fluch», den Molay während der Verbrennung gesprochen haben soll: Er habe Papst und König wegen ihrer Verbrechen innerhalb eines Jahres vor das göttliche Gericht gefordert. Diese Legende wurde im Folgenden variiert und ausgeschmückt und hat auch in historische Romane des 20. Jahrhunderts Eingang gefunden.

Eine andere Version, die den Templern esoterisches, auf orientalische Vorbilder zurückgehendes Geheimwissen unterstellt, obwohl Schriftlichkeit und geistliche Bildung nachweislich im Orden wenig verbreitet waren, konstruiert ein Nachleben der Institution im

Untergrund. So hätte Jacques de Molay kurz vor seinem Tode seinen Neffen, den Grafen von Beaujeu, zu sich kommen lassen, um ihn in die Geheimnisse der Templer einzuführen und ihm die Verpflichtung aufzuerlegen, den Orden im Geheimen wiederherzustellen. Dies hätte der junge Graf unmittelbar nach Molays Tod zusammen mit neun anderen Rittern auch getan, und er hätte aus der – nicht historisch nachweisbaren – Gruft der Großmeister den Schatz des Ordens holen und an einen sicheren Ort bringen lassen. Danach hätte die Institution ohne Unterbrechung fortbestanden, unter der Leitung von Brüdern, die sich in Schottland im Exil befanden.

Das historisch fassbare Nachleben des Ordens war weit weniger spektakulär. So war das Schicksal der Templer in den anderen europäischen Ländern zumeist weniger hart als in Frankreich. Oft kam es sogar zu Freisprüchen, wie auf Zypern, wo sich die meisten führenden Brüder befanden, oder im Königreich Aragón. Überlebende Brüder wurden aus dem ehemaligen Ordensbesitz versorgt oder schlossen sich den Johannitern bzw. in Portugal und Aragón den aus ihrem Kreis neugegründeten Ritterorden an. Der Besitz des Ordens wurde den Johannitern übertragen, die ihn – mit wenigen Ausnahmen – innerhalb der folgenden Jahre auch faktisch in die Hand bekamen. Die Johanniter und der Deutsche Orden waren dann auch die eigentlichen Erben der Templer. Sie führten die Gründungsidee des Templerordens bis in die Neuzeit weiter.

KAPITEL 9

Mysterium Mithras Ein orientalischer Geheimkult in Deutschland

«Wenn das Christentum in seinem Wachstum durch eine tödliche Krankheit aufgehalten worden wäre, wäre die Welt mithrasgläubig geworden.»

ERNEST RENAN, «MARC-AUREL ET LA FIN DU MONDE ANTIQUE»

Sie wüteten. Mit brachialer Gewalt schlugen sie auf den Gott ein, zerschmetterten den Unbesiegten, den Stiertöter, den schönen jungen Gott im orientalischen Gewand, zertrümmerten sein Kultbild an der Rückwand der Höhle, den in die Knie gezwungenen Stier, den Blut leckenden Hund, den in die Hoden beißenden Skorpion. Demolierten den Altar mit seinen mythischen Figuren, umrahmt von Tierkreis und Planeten. Zerhämmerten in fanatischer Wut all diese verehrten heiligen Bildnisse in Hunderte Stücke, verwüsteten die Liegebänke zur Einnahme des Opfermahls, die Gewölbedecke mit dem in Blau und Gold prangenden Himmelszelt, die Sternbilder, das rituelle Badebecken, zersplitterten die Weihebilder der Stifter, vernichteten das Heiligtum des Mithras, des Lichtgottes, des «Sol invictus». Rivale des aufstrebenden Christentums als Weltreligion im römischen Imperium. Machten die Heidenhöhlen dem Erdboden gleich.

So oder so ähnlich verlief es in Argentorate, dem heutigen Straßburg. Die dort stationierte Legio VIII Augusta hatte den Tempel bereits im 1. Jahrhundert vor Chr. errichtet, seinen Kult an den Rhein mitgebracht von ihrer vorherigen Station an der unteren Donau. Im

4. Jahrhundert wurde das Mithräum, das Mithras-Heiligtum, von christlichen Eiferern zerstört – und anschließend ein Bischofssitz dort errichtet.

Und so geschah es in Koenigshoffen, heute ein westlicher Stadtteil von Straßburg. 1911–12 wurden hier zahlreiche Bruchstücke eines großen Mithräums ausgegraben, das in frühchristlicher Zeit, vermutlich ebenso im 4. Jahrhundert, zerschlagen worden war. (Die Funde sind im Musée archéologique de Strasbourg ausgestellt.) Das

Geheimkult um ein blutiges Tieropfer: Der schöne junge Gott im persischen Gewand zwingt einen Stier zu Boden und tötet ihn durch einen Dolchstoß – das zentrale Motiv im Mithras-Kult. Die Gottheit überwindet den Tod. Der Gläubige wird erlöst.

einst 180×230 Zentimeter große Kultrelief war in 360 Einzelteile zerbrochen und im Heiligtum wild zerstreut worden. Die Fundumstände zeigen, dass es zweifelsfrei absichtlich und brutal zerstört wurde. Die Steinplatte des Altars war im offensichtlich rasenden Vernichtungswahn in tausend Stücke zertrümmert worden.

Zerstören, zerstückeln, verbrennen. Beispiele gibt es genug, wie in Sarrebourg, Lothringen, wo man den Altar in 300 Teile zerschlagen fand; der Kopf des Gottes war so pulverisiert, dass nur noch ein Stück seiner Augenbraue und eine Locke identifiziert werden konnten. Oder in Stockstadt am Main, in Mundelsheim bei Heilbronn …

Geblieben sind im Wortsinn trümmerhafte Zeugnisse. Und auch über die Kultinhalte, die geheimen Rituale der mystischen Religion, ist nichts Authentisches überliefert, da die Eingeweihten mit einem Schweigegebot belegt waren. Vor allem archäologischen Entdeckungen ist es zu verdanken, dass wir wie in einem Geduldspiel manche rätselhaften Teile zusammensetzen können.

Der Geheimkult um ein blutiges Stieropfer kam ursprünglich aus dem Orient, wurde in Rom im 1. Jahrhundert neu gegründet und war bis zum 4. Jahrhundert im ganzen Römischen Reich verbreitet. Der felsgeborene Mithras wurde in Höhlen oder unterirdischen künstlichen Grotten verehrt, den Abbildern der Höhle, in der Mithras der Legende nach den Stier tötet und das Böse auf Erden besiegt. An mehr als 500 Orten konnten Mithräen ausgegraben und eindeutig identifiziert werden, mit einer besonderen Konzentration in Obergermanien. Vor allem im Rheinland war der Kult verbreitet. Einzelfunde wie Reliefs oder Weihesteine zeigen, dass die Anzahl im Imperium Romanum noch bedeutend höher gewesen sein muss. Überreste von über tausend Mithräen wurden gefunden, allein 700 Stiertötungsreliefs.

Und noch nach über anderthalb Jahrtausenden stoßen wir auf Spuren der orientalisch-römischen Geheimreligion. Mitten «unter uns», in einer Millionenstadt.

Mithras-Taumel in London

An einem Wochenende Mitte Oktober 1954 begann das Spektakel um Mithras, das beinahe die konservative Regierungsmehrheit bedroht hätte und auch dem deutschen «Spiegel» einen ausführlichen Artikel wert war. Dass der unterirdische Tempel im einstigen Londinium, der Hauptstadt der römischen Provinz Britannien, gerettet wurde, ist schließlich Winston Churchill und der «Times» zu verdanken.

Das betreffende Haus in der Londoner City, unweit der Bank von England, war im Krieg durch deutsche Bomben zerstört worden und sollte mit einem vierzehnstöckigen Gebäude wieder aufgebaut werden. Beim Ausschachten rief der Arbeiter Sam Watson dem anwesenden Archäologen W. F. Grimes zu, er habe einen alten Stein gefunden. Der entpuppte sich als das Haupt des Gottes Mithras, ein Marmorkopf von bemerkenswerter Schönheit.

Und dann begann ein Krimi. Ein Wettlauf gegen die Zeit. Der Tempel des Lieblingsgottes der römischen Soldaten sollte 48 Stunden später von Baggern zerstört werden, um das Fundament für den Neubau zu legen. Die «Times», die von dem Fund gehört hatte, berichtete am Montagmorgen in einem wütenden Leitartikel über das Vorhaben. Sir David Eccles, der Minister für öffentliche Arbeiten, las den Artikel im Bett, erkannte den Zündstoff, griff zum Telefon, überredete den Eigentümer, die Arbeiten einzustellen, und erschien wenige Stunden später auf dem Bauplatz. Der Tempel an einem umgeleiteten Bach war mit seinem Altar 18 Meter lang und sechs Meter breit. Errichtet im frühen 2. Jahrhundert, wurde er Ende des 4. wieder aufgegeben, also zur Zeit der Heidenverfolgungen. Weitere Köpfe von Götterstatuen wurden freigelegt. Sie waren sorgfältig von den Rümpfen der Statuen abgetrennt und vergraben worden. Die Wissenschaftler glauben, dass sie vor den christlichen Bilderstürmern gerettet werden sollten in der Hoffnung, das Heidentum werde einst wiederauferstehen. In der Nähe des Mithras-Kopfes wurden Münzen aus der Zeit Konstantins I. entdeckt, keine späteren.

Die Archäologen schließen daraus, dass das Vergraben der Köpfe im 4. Jahrhundert geschah und mit dem Aufstieg des rivalisierenden Christentums zusammenhing.

Kaum hatten sich die Funde herumgesprochen, begann der Mithras-Hype. Die Engländer, ob ihrer skurrilen Vorlieben uns Deutschen zuweilen verdächtig, entwickelten eine merkwürdige Faszination für einen vor 1600 Jahren untergegangenen Kult, als Britannien eine Kolonie am äußersten Ende einer Großmacht war. Tausende standen geduldig Schlange, um an gerade hüfthohen, unscheinbaren Mauerresten des kleinen Tempels vorbeizudefilieren. Winston Churchill ließ sich täglich vom Minister berichten. Am Sonnabend schließlich schwoll die Menge auf 35 000 Besucher an. Der Verkehr in der Londoner City brach zusammen. Um die Massen zu bändigen, wurden berittene Polizei und Lautsprecherwagen eingesetzt. Churchill erkannte, dass die Zerstörung des Tempels sogar einen politischen Schaden für die Konservativen bringen könnte. Das Kabinett, eigentlich mit der Neun-Mächte-Konferenz beschäftigt,

Mithras-Hype in London, dem römischen Londinium: aktuelle Ausgrabung des Tempels am Bloomberg-Platz

beriet über das Problem. Schließlich erklärte sich der Eigentümer des Grundstücks bereit, den Mithras-Tempel Stein für Stein abzutragen und in einer anderen Ecke des Grundstücks wieder aufzubauen. Darum sind die Überreste heute noch erhalten. Es wurde die ganze ausgegrabene Anlage um einige Dutzend Meter an die Queen Victoria Street verlagert. Doch jetzt wird der Tempel wieder an den originalen Fundort versetzt, die Rekonstruktion behutsam zurückgebaut. Auf dem Bloomberg-Platz wird er zu besichtigen sein.

Das Abtragen des Tempels und die Verschiebung des Baubeginns kosteten den Eigentümer umgerechnet etwa 200 000 Mark, ein Vermögen 1954. Das beunruhigte auch andere Eigentümer von zerbombten Grundstücken in der Innenstadt. Dort nahmen nämlich etliche Archäologen vor Neubaubeginn die Chance wahr, in den Ruinen, die das einstige Londinium bedeckten, zu graben. Nachdem man nun wusste, wie teuer so ein Mithras-Fund werden konnte, ließen sich einige bei Lloyd's of London dagegen versichern aus Sorge, dass auch auf beziehungsweise unter ihrem Grund und Boden ein Mithras-Heiligtum existiere. Schließlich wirbt Lloyd's mit «Wir versichern alles».

Antike Mysterien

In London sind nur ein paar versetzte Mäuerchen zu sehen, wobei wir uns noch heute fragen, wieso die einen solchen Hype auslösen konnten. Einen guten Eindruck vom Aussehen einer Mithras-Grotte bekommt aber der Besucher in Saarbrücken, unterhalb des Saarländischen Rundfunks. Die künstlich vergrößerte Naturhöhle in Buntsandstein am Westhang des Halbergs (= Höhlenberg) wird im Volksmund seit jeher «Heidenkapelle» genannt. Eine in den Fels gehauene Treppe führte in den Tempel. Links neben der Treppe befand sich eine mannstiefe, fünf bis sechs Meter große Grube mit Abflussrinne für die rituell vorgeschriebenen Waschungen. Im ausgehenden 4. Jahrhundert wurde die Kultausstattung von frühchristlichen Bilderstürmern rigoros zerschlagen. Nur noch Reste des Relief- und Figurenschmucks konnten sichergestellt werden. Nach der Zerstörung wurden später eine christliche Wallfahrtskapelle und eine Eremitenklause eingebaut. Kein Einzelfall, das geschah systematisch auf heidnischen Kultplätzen. Auch in Köln wurde der Dom auf einem zerstörten Mithras-Heiligtum errichtet: Südlich des Domchores konnte ein Mithräum komplett ausgegraben werden. Der Veteran Tiberius Claudius Romanius stiftete einen Altar dem unbesiegten Gott Mithras («Deo Invicto Mithrae Soli sacrum»). Wie üblich mit der Floskel gern und nach Verdienst. Der persische Erlösungsgott wird hier wie so oft dem Sonnengott Sol gleichgesetzt.

Den Zeitpunkt der Zerstörungen können Archäologen anhand der abbrechenden Weiheinschriften und durch die Datierung von Münzen bestimmen. Fast keine Ausgrabung hat bisher Beweise für das Weiterbestehen eines Mithräums nach dem Jahr 400 geliefert. Ob in Frankfurt oder Budapest, in Trier oder dem bayrischen Pfaffenhofen: Alle Münzserien reißen Ende des 4. Jahrhunderts ab. Am längsten hielt der Kult sich wohl in Österreich: In Linz auf dem heutigen Tummelplatz wurde ein heiliger Bezirk mit einem spätantiken Mithräum entdeckt, das bis ins 5. Jahrhundert hinein existierte. Im Stadtmuseum ist es mit Licht- und Toneffekten nachgebaut.

Eine Weltreligion geriet in Vergessenheit. In kurzer Zeit und ohne Widerstand. Denn den Mithras-Kult sahen die christlichen Bischöfe als Konkurrenten um das Seelenheil ihrer Schäfchen an, den es zu vernichten galt.

Die orientalischen Kulte, die Mysterien (griechisch «myein» = die Augen schließen), waren Erlösungsreligionen. Sie versprachen den Eingeweihten, den Mysten, ein glückliches, sorgenfreies Leben im Jenseits. Schon zu Lebzeiten feierten die Anhänger in geheimen Liturgien gemeinsam mit dem Gott, der sie nie alleinlassen würde, Kultmahle in höhlenartigen Tempeln unter der Erde. In den verborgenen Zeremonien und sinnlich erregenden Initiationsriten erfuhren sie bereits ihren eigenen Tod und ihre Wiedergeburt, ihre glückhafte Erlösung. Der Tod konnte nicht mehr schrecken. Archäologische Ausgrabungen weisen auf Feiern hin, in denen bei magischen Lichteffekten gut und gerne gegessen, getrunken, gesungen und getanzt wurde. Bis zum Rausch, dem man vermutlich mit diversen Mittelchen nachhalf. Jede Mithras-Grotte war gleichzeitig ein Speisesaal. Die Abfallgruben belegen, dass das heilige Mahl reichlich war, bedeutend reichhaltiger als das normale Alltagsessen, keineswegs eine Reduktion auf bloße Symbolik wie bei den Christen. Das allein bringt ja schon ein Wonnegefühl in den exklusiven Männerclub. Denn Frauen waren ausgeschlossen.

Mit Magie und Zauber ist alles leichter – auch der Tod. Deswegen kam der Mithras-Kult besonders bei den Soldaten an, die ihn ebenso wie die Händler im ganzen Imperium Romanum verbreiteten. Vor allem entlang des Limes, Roms Grenzwall gegen die Barbaren, finden wir seine Spuren. Doch nicht nur dort. Kaufleute, Handwerker,

Die Mithras-Höhle am Westhang des Halbergs bei Saarbrücken. Im ausgehenden 4. Jahrhundert wird das Heiligtum durch christliche Bilderstürmer zerstört, am selben Ort wird später eine Wallfahrtskapelle eingebaut. Die Grotte kann besichtigt werden.

freigelassene Sklaven – jeder konnte Mitglied der Gemeinde werden, die sich abgeschottet von der Außenwelt in ihren Heiligtümern traf. Überall ließen sich Männer in nächtlichen Riten in die «geheimen Lehren» einweihen. Die Himmelfahrt war den Eingeweihten, den Mysten, gewiss, eine Hölle gibt es nicht. Cicero schreibt zu den Mysterienkulten: «Wir (...) haben die Möglichkeit nicht nur eines Lebens in Freude, sondern auch eines Sterbens in der Hoffnung auf ein besseres Leben bekommen.» Ende des 1. Jahrhunderts hatte sich der Kult des Lichtgottes bereits im gesamten Römischen Reich ausgebreitet.

Der geheimnisvolle altpersische Gott – seine enganliegende Hose und die orientalische Mütze zeigen Mithras' Herkunft aus dem persischen Osten – hatte die junge christliche Kirche lange genug geärgert. Die «Festungen der Finsternis» (so der christliche Autor Tertullian) galt es zu zerschmettern, für alle Zeiten den Konkurrenten auszulöschen, der den Eingeweihten ein wundervolles ewiges Leben versprach und schon auf Erden Glück und Freude.

Horden von christlichen Bilderstürmern zogen durch Germanien. Ihr Ziel: versteckte Tempel, Kultplätze, Heiligtümer. Und eben die «Heidenhöhlen».

Woher kam diese unbändige Zerstörungswut?

Was war geschehen im Germanien des 4. Jahrhunderts? Und weltweit im Römischen Reich?

Aus den Verfolgten werden Verfolger

Unbarmherzig bis zur Todesstrafe für Heiden und Ketzer wurde im Namen des christlichen Gottes gemetzelt, sobald seine Vertreter auf Erden die höchste irdische Macht, den Kaiser, auf ihrer Seite wussten. Gemetzelt gemäß dem ersten Gebot: «Du sollst keine Götter neben mir haben», im Zeichen des *einen* Gottes, «seiner Natur nach ein eifersüchtiger Gott, der keinem anderen das Leben gönnt», so Arthur Schopenhauer. Der endgültige Sieg ihres einzigen Gottes musste mit missionarischem Eifer angestrebt werden – mit welchen Mitteln auch immer. Die bisherigen freizügigen polytheistischen Götter duldeten gern die Kollegen in ihrem Tempel, die der eigenen Religion, aber auch die einer fremden Religion. Leben und leben lassen. So war man es bisher gewohnt. Denn beinahe die ganze Welt war heidnisch. Und die römischen Eroberer waren tolerant in Glaubensfragen. Wenn man auch ihrem Kaiser die Ehre erwies – und öffentlich mussten das nur die Soldaten und Beamten –, konnte jeder nach seiner Façon selig werden, sprich, seine alten Götter anbeten. Verboten waren nur Versammlungen mit dem Ziel des Umsturzes. Unter dem Mithras-Anhänger Kaiser Marc Aurel gab es sogar eine Legion mit überwiegend christlichen Legionären, die große militärische Erfolge erzielte.

So ganz ernst hatte man sie nicht genommen, diese Sekte im Judentum, die plötzlich im Imperium auftauchte mit ihrem Anspruch des alleinigen Auserwähltseins. Bis jetzt, Anfang des 4. Jahrhunderts, hatte sich die neue monotheistische Sekte mit der Übermacht arrangiert und sich unauffällig verhalten. Kirchenhistoriker Christoph Markschies: «Von Nero einmal abgesehen gab es nur ganz wenige Hinrichtungen.» Kaiser Nero hatte Sündenböcke gebraucht für den großen Brand in Rom im Jahr 64. Die Caesaren duldeten die Vielzahl an Kulten und Sekten, diesen riesigen offenen Markt an religiösen Angeboten, wandernden Predigern und Heilsbringern, diesen bunten religiösen Flickenteppich, solange man seine Steuern zahlte und keinen Aufruhr erregte. Auch die diversen Mysterienkulte – neben dem Mithras- auch der Isis-Kult – und diese neue jüdische Sekte, die sich Christen nannten, gehörten zu den Spielarten des religiösen Glaubens als eine Möglichkeit, den fernen Göttern etwas näher zu sein. Doch nur eine Option setzte sich durch. Mit blendender PR-Arbeit. Der Professor für Geschichte an der Universität Cambridge Edward Norman formuliert es so: «Für die Rolle des Märtyrertums in der Ausbreitung des christlichen Glaubens war weniger der Tod selbst von Bedeutung als vielmehr der Kult, der um die Märtyrer entstand.» Während der großen Christenverfolgungen vor der Konstantinischen Wende in Palästina waren es weniger als hundert Opfer. Wobei die meisten nicht hingerichtet, sondern «nur» verbannt wurden. Historiker schätzen die Zahl der christlichen Märtyrer auf insgesamt 1500 bis maximal 3000 über drei Jahrhunderte. Es gab also bedeutend weniger Märtyrer, als die Propaganda glauben machte und so zu Rachefeldzügen anstachelte. Denn im 4. Jahrhundert änderten sich die Machtverhältnisse. Fast über Nacht. Aus den Verfolgten wurden Verfolger.

Eine beliebte, im gesamten Römischen Reich verbreitete Religion, die im Geheimen ihre Rituale ausübte, die viele und frappante Parallelen in ihrem Kult hatte, war den christlichen Bilderstürmern besonders ein Dorn im Auge: der antike Mysterienkult des Mithras. Auch ein Soldatenkult, wurde er sehr von den Caesaren gefördert, stärkte er doch das Zusammengehörigkeitsgefühl des Militärs und diente der inneren Stabilisierung. Vom Orientlimes im heutigen Syrien bis zum römischen Antoninuswall in Britannien fanden sich Hinweise auf Mithras-Tempel. Die letzten zwei Weihesteine wurden erst 2010 im Cricketfeld von Musselburgh bei Edinburgh entdeckt.

Die Katastrophe für den Kult begann mit Kaiser Konstantin, dem «Großen», dem «Heiligen» der katholischen Kirche, dem Mithras-Förderer, der sich erst auf dem Sterbebett taufen ließ – wenn überhaupt. Eine wohl eher politisch motivierte Bekehrung. Kirche und Kaiser waren ein Win-win-Bündnis eingegangen.

Der Kaiser und sein Gott

Predigt Jesus nicht Liebe? Sollen wir nicht die andere Wange hinhalten? Nun, im Alten Testament ging es schon deutlicher zur Sache. Mit Feuer und Schwert wurden die Ungläubigen im Namen des jüdischen Gottes hingemetzelt. Gnadenlos und ohne Schonung, lautete der Auftrag zur Vernichtung. Die Bibel nennt viele Beispiele. Eine Aufzählung von Gräueltaten.

Historisch unbestritten ist die Schlacht vom 28. Oktober 312, ein Ereignis von weltgeschichtlicher Tragweite. An der Milvischen Brücke direkt vor Rom, dem damaligen nördlichen Haupteingang über den Tiber, stießen zwei römische Kaiser mit ihren Armeen aufeinander. Die Schlacht, die als die «Konstantinische Wende» in die Geschichte einging, erhielt ihre Bedeutung weniger aus militärischen Gründen, sondern weil ihr Ausgang dem Christentum zum Sieg verhalf und es in der Folge zur Staatsreligion machte. Was 2012 auch ausgiebig in der katholischen Kirche gefeiert wurde, die seitdem – seit 1700 Jahren – eine der prägenden Kräfte der Menschheitsgeschichte ist. Dass sie es einem Blutbad und grausamen Gemetzel zu verdanken hat, einem Imperator, der gnadenlos und ohne Schonung auch seine eigenen Kinder umbringen ließ, wird eher verschwiegen.

Konstantins Triumph über seinen Rivalen und Mitkaiser Maxentius, der sich in Rom verschanzt hatte, machte ihn zum alleinigen Herrscher im römischen Westreich. Ein folgenreicher Sieg, obwohl ihm nur 40 000 Mann zur Verfügung standen gegen Maxentius' 100 000 Mann und die Prätorianergarde. Eigentlich ein hoffnungsloses Unterfangen. Doch Konstantin hatte einen mächtigen Beschützer. Zumindest gibt es darüber eine schöne Legende. Und die hat sogar in die Geschichtsschreibung Einzug gehalten. Wir alle haben sie im Schulunterricht gelernt.

Konstantin förderte den Mithras-Kult. Er hatte noch wenige Jahre zuvor, 308, in Carnuntum an der Donau östlich von Wien mit seinen damaligen Mitkaisern die Renovierung eines Mithras-Heiligtums gefeiert. Doch nach der entscheidenden Schlacht 312 gab es tatsächlich keine Begünstigung der heidnischen Kulte mehr, die Politik wurde christenfreundlich. Und das kam, weil der Kaiser eine Vision hatte.

Am Vorabend der Schlacht saß er also in seinem Kommandozelt, die für ihn eigentlich ausweglose militärische Situation bedenkend. Doch hatte er nicht gegen Mittag über der Sonne ein Kreuz aus Licht gesehen mit den Worten: «In diesem Zeichen siege»? Erst verstand er das Zeichen nicht, so ist überliefert, doch in der Nacht erschien ihm Jesus (der doch eigentlich friedliche Gott der Liebe?) und erklärte ihm die Verwendung als Schutz- und Siegeszeichen. Sonnengott Mithras und Lichtgott Jesus – das passte. Und dann schaffte das Heer eine einzigartige logistische Meisterleistung. Über Nacht wurde auf 40 000 Schilde mit weißer Farbe das Christogramm aufgemalt und das Labarum mit Christusmonogramm als Feldzeichen verwendet. So wird es von christlichen Autoren beschrieben. Nun ist dies tatsächlich ein Wunder, denn das Labarum wird erst zehn Jahre später zum ersten Mal verwendet. Und wo trieben die Centurios die hochgerechnet tausend Eimer mit weißer Farbe in der Nacht auf? Die Legionäre müssen todmüde ob der ungewohnten Arbeit am anderen Morgen in die Schlacht gegangen sein.

Doch sie siegten, Maxentius ertrank im Tiber, und Konstantin I. wurde weströmischer Alleinherrscher. Eine Katastrophe für die Mithras-Gläubigen. Sie verloren die Unterstützung des Kaisers. Denn aus Dankbarkeit bekehrte er sich angeblich zum Christentum, lassen uns zumindest die Kirchenväter wissen. Der Sieger schreibt immer die Geschichte.

Durchaus förderte er später massiv die katholische Kirche als der Kaiser, der dem Christentum im römischen Imperium zum Durchbruch verhalf. Doch noch kurz nach der siegreichen Schlacht ließ Konstantin eine Münze prägen, auf der er gemeinsam mit seinem Begleiter, dem Sonnengott Mithras, abgebildet ist. Bis ins Jahr 325 gab es ähnliche Münzen, die ihn zusammen mit Sol invictus zeigen. Und noch im Jahr 330 ließ er sich nach wie vor mit den Insignien des Sonnengottes abbilden und trug sogar auf einem Konzil dessen Kleidung. Im Verständnis Konstantins hatte er vermutlich seinen Glauben nicht gewechselt. Für ihn gab es keinen großen Unterschied. Der Sonnengott war der oberste Gott, ob er nun Mithras hieß oder Christus. Sol – das waren Mithras *und* Christus. Und Mithras war tolerant. Er war gewohnt, andere Götter neben sich zu haben. Das erklärt den geringen Widerstand der Mysten, der Eingeweihten der Mithras-Mysterien, gegen Missionierung und Bekehrung. Die Parallelen beider Kulte wie Sonnensymbolik, Heiliges Mahl, Kerzen, Weihrauch förderten die Neigung zum Übertritt.

Wohl deswegen können archäologische Ausgrabungen belegen, dass Mithräen auch weniger spektakulär endeten, dass sie schlichtweg geräumt und verlassen wurden. Die Sachsen und Slawen werden sich in späteren Zeiten erbitterter wehren.

Des Kaisers neuer Favorit

Was sagen die Historiker zu der «Veränderung der Welt» im Jahre 312? Göttlicher Beistand oder strategischer Fehler des Gegners? Eher Letzteres. Moderne Forscher gehen davon aus, dass die Schlacht gar nicht an der Milvischen Brücke stattfand, sondern etwa sieben Kilometer weiter nördlich, es dort zu einer ungeordneten Flucht kam und es dem in Rom weilenden Maxentius auch mit Hilfe seiner Elitetruppen nicht gelang, sich zu behaupten. Zugespitzt könnte man sagen: Und deswegen sind wir heute Christen. Und nicht zum Beispiel Mithras-Anhänger. Wissenschaftler sehen in der «Wende» Konstantins eine Verschmelzung von Mithras-Kult und Christentum zum Katholizismus. Doch äußerlich hatte der Konkurrent verloren.

Unter dem Einfluss der erstarkenden Kirche führte Konstantin schließlich seinen Sieg auf den christlichen Gott zurück. Der Kaiser hatte einen neuen Favoriten als Sonnengott: Christus.

Doch die Verfolgung heidnischer Kulte kam erst mit seinen Nachfolgern. Bis zum Ende des 4. Jahrhunderts gab es je nach den Vorlieben der einzelnen Kaiser noch ein chaotisches Hin und Her und Auf und Ab von Förderung, Duldung und Verdammnis der Mysterien bis zum definitiven Sieg der Kirche. Die gewann stetig an Einfluss, Geld und Macht. Und erhielt von den Caesaren Grundstücke,

Güter und Privilegien ohne Ende. Der Klerus wurde von Steuern befreit und die Kirche zur Annahme von Erbschaften berechtigt. Im Mittelalter wird sie ein Drittel Europas besitzen.

In der zweiten Hälfte des 4. Jahrhunderts führte die Religionspolitik zu einer blutigen Verfolgung sämtlicher heidnischer Kulte und zur Ausrottung des Mithras-Kultes, teilweise in der oben geschilderten, archäologisch nachweisbaren Zerstörungswut. Der Klerus war jetzt auf der Seite der Mächtigen und Unterdrücker und konnte nun endlich selber Gewalt ausüben. Im Namen eines rachsüchtigen Gottes. Die unselige Allianz von Staat und Kirche belegte die Ausübung heidnischer Kulte mit Vermögensentzug und Todesstrafe. Neben den Mysterienkulten hetzten die Christen vor allem gegen die Juden. Sie durften keine Christen mehr heiraten, Würden und Ämter wurden ihnen entzogen, es kam zu Pogromen, Tempelzerstörung und Bücherverbrennung der kritischen Schriften.

Der Frankfurter Professor Manfred Clauss unterstreicht das Beispiel eines Stadtpräfekten von Rom, der die Zerstörung eines der vielen Mithräen der alten Hauptstadt gleichsam als Aufnahmeleistung in das Christentum einbringt: Kirchenvater «Hieronymus lobt dies ausdrücklich, und er berichtet dabei nicht nur von einer bloßen Zerstörung des Mithras-Heiligtums, sondern differenziert sorgfältig, gebraucht die Ausdrücke zerstören, zerstückeln und verbrennen und charakterisiert auf diese Weise trefflich die fanatische Unduldsamkeit der Christen».

Was überlebte an archäologischem Fundmaterial, das uns Auskunft geben kann über die rätselhafte, versunkene Religion, diesen verbotenen Kult, diese «geheime Gesellschaft»?

Der FC Mithras

Ja, es war eine geheime Gesellschaft, die sich in dunklen Höhlen oder grottenartigen Kultbauten zu ihren verborgenen Zeremonien traf. Nur die Mysten, die in das heilige, geheime Wissen Eingeweihten, durften daran teilnehmen. Die Gemeinschaften kapselten sich gegen ihre Umwelt ab. Ihre Heiligtümer waren oftmals durch Mauern und Zäune eingefasst – wie andere heilige Bezirke auch vom Profanen abgegrenzt, aber hier vermutlich auch als Sichtschutz. Die «Höhlen» waren bekannt, aber nicht, was darin passierte. Vergleichbar den Freimaurern heute, auch ihre Tempel stehen mitten in den Städten, aber an den Zeremonien teilnehmen dürfen nur die Mitglieder und Eingeweihten. Und wie heute bei den Freimaurern wurden nur Männer als Mysten aufgenommen. Auf den Adepten warteten Reinigungsrituale, Prüfungen und Mutproben. Der Begriff Adept wird heute noch in den Logen und Initiantenorden wie Gold- und Rosenkreuzer verwendet. Die erregenden Kultszenen, das Nachspielen der Mithras-Legende, wurden nur von den Mysten verstanden. Das heilige Opfermahl verband sie mit der Gemeinschaft – und ihrem Gott. Die Rituale unterlagen absoluter Schweigepflicht.

Die Verbote des Ausplauderns wurden über die Jahrhunderte so genau eingehalten, dass wir keine authentischen schriftlichen Zeugnisse von den geheimnisvollen Vorgängen haben. Nur christliche Empörungsschriften geben Hinweise auf die Abläufe, aber sie sind dort naturgemäß als böser, verdammenswerter Götzendienst mit sexuellen Orgien beschrieben. Bleiben also vor allem die Ergebnisse archäologischer Ausgrabungen als Zeugen. Und da hilft beträchtlich, dass alle Mithras-Tempel nach dem gleichen Schema errichtet wurden. Die Grabungsergebnisse sind so übereinstimmend, dass ein Mithras-Tempel leicht identifiziert werden kann.

Oft weisen überlieferte Namen wie Heidenhöhle oder -kapelle den Weg. Oder noch einfacher – wie in Schwarzerden an der A62 – kann man der «Mithras-Straße» zum alten Heiligtum folgen. Der persisch-römische Gott war dem Mythos nach aus dem Fels geboren und hatte in einer Höhle den Stier überwunden. Deswegen der Bezug zu steinernen Höhlen, in denen er verehrt wurde. War eine gerade nicht zur Hand, tat es auch eine entsprechend große Felsgrotte wie in Schwarzerden an der Grenze zwischen Saarland und Rheinland-Pfalz oder Aushub von Erde wie in Stockstadt am Main. Die Wissenschaftler unterscheiden entsprechend zwischen in Felsenhöhlen integrierten oder an Felsen angesetzten Bauten (Felsentempel) und künstlichen, kellerartig angelegten Bauten (Kellertempel).

Und Mithras macht Archäologen glücklich: Seine Tempel sind die einzigen kultischen Bauten in römischer Zeit, die von den Ausgräbern auch ohne Funde von Bildnissen, Weiheinschriften oder rituellem Inventar sicher bestimmt werden können. Mithras-Forscher Andreas Hensen erklärt, warum: «Diese Sicherheit gründet insbesondere in zwei Merkmalen: Grundriss, Proportionen und innere Gliederung des Gebäudes folgen offensichtlich einem Grundschema. Hinzu kommt, dass die Mithräen hinsichtlich ihrer Erhaltungschancen einen deutlichen Vorteil gegenüber anderen Heiligtümern besitzen: Da sie in der Regel vertieft im Boden oder verborgen in einer Höhle angelegt wurden und bald nach ihrer Aufgabe durch Zerstörungsschutt, eingeschwemmtes Erdreich oder durch eine Nutzung als Abfalldeponie verfüllt wurden, blieben die baulichen Befunde sowie die Elemente der Tempelausstattung über die Jahrhunderte hinweg verhältnismäßig gut geschützt.» Und deswegen werden bis heute fast jährlich aus dem gesamten Imperium Romanum Neuentdeckungen von Mithras-Heiligtümern gemeldet.

Das unverwechselbare architektonische Schema, die günstigen Erhaltungsbedingungen und oft zahlreichen Ausstattungselemente erlauben also eine leichte Identifikation. Die typischen charakteristischen Merkmale erkennen wir im Kellertempel am Rand eines Legionslagers von Stockstadt. Den Archäologen gelang es, eine beinahe vollständig erhaltene Kultausstattung freizulegen. Präzise können wir den Zeitpunkt des Tempelbaus bestimmen. Die Stiftungsinschrift gibt das Jahr 210 an. Bereits 1858 wurde das römische Kastell zur Sicherung der «nassen» Grenze, des Mainlimes, entdeckt. Die jahrzehntelangen Ausgrabungen beim Bau einer Papierfabrik enthüllten gleich zwei typische Tempelbauten des Gottes. Und der war tolerant: Auch andere Götter wurden in seinem Heiligtum verehrt, keltische und römische, das belegen die hier entdeckten Bildnisse und Weihealtäre. Ein ganzer Götterhimmel war in den beiden Mithras-Heiligtümern vertreten, wie die Archäologen in jahrelanger mühevoller Kleinstarbeit herausfanden. Die Ausstattungen waren zertrümmert, die Tempel angezündet worden.

Es handelt sich immer um einen rechteckigen Bau mit ein bis zwei Vorräumen. Der Eingang war oft seitlich, damit man nicht gleich auf den Gott schauen konnte. Der eingetiefte steinerne Kultraum in Stockstadt umfasst 13 mal acht Meter. Vom Vorraum führte eine Rampe hinab. In der Längsachse verläuft ein Gang mit seitlichen Liegebänken zur Einnahme des sakralen Mahls. Der Mittelgang führt auf das zentrale Kultbild mit der Stiertötungsszene zu. In Stockstadt wurde ein beschädigtes Relief freigelegt, das sechs Männer zeigt, die sich hintereinander aufgereiht auf den Bänken niedergelassen haben, aufgestützt auf ihre Arme, wie es typisch für das gemeinsame Essen war.

Überall zeigen sich einheitliche Grabungsergebnisse. Ohne diese Funde und Befunde, die in interdisziplinärer Zusammenarbeit mit den Archäologen enträtselt werden, wäre für uns der Kult einer einstigen Weltreligion nicht verständlich. Ja, bis auf einige fast zwei Jahrtausende alte Erwähnungen wüssten wir nichts über den «Opferkult in Höhlen der Finsternis», über die «Götzenmysterien», erst recht nichts über deren weite Verbreitung in Deutschland. Umso wichtiger ist es, nicht den frühen Christen nachzueifern, sondern die antiken Denkmale vor Zerstörung zu bewahren und auch vor Raubgräbern auf der Suche nach ein paar Münzopfern.

Schon im 1. Jahrhundert wurde in Schwarzerden in der Germania Superior die Tempelanlage des persisch-römischen Licht- und Sonnengottes errichtet. In dem typischen Beispiel für einen Felsentempel ist das Kultbild in die geglättete Felswand eingemeißelt. Das

Relief mit dem wesentlichen Ereignis, der Tötung des Stieres durch Mithras, ist zwar beschädigt, aber noch einigermaßen gut erkennbar im Gestein erhalten. Der rote Sandstein bildete einst die Rückwand des Heiligtums. Mithras ist flankiert von seinen Begleitern, den Fackelträgern Cautes mit nach oben gerichteter Fackel und Cautopates mit nach unten gerichteter Fackel (Sonnenauf- und -untergang symbolisierend). Auch die Spuren der Holzkonstruktion des Tempels haben sich in der Felswand erhalten. Das Gedenken an den Gott wird in Schwarzerden hochgehalten, wie nicht nur am Straßennamen zu erkennen ist: Das Wappen von Schwarzerden zeigt gekreuzte Fackeln. Und der örtliche Sportverein heißt «FC Mithras».

Das Erleben der Heiligkeit des Ortes oberhalb des kleinen Weihers ist allerdings durch ein Schutzdach zerstört. Die persönliche Begegnung des Gläubigen mit der Gottheit, die Anwesenheit des Lichtgottes, ist leider nur noch schwer vorstellbar.

Scheinhinrichtungen

Die Decken der Heiligtümer waren normalerweise bunt verputzte Tonnengewölbe, wie man aus Farbresten ersehen kann. Decken und Wände waren mit Fresken verziert, die oft Szenen der Mithras-Legende wiedergaben: das Einfangen und Ringen des Gottes mit dem Stier, seine Bezwingung und Tötung, aus der das neue Leben erwacht. Das Nachspielen der Legende im gemeinsamen verbindenden Opfermahl kann durch die Ausgrabungsergebnisse belegt werden. Rituelles Geschirr, Räucherkelche, Tonlämpchen, Fackeln und Feuerbecken wurden – wenn auch stark zertrümmert – als zeremonielle Requisiten für Kulthandlungen geborgen, Tauchbecken, Skulpturen und Weihealtäre freigelegt. Teile der Weiheinschriften für den unbesiegten Gott Mithras sind trotz Zerstörungen erhalten. Manchmal sogar der Name des Stifters. Stifter im ersten Mithräum von Stockstadt ist ein Pa(...) Perpetuus, der das Amt eines «haruspex» ausübte. Er gehörte also der altehrwürdigen Priesterschaft an, die den Willen der Götter anhand der Organe von Opfertieren deutete. Die Rückseite der Tafel zeigt die Windgötter und die zwölf Symbole des Tierkreises.

Die ausgegrabenen Grundrisse belegen, es waren kleine Tempel für durchschnittlich 20 bis 40 Anhänger, die hier Platz fanden. Wenn wegen Überfüllung geschlossen war, errichtete man eben daneben ein weiteres Mithräum wie in Stockstadt. Man baute nicht an. Die Gläubigen wollten ihren intimen Kreis bewahren.

Der ehemalige Landeskonservator Reinhard Schindler, der die Mithras-Heiligtümer in Saarbrücken und Schwarzerden ausgrub, malt das Ritual aufgrund seiner Funde und Befunde phantasievoll aus: «Im Dunkel der von flackernden Öllämpchen und der Glut des Opferfeuers mystisch erhellten Höhle feierten die Gläubigen nach strengen Riten und nach einer von den Regeln orientalischer Magie bestimmten Liturgie mit Schlachtungen, Verkleidungen, Musik und unter vokalreichen Deklamationen ihr Opfermahl.» Doch vieles bleibt rätselhaft und bietet Platz für Spekulationen, da kein authentischer Bericht erhalten ist. Die Forschung ist auf archäologische Ergebnisse angewiesen.

1926 wurde im hessischen Dieburg, 15 Kilometer östlich von Darmstadt, in einer Baugrube ein Mithräum mit dem heute weltberühmten doppelseitigen Mithras-Stein entdeckt. Obwohl in fünf Teile zerschlagen, konnte das um die Längsachse drehbare Kultbild aus Sandstein wieder zusammengefügt werden. Seine schönen und reichhaltigen Abbildungen von außergewöhnlicher Qualität stellen verschiedene Szenen aus der Mythologie des Mithras-Kultes dar. Mithras als Jäger mit fliegendem Mantel, Vertreter Sols auf Erden, überwältigt den Stier, das Böse. Aus der Schwanzspitze des getöteten, geopferten Stiers wächst ein Ährenbündel als Zeichen der Fruchtbarkeit. Schließlich nehmen im letzten Bild Mithras und Sol, auf dem Fell des geopferten Stiers liegend, das Kultmahl ein, dann verschwindet Sol gen Himmel. Der Mithras-Stein ist im Dieburger

Museum Schloss Fechenbach zu bewundern. Obwohl es aufgrund des Schweigegebots keine authentischen Zeugnisse gibt, können wir davon ausgehen, dass diese heilige Legende in den Zeremonien nachgespielt wurde.

Die Einweihungszeremonie des Mysten war wohl in Erinnerung an den orientalischen Gott mit sinnlichem Spektakel wie Rauch und Feuer, Licht und Dunkelheit, Beschwörungen und Musik verbunden und konnte auch schon mal schiefgehen, wie das Beispiel des Kaisers Commodus zeigt. Kaiser Marc Aurel und sein Sohn Commodus waren eifrige Mithras-Anhänger. Wobei es der aus dem Film «Gladiator» bekannte Commodus zu weit trieb: Bei einem Einweihungsritual, in dem das Töten ähnlich wie bei den Freimaurern nachgestellt wird, hat er in dem aufgeführten sakralen Drama einen Menschen tatsächlich erstochen und den Anschein des Schreckens nicht wie sonst üblich nur gespielt. Für das rituelle Spiel mit dem Tod gibt es handfeste archäologische Beweise, wie ein Fund aus dem Mithräum von Riegel am Kaiserstuhl zeigt: Ein eisernes Schwert, bestehend aus Griff und Spitze, wurde freigelegt, das, richtig am Körper platziert, so aussieht, als habe es den Probanden durchbohrt. Eine Scheinhinrichtung. Das Trickschwert war vermutlich die erforderliche Requisite für diese Theatralisierung. Solche Riten deuten auch die Fresken in einem Mithräum von Capua an, die einen nackten, knienden Mann zwischen zwei Agierenden mit orientalischer Mütze zeigen – mit verbundenen Augen und gefesselten Armen den (Schein-)Tod erwartend.

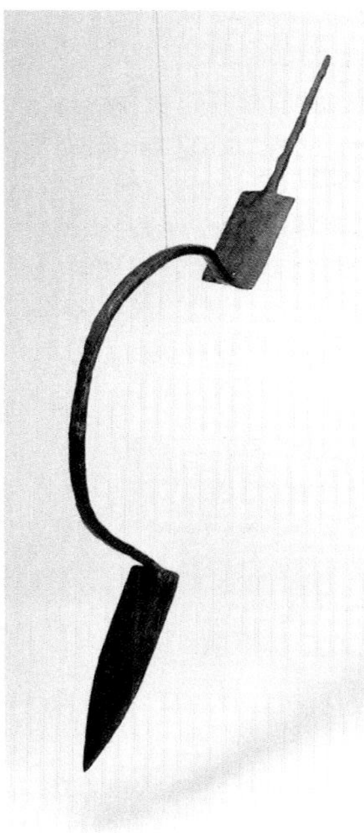

Eisernes Kultschwert zur Scheinhinrichtung

Im Vorraum des Mithräums von Riegel fand man neben dem eisernen Ritualschwert eine gesamte Kultausstattung wie Trinkbecher, Speisegeschirr, Lampen, Schlangenterrinen, eine Spardose und zahlreiche, zum Teil ineinander gestapelte Räuchergefäße. Nicht nur Geschirr und Kultrequisiten wurden in den Vorräumen gelagert, hier fand auch die Zubereitung des Mahls statt. Häufig konnten von den Ausgräbern Gruben mit Speiseabfällen direkt neben dem Tempeleingang nachgewiesen werden.

Das gemeinsame Opfermahl war von zentraler Bedeutung für die Verbindung mit dem Gott, aber auch mit der Gemeinschaft. Und die Zoologen können uns seit der Entdeckung des Tempels von Tienen (Belgien) sogar sagen, was die Lieblingsspeise der Mysten war: junge Hähne.

Wie heute bei den Freimaurern und Rosenkreuzern gab es verschiedene hierarchisch aufsteigende Weihegrade, die in verborgenen Initiationsriten im Tempel verliehen wurden. Alles beginnt mit dem Raben.

Der Sieben-Stufen-Weg der Einweihung

Wir können ihn noch heute gehen, den Weg der sieben Weihegrade, zwischen Heilbronn und Pforzheim. Erst in den vergangenen Jahren wurden in Güglingen zwei zeitgleich genutzte Mithräen ausgegraben, wovon eines rekonstruiert wurde und besichtigt werden kann. Aufsehen erregte die intakte Ausstattung des Kultraums mit Altären und Weihesteinen, die bei der Zerstörung durch einen gezielt gelegten Brand unter der tonnenschweren Decke gut erhalten blieb. Der Tempel war von einem hohen, dichten Bretterzaun umgeben, wohl als Schutz vor neugierigen Blicken. Als Zeremoniengeräte fanden sich unter anderem ein Kultschwert und eine Strahlenkrone aus

Eisen. Im ebenerdigen Vorraum konnten die Gläubigen ihre Alltagskleidung ablegen und sich in das tieferliegende Heiligtum begeben. Dabei waren die Ränge streng hierarchisch gegliedert.

Die archäologische Freilichtanlage führt in die Stufen der Einweihung mit kurzen prägnanten Texten ein: Der Rabe (Corax) ist der unterste Grad. In einem Mithräum in Bosnien entdeckte man das Relief eines stehenden Mannes mit Rabenmaske, seine Verkleidung bei rituellen Handlungen. Seine Funktion wird die eines Kultdieners bei dem gemeinsamen Opfermahl gewesen sein. Die dazugehörigen Becher und das Geschirr wurden im Mithräum Güglingen gefunden. Auch Speisereste der Kultmahlzeiten. Man bevorzugte auch hier das feine Geflügel.

Der II. Weihegrad: Der Bräutigam (Nymphus). Im Mosaik von Ostia erkennt man Symbole, die für die Göttin Venus stehen, und ein Öllämpchen – von denen man auch in Güglingen mehrere freilegte. Der Wechsel von Licht und Schatten spielte eine zentrale Rolle in der Liturgie. Die Kulträume waren ohne Fenster oder Lichtschächte gebaut und wurden nur durch künstliche Lichtquellen beleuchtet. In Güglingen war der Altar zur Beleuchtung von hinten durchbrochen. Das flackernde, geheimnisvoll diffuse Licht mag seinen Teil zur psychischen Beeinflussung beigetragen haben. Man nimmt an, dass es die Aufgabe des Nymphus war, das Licht in Form eines Öllämpchens während der Kulthandlung zu bringen.

Der III. Weihegrad: Der Soldat (Miles). Tertullian berichtet von einem Schwertritual: Der Soldat «wird bei der Aufnahme durch den Weiheakt in der Höhle, dem wahrhaftigen Heerlager der Finsternis, ermahnt, den (...) auf einem Schwerte steckenden und ihm sodann auf den Kopf gesetzten Kranz mit abwehrender Hand vom Kopf zu entfernen (...) mit den Worten: Mithras ist mein Kranz». In Güglingen wurde unter den Zeremonialgeräten ein Schwert gefunden, das diesem Ritual gedient haben kann. Das Symbol des Miles ist auch eine Leiter mit drei Stufen. Der Miles hat den dritten Grad seiner religiösen Laufbahn erreicht.

Der IV. Weihegrad: Der Löwe (Leo). Ebenso wie der Rabe ist der

Löwe auf einem Kultbild in Bosnien dargestellt. Ein Mann mit Löwenmaske nimmt an einem heiligen Mahl teil. Es wird berichtet, dass die Mysten dabei «brüllen wie Löwen». Seine Funktion war das Darbringen des Weihrauchopfers. Der Löwe bildete eine wichtige Zwischenstufe zwischen den unteren und oberen drei Graden.

Der V. Weihegrad: Der Perser (Perses). Für ihn steht die Sense als Symbol für Fruchtbarkeit und Wachstum. Die im Güglinger Mithräum gefundene eiserne Pfeilspitze passt zu einem Graffito aus einem Mithräum in Dura Europos (Syrien): «Verehrung den Persern mit ihren Pfeilen». Damit sind natürlich nicht die zeitgenössischen feindlichen persischen Völker gemeint. Auch Cautopates, der Kultgefährte des Mithras, einer der beiden Fackelträger, soll für diesen Weihegrad stehen. Die gesenkte Fackel verkörpert die untergehende Sonne, den Winter, die Nacht und den Tod. Cautopates' Skulptur fand sich auch in Güglingen.

Der VI. Weihegrad: Der Sonnenläufer (Heliodromus). Cautes, der Zwillingsbruder von Cautopates, wird mit erhobener Fackel dargestellt. Er verkörpert die aufgehende Sonne, den Tag und das Leben. Sein Symbol ist ein Strahlenkranz, der für den Sonnengott Sol steht. Die aufgefundene Strahlenkrone aus Eisen deutet auf eine Zeremonie zu Ehren von Sol.

Der VII. Weihegrad: Der Vater (Pater). Die höchste Stufe, die ein Mithras-Anhänger erreichen kann, der oberste Priester, der Stellvertreter des Mithras auf Erden. Sein Symbol ist die Opferschale. Im Sieben-Stationen-Weg heißt es: «Als Kopf der Kultgemeinschaft vollzog der Vater die Einweihung in den Kult als auch die einzelnen geheimen Kultrituale. Ihm war der vorderste Platz neben dem Kultbild vorbehalten. Davon zeugt im Mithräum II von Güglingen eine Treppe, die neben dem Altarbereich gelegen war und wohl ausschließlich der Benutzung durch den Vater diente.»

Archäologische Funde sind also die wichtigste Erkenntnisquelle zum Mithras-Glauben. Gibt es noch weitere Indizien zum Geheimbund, die uns erlauben, seine große Anziehungskraft zu verstehen?

Mit Magie und Zauber

Selbst Kirchenhistoriker Christoph Markschies, ordinierter Pfarrer und bis 2010 Präsident der Humboldt-Universität Berlin, kann eine gewisse Faszination nicht verbergen: «Das ist schon sehr eindrücklich, wenn Sie sich die dunklen Höhlen vorstellen und hinten am Ende der Höhle das Bild, wie Mithras den Stier tötet. In bunten Farben. Ein tief beeindruckender Kult.»

Was passierte in den dunklen Höhlen? Wie in einem Puzzle setzen sich die Elemente zusammen, die uns einen Einblick geben in den vermutlichen Ablauf der Zeremonien.

In den abgeschotteten Tempeln trafen sich die Anhänger eines Kultes, der ihnen ein schönes Leben nach dem Tod verhieß. So waren Leben und Tod leichter zu ertragen, denn man wurde nicht alleingelassen nach dem Sterben. Und eine Hölle gab es nicht. Zumindest nicht für die Mysten, die Eingeweihten. Das setzte voraus, dass die Kultgeheimnisse verschwiegen wurden. Der Myste wurde durch einen Eid («sacramentum») dazu verpflichtet. Er musste schwören, die heiligen Geheimnisse (Mysterien), die ihm mitgeteilt werden, zu bewahren und geheim zu halten. Bricht er den Eid, verrät er die geheimen Riten, soll sogar die Todesstrafe gedroht haben. Ob es wirklich dazu gekommen ist, können die Religionswissenschaftler aufgrund der spärlichen Überlieferungen jedoch nicht verifizieren. Auf jeden Fall folgte Verbannung und Ausschluss aus der Kultgemeinschaft – und damit der Verlust aller Glückseligkeit im Jenseits, der Erlösung, die dem Tod seinen Schrecken nimmt.

Mit Mithras gelingt es, den Tod zu überwinden. Der Gott jagt den Stier und tötet ihn. Aus dem Tod, dem Stieropfer, entsteht das neue Leben. In den Kultbildern sieht man, wie Mithras auf dem Rücken des besiegten Stieres sitzt und ihm einen Dolch in die Halsschlagader stößt. Aus dem Schweif wachsen Ähren, und aus dem Blut sprießen Trauben. Die Erde wird befruchtet, und die Vegetation entsteht. Mithras ist der Ernährer und der Garant für ein sorgenfreies

Jenseits. Durch Meditation gelangte man zur mystischen Vereinigung mit dem Gott.

Um die Mysten in die entsprechende spirituelle Versenkung zu bringen, gab es allerlei Spuk und Zauber. Mithras-Experte Manfred Clauss beschreibt es so: «Versetzen wir uns in ein Mithräum, in eine Kulthöhle, die den Kosmos symbolisiert, ja, der Kosmos ist. Langsam und duftend verglühen Pinienzapfen mit rotem Schein. Während es im Raum dunkel wird, beginnt die Strahlenkrone des Sonnengottes allmählich zu leuchten: Mithras kommt zu seiner Gemeinde.» Dazu gehörte als zentrales Element das gemeinsame Kultmahl, in dem man mit der Gottheit kommunizierte. Der gesamte Kultraum war als Speisesaal gebaut. Man lag auf den erhöhten Seitenbänken, an der Kopfseite als Gastgeber das Bild Mithras'. Clauss: «Wir sagen: als Bild. Für den Mysten war es die Gottheit selbst.»

Im römischen Lopodunum (heute Ladenburg bei Heidelberg) sind auf einem großformatigen Relief Mithras und Sol in freundschaftlicher Umarmung beim gemeinsamen Opferbankett dargestellt. Beide lagern auf einer Kline, die mit dem abgezogenen Fell des getöteten Stieres bedeckt ist. Die heiteren Götter prosten sich mit einem Trinkhorn zu. Weiheinschriften an den «unbesiegten Gott Sol Mithras» deuten darauf, dass beide Lichtgottheiten zu einer verschmelzen konnten. Das einzigartige – auch farblich rekonstruierte – Relief ist im Lobdengaumuseum von Ladenburg zu besichtigen, im «Mithras-Keller».

Das Bild, die Imitation bedeutete in der Liturgie für den antiken Menschen dasselbe wie die Wirklichkeit. Die Himmelfahrt der Seele wurde in den geheimen Mysterien von den Anhängern nachvollzogen. Erzählungen, heilige Schauspiele, wilde Musik, ekstatische Tänze, Tiermaskeraden, das «Brüllen wie ein Löwe», dann andächtiges Schweigen, Auftreten des Priesters, der Duft der Opferschalen gehörten zum Kontakt mit der Gottheit – von Angesicht zu Angesicht. Alle Sinne waren angesprochen, gespannt, emotional aufgewühlt. Der Sonnengott ist in Gestalt des Mithras auf die Erde gekommen, der Eingeweihte wird errettet.

Im Jenseits erwarten den Mysten ewige Freuden. Von einem Grabmal in Rom kennen wir die zu erwartenden Genüsse. Nach der Himmelfahrt geleitet ein guter Engel den Verstorbenen zu einem fröhlichen Gastmahl mit Wein und Würfelspiel. So konnte sich jeder seine eigenen, individuellen Freuden mehr oder weniger handfest ausmalen, «hinabschauend auf die uneingeweihte Masse hier unten, die in Schlamm und Nebel einander tritt und drängt aus Furcht vor dem Tod und, weil sie dem Guten im Jenseits nicht glaubt, an das Elend hier unten gefesselt ist» (Plutarch).

Die Erretteten, die Eingeweihten, wer war das? Welche archäologischen Zeugnisse haben wir von den Anhängern?

Ex oriente lux

Das römische Imperium war auch ein Imperium der Götter. Mit dem 1. und 2. Jahrhundert drangen orientalische Gottheiten in das römische Pantheon ein. Und mit den Römern – vor allem Soldaten und Händlern – kamen Christus und Mithras nach Germanien. In den Mithras-Mysterien war die orientalische Gottheit zu einem römischen Gott geworden, eine aus ungefähren persischen Bausteinen neu konstruierte Religion. Wahrscheinlich wurde sie im späten 1. Jahrhundert in Rom und Ostia gegründet, wo es zahllose Mithräen gab. Allein in Rom werden 800 Mithräen vermutet, in Ostia dreißig. Ein System aus einem Guss. Das spricht für einen Religionsstifter, meint der Archäologe Andreas Hensen, Direktor des Museums in Ladenburg, der auch schon von Freimaurerlogen zum Mithras-Vortrag eingeladen wurde. Doch wer der Gründer gewesen sein könnte, das bleibt im Dunkeln.

Beide Religionen befriedigten die religiösen Sehnsüchte der Zeit durch die tröstliche Verheißung des «Himmels». Die Mysterienkulte unterschieden sich wesentlich «von dem kühlen und staatsbezogenen Formalismus und Ritualismus der römischen Religion» (Heinz Günther Horn). Keiner der traditionellen Götter, weder die griechischen noch die römischen, kümmerte sich um das Glück nach dem Tod. Man konnte sie nur um das Wohlergehen auf Erden bitten und dafür entsprechend der Größe der Bitte Weihegaben opfern. Aber im Jenseits, da konnte man im modrigen Dunkel vergehen, und kein Gott half. Die orientalischen Gottheiten dagegen hatten wie Menschen gelitten, manche von ihnen waren wie Menschen gestorben, sie kannten die menschlichen Sorgen und Nöte. Und je unsicherer die Verhältnisse im Reich wurden, je stärker sich der Einzelne existenziell bedroht fühlte und Angst vor einer ungewissen Zukunft hatte, desto mehr Anhänger fanden sich in Gemeinden zusammen, in denen sie sich geborgen fühlten. In der gegen die Umwelt abgekapselten Solidargemeinschaft erlebten sie Identität und Heimatgefühl. Emotional behütet in einer Kultgemeinschaft, in der sie nach bestandenen Mutproben und Reinigungsritualen aufgenommen waren – wie heute die Freimaurer –, in der man Geheimnisse und Mysterien mit seiner auserwählten Gruppe teilte und so zu einer Elite wurde: die Anziehungskraft aller Geheimbünde. Ihre Attraktion gibt auch Auskunft über die Zeitläufte, in denen sie existieren. Der Anreiz ist umso größer in Zeiten, in denen sich der Einzelne entwurzelt und vereinsamt fühlt, nach Wurzeln und nach einer Heimat sucht.

Man war in der Hauptstadt orientalischen Religionen wie den syrischen Kulten gegenüber aufgeschlossen. Rom war vor 2000 Jahren ein großer lebendiger Marktplatz von Religionen und antiken Mysterienkulten. Es wimmelte von Heil versprechenden Predigern und Philosophen, von Angeboten neuer Kulte, die im- und exportiert wurden. Christoph Markschies vergleicht diesen «bunten religiösen Markt der Möglichkeiten», diese «Hexenküche von Religionen» mit Amerika heute. Wer dort die Straßen entlangfährt, kennt die Werbeschilder für diverse Erlösungsreligionen, Kulte, Kirchen.

Die Zeiten sind vergleichbar: In der Zeit der römischen Soldatenkaiser begannen Zweifel, Unruhen, Bürgerkriege. Zu Zeiten von Revolutionen und Aufklärung blühten die Geheimbünde wie Freimaurer und Illuminaten. Heute schwächelt der Kirchenglaube, und die esoterischen Angebote boomen.

Auch das Christentum kam aus dem Osten nach Rom. Nach dem Tod Jesu breitete es sich mit einer ungeheuren Energie aus, von einer kleinen Stadt am Rande des Imperiums bis an die Enden der damals bekannten Welt. Den Missionaren gelang es unglaublich schnell, Menschen zu werben, so rasant, dass es noch heute die Wissenschaftler in Erstaunen versetzt. Und die Toleranz ihnen gegenüber war größer, als die christliche Propaganda es später darstellt. Selbst unter Mithras-Anhänger Kaiser Commodus war es möglich, offen Christ zu sein. Markschies: «Unsere Vorstellung permanenter Christenverfolgung trifft nicht wirklich zu.» Auf einem gut ausgebauten Straßennetz entwickelten sich die christlichen Gemeinden von Jerusalem aus durch Kaufleute, Beamte und Legionäre weiter. Und das waren auch die Träger des Mithras-Kultes, der sich parallel im Imperium verbreitete, der «klassische Fall eines kaiserzeitlichen Modekults».

Im 3. und 4. Jahrhundert, in Zeiten von Bürgerkrieg und Herrschaftschaos, gab es Tendenzen, die verwirrende Vielfalt der Götter auf einen zurückzuführen. Eines der Angebote auf dem Markt war der Sonnenkult, den man sich als einen Gott vorstellen konnte unter verschiedenen Namen wie Christus oder Mithras. Und es gelingt dem Christentum und nicht dem Mithras-Kult oder dem Judentum, sich allmählich durchzusetzen. Eine Erklärung könnte nach Markschies sein, dass das Christentum keine klare monotheistische Struktur hat. Für den antiken Menschen gab es neben der Christusfigur noch die Erzengel – die auch Götter sind? – und die Göttin Maria.

Vielleicht ist es gerade dieser nur diffuse Monotheismus, der das Christentum akzeptabel machte, ihm zum Sieg verhalf und nicht dem Sol invictus.

Dazu kam, dass Frauen beim Mithras-Kult ausgeschlossen waren. Dadurch hatte man schon mal die Hälfte der Bevölkerung gegen sich. Die katholische Kirche machte das geschickter, Frauen durften bei den Zeremonien dabei sein – wenn auch bis heute schweigend. Und: Das Christentum zelebrierte eine Medienrevolution. Wie die heutigen Glaubensgemeinschaften in Amerika bediente sich die kleine jüdische Sekte, als die sie angesehen wurde, modernster PR. Schon aus dem 2. Jahrhundert ist eine Beschreibung des Lukian erhalten geblieben, in der er die gleichen Vorwürfe gegen das Christentum erhebt wie Autoren heute gegen die Sekten, vom Personenkult über die Kritiklosigkeit der Anhänger bis zur finanziellen Ausbeutung. Und es gab bald eine mächtige Zentrale in Rom, die alleinig weltumspannend das Sagen hatte. Der römische Bischof Damasus (366–384) wollte nicht länger unter seinen Amtsbrüdern «primus inter pares» sein. Schließlich hatte das Christentum in seiner Zeit sehr an Einfluss und Macht gewonnen. Er übertrug den Ehrentitel der römischen Imperatoren kurzerhand auf sein Amt. Pontifex Maximus, Oberster Priester, hieß er als Erster. Befehl und Weisung kamen ab jetzt unfehlbar von oben. Eine strenge Hierarchie und Kultzentren mit herausragenden Heiligtümern festigten die Kirche im gesamten Erdkreis.

Ähnlich wie heute durch große Fernsehgottesdienste diverser amerikanischer Prediger erreichte das Christentum durch Bücher neue Schichten. Anrührende Romane, schöne Heiligengeschichten, spannende Legenden und tröstende Gleichnisse, mitreißend geschildert, glänzend erzählt mit fesselnden Sprachbildern, wurden vervielfältigt und beförderten die Ausbreitung. Der Hamburger Bischof Hans-Jochen Jaschke, oft in Talkshows präsent, in denen er die Sache der katholischen Kirche vertritt, nennt die Massenmedien «Schaufenster der Kirche». Und «spiegel online» beschreibt die erste Pressekonferenz des Papstes Franziskus I.: wie «der Geschichtenerzähler» die Zuhörer in seinen Bann zieht, fröhlich, bescheiden und kraftvoll in direkter Ansprache, und gibt zu: «Inszenieren können sie.» Als Franziskus volksnah einen Blindenhund segnet, jubelt ihm die Menge zu, dem Vertreter einer «weltweit agierenden Riesenorganisation», dem guten Hirten.

Diese Inszenierungen gab es vor dem Aufstieg des Christentums noch nicht. Im Mithras-Kult wurden keine Romane geschrieben und unter die Leute verteilt. Im Gegenteil. Man verschanzte sich in seinen nur Eingeweihten zugänglichen Tempeln. Dort wurde getanzt, gebrüllt, Theater gespielt, magisch sinnliche Erregungszustände gefeiert und so das Mysterium erlebt, die Gemeinschaft mit Gott. Doch das war geheim und ging die draußen nichts an. Missionierung wie im Christentum gab es nicht. Auch ein Grund, warum der Mithras-Kult sich nicht als straff organisierte Kirche durchsetzen konnte, war seine Toleranz. Man bildete sich nicht ein, einzig auserwählt zu sein. Wenn ein Myste auch einem anderen Gott huldigte, war das in Ordnung, wie die diversen Götterbildnisse in den Mithräen zeigen.

Und die politische Situation des Kaisers Konstantin? Er verhielt sich wie ein guter Staatsmann zur Wohlfahrt seines Reiches. Er setzte auf die neue christliche Sekte in der Hoffnung, damit die richtigen Götter zu verehren. Vielleicht half ja der neue Christus in den verworrenen Zeiten, in denen sich das Reich im 3. und 4. Jahrhundert befand. Wobei man nicht gleich dem Sol invictus abschwören musste. Das verlangten erst Konstantins Nachfolger unter dem Einfluss des Klerus. Und in Bürgerkriegszeiten war man dankbar für die Unterstützung der überregional organisierten christlichen Gemeinden. Man schätzt die Christen auf sieben bis zehn Prozent der damaligen Bevölkerung, genau wie die Mithras-Anhänger. Doch: «Den christlichen Angriffen und der christlichen Zerstörungswut hatte der Mithras-Kult aufgrund seiner fehlenden inneren Struktur nichts entgegenzusetzen.» (Clauss)

Wettbewerb der Religionen

Wie aus dem Nichts war der alte / neue orientalische Gott aufgetaucht – etwa zeitgleich wie ein in Bethlehem geborener charismatischer jüdischer Wanderprediger – und hatte seinen Siegeszug begonnen. Von Syrien bis Schottland wurde ihm zum Ärger des jungen Christentums gehuldigt. Selbst privilegierte Sklaven konnten eingeweiht werden. Vor allem die entlang des römischen Limes stationierten Soldaten waren Anhänger, aber auch untere Verwaltungsbeamte, Handwerker, Freigelassene – man bezeichnet sie heute als die aufstrebenden Schichten. Als Mitglied in einem Geheimbund fühlten sie sich – wie in jeder geheimen Gesellschaft – auserwählt. Sie waren die «neu Geborenen», denen das Himmelreich glückselig offen stand.

Die christlichen Bilderstürmer beendeten Ende des 4. Jahrhunderts mit Hilfe des Staates eine 300-jährige Erfolgsgeschichte. Die Bischöfe sahen die Mithras-Religion als Konkurrenz an. Die Ähnlichkeit mit dem Christentum war – zumindest auf den ersten Blick – zu groß, als dass die Christen gleichgültig auf den Kult hätten reagieren können. Viele Elemente des Mithras-Kultes haben sich im Christentum niedergeschlagen. Wobei es die christlichen Autoren natürlich anders sehen: Tertullian spricht von einer «Nachäffung» der christlichen Rituale.

Ist der Vorwurf berechtigt? Sicher, der persische Gott ist älter als Jesus Christus, aber die Mithras-Mysterien sind in Rom im 1. Jahrhundert neu als Religion entstanden. Wer mit seinen Zeremonien also wen «nachgeäfft» hat, können wir nicht im Einzelnen entscheiden. Eindeutig ist es jedoch bei der Festlegung der Geburt Christi auf den 25. Dezember. Dieser Termin wurde erst im 3. Jahrhundert bestimmt. Dies wird als deutliche Übernahme durch die Christen gesehen, denn die Geburt des Mithras wurde schon zuvor am 25. Dezember gefeiert. Auch die «Sonntage» beziehen sich auf den Sonnengott Sol / Mithras.

Ein übliches Erfolgsgeheimnis des Christentums bestand darin, Glaubensvorstellungen und Traditionen, die nicht auszurotten sind, mit christlichen Inhalten zu füllen. Kirchen wurden bewusst auf Mithräen oder heidnischen Kultplätzen errichtet und so die Siege des Christentums über den Drachen des Heidentums aufs beste verdeutlicht. Papst Gregor der Große schreibt noch um 600 an den Abt Mellitus von Canterbury: Heidnische Tempel sollten nicht zerstört, sondern in Kirchen umgewandelt werden, «es sollen nur die Götzenbilder, die darin sind, vernichtet werden, dann sollen die Tempel mit Weihrauch besprengt, Altäre gebaut und Reliquien darin niedergelegt werden». Damit das Volk «zu den Orten, woran es gewohnt ist, umso vertrauter sich versammle und den wahren Gott erkenne und anbete». So steht der Kölner Dom auf einer einzigartigen Sammlung von vorchristlichen Kulten: Neben dem Mithras-Heiligtum lagen hier eine Weihestätte für einheimisch keltische Muttergöttinnen und ein Tempel für römische Gottheiten. Ein besonders schönes Beispiel finden wir in Rom unter der Basilika San Clemente in der Via Labicana 95 nahe dem Kolosseum: Das Mithräum, worauf 384 eine Kirche errichtet wurde, ist noch voll erhalten. Angelegt unter der Erde und mit einer tonnenförmigen Decke überbaut, sollte der Kultraum den Eindruck einer Höhle vermitteln. Auch die seitlichen Liegebänke laden noch immer zum gemeinsamen Opfermahl ein – wenn die Kirche es denn erlauben würde ...

Die Ähnlichkeiten und Analogien sind in der Tat frappierend, vor allem die Parallelen bei Taufe und Abendmahl, das auch in der Alten Kirche eine geheime Zeremonie war. Nichtchristen mussten vorher den Gottesdienst verlassen:

- Die Zugehörigkeit erlangte man – zumindest in der frühchristlichen Zeit – durch eine bewusste Entscheidung als Erwachsener.
- Mitglied der Gemeinde wird man durch ein Initiationsritual, das Taufbad. Das Wasser reinigt von den Sünden und ermöglicht Tod und Wiedergeburt.
- Mit der Wiedergeburt erfolgt die Aufnahme in die Kultgemeinschaft.
- Durch einen förmlichen Unterricht wird auf die Taufe vorbereitet.
- Die Anhänger beider Religionen haben eine Heilserwartung im «Himmel».
- Gott wird unmittelbar erlebt.
- Das Kult- bzw. Abendmahl ist geheim.

- Die Sonnensymbolik prägt beide Religionen. Mithras ist als Sonnen- und Lichtgott der Heil versprechende Erlöser, genau wie Christus, das «Licht der Welt», «die wahre Sonne». Beide sind auf die Erde gekommene Erlöser der Menschen.

Das zentrale Element der Liturgie war das Kultmahl im Mithräum, entsprechend dem Abendmahl des Christentums in der Kirche. Auch im Mithras-Kult werden in der Begegnung mit der Gottheit Brot (Ähren) und Wein (Trauben) geschenkt und symbolisieren das neue Leben. Abend- und Kultmahl sind Gottes- und Heilserfahrung. In beiden Kulten müssen die Ungetauften vor dem Kult- / Abendmahl den Gottesdienst verlassen. Auch das Glaubensbekenntnis wird vor den Nichtchristen geheim gehalten.

Zusammenfassend sei mit dem Mithras-Experten Manfred Clauss an die überlieferte Einweihung in einen Mysterienkult erinnert, die folgend beschrieben ist: «O wie wahrhaftig heilig sind die Mysterien, o wie lauter das Licht! Vom Fackellicht werde ich umleuchtet, damit ich den Himmel und Gott schauen kann. Ich werde heilig dadurch, dass ich in die Mysterien eingeweiht werde. Der Herr enthüllt die heiligen Zeichen und drückt dem Eingeweihten durch die Erleuchtung sein Siegel auf. Er übergibt den, der gläubig geworden ist, der Fürsorge des Vaters, damit er für die Ewigkeit bewahrt werde. Dies sind die Bakchosfeste meiner Mysterien. Wenn du willst, so lasse auch du dich einweihen.» (Clemens von Alexandria). Derjenige, der hier den Mysten dem Vater übergibt, ist Christus.

Und doch sind die Inhalte unterschiedlich:

- Jesus Christus ist als historische Figur fassbar. Mithras gehört in den Bereich des Mythos, auch wenn die Begegnung mit ihm in der Imitation von dem antiken Menschen als real angesehen wird.
- Die mystische, ekstatische Gotteserfahrung wird von Christen abgelehnt; auch die Völlerei des sinnlichen Kultmahls.
- Im Mithras-Kult werden nur Männer aufgenommen.

- Für Christen gilt ein strikter Monotheismus. Für die Mithras-Anhänger ist es kein Problem, sich mehreren Religionen anzuschließen; auch der christlichen. Es gibt keinen Alleinvertretungsanspruch auf den rechten Glauben, keinen Ausschließlichkeitsanspruch für ihren Gott.
- Die Christen bauen ein weites, gut organisiertes Netzwerk auf. Mit einem Oberhaupt in Rom. Diese Organisationsstruktur über die lokale Ebene hinaus gibt es im Mithras-Kult nicht. Die einzelnen Gemeinschaften blieben autark.
- Das Christentum ist eine Missionsreligion. Dieses Sendungsbewusstsein haben die Mysten nicht. Die Ausbreitung des Glaubens ist kein Ziel. Eine «Kirche» konnte daraus nicht entstehen.

Das Spannungsverhältnis, das Gefühl der Konkurrenz geht von den Christen aus. Die heidnischen Götter sind nicht eifersüchtig. Gerade die äußeren Parallelen machten den Mithras-Kult den Christen besonders verhasst. Als Kirche und Staat sich seit Kaiser Konstantin I. verbündeten und die Christen Einfluss gewannen, schloss ihr Ausschließlichkeitsanspruch die Duldung der heidnischen Religionen aus. Unter Konstantin I. wurde der Mithras-Kult zuerst noch gefördert, dann nur noch toleriert. Im Jahr 341 verbot Konstantins Sohn Konstantius die heidnischen Kulte. 356 wurden ihre Tempel geschlossen und für die Ausübung der Kulte die Todesstrafe verkündet, 380 im ganzen Imperium. Die Mithras-Heiligtümer Roms wurden 377 zerstört. Das Christentum wurde alleinige Staatsreligion im Römischen Reich. Kaiser Theodosius I. schließlich verbot den Glauben 391 als Irrglauben, der unnachgiebig verfolgt wurde. Der christliche Gott war nicht nur eifersüchtig, sondern auch rachsüchtig.

Doch nach all den Jahrhunderten scheinen die Mysterienkulte wiederaufzuleben, wie ein vor gut hundert Jahren entdecktes «Mithräum» an der Saalburg bei Bad Homburg zeigt, in dessen Umgebung die Asche von Feuerstellen und Reste von Fackeln auf moderne heimlich-nächtliche Rituale hinweisen.

Des Kaisers neuer Tempel

Am 23. Januar des Jahres 1903 erhielt Seine Kaiserliche Majestät Wilhelm II. endlich das erwartete Telegramm. Absender war Baurat Heinrich Jacobi, der mit Unterstützung des deutschen Kaisers bereits seit sechs Jahren an dem Wiederaufbau des römischen Legionslagers Saalburg auf der Taunushöhe bastelte. Wilhelm war entzückt, aber nicht überrascht. Hatte er es doch schon immer gewusst, vor all den studierten Historikern, Archäologen und Bauräten. Auch die mittelalterlichen Zinnen des Kastells auf den Rekonstruktionsplänen waren dank seiner allerhöchsten Eingebung entstanden. Sie sind heute noch zu bewundern. Was – und das sei betont – einem Besuch des Archäologischen Parks Saalburg mit seinen vielfältigen interessanten Ausstellungen, Informationen und Aktivitäten keinen Abbruch tun sollte, auch wenn es «ein wilhelminisches Gesamtkunstwerk» (Egon Schallmayer) ist.

Der deutsche Regent kannte das Kastell am römischen Limes schon aus Jugendzeiten. Sein Großvater Wilhelm I. verweilte des Öfteren zur Kur im benachbarten Bad Homburg. Wilhelm II. interessierte sich für die Altertumswissenschaften, nahm selbst an archäologischen Kampagnen teil und verfolgte begeistert die Ausgrabungen auf der Saalburg. Und wie es der Zufall wollte, wurden just bei seinen Besuchen immer wieder römische Funde freigelegt. Zum Beispiel Scherben mit eingeritzten römischen Kaisernamen. Das öffnete die Schatullen der Sponsoren. Nicht viel anders als heute bei amerikanischen Archäologen, die just vor den entscheidenden Sitzungen der Fördervereine auf ein unberührtes Maya-Grab zum Beispiel stoßen, was unbedingt eine Fortsetzung der Förderung erfordert. Das Interesse muss eben wachgehalten werden, um die Brieftaschen zu öffnen. Dazu kann nichts besser beitragen als sensationelle Entdeckungen.

Die «römischen» Inschriften wurden übrigens durch moderne Untersuchungen als neuzeitliche Kritzeleien entlarvt.

Das Innere des wilhelminischen «Mithras-Tempels» auf der Saalburg bei Bad Homburg. Im Zentrum das große Kultbild des Gottes; seitlich die Liegebänke für die Gläubigen zur Einnahme des Kultmahls

Doch eines fehlte: ein Mithräum. In ganz Germanien waren inzwischen Dutzende von Heiligtümern des persischen Lichtgotts freigelegt worden. Die gehörten doch unbedingt zu einem ordentlichen Limeskastell mit «vicus», wo die Angehörigen, Handwerker und Händler wohnten, dazu. Auch den Kaiser faszinierte der geheimnisvolle Mithras-Kult mit seinen dunklen Tempeln und Mysterien. Baurat Jacobi stand unter gehörigem Druck. Und dann passierte, was Egon Schallmayer, Direktor der Saalburg, «inszenierte Geschichtlichkeit» nennt.

Das Telegramm von 1903 ist erhalten. Jacobi meldet untertänigst nach Berlin, «dass wir auf der Saalburg, 250 Meter südlich vom Kastell in der Nähe der Gräberfelder das langgesuchte Mithras-Heiligtum gefunden haben. Der Grundriss hat die übliche Anordnung». Entscheidend – und entlarvend – ist dabei der Wortlaut «das langgesuchte». Und so fand sich auch schnell ein Sponsor, der den «Wiederaufbau» bezahlte. Jacobi zeichnete einen Grundriss, der perfekt dem Schema der bisher entdeckten Mithräen entsprach – mit Vorraum, Kultraum, Mittelgang und seitlichen Liegebänken. Bei der Deckenrekonstruktion orientierte er sich an dem Mithräum unter der Basilika San Clemente in Rom mit nächtlichem Sternenhimmel. Da er leider das zentrale Kultbild, das den Gott bei der Heilstat zeigt, nicht fand, ließ er von dem Relief aus dem Tempel von Frankfurt-Heddernheim eine Kopie anfertigen. (In dem einst römischen Ort sind inzwischen vier Mithräen entdeckt worden.)

Innerhalb eines Jahres wurde das «Heiligtum» fertiggestellt. Das Problem ist nur, dass die Fundamente auf einen ebenerdigen Bau schließen lassen, der Kultraum jedoch immer vertieft, höhlenartig errichtet war. Andreas Hensen entdeckte im Archiv die ursprünglichen Grabungspläne der Fundstätte, die einen erheblich abweichenden Grundriss zeigen, der auf ein altes Gräberfeld hinweist. Und auch das dem Kaiser präsentierte «persische Kurzschwert mit sichelartigem Fortsatz», Symbol des fünften Weihegrads, entpuppte sich im Röntgenbild als ein Langschwert, das vermutlich aufgrund einer schadhaften Stelle gekürzt worden war, und der Sichelhaken als Rostgebilde.

Hensen fand noch mehr Merkwürdigkeiten und Ungereimtheiten: «Die verwinkelten Mauerreste eines Bestattungsplatzes wurden durch eine starke Manipulation des Grundrisses zum idealen Schema eines Mithraeums verändert. Grabbeigaben und verbaute Spolien von Inschriften erfuhren eine phantasievolle Umdeutung zu Requisiten und Weihungen des Kultes.» Mit anderen Worten: Das «Mithräum» an der Saalburg ist ein reines Phantasieprodukt, eine Fälschung.

Und doch kann man hier idealtypisch einen Eindruck vom Aussehen eines Mithras-Tempels bekommen. Die vom Wunschdenken und der Hörigkeit dem Herrscher gegenüber geleitete «Entdeckung» kann heute frisch renoviert auf dem Gelände der Saalburg besichtigt werden, direkt an einer alten römischen Quelle gelegen. Zumindest die ist echt. Doch ob altes heidnisches Heiligtum oder nicht: moderne Heiden stört das kaum. Sie feiern ihre Rituale mit Feuern und

Opfern im umliegenden kleinen Hain. Walter Burkert schreibt dazu: «Die gelegentlich erhobenen Ansprüche von Freimaurern oder auch von neueren Hexengruppen, die geheime Tradition der alten Mysterien fortzuführen, sind kaum ernst zu nehmen.» Und trotzdem gibt es dieses Begehren. Die Stätte gilt in der Neuheiden- und Hexenszene als energetischer Kraftort.

Ob ihre Anhänger wohl wissen, um wen es sich bei Mithras handelt, dem orientalischen Gott, dem großen Rivalen Christi, der dem Mythos nach eine Religion begründete, die fast die unsrige geworden wäre ...?

Festzuhalten bleibt: Mit der Machtübernahme des Christentums gingen die Mysterien und mit ihnen das antike Gesellschaftssystem unter. Und die durch einen Alleinvertretungsanspruch ausgelösten Religionsprobleme begannen. Eine Aneinanderreihung von Verfolgungen: Heiden, Arianer, Häretiker, Katharer / Ketzer, Hexen. Die Kreuzzüge gegen Andersgläubige prägten das Hochmittelalter, und die Inquisition war gut beschäftigt.

Der Mithras-Kult konnte nie zu einem solchen Machtfaktor und einer Massenbewegung wie das Christentum werden. Es war ein geheimer reiner Männerbund ohne Missionseifer, ohne eine übergreifende Organisation, ohne Zentrale, ohne Oberhaupt, ohne Grundregeln einer universellen Lehre – und überhaupt nicht machtbesessen. Insofern wird das einleitende Zitat des französischen Religionswissenschaftlers Ernest Renan zu Recht von den meisten Wissenschaftlern angezweifelt und als überholt beurteilt. Es war ein Kult, aber keine Kirche. Es war eine individuelle Option, ein Angebot auf dem Jahrmarkt der Religionen, kein feststehendes Gebäude von allgemeingültigen, aus Rom vorgegebenen Dogmen. Wie der Professor für Klassische Philologie Walter Burkert schreibt: «Die Mysterien waren zu gebrechlich, um als eigene ‹Religion› zu überleben. (...) Es genügte, die Hoffnung festzuhalten und mitzuteilen, dass ein Durchbruch möglich sei, dass Türen sich öffnen würden für den, der ernstlich danach sucht: die Chance eines Ausbruchs aus einer banalen, deprimierenden und oft absurden Realität.»

Am 11. September 2001 verändern die Anschläge auf das World Trade Center nicht nur die USA. Das lässt viel Raum für Spekulationen über Hintergründe, Täter und Absichten.

KAPITEL 10

Verschwörungstheorien Von der Mondlandung bis zum 11. September

Es ist das Aroma des Unbekannten und Zweifelhaften, das wie ein schwerer magischer Duft Verschwörungsgeschichten umwabert. Geheimes, Verborgenes, Unerklärliches: Das sind die Zutaten einer Suppe, die seit Menschengedenken im Untergrund brodelt. Unwiderstehlich für jeden von uns. Im Netz existieren unendlich viele Seiten zu Spekulationen um nebulöse Zirkel und globale Intrigen. Und noch mehr abenteuerliche Thesen. Da nützt es wenig, kühlen Kopf behalten zu wollen – den Dunst der parfümierten Berichte bekommt man einfach nicht mehr aus der Nase. Allzu gerne spüren wir den Ungereimtheiten nach – den vermeintlichen wie tatsächlichen – auf der Suche nach exklusivem Wissen und Antworten, denen andere scheinbar vergeblich nachgejagt sind. Überall lassen findige Fragesteller Thesen sprießen, die den mit der jeweiligen Problematik kaum vertrauten Normalbürger ins Grübeln bringen. Warum wurde beispielsweise an der Wall Street Stunden vor dem Anschlag am 11. September 2001 überdurchschnittlich stark auf fallende Kurse gewettet? Wieso verschwinden 700 Kisten mit Bild- und Tonmaterial der Mondlandung? Weshalb tun sich die Behörden so schwer, den merkwürdig akkuraten Kollaps von WTC 7 zu erklären? All die Zweifel an den offiziellen Erklärungen – magische Schmugglerware, die keinen Stein auf dem anderen lässt. Perfekt geeignet für das Internet, in dem jeder seine persönliche Version von Geschehnissen zwischen offiziellen Verlautbarungen und Behauptungen aus der Gerüchteküche finden kann.

Und die Storys um die Komplottschmieder und rätselhaften Bruderschaften boomen. Zuletzt gelangten Illuminaten, Opus Dei und Tempelritter in etlichen Romanen zu Ruhm, die zu vortrefflichen Bestsellern wurden und ständig Nachahmer produzierten. Auch deshalb steigt der Glaube an geheime Verbindungen, die Herrschaft der Plutokratie oder mächtige Elite-Cliquen. «Die Wahrheit steht einer guten Geschichte nie im Weg», meinte schon der Mythenforscher Jan Harold Brunvand. Und wenn die Wahrheit nicht alles erklären kann, betreten die Verschwörungsgläubigen die Bühne. Die Auswirkungen für das Hier und Jetzt? Kaum ein politisches Großereignis ohne konspiratives Element. Kaum ein Bündnis ohne die Mutmaßung, dass Hintermänner ihre unerkannten Interessen platzieren. Kaum ein Staat ohne übermächtigen Geheimdienst, jahrhundertealte Logen und mysteriöse Geheimgesellschaften, die – ja klar – ihre ganz eigenen Ziele verfolgen. Jede Menge Stoff also für das Spiel mit den Verschwörungsvermutungen. Und immer wieder stehen die Geheimbünde unter Generalverdacht, hinter den Kulissen kräftig mitzumischen. Oder sie sind gleich selbst Gegenstand von Verschwörungstheorien. So wird immer wieder unterstellt, dass die Terroranschläge vom 11. September 2001 nicht alleine auf das Konto von Osama Bin Laden gingen, sondern eine jüdische Geheimorganisation als Drahtzieher fungierte. Die grundlegende und fiktive Schrift, die diese absurde These untermauern soll: «Die Weisen von Zion». Andere, wie die Freimaurer, so heißt es seit Jahrhunderten, streben ohnehin die Weltherrschaft an. Die Illuminaten ebenso: Sie sollen zudem noch für die Französische Revolution verantwortlich gewesen sein und – entgegen der Faktenlage – bis heute fortbestehen.

Verschwörungstheorien und Geheimgesellschaften wie Freimaurer, Illuminaten und Co. gehören zusammen und befruchten sich gegenseitig. Die einen sind die Folgen der anderen – zumindest so lange, wie die Bruderschaften hinter verschlossenen Türen, in ihren Tempeln, tagen. Diese Männergesellschaften machen sich alleine schon durch ihre okkulten Aufnahmeriten und Verschwiegenheitsklauseln verdächtig. Offenheit und Transparenz wären Gegengifte.

Aber damit tun sich die Bünde schwer. Genauso wie die Behörden. Die Spekulationen um Wahrheit oder Lüge einer Mondlandung würden erst dann verebben, wenn die NASA in die Offensive ginge und die angeblichen Beweise der Verschwörungsgläubigen widerlegt. So überlässt man den Spekulierern das Feld, was dazu führt, dass 20 Prozent der Amerikaner bis heute glauben, dass die Mondlandung nur ein Schauspiel gewesen sei. Andererseits haben auch aufgeklärte Männer immer wieder das Feuer der Verschwörungen geschürt: «Derjenige muss in der Tat blind sein, der nicht sehen kann, dass hier auf Erden ein großes Vorhaben, ein großer Plan ausgeführt wird, an dessen Verwirklichung wir als treue Knechte mitwirken dürfen», sagte einst Winston Churchill, ein Freimaurer – wir ahnen es schon. Und sein Logenbruder Walther Rathenau: «Dreihundert Männer, von denen jeder jeden kennt, leiten die wirtschaftlichen Geschicke des Kontinents und suchen sich Nachfolger aus ihrer Umgebung. Die seltsamen Ursachen dieser seltsamen Erscheinung, die in das Dunkel der künftigen sozialen Entwicklung einen Schimmer wirft, stehen hier nicht zur Erwägung.» Ja, da kann man schon wieder ins Grübeln geraten. Oder etwa nicht?

Der Roswell-Zwischenfall

Es kommt nicht auf die Größe an, jedenfalls nicht, wenn es darum geht, berühmt zu sein. Roswell ist ein Beispiel dafür. Das 45 000-Seelen-Städtchen döst seit seiner Gründung 1869 mitten in der Halbwüste des US-Bundesstaates New Mexico vor sich hin, weitab vom Weltgeschehen. Immerhin aber hat das entlegene Örtchen eine besondere Beziehung zu Sternen. In den 1930er Jahren hatte der Raketen-Pionier Robert Goddard auf einem Testgelände bei Roswell bahnbrechende Startversuche mit seinen neuartigen Flugkörpern unternommen – ein

Meilenstein auf dem Weg der Menschheit zu den Sternen. Das ist aber heute nur noch Insidern bekannt. Außerdem kamen hier auch zwei irdische Stars zur Welt: der berühmte Folksänger John Denver und die Filmdiva Demi Moore. Und dann gab es jene mysteriöse Visite aus den Tiefen des Weltalls, der den Wüstenort in die Schlagzeilen brachte und zum Synonym machte für extraterrestrischen Raumfahrerbesuch und dessen behördliche Vertuschung. Doch ist zu glauben, was seit dem Jahr 1947 durch die Gazetten geistert? Ist damals im Juni tatsächlich ein außerirdisches Flugobjekt in der sonnendurchglühten Ödnis zerschellt? Kamen Aliens aus dem All und wurden von Soldaten der amerikanischen Air Force geborgen? Offiziell ist einst ein Wetterballon abgestürzt. Doch es gibt Zeugen, die es anders wissen wollen. So ließ das Militär zunächst eine Pressemitteilung veröffentlichen, die über eine Bruchlandung einer «fliegenden Untertasse» berichtete. Diese Meldung wurde aber wenig später auf höhere Weisung hin zurückgezogen und durch die Wetterballon-Story ersetzt. Was war nun davon zu halten? Ja, so sieht der Boden aus, auf dem Verschwörungstheorien gedeihen. Sofort nahmen kritische Geister Witterung auf und wähnten hinter der «korrigierenden» Stellungnahme ein Komplott von Militär, Politik und Geheimdiensten zur Vertuschung der Landung Außerirdischer. Wie so oft bei der Entstehung solcher Mutmaßungen bot die Verstrickung der offiziellen Stellen in zahlreiche Widersprüche genügend Ansatzpunkte für unterschiedliche Interpretationen. Zudem hatten die Geschehnisse, die viele Jahre später als «Roswell-Zwischenfall» in die Geschichte eingegangen sind, höchst mysteriös begonnen.

Lizenz zum Lügen

Am Abend des 2. Juli 1947 sitzt Dan Wilmot mit seiner Frau auf der Veranda seines Hauses und genießt die Ruhe der späten Stunde. Es ist etwa 21:50 Uhr, als das Ehepaar ein großes glühendes Objekt mit hoher Geschwindigkeit recht niedrig über den Nachthimmel rasen sieht. Nach nicht einmal einer Minute verschwindet es hinter dem Horizont. Die beiden sind nicht die Einzigen, die das kurze Schauspiel verfolgen. Einige Zeugen beschreiben es als leuchtenden Diskus – reale Metapher oder doch von Zeitungsartikeln beeinflusste Einbildung? Seit einer Woche berichtet nämlich die Presse über einen Piloten, Kenneth Arnold, der von seiner Maschine aus eine Formation unbekannter Flugobjekte gesichtet haben will. Diese UFOs hätten wie über eine Wasserfläche hüpfende Untertassen gewirkt – der Begriff «fliegende Untertasse» war geboren.

Etwa 120 Kilometer entfernt von Roswell, dem Beobachtungspunkt der Wilmots, im Städchen Corona, tobt am 2. Juli ein gewaltiges Gewitter. Als ein explosionsartiges Krachen zu hören ist, vermuten die Einwohner einen besonders heftigen Blitzeinschlag. Der Rancher William Brazel macht sich Sorgen um sein Vieh und reitet gleich am nächsten Morgen seine Weiden ab. Er nimmt den siebenjährigen Nachbarssohn William Proctor mit. Nach einer Weile erreicht das Duo ein Areal, das von zahllosen Trümmerteilen übersät ist. Sie bestehen aus Material, das der Rancher nicht kennt. Es ist federleicht und offenbar nicht brennbar. Einige Teile widerstehen dem prüfenden Taschenmesser des Bauern. Sie lassen sich weder schnitzen noch schneiden. Brazel sammelt einige Bruchstücke ein und nimmt sie mit. Später holt er weitere drei Säcke voller Fragmente. Auf Anraten

Offiziere der US Air Force inspizieren die rätselhaften Reste des als Wetter- oder Radarballon bezeichneten unbekannten Flugobjektes.

Auf Anraten seiner Nachbarn und Bekannten schafft er verschiedene Belegstücke am 6. Juli nach Roswell zu Sheriff George Wilcox. Nun wird die Sache amtlich. Wilcox alarmiert das Roswell Army Air Field (RAAF), eine nahegelegene US-Luftwaffenbasis. Das Pentagon wird informiert. Einige Offiziere und ein Geheimagent inspizieren das Trümmerfeld. In der Folge wird das gesamte Gebiet abgeriegelt. Sämtliche Fragmente werden eingesammelt und nach Washington auf das Andrews Air Field transportiert. RAAF-Kommandant Oberst William Blanchard weist seinen Presseoffizier an, eine Mitteilung der Lokalpresse und den örtlichen Radiosendern zu überbringen – Titel: «RAAF erbeutet fliegende Untertasse auf Ranch im Gebiet von Roswell». Es versteht sich von selbst, dass diese Meldung die lokalen Medien in Windeseile verlässt und um die Welt geht.

Am 7. Juli 1947 gibt William Brazel dem Radiosender KGFL ein Interview. Doch ehe die Schilderungen des Ranchers über den Äther gehen können, verhindert ein gewisser Oberst Johnson aus Washington mit massiven Drohungen die Ausstrahlung. Militär erscheint im Studio und konfisziert die offizielle Pressemitteilung des RAAF. William Brazel wird am Morgen des 8. Juli von Soldaten zum Army Air Field gebracht. Die Geschehnisse dort bleiben im Dunkeln. Am Abend desselben Tages gibt der Landwirt unter Aufsicht zweier Offiziere in der Redaktion des «Roswell Daily Record» ein neues Interview. Diesmal beschreibt er die von ihm gefundenen Bruchstücke völlig anders. Auch das Trümmerfeld fällt jetzt wesentlich kleiner aus: statt 1000 × 200 Meter besitzt es nun nur noch einen Durchmesser von 180 Metern. In der darauffolgenden Radiosendung erzählt er die gleiche Story noch einmal. Danach setzt man ihn für acht Tage auf der Luftwaffenbasis fest, ehe Brazel wieder nach Hause darf. Auf einer eilig einberufenen Pressekonferenz teilt Wetter-Offizier Irving Newton den Journalisten mit, bei den Trümmern handele es sich um Fragmente eines havarierten Rawin-Ziel-Ballons. Damit ist das Thema für die Journaille durch und aus den Schlagzeilen. Von da an spricht auch William Brazel kaum noch über die Ereignisse. Die Fundstücke seien Teile eines abgestürzten Wetterballons, gibt er den verdutzten Freunden und Bekannten an. Doch die inoffizielle Version der Story ist nicht vergessen. Der Widerspruch bleibt in der Welt und schwelt vor sich hin, wenn auch zunächst noch unterschwellig. Dass da noch eine ganz andere Facette der Vorfälle von Roswell im Verborgenen auf ihre Entdeckung wartet, wissen zu der Zeit nur ganz wenige Eingeweihte.

Wer hat wie viele Leichen im Keller?

Die Gerüchte wollen nicht weichen, aber es bleibt weitgehend eine Insider-Angelegenheit – bis im Jahre 1980 Charles Berlitz und William L. Moore in dem Buch «Der Roswell-Zwischenfall» die Vorgänge von 1947 neu aufrollen und der Weltöffentlichkeit präsentieren. Sie schenken Zeitzeugen Gehör, und was da zutage kommt, klingt ganz anders als die amtlichen Verlautbarungen. Danach kontaktiert am 7. Juli 1947 ein Offizier des RAAF den Bestattungsunternehmer Glenn Dennis aus Roswell. Wie groß die kleinsten luft- und wasserdicht zu versiegelnden Särge seien und wie man Leichen, die schon einige Tage im Freien gelegen hätten, am besten konservieren könne, will der Offizier wissen. Dennis gibt ihm Auskunft, fährt aber dann selbst zum Army-Hospital. Vor der Notaufnahme stehen drei Rettungswagen, und Militärpolizisten halten Wache vor seltsam aussehenden Trümmerteilen. Sie hindern den Bestatter am Betreten des Gebäudes, verpflichten ihn unter Drohungen zum Schweigen und schicken ihn weg. Doch Dennis trifft am nächsten Tag eine Krankenschwester des RAAF-Hospitals, die ihm von Sektionen an kleinen, stinkenden, schwarzen Leichen berichtet. Nach diesem Gespräch kann Dennis die Frau nicht mehr erreichen. Sie sei bei einer Fortbildungsreise ums Leben gekommen. Je nach Quelle unterscheiden sich die Darstellungen dieser Geschichte leicht, stimmen im Kern aber überein. Handelt es sich im Falle der Krankenschwester um einen Unfall, oder ist da eine gesprächige Mitwisserin beseitigt worden? Forscher konnten keinen solchen Absturz im in Frage kommenden

Zeitraum ermitteln. Auch der Name der Krankenschwester, Naomi Maria Selff, blieb in den Akten unauffindbar. Gut getrickst aufseiten des Militärs oder frei erfunden von einem wichtigtuerischen Totengräber? Das scheint leider ungeklärt bleiben zu müssen. Und was ist mit den kleinen stinkenden Obduktionsobjekten? Verschwörungstheoretiker wittern hier Leichen im Keller einer Clique mächtiger Mitwisser aus Militär, Politik und Nachrichtendiensten.

Rechercheure haben mittlerweile mehr als 300 direkte oder indirekte Zeitzeugen aufgetrieben, die den offiziellen Verlautbarungen zum «Roswell-Zwischenfall» widersprechen. Leider widersprechen sie sich in vielen Punkten auch gegenseitig. Glaubt man den Zeugen, so gab es in der Nähe von Corona eine zweite Absturzstelle. Anders als bei der bereits bekannten war hier ein diskusähnliches Raumfahrzeug notgelandet und nicht völlig zerschellt. Es soll 7 bis 8 Meter lang, 5 Meter breit und an die 2 Meter hoch gewesen sein. Insgesamt konnten vier tote und ein noch lebendes Wesen geborgen werden – den Beschreibungen nach alle etwa 1,50 Meter groß, menschenähnlich, aber mit größeren Köpfen, haarlos, die Augen klein und tiefliegend, Ohren kaum erkennbar, Mund schlitzartig, Nase relativ klein. Sie sollen silbrig glänzende enge Anzüge mit einem gürtelähnlichen Accessoire getragen haben. Über ihren Verbleib wird heftig spekuliert. Zumindest zwei Aliens sollen im Army-Hospital des RAAF obduziert worden sein. Alle fünf Wesen seien zu verschiedenen Militärbasen gebracht und dort versteckt worden. Einige Ufologen wähnen die Außerirdischen in der Wüste Nevadas auf dem streng geheimen Sperrgebiet «Area 51» – mit 30 500 Quadratkilometern Ausdehnung fast doppelt so groß wie Schleswig-Holstein. Selbstverständlich wird das von keiner offiziellen Stelle bestätigt, aber offenbar sieht man dort doch die Notwendigkeit einer Erklärung – eine bemerkenswerte Tatsache. Dummys seien es gewesen, die der eine oder andere Zeuge da gesehen haben könnte. Man habe über besagtem Gebiet spezielle Höhenfallschirme getestet und zu diesem Zweck Puppen aus 30 Kilometer Höhe mit solchen «Parachutes» abgeworfen. Nicht alle Dummys seien wiedergefunden worden – eine Begründung, die von vielen Ufologen angezweifelt wird, und das aus guten Gründen. Schließlich werden Dummys nicht in Krankenhäusern obduziert. Außerdem wurden jene Versuche in den Jahren 1953 bis 1959 durchgeführt. Da waren die Aliens längst gelandet – ein Widerspruch, der neuen Spekulationen Nahrung gibt.

Falsche Roswell-Requisite

Die mögliche Anwesenheit von Außerirdischen auf US-Territorium ist ein Faszinosum für sich. Die Mutmaßungen treiben prächtige Blüten. So soll Präsident Harry S. Truman «Majestic 12» ins Leben gerufen haben – eine selbstverständlich geheime Organisation, die sich mit UFO-Dokumentation beschäftigt. Ist also doch etwas dran an der Alien-Story? Graphologische Gutachten haben ergeben, dass zumindest eine Unterschrift Trumans gefälscht ist. Präsident Dwight D. Eisenhower soll sogar einen Deal mit Besuchern vom Zeta-Reticuli-Sternensystem gehabt haben: Die Außerirdischen dürfen die Landebahn und andere Einrichtungen von «Area 51» zu Untersuchungen an Menschen und Tieren nutzen; im Gegenzug erhalten die USA Einblick in die sensationelle Technik der Stellar-Wesen. In diesem Zusammenhang wird wieder eine Spezialtruppe «MJ-12» genannt, die sich mit den Funden von Roswell beschäftigt und der Militärs, Wissenschaftler und Regierungsvertreter angehören. Die 1984 aufgetauchten Dokumente, die Eisenhowers Initiative belegen sollen, sind allerdings umstritten, aber auch nicht eindeutig als Fake zu identifizieren. 1988 brachte der amerikanische Sender CBS zwei angebliche Mitglieder dieser Organisation vor die Kameras. Sie bestätigten die Vorfälle von Roswell und die Area-51-Story. Da sie unter Pseudonymen auftraten, ist ihre wahre Identität bis heute ungeklärt. Man kann ihnen glauben oder eben nicht. Da haben Experten mit einem «Filmdokument» leichteres Spiel, als 1995 der britische Musikfilmer Ray Santilli vermeintlich sensationelles Exklusivmaterial veröffentlicht. Er will es vom ehemaligen Army-Kameramann Jack Barnett für

150 000 Dollar erworben haben. Barnett habe 1947 die Obduktionen der Alien-Leichen durch US-Militärärzte im Auftrag der Luftwaffe gefilmt. Der 16-Millimeter-Film zeigt in schwarz-weiß, wie Mediziner in Schutzkleidung Organe entnehmen, eine offene Wunde im rechten Oberschenkel untersuchen und den Schädel öffnen. Angeblich handelt es sich bei diesem Material um Filmteile minderer Qualität, die Barnett nach Abgabe der übrigen Bilder zur Überarbeitung zurückgehalten habe. Danach habe sich niemand mehr dafür interessiert.

Dass ein Jack Barnett in keinem Personalverzeichnis steht und auch sonst nirgends zu finden ist, stört zunächst nur wenige Skeptiker. Er sei untergetaucht, weil sein Handeln ungesetzlich gewesen sei, kontern die Alien-Anhänger. Die Medien stürzen sich auf das Sensationsmaterial. Santillis Aufnahmen werden von Fernsehsendern in etwa 30 Ländern ausgestrahlt. Doch der anfänglichen Euphorie folgt bald Ernüchterung. Pathologen kritisieren das laienhafte, nicht fachgerechte Sezieren – für Experten ein deutlicher Hinweis auf ein Fake, aber ein schwaches Argument in den Augen der begeisterten Alien-Fans. Immerhin ergeben technische Prüfungen, dass das Zelluloid aus dem Jahr 1947 stammen kann. Doch bald entlarvt ein banales Detail den Film unwiderlegbar als Fälschung: ein Wandtelefon mit Spiralkabel, entworfen von Henri Dreyfuß, erst ab dem Jahr 1956 auf dem Markt und dennoch gut erkennbar im Obduktionsraum angebracht. Dieser Widerspruch lässt sich nicht auflösen. Santilli gibt schließlich zu, den Film 1995 selbst gedreht zu haben, allerdings anhand des schadhaften Originalmaterials. Dieses jedoch gibt er nicht heraus, sodass erhebliche Zweifel bleiben. Trotzdem glauben nach einer CNN-Umfrage immer noch 80 Prozent der Amerikaner,

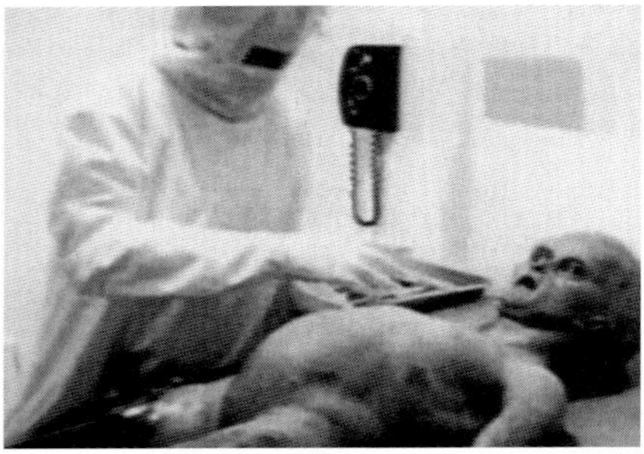

Als Fälschung entlarvt: angeblicher Außerirdischer im Obduktionsraum inklusive Wandtelefon mit Spiralkabel, das erst später auf den Markt kommt

dass die US-Regierung Kenntnisse über Außerirdische besitzt, doch dieses Wissen geheim hält. Immerhin hat sie im Laufe der Jahrzehnte mehrere Untersuchungen in Auftrag gegeben, deren Ergebnisse in dicken Berichten zu dem Urteil gelangen, dass es keine Havarie von fliegenden Untertassen in Roswell gegeben habe. Allerdings bleibt die Frage, weshalb von offizieller Seite zum Roswell-Zwischenfall immer wieder unterschiedliche, teils leicht als falsch zu erkennende Lösungen des Rätsels in Umlauf gebracht wurden. Vertuschung der Besuche aus dem All und der damit verbundenen dunklen Machenschaften von Regierung und Militär sei das Ziel eines kleinen konspirativen Geheimzirkels, mutmaßen Verschwörungstheoretiker. Tatsächlich riecht es stark nach bewusster Irreführung der Öffentlichkeit und Geheimniskrämerei. Doch sind es wirklich Aliens, die nicht publik werden sollen? Was könnte die US-Regierung sonst verbergen wollen?

Irrgarten für Fortgeschrittene

Abgelegene Air-Force-Basen wie das RAAF in den öden Weiten von New Mexico sind wie geschaffen für Projekte, von denen möglichst wenige Leute Wind bekommen sollen. So war das erste und über Jahre einzige Atombomber-Geschwader der Welt auf dem RAAF stationiert. Die verschiedensten militärischen Tests mit höchster Geheimhaltungsstufe wurden auf den Stützpunkten in der Wüste durchgeführt. Im Mai 1947 stiegen über New Mexico mehrere miteinander verbundene Ballons in den Himmel auf, sogenannte Ballonzüge. Jeder Zug bestand aus drei bis sieben Ballons. Unter dem Codenamen «Projekt Mogul» sollten die mit Radar-Reflektoren ausgestatteten Höhenfluggeräte von der Tropo- und Stratosphäre aus Schockwellen feststellen, die von überschallschnellen Raketen ausgehen. Außerdem wollte man so herausfinden, ob und wann die UdSSR ihre erste Atombombe zündet. «Mogul» war als «Top Secret A-1» eingestuft – geheimer ging's nicht. Anfang Juni 1947 geriet Flug 4 außer Kontrolle.

Am 4. Juni bricht der Kontakt zu den Ballons ganz in der Nähe des Trümmerfeldes, das William Brazel entdeckt, ab. Brazel und andere Zeugen haben solche Teile, wie sie bei Roswell niedergegangen sind, noch nie gesehen. Dass es sich um Reste eines Wetterballons oder gar um Trümmer von versuchsweise abgeschossenen V2-Raketen handeln könnte, schließen sie aus. Auf die Mogul-Ballons kann zu dem Zeitpunkt niemand kommen, so geheim, wie die sind. Erst 1994 erklärt ein Untersuchungsbericht der Air Force zum «Roswell Incident» den havarierten Ballonzug Flug 4 zum Auslöser des ganzen Roswell-Rummels. Beweise für eine UFO-Landung bei Roswell haben keine gefunden werden können, und folglich habe es auch kein «Cover-up», keine Vertuschung von staatlicher Seite gegeben.

UFO-Autor Dennis Kirstein hat die Beschreibungen der vorgefundenen Trümmerteile mit den Materialien, die beim Bau der Mogul-Ballons verwendet worden sind, verglichen. Er findet «verblüffende Übereinstimmungen»: Balsaholz-Streben, die durch Spezialbeschichtung ungewöhnlich widerstandsfähig sind, zähe, mit Aluminium beschichtete Spezialpappe der Reflektoren, große Neopren-Fetzen, aus denen die Ballons selbst bestanden, und viele andere Ähnlichkeiten. Eine geradezu witzige Auflösung findet das Hieroglyphen-Rätsel, das William Brazel in die Welt setzte: Er hatte Klebestreifen mit rätselhaften Zeichen gesehen. Dabei soll es sich um Klebestreifen mit Blumenmotiven und anderen Darstellungen handeln, die aus der Spielzeugindustrie stammen. Tatsächlich haben Recherchen ergeben, dass Reflektoren für das Mogul-Projekt von einem Spielzeughersteller aus New York produziert worden sind – ein Befund, der zum Schmunzeln, aber auch zum Grübeln Anlass gibt. Doch das ist nichts Neues im Irrgarten der Begründungen, Vermutungen und Verlautbarungen im Zusammenhang mit dem «Roswell-Zwischenfall».

Die Mond-Mission

Dieses TV-Ereignis war ein Straßenfeger und der Traum aller Fernsehmacher: die Landung von irdischen Raumfahrern auf dem Mond – das Jahrhundert-Event und eine der herausragenden Großtaten in der Menschheitsgeschichte. Die Einschaltquoten gingen gegen 100 Prozent. Abermillionen von Zuschauern verfolgten den Start der riesigen Saturn-V-Rakete im Jahre 1969 an den Bildschirmen ihrer Fernsehgeräte. Nachdem der amerikanische Astronaut Neil A. Armstrong am 20. Juli 1969 die Mondlandefähre «Eagle» um 21:17 Uhr MEZ sicher auf dem Erdtrabanten aufgesetzt hatte, bestätigte er die erfolgreiche Landung mit der legendären Meldung: «The Eagle has landed» – «Der Adler ist gelandet».

Wenn es nicht im Fernsehen übertragen worden wäre – wer hätte damals eine solche Nachricht tatsächlich geglaubt? Aber die Macht der Bilder war überwältigend. Man hatte es gesehen, man ist ja quasi live dabei gewesen. Alle warteten nun darauf, dass die beiden Männer an Bord der «Eagle» ihr Raumfahrzeug verließen und dass erstmals in der Geschichte Menschen außerirdischen Boden betraten. Ungezählte Zuschauer harrten mitten in der Nacht aus, um den einzigartigen Moment nicht zu verpassen. Einige Stunden später, am 21. Juli 1969 um 3:56 Uhr MEZ, war es dann endlich so weit. Neil Armstrong entstieg der engen Luke und kletterte vorsichtig die Leiter hinab. Von der letzten Stufe wagte er den Sprung auf den Boden und sprach die unvergänglichen Worte: «Dies ist ein kleiner Sprung für einen Menschen, aber ein gewaltiger Sprung für die Menschheit.» Alles vor laufender Kamera und daher für die Zuschauer bewiesen. Unglaublich, und doch wahr! Aber es dauerte nicht lange, bis erste Zweifel laut wurden, aus denen schon bald ausgewachsene Verschwörungstheorien abgeleitet wurden. Bis zum heutigen Tag sind sie nicht verstummt. Ihre Kernaussage: Der Adler ist nie auf dem erdnahen Himmelskörper gelandet; niemals hat ein Mensch den Mond betreten.

Weshalb «flattert» die Flagge im luftleeren Raum?

Kaum eine Verschwörungstheorie hält sich so hartnäckig wie die Behauptung, bei der ersten Mondlandung im Rahmen der Apollo-11-Mission sei es nicht mit rechten Dingen zugegangen. Und damit nicht genug: Das gesamte Apollo-Programm der Jahre 1969 bis 1972 habe nur teilweise real stattgefunden. Niemals seien Menschen auf dem Erdtrabanten herumspaziert, sondern haben an ganz irdischen Locations in gigantischen Filmstudios streng nach Drehbuch agiert. Zumindest die Szenen auf dem Mond seien an terrestrischen Sets aufgenommen, und auch die Bergung der im Pazifik gewasserten Astronauten sei gestellt worden. Das Menschheitsereignis Mondlandung sei als größtes Filmprojekt aller Zeiten gedreht worden – als eine Art Langzeit-Dokusoap in Form einer Mischung aus «scripted reality» und Science-Fiction. So sei das weltweite Fernsehpublikum mit enormem Aufwand an der Nase herumgeführt worden, nur um ... – ja, warum eigentlich?

Auf die Plätze, fertig – schwerelos!

Schon immer zog der mystische Himmelskörper Menschen aller Zeiten und Zonen in seinen Bann. «Guter Mond, du gehst so stille durch die Abendwolken hin», so sah noch der deutsche Dichter Karl W. Ferdinand Enslin den Erdtrabanten, als er Mitte des 19. Jahrhunderts seine Textvariante des bekannten Volksliedes verfasste. Doch bereits etwa hundert Jahre später, bald nach dem Zweiten Weltkrieg, sollte es mit der Stille am Firmament vorbei sein. Das All geriet in den Fokus der Großmächte. Zwei politisch-militärische Bündnissysteme standen sich wenig schwerelos in ideologischem Wettstreit gegenüber: der kapitalistisch-demokratische Westen in Gestalt der NATO unter Führung der USA und der kommunistische Osten in Gestalt des Warschauer Paktes unter Führung der Sowjetunion. Die Grenzlinie zwischen den beiden Blöcken, der sogenannte Eiserne Vorhang, verlief in Europa mitten durch Deutschland, durch das Herkunftsland des romantischen Dichters Enslin ebenso wie des visionären Raumfahrt-Ingenieurs Wernher von Braun und vieler anderer maßgeblicher Raketenpioniere. Hier wurden bereits während des Dritten Reichs die Grundlagen dafür gelegt, dem fernen Mond zu Leibe zu rücken. Deutschen Ingenieuren in Peenemünde an der Ostseeküste war es gelungen, erstmals einen Flugkörper ins Weltall zu schießen – eine Rakete des Typs «Aggregat 4», kurz A4. Diese Rakete, in der Angriffsversion der Nazi-Propaganda als «Vergeltungswaffe V2» bezeichnet, erreichte bei einem Testflug am 3. Oktober 1942 eine Gipfelhöhe von 84,5 Kilometern. Damit hatte sie die 80-Kilometer-Marke durchbrochen, die nach Definitionen von NASA und US Air Force den Übergang von der Erdatmosphäre in den Weltraum markiert. Als A4 nach 296 Sekunden und 190 Kilometern in die Ostsee stürzte, soll Wernher von Braun gesagt haben: «Schade, dass die Rakete auf dem falschen Planeten gelandet ist.» Der visionäre Wissenschaftler hatte schon damals den Mond im Visier. Am 7. Juli 1943, nach einer Präsentation des «V2»-Projektes vor Hitler und einigen Generälen in der Wolfsschanze, kündigte von Braun gegenüber Hans Kehrl, einem hochrangigen Wirtschaftskoordinator von Rüstungsminister Albert Speer, an, dass eines Tages Menschen mit dieser Rakete zum Mond fliegen würden.

Bei Kriegsende setzte eine regelrechte Jagd nach erhalten gebliebenen Unterlagen, Produktionsresten und Konstrukteuren des deutschen Raketenprogramms durch Amerikaner und Sowjets ein. Einige Spezialisten wurden in die UdSSR gebracht, um das Wissen der Deutschen zu nutzen. Andere wie Wernher von Braun hatten mehr Glück und wurden im Rahmen der «Operation Paperclip» von den Amerikanern übernommen. Die Verstrickungen dieser Rüstungsfachleute mit dem NS-Regime fielen dabei ganz schnell unter den Tisch. Allerdings trug man in den USA vor allem Wernher von Braun sein – gelinde gesagt – Desinteresse an den menschenunwürdigen Bedingungen, unter denen Zwangsarbeiter und KZ-Häftlinge in der A4-Produktion schuften mussten, bis zu seinem Tode immer wieder nach. Als er 1947 in Landshut heiratete, sicherte die US-Militärpolizei die Feierlichkeiten – um einer Entführung durch die Russen vorzubeugen. Er war der Kopf des A4-Programms, das auf beiden Seiten wesentlich für den Fortschritt der Raketenforschung war. Noch stand die Entwicklung der neuartigen Waffensysteme im Vordergrund. Hochgerüstet und unversöhnlich belauerten die beiden Blöcke einander. Jeder bastelte an Weiterentwicklungen der «V2»-Raketen, um nukleare Sprengköpfe ins Reich des jeweils anderen schießen zu können. Doch der «Kalte Krieg» zwischen Kommunismus und Kapitalismus schien am Boden vor dem Hintergrund verfügbarer Atomwaffen keinen Sieger zuzulassen. Man suchte ein Ventil und fand es in der Eroberung neuer Sphären. Der Weltraum gehörte noch niemandem. Also auf ins All, war die Devise, zumal Fortschritte in der Raketentechnik automatisch Vorteile für die Militärs bedeuten. Doch wer würde die Nase vorn haben beim Wettlauf in den Kosmos? Das war jetzt nicht mehr nur eine militärische Angelegenheit, sondern vor allem eine Frage von politischem Prestige und nationaler Ehre. Angesichts der militärischen Drohkulisse wurden Unsummen an Rubel und Dollars lockergemacht. Zum

Säbelrasseln gesellten sich neue Töne: das Dröhnen der Aggregate. Es ging darum, Antriebe zu entwickeln, die stark genug waren, die Anziehungskraft der Erde zu überwinden – unabdingbare Voraussetzung für den Transport von Material und Menschen ins All.

Wettkampf der Erzfeinde

Das gelang den Sowjets offenbar früher als den Amerikanern. Bereits am 4. Oktober 1957 trug eine sowjetische R7-Rakete den «Sputnik 1» auf eine Erdumlaufbahn – der erste künstliche Erdsatellit im Orbit, die USA abgehängt. Im Westen erschrak man über den Verlust der sicher geglaubten technologischen Überlegenheit. Der «Sputnik-Schock» saß tief. Nach vier Wochen der nächste Paukenschlag: An Bord von «Sputnik 2» flog die Hündin Laika als erstes irdisches Lebewesen ins Weltall. 1 : 0 für das «marxistisch-wissenschaftliche System». Und schon zwei Jahre später starteten die Sowjets ihre Lunik-Missionen. Von den Lunik-Mondsonden flog die erste am Mond vorbei, lieferte aber wertvolle Messdaten und bestätigte den Sonnenwind. Lunik 2 schlug auf dem Mond auf, und Lunik 3 schoss die ersten Bilder von der Rückseite des Erdtrabanten. 2 : 0 für die UdSSR. Noch im selben Jahr kehrten zwei Hündinnen von einem russischen Raumflug wohlbehalten zur Erde zurück. Schließlich umrundete am 12. April 1961 der russische Kosmonaut Juri Gagarin an Bord des Raumschiffs «Wostok 1» die Erde. Der erste Mensch im All ein Russe! 3 : 0 – noch ein Treffer für die Sowjets. Immerhin hatten die Amerikaner bereits 1958 die NASA gegründet und im Januar 1961 einen Schimpansen auf einen Suborbitalflug an die Grenze zum Weltall gebracht. «Ham the Astro Chimp» erreichte jedoch keine Umlaufbahn und kehrte wieder wohlbehalten zurück. Die USA waren am Ball, aber ihre Forschungen waren längerfristig angelegt. Auf den Sturmlauf der Sowjets ins All waren sie nicht vorbereitet. Trotz großer Anstrengungen gelang es den Amerikanern nicht, den Vorsprung der Russen auf dem Weg in den Weltraum und zum Mond einzuholen.

Am 25. Mai 1961 wagte US-Präsident John F. Kennedy einen legendären Befreiungsschlag vor dem Kongress: «Ich glaube, die USA sollten sich das Ziel setzen, noch vor Ende dieses Jahrzehnts einen Menschen auf den Mond zu bringen und ihn wieder sicher zur Erde zurückzubringen.» Nachdem Alan Shephard am 5. Mai 1961 während eines Parabelfluges sich gerade einmal wenige Minuten als erster Amerikaner im Weltall befunden hatte, war dies eine ambitionierte Zielsetzung. Ein gutes Jahr später lehnte sich Kennedy noch weiter aus dem Raumfahrt-Fenster: «Wir haben uns entschlossen, in diesem Jahrzehnt auf den Mond zu kommen, nicht weil es einfach wäre, sondern eben weil es schwierig ist (...) und weil wir gewinnen wollen.» Die Russen jedoch lieferten weiterhin einen Erfolg nach dem nächsten: 1962 zwei Kosmonauten gleichzeitig im All; 1963 Walentina Tereschkowa als erste Frau im All; 1965 Alexei Leonow als erster Mensch außerhalb seines Raumschiffs frei im All. Am 3. Februar 1966 setzte die sowjetische Mondsonde Luna 9 weich auf dem Mond auf. Damit haben die Russen – wenn auch unbemannt – den Mond erreicht, während die Amerikaner mit ihrem Gemini-Programm weniger spektakuläre Übungslektionen absolvierten. Nun lag die Sowjetunion im Kampf um die Spitzenposition in der bemannten Raumfahrt scheinbar uneinholbar in Führung. US-Präsident Kennedy war inzwischen dem tödlichen Attentat von Dallas zum Opfer gefallen, aber sein Versprechen galt weiterhin. Die NASA und alle beteiligten Luft- und Raumfahrtunternehmen gerieten unter immensen Druck. Im Rekordtempo wurde das Apollo-Programm aus dem Boden gestampft. Es geriet zu einer hektischen Technik-Story mit vielen Rückschlägen und tragischen Verlusten an Menschenleben. Bereits bei Apollo 1 verbrannten drei Astronauten in der Kapsel, ohne überhaupt gestartet zu sein. In der Rückschau betrachtet, erscheint das gesamte Programm als ein Teufelsritt, wie er heute wohl nicht mehr möglich wäre. Zum Vergleich: Allein die Entwicklung eines neuen Verkehrsflugzeuges dauert selbst bei den weltbesten Konstruktionsfirmen weit länger als ein ganzes Jahrzehnt. Das Apollo-Projekt verschlang rund 50 Milliarden Dollar. Doch der Wille, im Wettrennen zum Mond diesmal den Triumph davonzutragen, war übermächtig. Bei den Missionen von Apollo 8 im Dezember 1968 und von Apollo 10 im Mai 1969 gelangen die ersten bemannten amerikanischen Mondumrundungen. Und so nahte die entscheidende Apollo-11-Mission im Jahre 1969 – gerade noch rechtzeitig vor Ende des Jahrzehnts, so wie es John F. Kennedy einst versprochen hatte.

Die Mondlandungsshow in drei Akten

Am 20. Mai 1969 hebt sich der Vorhang für ein grandioses Schauspiel. Es beginnt die bis dahin größte Entdeckungsgeschichte aller Zeiten. Gigantische Tore öffnen sich, und ein kolossales technisches Wunderwerk verlässt die 160 Meter hohe Montagehalle. Sie übertrifft den Kölner Dom um drei Meter. Es ist eine Vorführung von Dimensionen, Fakten und Zahlen der Superlative. Ein 3000 Tonnen schwerer Raupentransporter, das größte Landfahrzeug der Welt, trägt eine 48 × 40 Meter messende Plattform, auf der ein 116 Meter hohes Gerüst installiert ist: der Kabel- und Betankungsturm für die daneben senkrecht fixierte «Saturn V». 111 Meter ragt die gewaltige Trägerrakete in den blauen Himmel über dem Kennedy Space Center in Florida. An ihr haben Wernher von Braun und einige seiner deutschen Kollegen maßgeblich mitgewirkt. Sie soll drei Astronauten ins Weltall und auf den Weg zum Mond bringen.

Im Schneckentempo kriecht der Kettenschlepper über die fünf Kilometer lange Rollpiste zur Startrampe, einer 13 Meter hohen Betonfläche. Eine ausgeklügelte Hydraulik gleicht die Schräge aus und garantiert so die lotrechte Position von Rakete und Turm während der sechsstündigen Fahrt. Dann ist das Ziel erreicht – Ende des Vorprogramms zum bis dahin größten zivilen Medienereignis der Geschichte.

Der erste Akt beginnt am Mittwoch, dem 16. Juli 1969, morgens bei strahlendem Sonnenschein auf dem Weltraumflughafen Kennedy Space Center in Cape Canaveral / Florida – vor einem 500-Millionen-Publikum an den Fernsehern in aller Welt. Um 14:32 Uhr MEZ hebt die dreistufige Saturn-V-Rakete mit den drei Astronauten Neil A. Armstrong, Michael Collins und Edwin «Buzz» E. Aldrin in der Kommandokapsel ab. Rasch ist sie den Blicken der Zuschauer entschwunden. Binnen weniger Minuten beschleunigt sie auf eine Geschwindigkeit von 28 000 km / h und umrundet die Erde auf einer Umlaufbahn in 187 Kilometern Höhe. Sie hat sich bereits von zwei Stufen getrennt und holt nun Schwung für den Abflug zum Mond, zündet das Triebwerk der dritten Stufe und rast mit fast 40 000 km / h Richtung Erdtrabant.

Der zweite Akt beginnt am 20. Juli mit dem sanften Aufsetzen der Mondlandefähre im – trockenen – Mondmeer «Mare Tranquillitatis», dem «Meer der Ruhe». Zuvor hatte das Dreier-Team den Erdnachbarn mehrmals umrundet. Dann waren Armstrong und Aldrin aus der Kommandokapsel ins Cockpit der Mondfähre geklettert. Landefähre «Eagle» und Raumschiff «Columbia» trennten sich, und der Abstieg zum Mond begann, während Collins an Bord der Kommandokapsel auf Umrundungskurs blieb. Nun ist die «Eagle» gelandet, und einige Stunden später verlassen die beiden Astronauten die Landefähre. Ein Menschheitstraum wird wahr – und die USA können jubeln: Die Männer im Mond sind Amerikaner! Sie rammen die US-Flagge in die staubige Oberfläche, nehmen Bodenproben, installieren verschiedene Geräte und eine TV-Kamera. Neben den Videoaufnahmen aus einer Außenbordkamera der Landefähre soll sie zusätzlich zu den von den Astronauten geschossenen Fotos Bewegtbilder der extraterrestrischen Szenerie liefern. Allerdings versagt sie, sodass es vom Rückstart keine Fernsehbilder gibt. Dieser erfolgt um 18:54 Uhr MEZ. Alle schweren Gegenstände, darunter Kameras und das Landegestell, verbleiben auf dem Mond. Anschließend trifft die «Eagle» wieder auf die «Columbia» und dockt an. Die Mondfahrer kriechen in die Kapsel. Dann wird die Fähre abgetrennt, und nach einer letzten Mondumrundung geht es zurück zur Erde.

Der dritte Akt findet auf dem Pazifik statt – wieder vor laufenden Fernsehkameras. Am 24. Juli 1969 schwebt die Kommandokapsel an drei gigantischen Fallschirmen aus dem Himmel nieder. Um 17:51 Uhr MEZ wassert sie mit einem kräftigen Schlag auf den Wogen. Ein Hubschrauber bringt Kampfschwimmer, die die Besatzung bergen. Die Männer werden zum Flugzeugträger Hornet geflogen. Nach medizinischen Untersuchungen folgt knapp zwei Wochen später das ganz große amerikanische Heldenprogramm, Konfettiparade auf New Yorks Broadway und Park Avenue inklusive. Die USA haben den Wettlauf zum Mond gegen ihren Erzfeind gewonnen – mitten im Kalten Krieg ein gewaltiger Propagandaerfolg, eine beispiellose technische Meisterleistung und, wie könnte es in Amerika anders sein, eine gigantische Show.

Die Astronauten von Apollo 11: Michael Collins, Neil A. Armstrong und Edwin E. «Buzz» Aldrin (v. o.)

Die Mond-Story als «Mords»-Story

Die Weltöffentlichkeit ist geradezu betäubt von den unglaublichen Berichten. Anders als bei sonstigen wissenschaftlichen oder technischen Errungenschaften üblich, hat sie einer publicitywirksamen Inszenierung beiwohnen können, die zwar ungläubiges Staunen, aber zunächst keinen Zweifel aufkommen lässt – zunächst. Wer kann auch schon ein derart komplexes technologisches Unternehmen beurteilen? Aber genau da liegt der Hase im Pfeffer. Einer der ersten Zweifler, die sich nennenswerte Aufmerksamkeit verschaffen, ist William Charles Kaysing. Als Bachelor of Arts ist Bill Kaysing weder Naturwissenschaftler noch Ingenieur. Er hat sich als Autor mit Themen aus den verschiedensten Wissensgebieten beschäftigt. Von 1957 bis 1963 war er jedoch Leiter der Technischen Dokumentation beim NASA-Zulieferer Rocketdyne.

Diese Firma stellte Triebwerke der Saturn-V-Raketen her. 1976 veröffentlicht Kaysing sein Buch «We Never Went to the Moon». Wie der Titel ahnen lässt, bestreitet der Autor die Mondlandungen rundheraus. Dabei verkauft er sich geschickt als Insider, der intimen Einblick in die Mercury-, Gemini- und Apollo-Programme der NASA gehabt habe. Hier ist kein versponnener Esoteriker am Werk, sondern hier schreibt einer, der es wissen muss – so setzt er sich zumindest in Szene. Die NASA sei technisch gar nicht auf dem Stand gewesen, einen Menschen zum Mond zu bringen. Außerdem will er eine ganze Reihe Ungereimtheiten im Foto- und Filmmaterial entdeckt haben: im Vakuum flatternde Fahnen, markierte Mondfelsen, falsche Schatten, fehlende Landekrater und zahlreiche Kleinigkeiten, die für Kaysing zu entscheidenden Indizien werden. Sie geben ihm klare Hinweise auf eine großangelegte Verschwörung von NASA, CIA und anderen Organisationen. Die verbrannten Astronauten von Apollo 1 sieht er als Mordopfer. Einer von ihnen, Virgil Grissom, hatte sich in der Tat unerhört kritisch zur gesamten Apollo-Technik geäußert. Apollo sei ein Eimer Schrauben, hatte er in einem öffentlichen Interview gesagt. Immerhin waren vor dem Feuer 20 000 Fehlfunktionen bei Apollo 1 festgestellt worden. Seit dann auch noch der mit der Untersuchung des Vorfalls beauftragte Ermittler Thomas Ronald Baron samt seiner Familie auf dubiose Weise ums Leben kam, riecht es für Kaysing ganz eindeutig nach einem Komplott – und wirklich aufgeklärt sind die Ereignisse tatsächlich bis heute nicht. Offiziell war es eine Verkettung unglücklicher Umstände.

Kaysings Buch macht Furore. Es ist ja auch eine «Mords»-Story. Die Schar der Verschwörungstheoretiker wächst. Es erscheinen weitere Publikationen, die viele Argumente aufführen, um die Öffentlichkeit an den Mondlandungen zweifeln zu lassen. Jedes Detail wird unter die Lupe genommen, und immer mehr Widersprüche – scheinbare oder reale – geraten in den Fokus. Dabei werden viele Behauptungen aufgestellt, ohne wissenschaftlich exakte Belege vorzuweisen – eine einfache, aber wirksame Methode. Doch die NASA setzt sich kaum ernsthaft mit dieser Szene auseinander, vielleicht in der Hoffnung, dass durch Ignorieren die Attacken ins Leere laufen. Die Vorwürfe müssten ja wohl erst einmal von der Gegenseite bewiesen werden. Doch die Geschichten bleiben im Umlauf und erreichen Hollywood. Top-Regisseur Peter Hyams bringt 1977 seinen Science-Fiction-Film «Unternehmen Capricorn» in die Kinos. Er erzählt die Geschichte einer gefakten bemannten Mars-Mission – also im Grunde genau die Story, die der NASA von den Verschwörungstheoretikern unterstellt wird, nur eben auf einen anderen Himmelskörper bezogen. Auch in diesem Film werden drei Astronauten zum Schweigen gebracht, und zwar indem man mit der Ermordung ihrer Ehefrauen droht – eine Geschichte ganz nach dem Geschmack von Verschwörungstheorieanhängern. Im Jahr 2001 geht der als Dokumentation bezeichnete Film von John Moffet «Conspiracy Theory: Did We Land on the Moon?», an dem Bill Kaysing mitwirkt, beim US-Sender FOX über den Äther. Er wird wenig später auch in Deutschland ausgestrahlt. Erneut werden viele Behauptungen aufgestellt, die auf den ersten Blick durchaus glaubwürdig wirken. Der Bericht beschreibt auch die Ansicht der Mondlandungsleugner, wesentliche Teile der Apollo-Story seien in geheimen Filmstudios auf dem mysteriösen militärischen Sperrgebiet «Area 51» in der Wüste von Nevada gedreht worden. Alles scheint möglich, nur reale Mondlandungen nicht.

Tricks und Täuschungen

Wie man die öffentliche Meinung durch geschickten Einsatz von realen und gespielten Interviews, Szenen, Schnittfolgen und anderen Filmtechniken manipulieren kann, zeigte 2002 der tunesische Regisseur William Karel in seinem Film «Kubrick, Nixon und der Mann im Mond». In dieser komplett erfundenen Story entwickelt Präsident Nixon einen Plan B, falls Apollo 11 scheitern sollte. Um den Triumph in jedem Fall präsentieren zu können, lässt er von Stanley Kubrick, der gerade «2001 – Odyssee im Weltraum» dreht, nebenher die Mondlandung im Studio produzieren – mit Mitarbeitern der Regierung und natürlich alles top secret. Nach dem Erfolg der realen Mission werden alle beteiligten Darsteller ermordet, um die Zeugen des perfiden Plans zu beseitigen. Kubrick kann sich hingegen nach Großbritannien flüchten. Tatsächlich war Kubrick bereits verstorben, als Karel das Projekt in Angriff nahm. Sonst wäre es schwierig geworden. Für diese Mockumentary – eine «vorgetäuschte Dokumentation» – erhält Karel 2003 den Adolf-Grimme-Preis. Mit seinem fiktionalen Dokumentarfilm hatte er die Möglichkeiten manipulativer Methodik aufgezeigt. Allerdings standen und stehen diese Erkenntnisse beiden Seiten zur Verfügung. Somit ist klar: Die NASA hätte durchaus täuschen können. Das bedeutet aber auch, dass Täuschungsvermutungen der Verschwörungstheoretiker zunächst gar nicht so weit hergeholt sind, wenn gewisse Fakten Anlass dazu geben.

Auch in Deutschland sind die als «Moonhoaxer» (moon = Mond; hoax = Ulk, Streich) bezeichneten Mondlandungsleugner aktiv. Die umfangreichsten Sammlungen von Indizien im Sinne der Moonhoaxer schickt wohl der deutsche Autor Gernot L. Geise ins Rennen – in mehreren Büchern und auf einer entsprechenden Homepage. Er hat seine Ansichten auch zu dem aufsehenerregenden Film «Die Akte Apollo» von Willy Brunner und Gerhard Wisnewski beigesteuert, der 2002 vom WDR und anderen Sendeanstalten ausgestrahlt wird. Die Autoren breiten einen großen Teil des Moonhoax-Spektrums aus und präsentieren die gängigen Einwände der Komplott-Anhänger, ohne sich jedoch unverblümt auf deren Seite zu stellen. Eine reelle wissenschaftliche Auseinandersetzung mit den einzelnen in Zweifel stehenden Details findet allerdings nicht statt. So dürften die meisten der für eine zuverlässige Einschätzung in aller Regel fachlich zu schwach gerüsteten Zuschauer nach dem Anschauen des Films zu der Annahme gelangen, an den Verdächtigungen könnte schon etwas dran sein. Da gilt der Satz eines deutschen Raketen-Spezialisten und engen Weggefährten von Wernher von Braun beim Apollo-Programm, Ernst Stuhlinger: «Der Weg zum Glauben ist kurz und eben, der Weg zum Wissen lang und steinig.»

Diesem diffusen Gefühl, die NASA habe ja vielleicht doch geschummelt, mit Argumenten beizukommen, erweist sich für viele in den Medien aktive populärwissenschaftliche Moderatoren und Journalisten als schwierig. Einerseits muss man schon verdammt gut erklären können, um die physikalisch oft ziemlich verzwickten Phänomene verstehbar zu vermitteln. Andererseits liegt tatsächlich vor allem bei der NASA so viel im Argen, dass selbst dem strengsten Fakten-Liebhaber hier und da Zweifel kommen können. Wenn beispielsweise 700 (!) Kisten ausgerechnet mit originalem Bild- und Tonmaterial einfach so unbemerkt verschwinden und unauffindbar bleiben, darf man sich schon mal fragen, ob das ein Versehen sein kann. Auch dass die US-Behörde aus «Kostengründen» auf eine – einstmals angekündigte – gediegene Gegenpublikation verzichtet, trägt nicht gerade zur Aufklärung bei.

Dennoch bemühen sich auch im deutschen Fernsehen Fachautoren um sachliche Beiträge zum Thema, das vor allem seit dem Jahr 2009 anlässlich des Jubiläums «40 Jahre Mondlandung» wieder intensiver diskutiert wird. Als ein Ansatz zur Klärung der wirren Lage dient vielen Diskutanten die Frage nach der Motivation – auf beiden Seiten.

Fälschen gehört zum Handwerk?

Warum also sollten NASA und US-Regierung ein so schwer kalkulierbares Risiko eingehen und die Mondlandungen fälschen? Weil sie die nationale Blamage einer erneuten Niederlage in der bemannten Raumfahrt und beim Wettlauf zum Mond um jeden Preis vermeiden wollten, sagen die Zweifler. Das Risiko, dass die Täuschung herausgekommen wäre, sei einigermaßen gering gewesen. Obwohl über die Jahre mehr als 400 000 Menschen am Apollo-Programm mitgearbeitet haben, sei mit dem Betrug nur ein überschaubarer Kreis beschäftigt gewesen. Selbst Insider-Größen wie Wernher von Braun seien allein auf Videobilder und Tonaufnahmen angewiesen gewesen. Und so sei es möglicherweise gelaufen: Die Kapsel ist von Anfang an unbemannt. Die Astronauten, die vor laufenden Kameras mit dem Lift des Kabelturms zur Kommandokapsel gefahren sind, bleiben in der Höhe verborgen, ohne in die Kapsel zu steigen. Der Start findet unbemannt statt. Danach werden nur gefakte Aktionen gesendet. Wie täuschend echt das funktioniert, hat Hollywood ja inzwischen bewiesen. Die Kapsel wassert im Pazifik. Dann bringt man die Astronauten an Bord, um etwas später wieder vor laufenden Kameras deren Bergung medienwirksam in Szene zu setzen. Oder aber der Start erfolgt bemannt und die Astronauten umrunden lediglich die Erde. Dann ist die Bergung der gewasserten Crew tatsächlich authentisch. Kompletter Unsinn, meint die Gegenseite. Das sollen die Sowjets mit ihren weltumspannenden Kontrollsystemen nicht bemerkt haben? Kein Problem, meinen die Moonhoaxer. Die Russen hätten die Gagarin-Story ebenfalls gefälscht, und außerdem seien sie von den Getreidelieferungen aus den USA in höchstem Maße abhängig gewesen – zwei Gründe, um ganz kleine Brötchen zu backen und besser zu schweigen.

Ein anderer Grund sei der Vietnamkrieg gewesen. Ein besseres Ablenkungsmanöver habe es für die Regierung Nixon gar nicht geben können. Tatsächlich liefen Apollo-Programm und Vietnamkrieg in einer Weise parallel, dass die Raumfahrterfolge dazu taugten, die militärischen Gräueltaten medial und breitenpsychologisch einigermaßen zu kaschieren, wie Gerhard Wisnewski in seinem Buch übersichtlich auflistet. Das sei nur in der Rückschau zutreffend, meinen Kritiker dieser These. Der Tonkin-Zwischenfall datiere ins Jahr 1964, als der Weg zum Mond von Kennedy schon längst vorgezeichnet gewesen sei. Einen Beigeschmack hat diese Diskussion dann aber doch – in der Rückschau. Der Tonkin-Zwischenfall, für Präsident Johnson Anlass, die USA in den Vietnamkrieg zu führen, war ebenso gefälscht wie die Argumentation für den Irakkrieg 2003. Fälschen gehört also erwiesenermaßen zum normalen Handlungsrepertoire der USA, und so gesehen erscheinen die Unterstellungen der Moonhoaxer zumindest einmal in weniger abstrusem Licht.

Ein drittes mögliches Motiv sehen Mondlandungs-Leugner beim Budget der NASA. Wenn es ums Geld geht, hört der Spaß bekanntlich auf. Dann brechen so manche Dämme – nicht nur in den USA. Bei einem Misserfolg der Mondlande-Missionen wäre der Etat der Weltraumbehörde drastisch zusammengestrichen worden. So sei es beinahe eine Überlebensfrage für die NASA gewesen, auf dem Erdtrabanten erfolgreich zu sein. Das sieht die Gegenseite ganz anders. Keineswegs sei die NASA existenziell bedroht gewesen, und außerdem seien große Teile des Apollo-Budgets gar nicht der NASA, sondern den vielen Zulieferfirmen zugutegekommen. Eine Kürzung der Mittel hätte diese Betriebe weitaus stärker getroffen als die Weltraumbehörde. Dieses Argument ist nachprüfbar. Ebenso unmissverständlich äußerte sich übrigens auch Astronaut «Buzz» Aldrin, der zweite Mann auf dem Mond, als er 2003 von einem Mondlandungsskeptiker aufgefordert wurde, mit einem Schwur auf die Bibel seinen Aufenthalt auf dem Nachtgestirn zu bestätigen. Da verstand der damals 72-jährige Raumfahrer keinen Spaß mehr. Mit einem Fausthieb schickte er den nervenden Zweifler aufs Pflaster – ein schlagendes Argument, wenn auch nonverbal geäußert.

Zweifel am Zelluloid

Die Motivation der Moonhoaxer dürfte so unterschiedlich sein wie die Menschen selbst, die ernsthaft hinterfragen, verunsichert bezweifeln, erregt unterstellen oder sogar ihrerseits absichtlich hinters Licht führen oder einfach nur provozieren wollen. Seit Bill Kaysings Buch 1976 auf den Markt kam, ist die Schar der Mondlandungs-Skeptiker größer geworden. Das sich dazu parallel entwickelnde Internet ermöglichte die globale Vernetzung und damit ein Höchstmaß an persönlicher Beachtung und weltweiter Vermarktung. Einer Umfrage zufolge hielten nach der FOX-Sendung im Jahre 2001 etwa 30 Prozent der Amerikaner die Mondlandungen für Fälschungen. So sieht medialer – auch persönlicher – Erfolg aus. Ob gestreicheltes Ego, klingende Münze oder doch der übermächtige Trieb, allen Dingen auf den Grund gehen zu müssen aus der Gewissheit heraus, dass alles auch eine unbekannte Seite haben muss – vermutlich ist von allem etwas an dem beteiligt, was die Verschwörungstheoretiker antreibt. Dass inzwischen fast jede Facette des Apollo-Programms im Netz als Text, Bild und Ton nachprüfbar ist, über das die Kontrahenten so trefflich streiten, ficht die Hoaxer nicht an. Es könnte ja sein, dass Dokumente «nachbearbeitet» worden sind – und zugegebenermaßen ist das auch in vielen Fällen so. Im Film «Die Akte Apollo» zu diversen Fotos befragt, sah sich der weltberühmte Fotograf Michael Light außerstande, fachlich exakte Beurteilungen abzugeben mit der

Fußabdruck auf der Mondoberfläche. Dieses Bild ging um die Welt. Ist es eine Fälschung?

Begründung, die Bilder, mit denen die Moonhoaxer arbeiten, seien Abzüge der vierten und fünften Generation. Um genaue Aussagen treffen zu können, brauche man die Originale. Doch von denen gelten viele als verschollen – eine weitere Steilvorlage für alle Skeptiker.

Glücklicherweise gibt es jedoch für viele angezweifelte Details oder vermeintliche Widersprüche wissenschaftlich exakte oder auch ganz einfache praktische Erklärungen – gerade bei den Fotografien. So sieht man beispielsweise auf Bildern der Apollo-11-Mission feine Fadenkreuze. Diese Reseau-Kreuze, hauchdünn aufgedampft auf eine Glasplatte zwischen Objektiv und Filmoberfläche, dienen bei der Auswertung der Aufnahmen als Eichmarken, um Proportionen und Distanzen bestimmen zu können. Diese Markierungen müssen also immer vollständig zu sehen sein – sind sie aber nicht. Auf diversen Bildern scheinen sie durch fotografierte Objekte teilweise abgedeckt zu sein. Ein Hinweis auf Manipulation? Nein, erklärt eine Stellungnahme der Firma Zeiss vom 11. April 2006. Bei sehr hellem Hintergrund werden die 0,02 Millimeter zarten Striche überstrahlt, bei sehr dunklem Hintergrund gewissermaßen verschluckt, und beim Scannen und Digitalisieren können die Markierungen unter Umständen durch Komprimierung verlorengehen (sinngemäß zitiert). Damit ist ein scheinbar begründeter Betrugsverdacht entkräftet. Aber auch die Filme selbst werden von Skeptikern immer wieder als Fälschungsbeweis ins Feld geführt. Kein Zelluloid vertrage Temperaturen von 130 Grad Celsius bis minus 100 Grad Celsius, sagen die Mondlandungszweifler. Richtig, sagen Spezialisten der Gegenseite. Aber: Erstens habe es während der Mondaufenthalte solche Extremtemperaturen nicht gegeben; zweitens seien die Hasselblad-Kameras mit entsprechenden Schutzgehäusen ausgestattet gewesen, ausgelegt für ein Temperaturspektrum zwischen 120 Grad Hitze und minus 65 Grad Kälte. Allerdings: Die Kameras selbst wurden auf dem Mond zurückgelassen, um beim Rückstart Gewicht einzusparen. Nur die Filmmagazine kehrten zur Erde zurück. Da man die Originalkameras nicht begutachten kann, bleibt wie so oft Raum für Spekulationen.

Licht und Schatten

Neben den Temperaturen ist das Licht auf dem Mond ein Problem, vor allem beim Fotografieren. Der Erdtrabant besitzt zwar im Vergleich zu anderen Himmelskörpern unseres Sonnensystems ein eher geringes Reflexionsvermögen. Dennoch sind die Helligkeitswerte extrem. Das Sonnenlicht fällt wegen des Fehlens einer Atmosphäre ungefiltert ein und wird von der unebenen Mondoberfläche diffus in starkem Maße reflektiert. Das macht zweierlei notwendig: Schutzvisiere für die Astronauten und kurze Belichtungszeiten beim Fotografieren. Die kurzen Belichtungszeiten führen dazu, dass Menschen, Geräte und auch Landschaften gut abgebildet werden. Die relativ leuchtschwachen Sterne am rabenschwarzen Himmel können so jedoch nicht gleichzeitig abgelichtet werden. Gerade das Fehlen der Sterne auf allen Aufnahmen werten die Verschwörungstheoretiker als Beweis dafür, dass die Mondaufenthalte im Studio gedreht worden seien. Man habe einfach vergessen, einen Sternenhimmel in die Kulisse zu hängen. Tatsächlich gab es keinen Auftrag an die Astronauten, die Sterne gesondert zu fotografieren. Mit der entsprechenden Belichtung wäre es aber durchaus möglich gewesen – ein Versäumnis, das trotz der filmtechnisch korrekten Begründung doch wieder als winziges Schlupfloch für Spekulationen genutzt wird. Außerdem kommt den Moonhoaxern die hohe Qualität der Aufnahmen verdächtig vor. Durch Helm, Anzug und Handschuhe sei es den Astronauten nicht möglich gewesen, die Kamera so perfekt zu handhaben. Richtig, sagen NASA und Hersteller. Deshalb sei der Umgang mit dem Spezialapparat intensiv geübt worden. Der Auslöser sei extra groß ausgeführt gewesen. Und außerdem sei auch eine Menge minderwertiger Fotos geschossen worden, die verständlicherweise nicht veröffentlicht worden seien. Wo viel Licht ist, ist eben auch viel Schatten.

Apropos Schatten. Auf allen Bildern, die von den Szenerien der Landepunkte auf dem Mond geschossen wurden, sind zahlreiche Schatten zu sehen, verursacht von Geräten und Astronauten, aber auch von Steinen und Unebenheiten des Mondbodens. Kritikern fiel auf, dass diese Schatten nicht alle parallel abgebildet werden, obwohl sämtliche Objekte von nur einer Lichtquelle angestrahlt worden sind – der Sonne. Sofort gebar der geistige Reflex des Verschwörungstheoretikers die Lösung des Rätsels: Es muss mindestens einen zusätzlichen Scheinwerfer gegeben haben. Da ein solcher nicht zum Equipment der Raumfahrer gehörte, sei die Sache klar: Die Bilder seien im Studio produziert worden. Klingt einleuchtend, hält aber genauerer fachkundiger Betrachtung nicht stand, entgegnen Physiker. Im Prinzip geht es hier um den Unterschied zwischen Bild- und Raumebene. Alles, was parallel zur Bildebene aufgenommen wurde, wird auch parallel verlaufend abgebildet. Alles, was von der Bildebene abweicht, wird abhängig von Blickwinkel der Kamera und räumlicher Perspektive unterschiedlich abgebildet – ein Phänomen, das auf dem Mond wie auf der Erde zu beobachten und durch zahlreiche Bildbeispiele in den Medien belegt ist. Wenn zwei Objekte von einer weit entfernten Lichtquelle beleuchtet werden, verlaufen beide Schatten auf ebener Unterlage (fast) parallel. Aus dem dreidimensionalen Raum auf den zweidimensionalen Film gebannt, werden die Schatten jedoch perspektivisch abgebildet und können sich durch Unregelmäßigkeiten des Untergrunds zusätzlich abweichend darstellen – scheint etwas kompliziert, ist aber alles wasserdicht belegt.

Windige Widersprüche

Eines der bekanntesten Verdachtsmomente, das von Verschwörungstheoretikern als besonders gewichtiges Pfund gewertet wird, ist die flatternde Nationalflagge der USA auf dem Mond. Die Videoaufnahmen beweisen tatsächlich, dass sich das Sternenbanner gelegentlich bewegt. Das dürfte jedoch auf dem Mond nicht geschehen, denn mangels einer Atmosphäre gibt es dort keinen Wind. Weshalb also flattert die Fahne? Den Anhängern der Moonhoax-Theorie gilt dies als deutlicher Hinweis auf ein irdisches Filmset. Da könne es entsprechende Luftbewegungen gegeben haben. Doch für Raumfahrt-Spezialisten ist das ein windiges Argument. Genaue Analysen der Filme entkräften die Mutmaßungen. Die meisten der von den Kritikern angeführten Filmbeispiele zeigen Flaggenbewegungen, die auf Berührungen der Fahne selbst, der Querstange oder des Mastes durch einen Astronauten zurückgehen. Allerdings gibt es auch sehr kurze Sequenzen, deren vermutlich «verräterisches Vorspiel» nicht auffindbar zu sein scheint, sodass sich die Ursache-Wirkung-Kette hier nicht knüpfen lässt. Wieder einmal eine wunderbare Vorlage für die akribisch suchenden Skeptiker. Allerdings gibt es in einigen Fällen doch noch einen Pluspunkt für die Mondlandungs-Verteidiger: Die Querstange, an der die Flagge im rechten Winkel zum Mast hängt, geht stets der Fahnenbewegung voraus. Wäre Wind im Spiel, würde zuerst das Tuch bewegt und dann die Querstange folgen. Dass aber manchmal tatsächlich ein Lufthauch für erhebliche Verwirrung sorgen kann, zeigt das zunächst rätselhafte «C» auf einem Mondfelsen, fotografiert während der Apollo-16-Mission. Hoaxer hielten die ominöse Beschriftung für eine Requisitenmarkierung und damit für ein deutliches Indiz eines filmischen Fakes. Doch die vermeintliche Theater-Registratur entpuppte sich bei genauerem Hinsehen als Fussel, der bei der Herstellung von Abzügen auf das Fotopapier geweht worden ist. Inzwischen kursieren auch Aufnahmen ohne «C» – Retuschen oder Abzüge sauberer Vorlagen?

Das Fehlen von Luft oder zumindest einer gashaltigen Atmosphäre auf dem Mond hat die Verschwörungstheoretiker auch andere scheinbare Widersprüche entdecken lassen, beispielsweise das Ausbleiben von Staubwolken und von Landekratern beim Touchdown der Mondlandefähren. Selbst in alten populärwissenschaftlichen Illustrationen zu Artikeln von Wernher von Braun treten mächtige Feuerstrahlen aus dem zentralen Triebwerk und blasen Mondstaub zur Seite. Auf den Filmen und Bildern vom Geschehen auf dem Mond ist jedoch nichts davon zu sehen – weder flammende Triebwerke noch Staubwolken oder freigeblasene Landekrater. Außerdem wirkten die startenden Retrokapseln, in denen die Mondbesucher zu ihren Raumschiffen zurückkehrten, als würden Modelle an Fäden in die Höhe gezogen. Da habe der Regisseur schlampig gearbeitet, meinen die Verschwörungsgläubigen und bringen wieder ihre Theorie eines Film-Fakes ins Spiel. Keineswegs, entgegnen Weltraumexperten. Abgesehen davon, dass es von den Landeanflügen – wer sollte die denn aufnehmen? – und wegen Kamera-Ausfalls auch vom Rückstart des Apollo-11-Teams keine Videobilder aus Mondperspektive gibt, verbrennt der Treibstoff – Stickstoff-Retroxid und Hydrazin – kaum sichtbar. Irgendwelche chemischen Reaktionen der Abgase, die eine sichtbare Flamme erzeugen würden, finden im leeren Raum nicht statt. Beim Austritt aus dem Triebwerk verteilt sich der Strahl ins kosmische Vakuum und wirbelt daher kaum Staub auf. Die Partikel, die doch von den Abgasen getroffen werden, fliegen in Parabelbahnen davon. Ein klar umrissener Kraterrand kann so nicht entstehen. Außerdem ist die lockere Staubschicht sehr dünn. Darunter liegt relativ fester Untergrund, was ja auch das Einrammen des Fahnenmastes sehr erschwert hat. Übrigens gibt es in luftleerer Umgebung auch keinen Schall. Die Vermutung der Kritiker, den Mondbesuchern hätten schon vor der Landung beim Starten des Bremstriebwerkes wegen des enormen Lärms die Trommelfelle platzen müssen, läuft für die NASA buchstäblich ins (Luft-)Leere. Lediglich über Bauteile der Fähre selbst hätten Schwingungen das Cockpit erreichen können. Selbst wenn das stimmen würde, sei aber während des Funkverkehrs nichts davon zu hören gewesen, entgegnen die Hoaxer. Ergo sei auch akustisch getrickst worden, und zwar im Studio.

Unter Generalverdacht

Es ist kaum ein Detail des Apollo-Programms nicht unter Verdacht der Verschwörungstheoretiker geraten. Selbst steinharte Beweise werden angezweifelt. So behaupten sie, die 382 Kilogramm Mondgestein, die während der Apollo-Missionen gesammelt wurden, seien

Fälschungen. Ausgeschlossen, kontern Kosmochemiker. Es sei unmöglich, Mondgestein in seinen chemischen und physikalischen Eigenschaften mit irdischen Mitteln 1:1 zu imitieren. Na gut, heißt es nun auf der Gegenseite, dann seien die Proben eben mit Robotern zur Erde geholt worden. Tatsächlich ist es ja sowjetischen Luna-Sonden gelungen, einige hundert Gramm von verschiedenen Stellen des Mondes mitzubringen. Stimmt, aber um mehrere Zentner herüberzuschaffen – von sechs verschiedenen Sammelplätzen –, seien bemannte Mondflüge unabdingbar; ein so erfolgreiches Roboter-Programm sei bis heute nicht zustande gekommen, widersprechen die Raumfahrt-Spezialisten. Außerdem verrät die Oberfläche des Mondgesteins seine kosmische Herkunft: winzige Einschlagskrater von Mikrometeoriten, die in der Erdatmosphäre komplett verglüht wären, sowie relativ hohe Helium-3-Anteile – Spuren des Sonnenwindes, der die Erdoberfläche nicht erreicht. Dann könnte es sich beim Mondgestein vielleicht um Meteoriten vom Mond handeln, versuchen es einige Skeptiker noch einmal. Nein, denn deren Oberfläche würde beim Sturz durch die Atmosphäre schmelzen und die typischen Merkmale würden zerstört, entkräften Meteoriten-Spezialisten.

Auch die Astronauten selbst müssen als Argumente gegen die Mondlandungen herhalten. Es sei für Menschen wegen der extremen Strahlungsbelastung unmöglich, zum Mond zu reisen. Wäre ein Mensch wirklich zum Mond geflogen, wäre er kurz darauf an Krebs gestorben. In der Tat hatte bereits 1958 der US-Satellit «Explorer 1» jenseits der Erdatmosphäre hohe Strahlenwerte gemessen. Diese die Erde schalenartig umgebende Zone, der Van-Allen-Gürtel, ist zweigeteilt und erstreckt sich ungefähr in Höhen zwischen 1000 und 5000 Kilometern sowie zwischen 15 000 und 25 000 Kilometern. Außerdem sei aber auch auf dem Mond die Gefahr des Sonnenwindes lebensbedrohlich, lautet die Kritik. Alles richtig, bestätigt die Mondlande-Partei. Jedoch sei die Strahlenbelastung durch mehrere Faktoren vertretbar gewesen: Bei einer Reisegeschwindigkeit von etwa 38 000 Kilometern pro Stunde war der Aufenthalt im Van-Allan-Gürtel sehr kurz, und auf dem Mond bot die Schutzkleidung ausreichend Sicherheit. Allerdings müssen die NASA-Experten zugeben, dass eine Sonneneruption die Astronauten in höchste Gefahr gebracht hätte, weshalb man das Zentralgestirn lückenlos beobachtet habe, um notfalls die Mission abzubrechen. All dessen ungeachtet, wagen die Moonhoaxer einen weiteren Vorstoß: Als der Mondlande-Pionier Neil Armstrong am 25. August 2012 in Cincinnati 82-jährig verstirbt, sehen sie darin den Beweis, dass er niemals auf dem Mond gewesen sein könne – er wäre sonst nicht so alt geworden.

Fakten, Fiction, Faszination

Viele Details vor allem technischer Art stehen weiterhin unter verschwörungstheoretischem Beschuss. Das berühmte Körnchen Wahrheit gibt von Anfang an Anlass zum Zweifel. Ist ein solcher erst einmal in der Welt, ist es schwierig, manchmal sogar unmöglich, ihn dauerhaft zu entkräften. Tatsächlich sind einige am Apollo-Programm beteiligte Personen eines nicht natürlichen Todes gestorben. Entsprechend aufbereitet, vermag dies den Geruch eines teuflischen Komplotts zu verbreiten. Tatsächlich liegt aber andererseits kein juristisch sauberer Beweis für ein solches Komplott vor. Und wie will man letzten Endes die Behauptung widerlegen, die technischen Voraussetzungen für bemannte Mondflüge seien in den 1960er Jahren noch gar nicht gegeben gewesen, wenn einerseits alle vorgebrachten Belege erneut in Zweifel gezogen werden, andererseits jene Exkursionen heute trotz technologischer Quantensprünge so schnell nicht wiederholbar erscheinen? Bis vor kurzem hatte auch kein noch so gutes Teleskop Spuren der Mondlandungen wie etwa die zurückgelassenen Landestufen, Mondmobile oder sonstiges technisches Gerät finden können. Im Jahre 2011 jedoch gelang es der NASA mit ihrem LRO (Lunar Reconnaissance Orbiter), Apollo-Landeplätze auf dem Mond aus etwa 20 Kilometer Höhe zu fotografieren. Wieder einmal ein gefundenes Fressen für die Moonhoaxer, denn viel erkennt man nicht auf den Bildern. Selbst dem unvoreingenommenen Betrachter erschließt sich nicht wirklich, was die NASA-Interpretation wortreich erklärt. So ist die nächste Runde bereits eingeläutet, in der es weiterhin um die haargenaue Analyse von Fakten und Fiktionen geht – tatsächlicher oder vermeintlicher Natur, je nach Standpunkt.

Das weltweite Publikum wird vermutlich im Bann des kaum Vorstellbaren bleiben. Das scheint ja ohnehin eine der erstaunlichsten Eigenschaften von Verschwörungstheorien zu sein: Sie sind nicht totzukriegen. Offenbar besitzen wir Menschen einen besonderen Hang zum Geheimnisvollen und lassen uns von Mysterien allzu gern gefangen nehmen. Erst wenn wieder – oder zum ersten Mal? – Menschen auf dem Mond landen werden, wird das Rätsel der Mond-Missionen des Apollo-Programms gelöst werden können – aber nur, wenn alle ganz genau aufpassen.

Die Legende des Dritten Turms – Das World Trade Center 7

Es klingt wie der Plot aus einem James-Bond-Film: Eine Regierung und deren Geheimdienst inszenieren einen brutalen Terroranschlag – auf das eigene Volk. Sie riskieren eine Weltkrise, nehmen kaltblütig den Tod von 3000 Landsleuten in Kauf und schreiben den Anführer einer Terrorgruppe zur Fahndung aus. Tot oder lebendig. Das alles nur, um ihre geostrategischen und politischen Ziele im arabischen Raum durchzusetzen? Es ist das Szenario einer Verschwörungstheorie zu den Terroranschlägen am 11. September 2001.

Die Bilder vom Einsturz der Zwillingstürme des World Trade Center wirken bis heute unwirklich und haben sich in das kollektive Gedächtnis der Menschheit eingebrannt. Kein Attentat forderte mehr Todesopfer, bei keinem Anschlag waren Millionen Menschen am Fernsehschirm live dabei, keine Katastrophe wurde umfassender untersucht, kommentiert und haarklein ausgewertet. Vielleicht liegt es in der Natur der Sache, dass mit dem Ausmaß der Analyse auch die Zahl der Zweifler und Gegenredner steigt. Um die Terroranschläge vom 11. September 2001 ranken sich jedenfalls mehr Verschwörungstheorien als um jedes andere Ereignis in der Geschichte. Deren Anhänger sind überzeugt, dass es sich bei dem Attentat um eine gezielte Operation amerikanischer Geheimdienste handelt.

Sie haben die «Wahrheitsbewegung zum 11. September» (9/11 Truth Movement) gegründet und versuchen weltweit in Internetforen, Schriften und Videos immer neue Beweise für ihre ungeheuerliche Theorie zusammenzutragen. Bis heute stellen sie die offizielle Regierungsversion des Terroranschlags am 11. September in Frage. Die «Truther», also «Wahrheitssucher», spalten sich in zwei Blöcke: in die Anhänger der «Lihop»-Theorie («Let it happen on purpose»), die davon ausgehen, dass amerikanische Regierungs- und Geheimdienstkreise im Vorfeld von den Anschlägen wussten und diese aber nicht verhindert hatten. Also stillschweigend alles geschehen ließen. Und andererseits die Vertreter der «Mihop»-Theorie («Make it happen on purpose»), die an eine aktive Planung der Anschläge durch Regierungskreise glauben, die also die Katastrophe provozierten. Ob Mitstreiter von Lihop oder Mihop: Sind die aberwitzigen Vorwürfe komplett aus der Luft gegriffen, oder gibt es tatsächlich handfeste Hinweise auf eine Verstrickung der Amerikaner?

Zweifel an der Richtigkeit des offiziellen Regierungsreports zum Anschlag auf das World Trade Center sind in der US-amerikanischen Bevölkerung weit verbreitet. In einer Umfrage der CBS und der «New York Times» aus dem Jahr 2006 waren immerhin über die Hälfte der Befragten der Meinung, die US-Regierung würde «einiges verbergen». Jeder Vierte glaubte, die Regierung «lüge überwiegend», und nur jeder Sechste war davon überzeugt, dass an den Vorwürfen einer gezielten Operation nichts dran sei. In Deutschland gibt es einen ähnlichen Trend: Hier glaubten 2006 immerhin 23 Prozent der Befragten, dass der US-Geheimdienst das Attentat durchführte, um die Kriege in Afghanistan und dem Irak zu rechtfertigen. Die

Weisheit der Masse – können so viele Menschen in ihrer Meinung so falschliegen?

Das Ausmaß der Tragödie des 11. September hat ein nationales Trauma ausgelöst. Amerika wurde mitten ins Herz getroffen. Und vielleicht bieten ja Verschwörungstheorien vielen Menschen die Möglichkeit, das Unfassbare zu erklären und zu verarbeiten. Zudem sind die Vorgänge rund um die Anschläge auf das World Trade Center unübersichtlich und komplex. Beweisstücke wie die Flugschreiber sind in Flammen aufgegangen, viele Zeugen sind tot, etliche Fragen bleiben bis heute unbeantwortet. Das bietet eine Projektionsfläche für Spekulationen und Gerüchte aller Art.

Ein Kollaps – zu schön, um wahr zu sein

Wissenschaftler und US-Behörden versuchen bis zum heutigen Tag, die Abläufe am 11. September minuziös zu rekonstruieren, um ein umfassendes Bild zu erhalten. Zu den Fakten: Am 11. September 2001 um 8:46 Uhr raste das erste entführte Flugzeug in den Nordturm – mit 38 000 Litern Treibstoff an Bord. 16 Minuten später wurde der Südturm getroffen. Genau 102 Minuten vergingen zwischen dem Einschlag des ersten Flugzeugs, American Airlines-Flug 11, ins World Trade Center und dem Einsturz der über 400 Meter hohen Türme. Doch an diesem Tag kollabierte noch ein weiterer Turm, über dessen Einsturz lange Zeit nur wenig bekannt war: das Gebäude Nummer 7, der sogenannte «Dritte Turm» – mit seinen 170 Metern Höhe und 47 Stockwerken das dritthöchste Hochhaus des World-Trade-Center-Komplexes, das aus insgesamt sieben Gebäuden bestand.

Der Dritte Turm im Schatten der Zwillingstürme spielt eine Schlüsselrolle bei den Verschwörungstheorien zu 9/11. Er stürzte gegen 17:20 Uhr, etwa sieben Stunden nach dem Nordturm, senkrecht ein. Und das, obwohl kein Flugzeug ihn getroffen hatte und er von außen kaum beschädigt wirkte. Videoaufnahmen und Zeugenberichte belegen, dass das Stahl-Skelett-Hochhaus in nur acht

Sekunden senkrecht in sich zusammenknickte, fein säuberlich wie ein Kartenhaus. Für die Verschwörungsgläubigen der Beweis, dass der Dritte Turm kontrolliert gesprengt wurde. Zudem sei nirgendwo auf der Welt jemals ein Hochhaus nur in Folge von Bränden und Beschädigungen eingestürzt. Neueste Untersuchungen ergaben, dass der Einsturz tatsächlich bereits im Kern des Gebäudes begann und sich insgesamt über 44 Sekunden hinzog. Immer noch ein schneller Zusammenbruch und für die Skeptiker keine Beruhigung. Was sind also die wahren Gründe für den Einsturz des Dritten Turms?

Im ersten offiziellen Regierungsreport zum Terroranschlag wird das World Trade Center 7 überhaupt nicht erwähnt. Und auch das Amerikanische Eich- und Technologie-Institut NIST (National Institute of Standards and Technology) – vergleichbar mit dem deutschen TÜV – beschäftigte sich in seiner 2005 veröffentlichten Studie nur mit den Einstürzen der World-Trade-Center-Gebäude 1–6. Der Fall des World Trade Center 7 sollte in einer eigenen Untersuchung behandelt werden – doch die Veröffentlichung wurde mehrmals verschoben.

Der letzte Zeuge

Um ein komplettes Bild der Geschehnisse zu erhalten, wurden alle in Frage kommenden Zeugen einvernommen. Der wichtigste: Barry Jennings – ein Mitglied des Krisenreaktionsteams. Im 23. Stockwerk des WTC 7 kannte er sich aus, befand sich dort doch eine prominente Behörde: die New Yorker Noteinsatz-Zentrale für Katastrophen und Terroranschläge (EOC). Bereits zwei Minuten nachdem das erste Flugzeug im Nordturm eingeschlagen war, eilten Feuerwehr, Rettungskräfte und Polizei deshalb hierher. Als auch noch der Südturm getroffen wurde, veranlasste der Secret Service die sofortige Evakuierung von World Trade Center 7. Auch der Stab der Terrorabwehrzentrale von New York musste das Gebäude verlassen. Die 9/11-Skeptiker fragen sich heute, warum die Noteinsatzzentrale genau in dem

Warum stürzt WTC 7 ein? Eines der letzten Geheimnisse des 11. September

Moment geräumt wurde, wo sie am dringendsten gebraucht wurde. Barry Jennings hatte den Evakuierungsbefehl überhört und machte sich im Treppenhaus auf den Weg in den 23. Stock zum Kommandobunker des EOC. Jennings berichtete in einer TV-Koproduktion der BBC und des ZDF über die letzten Stunden kurz vor dem Einsturz: Als er Level 23 erreichte, fand er zu seinem Erstaunen eine verlassene Büroetage vor mit noch dampfenden Kaffeetassen und flimmernden Monitoren – Zeichen für eine überstürzte Flucht des Katastrophenteams.

In diesem Augenblick stürzte auch der nur hundert Meter entfernte Nordturm ein. Herabfallende Trümmer trafen das World Trade Center 7, Feuer brach aus. Sofort schlugen die Brandmelder des Gebäudes Alarm, wie Jennings berichtete. Er sah, wie sich die Brände im Gebäudeinnern in Windeseile ausbreiteten – und er wunderte sich, weshalb die Feuerwehr nichts unternahm. Barry Jennings konnte gerettet werden, gegen 12 Uhr mittags. Da lagen die beiden

Zwillingstürme schon in Schutt und Asche. Und der Dritte Turm sollte noch weitere fünf Stunden brennen, bis er innerhalb von 44 Sekunden einstürzte. Aber reichten brennende Büros tatsächlich aus, um so eine gewaltige Stahlkonstruktion zum Einsturz zu bringen?

Sprengstoff Superthermit

Nein, sagen viele Verschwörungstheoretiker. Sie sind davon überzeugt, dass das Szenario von 9/11 von langer Hand geplant war und das World Trade Center 7 gezielt gesprengt wurde. Und sie zitieren den letzten Zeugen, Barry Jennings, der gegenüber der BBC berichtete:

Jennings: «Im 7. Stock wollte ich auf die andere Seite des Gebäudes gehen, und wie ich da ankam, stellte ich fest, dass da nichts mehr war. Die erste Explosion hatte ich gerade gehört, als ich den 5. Stock erreichte. Dann sind wir wieder zurück in den 8. Stock, wo ich noch mehr Explosionen gehört habe.»
Reporter: «Was waren das für Geräusche?»
Jennings: «Ein Knall, wie eine Explosion.»
Reporter: «Mehr als eine?»
Jennings: «Ja.»

Aber waren es tatsächlich Explosionen, die von einer Sprengung stammten? Im Dritten Turm gab es Tanks mit Tausenden Liter Diesel für die Notstromaggregate, die sich entzündeten und explodierten. Und draußen brannten Autos und Lastwagen, die von herabstürzenden, brennenden Trümmern der Zwillingstürme getroffen wurden. Zudem ist es schwer vorstellbar, dass die Sprengung eines Stahlgiganten im Geheimen vorbereitet werden konnte, ohne dass es eine Vielzahl an Mitwissern gab. Hunderte von Sprengsätzen hätten angebracht, kilometerweise Steuerungs- und Zündkabel verlegt werden müssen. Und hätte man nicht auch Spuren einer Sprengung auf dem Trümmerfeld finden müssen? Unmittelbar nach den Anschlägen durchkämmten Ermittler der amerikanischen Katastrophenschutzbehörde FEMA das Gebiet rund um das World Trade Center. Und sie fanden keinerlei Hinweise auf eine kontrollierte Sprengung.

Der Physiker Steve Jones und andere Autoren der 9/11-Wahrheitsbewegung haben noch eine andere, ungeheure Hypothese für den Einsturz: Was wäre, wenn im World Trade Center 7 erstmals ein geheimer Spezialsprengstoff eingesetzt wurde? Einer, der extrem hohe Temperaturen erzeugt und Stahl geradewegs zum Schmelzen bringen kann? Ist die Reaktion einmal ausgelöst, kann sie kaum noch gestoppt werden. Es geht um Nanothermit – auch Superthermit genannt. Ein hochgefährlicher Stoff, der bisher nur für militärische Forschungen, zum Beispiel für die Entwicklung neuer, explosiverer Bombentypen, eingesetzt wurde. In Staub- und Schuttproben will Jones Substanzen gefunden haben, die die Verwendung von Nanothermit belegen könnten. Tatsächlich gefunden wurden allerdings nur feinste Eisenkügelchen, die auch beim Einsatz von herkömmlichem Thermit entstehen. Denn der Stoff wird nicht nur als Anzünder für Explosivstoffe verwendet, sondern auch zum Schweißen oder Durchbrennen von Stahl. Die Akte «Superthermit» kann also auch wieder geschlossen werden.

Einsturz durch Pfannkuchen-Effekt

Es dauerte lange sieben Jahre, bis die US-Behörde den Abschlussbericht für WTC 7 vorlegte. Im August 2008 hatte NIST endlich alle Zeugenaussagen, Videoaufnahmen und Konstruktionspläne ausgewertet. In einem aufwendigen 3-D-Modell ließ sie das Hochhaus wiederauferstehen, jeder einzelne Stahlträger, jeder Bolzen, jede noch so kleine Schraube wurde erfasst. Anschließend wurden die Ausbreitung der Brände und der Einsturz des Stahlgiganten am Computer simuliert, Minute für Minute, um einen präzisen Ablauf des Geschehens sichtbar zu machen. Laut NIST ist der Kollaps des Dritten Turms eine Aneinanderreihung ungewöhnlicher Umstände: Brennende Trümmerteile des einstürzenden Nordturms trafen das Gebäude 7, sodass auch in diesem Bürohochhaus an mehreren Stellen gleichzeitig Feuer ausbrach. Die Brände wanderten von Büro zu Büro unaufhaltsam weiter, so wie es Barry Jennings auch beschrieben hatte, ohne dass die Sprinkleranlage den Flammen etwas entgegensetzen konnte – die Wasserversorgung Südmanhattans war durch den Einsturz der Twin Tower ausgefallen. So konnten im WTC 7 Temperaturen von etwa 400 bis 500 Grad Celsius entstehen. Der Schmelzpunkt von Stahl liegt allerdings deutlich höher – bei 1200 Grad. Nicht nur für kühle Rechner der Knackpunkt in den Erklärungen der Behörden. Die Ingenieure glauben aber den Grund des ungewöhnlichen Einsturzes trotzdem zu kennen.

Stahl verliert weit vor der Schmelze seine Stabilität, bereits niedrigere Temperaturen können dazu führen, dass sich Stahlträger ausdehnen und verbiegen. Genau dies traf laut NIST auf das Hochhaus 7 des World Trade Center zu. Durch die Hitze dehnten sich zuerst die horizontalen Deckenträger des Wolkenkratzers aus, dadurch stieg der Druck auf die Verbindungen zu den tragenden, vertikalen Säulen. Die Folge: Die Tragesäulen knickten ein, ein Stockwerk krachte auf das nächste, der Druck potenzierte sich. «Pancaking» – der Pfannkuchen-Effekt, so die Experten, führte letztendlich zum Breakdown. Besonders schwer soll es die zentralen Säulen 79 bis 81 getroffen haben. Zwischen dem 10. und 13. Stockwerk sprangen alle horizontalen Deckenträger ab, bis sie über neun Stockwerke frei standen – das Stahlskelett war plötzlich ohne festen Halt. Die Säulen knickten wie Strohhalme und lösten eine Kettenreaktion, einen «progressiven Kollaps» aus. Die Einsturzwelle breitete sich in rasender Geschwindigkeit von einer Säule zur nächsten aus, bis der Stahlgigant wie ein Kartenhaus in sich zusammenfiel.

Kein unbekanntes Phänomen für Bauexperten. Neu ist allerdings für die Fachleute, dass Feuer und Hitze den Einsturz einer Stahlkonstruktion herbeiführen können. Für Verschwörungstheoretiker eine nicht ausreichende Erklärung für den Einsturz von WTC 7. Und sie haben noch mehr Ungereimtheiten im Gepäck: Merkwürdig ist bis heute, dass einige Fernsehsender den Einsturz des World Trade Center 7 bis zu einer Stunde vorher meldeten. Zu diesem Zeitpunkt stand das Gebäude noch unversehrt hinter den Reportern. Anhänger der Verschwörungstheorie sehen darin einen Hinweis, dass die Medien über einen möglicherweise geplanten Einsturz informiert waren – ihn nur aus Versehen zu früh meldeten. Doch die beteiligten Journalisten erklärten die Panne später damit, dass bereits seit Stunden darüber spekuliert wurde, ob der dritte Turm des World Trade Center nicht ebenfalls einstürzen würde, es sei eben ein chaotischer Tag gewesen.

Stelldichein der Geheimdienste

Auch ein Blick auf die illustre Liste der Mieter des World Trade Center 7 nährte die Skepsis an der offiziellen Regierungsversion: Ausgerechnet dort, wo die CIA, der Secret Service und das Verteidigungsministerium ihre Büros hatten, wird alles in einem Rutsch zerstört, ohne dass nur ein Mensch verletzt wird. Tatsächlich nur Zufall? Für die Verschwörungsgläubigen rund um die Anschläge des 11. September ein Beleg, dass sich hier die Schaltzentrale des Terroranschlags befand, hier die «wahren Drahtzieher» der Anschläge auf die Twin Tower saßen. Auch die Börsenaufsichtsbehörde SEC war in Gebäude 7 untergebracht. Nur wenige hundert Meter weiter, an der Wall Street, kam es kurz vor den Anschlägen zu millionenschweren Börsengeschäften mit den Aktien der Fluggesellschaften American Airlines und United Airlines, deren Maschinen von den Terroristen gekapert wurden.

Anonyme Anleger setzten auf fallende Kurse und machten Riesenprofite. Die US-Börsenaufsicht SEC veröffentlichte dazu 2004 einen Untersuchungsbericht und kam zu dem Schluss, dass es keinen Zusammenhang mit den Anschlägen gebe: «Es wurden keinerlei Beweise gefunden, die nahelegen, dass wer auch immer von den Anschlägen des 11. September Kenntnis hatte, Transaktionen auf Basis dieser Information getätigt hat.» Die Auftraggeber der Spekulationsgewinne sind bis heute unbekannt.

Wie Phönix aus der Asche

Seit 2006 steht es wieder, das Hochhaus 7 des World Trade Center. Als Neubau aus Stahl und Glas und mit seinen 228 Metern knapp 50 Meter höher als sein Vorgänger. Der Architekt David Childs hat das Bauwerk als «gewaltigen Lichtstrahl mit einem Herz aus Beton» entworfen. So steht es nicht nur als Menetekel für die Verletzlichkeit der von Menschenhand errichteten Superbauten, sondern auch als Beispiel für zukunftsweisenden Brandschutz. Denn mit seinem massiven Betonkern gilt das World Trade Center 7 heute als einer der sichersten Wolkenkratzer der Welt.

Für die amerikanische Technologiebehörde ist der Fall des alten World Trade Center 7 gelöst. Doch die Gerüchte und Verschwörungstheorien rund um den 11. September laufen munter weiter um den Globus – ungeachtet aller wissenschaftlich fundierten Erkenntnisse. Denn irgendeine Ungereimtheit findet sich immer, über die weiter spekuliert werden kann. Außerdem kommt die Wahrheit meist schlicht und unspektakulär daher – ganz anders als so manch bunt ausgeschmückte Lügengeschichte. Ein Gedanke, der schon vor etwa 250 Jahren notiert wurde. Natürlich von Goethe, ein Freimaurer, der später selbst ein Objekt von Verschwörungstheorien wurde: «Man muss das Wahre immer wiederholen, weil auch der Irrtum um uns her immer wieder gepredigt wird, und zwar nicht von Einzelnen, sondern von der Masse, in Zeitungen und Enzyklopädien, auf Schulen und Universitäten. Überall ist der Irrtum obenauf, und es ist ihm wohl und behaglich im Gefühl der Majorität, die auf seiner Seite ist.»

Die Protokolle der Weisen von Zion – Mythos einer jüdischen Weltverschwörung

Der 11. September 2001: Neben der sichtbaren Tragödie hatten die Terroranschläge auf das World Trade Center etliche andere perfide Folgen. Eine Verschwörungstheorie lebte wieder auf, die zu den folgenschwersten der Geschichte gehört und die von einer jüdischen Weltherrschaft handelt. Schnell verbreitete sich nämlich nach den Angriffen der al-Qaida das Gerücht, dass hinter den Anschlägen nicht nur Osama Bin Laden und seine Gefolgsleute steckten, sondern eine andere, viel größere Macht: eine einflussreiche jüdische Geheimorganisation, die das Ziel hat, allen Nichtjuden Schaden zuzufügen, sie zu schwächen und die Weltherrschaft an sich zu reißen. Um die ungeheuerlichen Vorwürfe zu kräftigen, dient eine Schrift, die bereits vor 100 Jahren verfasst wurde und tragischerweise nicht aus der Welt zu bekommen ist: «Die Protokolle der Weisen von Zion».

Das zähe Leben einer Propagandalüge

Der Historiker Norman Cohn nennt das Pamphlet die «Bibel des modernen Antisemitismus». Es wurde zur theoretischen Untermauerung des Antisemitismus herangezogen und diente als Rechtfertigung für Pogrome und Morde. Die Botschaft der «Protokolle der Weisen von Zion» ist so einfach wie niederträchtig: Juden sind die heimlichen Drahtzieher des Weltgeschehens, und sie sind schuld an allem Unheil in der Welt. An Kriegen, Wirtschaftskrisen, Terroranschlägen und Seuchen. In Deutschland stehen die «Protokolle der Weisen von Zion» seit 2001, dem Jahr der Anschläge auf die USA, auf dem Index der jugendgefährdenden Schriften. Sie gelten als Aufruf zur Volksverhetzung, und ihre Verbreitung wird strafrechtlich verfolgt. Doch das Interesse an der Verschwörungstheorie scheint nach wie vor groß zu sein: Wer 2013 auf der deutschen Google-

Das zählebige Dokument des modernen internationalen Antisemitismus ist längst als Fälschung entlarvt.

Website nach den «Protokollen der Weisen von Zion» sucht, erhält über 100 000 Einträge, auf der englischsprachigen Seite gibt es sogar knapp eine Million Suchergebnisse.

Wovon genau handeln die «Protokolle der Weisen von Zion»? Und was macht diese Verschwörungstheorie so zählebig und wirkungsmächtig? Die «Protokolle» geben vor, Geheimdokumente zu sein, die angeblich eine «jüdische Weltverschwörung» beweisen. Sie schildern ein heimliches Treffen einer Gruppe von Juden, die sich die «Weisen von Zion» nennen. Deren Ziel sei die Unterwerfung aller Nichtjuden und die Errichtung einer jüdischen Gewaltherrschaft: «Durch Not, Neid und Hass werden wir die Massen lenken und uns ihrer Hände bedienen, um alles zu zermalmen, was sich unseren Plänen entgegenstellt.» In 24 Kapiteln beschreibt die Schmähschrift in allen Einzelheiten die Pläne der jüdischen Verschwörer zur Erlangung der Weltherrschaft: Sie verbreiteten Wirtschaftskrisen und Krankheiten, stifteten Revolutionen und gewalttätige Auseinandersetzungen an und untergrüben die Moral und die Sitten der Nichtjuden. Die Texte sind gespickt mit antijüdischen Stereotypen, die bereits im Mittelalter entstanden sind: Juden werden als Wucherer, Brunnenvergifter, Ritualmörder beschuldigt und als Feinde der Christen stigmatisiert. So heißt es in den «Protokollen», die Christen seien eine «hirnlose Hammelherde» – «Wir Juden aber sind die Wölfe. Wissen Sie, meine Herren, was aus den Schafen wird, wenn die Wölfe in ihre Herden einbrechen?»

Angeblich sind die «Protokolle der Weisen von Zion» während des Ersten Zionistischen Weltkongresses in Basel 1897 klammheimlich aufgezeichnet worden. Damals trafen sich auf Einladung des Schriftstellers Theodor Herzl 200 Delegierte aus 24 Ländern, um über einen eigenen Judenstaat als «gesicherte Heimstätte» für Juden in aller Welt zu entscheiden. Dass die als Tatsachenbericht veröffentlichten «Protokolle der Weisen von Zion» eine plumpe Lüge und Fälschung sind, wurde bereits 1921 nachgewiesen. Wie aber ist dann zu erklären, dass sich das antisemitische Verschwörungskonstrukt bis heute so hartnäckig hält und nahezu auf der ganzen Welt, von den USA bis Japan, von Europa bis in die arabische Welt verbreitet wurde? Nur der Blick auf die Entstehung dieser machtvollen Lügenpropaganda und ihrer Rezeptionsgeschichte kann darauf eine Antwort geben.

Geheimdienst Ochrana – der Brandstifter?

Die Spur führt nach Russland, in die Zeit des russischen Zaren Nikolaus II. Nirgendwo im Europa des ausgehenden 19. Jahrhunderts äußerte sich die Judenfeindschaft so gewalttätig wie hier. Rund ein Drittel aller Juden lebte im russischen Zarenreich, sie wurden als «Feinde der orthodoxen Christen» ausgegrenzt und schikaniert. Immer wieder entlud sich der Hass in grausamen Pogromen, denen Tausende Juden zum Opfer fielen.

In diesem judenfeindlichen Klima konnte das verhängnisvolle Wahngebilde von einer satanischen, jüdischen Weltverschwörung gedeihen. Die zaristische Geheimpolizei Ochrana ließ die «Protokolle der Weisen von Zion» im Jahr 1895 verfassen, um die Hetzschrift anschließend als angeblich authentischen Bericht zu veröffentlichen. Fiktive Texte wurden in Auftrag gegeben, um die Juden zu verleumden. Bestehende Schriften wurden verändert, sodass sie am Ende eine eindeutige antisemitische Tendenz bekamen – hier wurde die Saat für die unzerstörbaren Protokolle gelegt.

Jedes Mittel schien dem russischen Geheimdienst recht, um nicht nur die Machtposition des Zaren zu stärken, sondern auch die eigenen Interessen zu befeuern. Das Ziel war, die politische Opposition gegen die autokratische Zarenherrschaft und die revolutionären Strömungen als Werk einer jüdischen Weltverschwörung zu diskreditieren und zu bekämpfen. Nach der erfolgreichen Etablierung der Texte wurden die «Protokolle der Weisen von Zion» erstmals 1903 in Russland in der Zeitschrift «Znamija» veröffentlicht. Der eigentliche Durchbruch kam dann zwei Jahre später, als der Russe Sergej Nilus die «Protokolle» im Anhang seines okkult-religiösen Werks «Das

Große im Kleinen. Der Antichrist als nahe politische Möglichkeit» veröffentlichte. Das Buch wurde in Russland zu einem Bestseller – und über russische Auswanderer gelangte es ins Ausland, auch nach Deutschland.

Die Weltkarriere eines Hirngespinsts

Die schändlichen Texte, die mit dem Wort «Protokoll» überschrieben sind und dadurch Authentizität vorgaukeln, wurden 1919 erstmals auf Deutsch im völkischen Verlag publiziert – herausgegeben im Auftrag des «Verbands gegen Überhebung des Judentums». Sie waren wahlweise als große oder kleine «Prachtausgabe» sowie als einfache «Volks-Ausgabe» zu erwerben – bis 1923 erreichte das Buch acht Auflagen. Anfeindungen gegen das Judentum waren in Deutschland seit dem späten 19. Jahrhundert stark verbreitet. Seit der deutschen Reichsverfassung von 1871 waren Juden gleichberechtigt, und viele nutzten die Chance zum wirtschaftlichen und sozialen Aufstieg. Eine Entwicklung, die von reaktionären Kräften als Bedrohung angesehen wurde. Sie unterstellten den Juden «antideutsche» und «antisoziale» Eigenschaften – die Lüge von einer jüdischen Konspiration um die Weltherrschaft passte da perfekt ins Weltbild.

Nach dem verlorenen Ersten Weltkrieg verschärfte sich die judenfeindliche Stimmung noch weiter. Verletzter Nationalstolz und die Wirtschaftskrise wurden zum Nährboden für antisemitische Ideen. Radikale Gruppen suchten einen Sündenbock für die erlittene Niederlage: Sie behaupteten, die Juden seien schuld am verlorenen Krieg und zögen nun Profit aus dem deutschen Elend. Ein Opfer des Judenhasses: Reichsaußenminister Walther Rathenau, der im Juni 1923 ermordet wurde – die Attentäter legitimierten ihre Tat unter anderem damit, dass der jüdische Deutsche einer der «Weisen von Zion» sei.

1929 kaufte der Parteiverlag NSDAP die Rechte an dem ketzerischen Werk und machte sie zum offiziellen Dokument der nationalsozialistischen Ideologie. Im Vorwort hieß es: «Das kommende national-sozialistische Großdeutschland wird dem Judentum die Rechnung präsentieren, die dann nicht mehr in Gold zu bezahlen ist.» Ein Hinweis auf den bevorstehenden Völkermord. Das Konstrukt von der Gefahr einer jüdischen Weltherrschaft wird zu einem wichtigen Bestandteil der antisemitischen Ideologie des Nationalsozialismus. Adolf Hitler zog in «Mein Kampf» die «Protokolle» immer wieder als Beweis für seine antisemitischen Behauptungen heran, und der NS-Ideologe Alfred Rosenberg warnte in zahlreichen Artikeln in der Parteizeitung «Völkischer Beobachter» vor der Gefahr einer Weltverschwörung der Juden. Nach der Machtübernahme durch die NSDAP wurden die «Protokolle der Weisen von Zion» zur Pflichtlektüre an deutschen Schulen und zur meistverbreiteten antisemitischen Schrift des 20. Jahrhunderts. Bereits seit den 1920er Jahren wurde das Buch auch in Frankreich, Großbritannien sowie den USA veröffentlicht.

In den USA findet sich der vielleicht prominenteste und finanzstärkste Verschwörungsgläubige seiner Zeit. Der amerikanische Automagnat Henry Ford: 1922 ließ er in seiner Zeitschrift «Dearbron Independent» eine Artikelserie mit dem Titel «Der internationale Jude» drucken – die Anleihen an die «Protokolle von Zion» waren unübersehbar. Als Henry Ford sich unter öffentlichem Druck 1927 von dem Machwerk distanzierte, war es bereits in 22 Sprachen übersetzt und allein in den USA 500 000 Mal verkauft. Und das, obwohl die Echtheit der «Protokolle» zu diesem Zeitpunkt längst widerlegt war.

Alles nur geklaut

1921 veröffentlicht der britische Journalist Philip Graves seine spektakuläre Enthüllung in der «London Times»: Er deckte auf, dass die «Protokolle der Weisen von Zion» keineswegs ein Geheimdokument waren, sondern ein schlichtes Plagiat, Seite für Seite abgeschrieben aus dem französischen Werk «Dialog in der Unterwelt» aus dem Jahr 1864. Der Pariser Anwalt Maurice Joly ließ in der literarischen Tradition der Totengespräche Machiavelli und Montesquieu über die Tyrannenherrschaft streiten. Während Montesquieu in der Schrift die Ideen der Aufklärung vertritt, verteidigt Machiavelli die absolutistische Herrschaft und Tyrannei. Joly war ein aufgeklärter Freigeist und kein Judenfeind, sein satirischer Text war nicht gegen die Juden gerichtet, vielmehr galt seine beißende Kritik dem reaktionären Regime des französischen Kaisers Napoleon III. Die Verfasser der «Protokolle» schrieben mindestens 40 Prozent aus Jolys satirischer Streitschrift ab: Allerdings legten sie Machiavellis zynisches Plädoyer für die Tyrannei den fiktiven «Weisen von Zion» in den Mund und passten die Aussagen ihrem judenfeindlichen Weltbild an.

Und die Fälscher bedienten sich noch mindestens einer weiteren Quelle: Die Grundidee der Legende von einer Weltverschwörung der Juden geht auf den Roman «Biarritz» aus dem Jahr 1868 zurück. Der deutsche Autor Hermann Goedsche beschreibt in dem Kapitel «Auf dem Judenkirchhof in Prag» eine nächtliche Versammlung der Vertreter der zwölf Stämme Israels, die – einer geheimen Tradition nach – alle hundert Jahre auf dem Jüdischen Friedhof in Prag stattfinde. Das Ziel der Versammlung sei – man ahnt es bereits – die Errichtung einer Weltherrschaft der Juden, als eine Art Schattenregierung, die hinter den Kulissen von Wirtschaft und Politik die Strippen ziehe. Auch die in den «Protokollen» aufgeführten Methoden werden bereits in diesem Roman geschildert: wie der Erwerb von Grundbesitz durch Juden, die Infiltration der Staatsämter oder die Kontrolle der Presse. Alles ausgedacht – und dreist geklaut.

Die Hetzschrift vor Gericht: Na und?

Im November 1933 beschäftigte sich ein Schweizer Gericht mit der Echtheit der «Protokolle der Weisen von Zion». Geklagt hatte die Israelitische Kultusgemeinde Bern und der Schweizerisch Israelitische Gemeindebund, die gegen den Verkauf der volksverhetzenden «Protokolle» in der Schweiz vorgehen wollten. Der Prozess zog sich über zwei Jahre hin – es wurden Expertisen angefertigt, Beweise vorgetragen und Zeugen geladen. Darunter auch mehrere Teilnehmer und Beobachter des Ersten Zionistischen Weltkongresses 1897. Sie bestätigten, dass es dort einzig und allein um die Schaffung eines Staates für die Juden in Palästina gegangen war und dass alle Beratungen öffentlich stattgefunden hatten. Keine geheimen Sitzungen, keine Verschwörungsphantasien, keine wahnwitzigen Protokolle. 1935 kam das Gericht zu dem Schluss, die Texte seien eine Fälschung sowie «Schundliteratur». In der Urteilsbegründung hieß es: «Irgendein Beweis dafür, dass die sogenannten Protokolle (...) irgendwo und irgendwann von einem oder mehreren Juden im Auftrag einer geheimen jüdischen Weltregierung ausgearbeitet, vorgetragen, beraten worden sind, ist nicht erbracht worden.»

Jetzt war es sogar amtlich: Die «Protokolle der Weisen von Zion» sind nichts weiter als ein geschicktes Plagiat – eine belegbare Lüge und Fälschung –, abgeschrieben aus einem brillanten Dialog und einem drittklassigen Roman. Unbekannte Trittbrettfahrer haben daraus im Umfeld des judenfeindlichen Zarenreichs das bösartige Pamphlet zusammengebraut. Geholfen hat die Wahrheit «Im Namen des Volkes» nicht, das Fälscherdokument endgültig in die Mottenkiste zu verbannen. Die deutlichen Beweise wurden von Antisemiten und Anhängern der Verschwörungstheorie immer wieder ignoriert, nach dem Motto, irgendetwas müsse schon dran sein an dem hundert Jahre alten «Geheimbericht»; er passt halt so schön rein in das verbrämte Weltbild. So geistert das Pamphlet über eine angebliche jüdische Verschwörerclique bis heute durch alte und neue Medien und wird immer wieder zur Rechtfertigung antisemitischer Einstellungen herangezogen, regelmäßig erleben die «Protokolle» eine unheilvolle Renaissance.

Ihre größte Wirkung entfaltet die antisemitische Hetzschrift heute in islamisch geprägten Ländern. Die arabische Übersetzung erschien in über 60 (!) Auflagen. Doch vor allem im Internet und über Radio- und Fernsehprogramme werden die «Protokolle» als propagandistische Waffe gegen die Juden und den Staat Israel verbreitet.

Dass es sich bei der Schrift keinesfalls um ein authentisches, historisches Dokument, sondern um eine Fälschung handelt, ist hier kaum bekannt. Auch die radikal-islamische Palästinenser-Organisation Hamas nutzt die «Protokolle», um ihren Kampf gegen Israel mit dem angeblichen Geheimdokument einer jüdischen Weltverschwörung zu rechtfertigen. So heißt es im Artikel 23 der Hamas-Charta: «Nach Palästina streben die Zionisten die Expansion vom Nil bis zum Euphrat an. Und wenn sie diese Region genommen und verdaut haben, streben sie zur nächsten Expansion und immer so weiter. Ihr Plan ist in den ‹Protokollen der Weisen von Zion› verankert.»

Ein Vampir, der nicht sterben will

Die Verbreitung des Feindbildes von der jüdischen Weltverschwörung wird heute im arabischen Raum mit immer neuen propagandistischen Mitteln inszeniert: 2003 flimmerten die «Protokolle der Weisen von Zion» als Telenovela in 41 Folgen über die ägyptischen Fernsehbildschirme. Die Serie wurde in mehrere islamische Länder verkauft und ist auch im Internet zu erwerben – trotz internationaler Proteste.

Der Macht der Lüge setzt Will Eisner eine ganz eigene Bildergeschichte entgegen: Sein hundert Seiten schwerer Comic «Das Komplott» soll die wahre Geschichte der «Protokolle der Weisen von Zion» erzählen. Der Sohn jüdischer Einwanderer stützt sich auf die jüngsten Erkenntnisse der Historiker, will aber mit der populären Form des Comics ein viel breiteres Publikum erreichen. In einprägsamen Schwarz-Weiß-Zeichnungen bebildert er den Kampf zwischen Gut und Böse, zwischen Wahrheit und Lüge, Aufklärung und Propaganda. Wer wird als Sieger hervorgehen? Die Lüge von der jüdischen Weltverschwörung ist am Ende ein alter Vampir, ein Wiedergänger, der einfach nicht sterben will – trotz aller unanfechtbaren Beweise. Gerne würden wir diesen Mythos ein für alle Mal begraben.

Anhang

Literatur

Einführung
Streng geheim! Verschwörungstheorien und verschwiegene Gesellschaften

Assmann, Jan: Die Zauberflöte. Oper und Mysterium. Frankfurt am Main 2008

Eisenbruch, Ines: «Isis Regina» – Mutterkult und Mysterienzauber. Der Isiskult und sein Siegeszug in die mediterrane Welt der frühen römischen Kaiserzeit. Saarbrücken 2011

Graichen, Gisela: Schliemanns Erben und die Botschaft der versunkenen Städte. Hamburg 1998

Grüter, Thomas: Freimaurer, Illuminaten und andere Verschwörer. Wie Verschwörungstheorien funktionieren. Frankfurt am Main 2011

Marchant, Jo: Die Entschlüsselung des Himmels. Der erste Computer – ein 2000 Jahre altes Rätsel wird gelöst. Reinbek 2011

Kapitel 1

Cockburn, Alexander: Corruptions of Empire: Life Studies and the Reagan Era. London 1987

Robbins, Alexandra: Bruderschaft des Todes. Skull & Bones, der Geheimorden hinter George W. Bush. Kreuzlingen 2003

Sutton, Antony C.: America's Secret Establishment. An Introduction to the Order of Skull and Bones. Walterville 2002

Internetquellen:

www.denkmalnach.org/download/sutton/sutton.pdf

www.heise.de/tp/artikel/9/9643/1.html

www.theatlantic.com/national/archive/2013/02/skull-and-bones-its-not-just-for-white-dudes-anymore/273463/

www.time.com/time/nation/article/0,8599,1881172,00.html

Kapitel 2

Allen, John L.: Opus Dei. Mythos und Realität – ein Blick hinter die Kulissen. Gütersloh 2006
Balaguer, Josemaría Escrivá de: Der Weg. Köln 2002
Duborgel, Veronique: In der Hölle des Opus Dei. Eine Dokumentation. Wien 2009
Hertel, Peter: Schleichende Übernahme. Das Opus Dei unter Papst Benedikt XVI. Oberursel 2009
Hertel, Peter: Geheimnisse des Opus Dei. Verschlusssachen – Hintergründe – Strategien. Freiburg im Breisgau 1995
Mettner, Matthias: Die katholische Mafia. Kirchliche Geheimbünde greifen nach der Macht. Hamburg 1993
Schützeichel, Harald (Hg.): Opus Dei. Ziele, Anspruch und Einfluss. Düsseldorf 1992

Kapitel 3

Augias, Corrado: Die Geheimnisse des Vatikan: Eine andere Geschichte der Papststadt. München 2011
Galli, Giorgio: Staatsgeschäfte. Affären, Skandale, Verschwörungen. Das unterirdische Italien 1943–1990. Hamburg 1994
Ganser, Daniele: Beyond Democratic Checks and Balances: The «Propaganda Due» Masonic Lodge and the CIA in Italy's First Republic, in: Wilson, Eric (Hg.): Government of the Shadows. London 2009
Ganser, Daniele: NATO-Geheimarmeen in Europa. Inszenierter Terror und verdeckte Kriegsführung. Zürich 2008
Igel, Regine: Terrorjahre: Die dunkle Seite der CIA in Italien. München 2006
Lennhof, Eugen; Posner, Oskar; Binder, Dieter A.: Internationales Freimaurerlexikon. München 2011
Nuzzi, Gianluigi: Vatikan AG. Ein Geheimarchiv enthüllt die Wahrheit über die Finanz- und Politskandale der Kirche. Salzburg 2010
Willan, Philip: Puppetmasters: The Political Use of Terrorism in Italy. Bloomington 2002
Die «Geheimloge» P2 (ohne Autor), in: Winkelmaß 1 (2010), S. 60–63

Internetquellen:
www.zeit.de/1984/31/die-loge-des-boesen

Kapitel 4

Augustin, Wilfried: Das Geheimnis von Rennes-le-Château, in: Efodon-Synesis Nr. 74 (2 / 2006), S. 9–14

Bauer, Martin: Die Tempelritter. Mythos und Wahrheit. München 1998

Burstein, Dan; Keijzer, Arne de: Das Geheimnis der Maria Magdalena. München 2006

Burstein, Dan: Die Wahrheit über den Da-Vinci-Code. München 2004

Chaplin, Patrice: City of Secrets: The Extraordinary True Story of the Woman Who Found Herself at the Heart of the Grail. Gerona 2007

Chaumeil, Jean-Luc; Low, Chantal: The priory of Sion – Shedding light on the treasure and legacy of Rennes-le Chateau and the Priory of Sion. London 2010

Corbu, Claire; Captier, Antoine: L'héritage de l'Abbé Saunière. Nizza 1985

Klima, Caroline: Das große Handbuch der Geheimgesellschaften: Freimaurer, Illuminaten und andere Bünde. Wien 2007

Lincoln, Henry; Baigent, Michael; Leigh, Richard: Der Heilige Gral und seine Erben. Ursprung und Gegenwart eines geheimen Ordens. Sein Wissen und seine Macht. Köln 2006

Pagel, Elaine; King, Karen L.: Das Evangelium des Verräters: Judas und der Kampf um das wahre Christentum. München 2008

Sède, Gérard de: L'Or de Rennes ou la Vie insolite de Bérenger Saunière, curé de Rennes-le-Château. Paris 1967

Internetquellen:
www.rennes-le-chateau-bs.com

Kapitel 5

Aegerter, Roland: Politische Attentate des 20. Jahrhunderts. Zürich 1999

Baigent, Michael; Leigh, Richard; Riedel Lutz: Der Tempel und die Loge. Bergisch Gladbach 2009

Binder, Dieter A.: Die Freimaurer. Geschichte, Mythos und Symbole. Wiesbaden 2012

Binder, Dieter A.: Die Freimaurer. Ursprung, Rituale und Ziele einer diskreten Gesellschaft. Freiburg im Breisgau 1998

Erich, Oswald A.; Beitl, Richard: Wörterbuch der deutschen Volkskunde. Stuttgart 1955

Giese, Alexander: Die Freimaurer. Eine Einführung. Wien 2005

Hodapp, Christopher: Freimaurer für Dummies. Ihr Schlüssel zu der Geschichte, den Ideen und Ritualen der Freimaurer. Weinheim 2006

Kraus, Michael: Die Freimaurer. Salzburg 2007

Lennhof, Eugen; Posner, Oskar; Binder, Dieter A.: Internationales Freimaurerlexikon. München 2011

MacNulty, W. Kirk: Die Freimaurer: das verborgene Wissen. Geschichte – Symbole – Geheimnisse der Logen. München 2006

Militz, Philip: Freimaurer in 60 Minuten. München 2009

Ovason, David: The Secret Architecture of Our Nation's Capital. New York 2002

Reinalter, Helmut: Die Freimaurer. München 2008

Schindler, Norbert: Freimaurerkultur im 18. Jahrhundert. Zur sozialen Funktion des Geheimnisses in der entstehenden bürgerlichen Gesellschaft, in: Poni, Carlo u. a. (Hg.): Klassen und Kultur. Sozialanthropologische Perspektiven in der Geschichtsschreibung. Frankfurt am Main 1981

Smith, Bradley F.: Heinrich Himmler 1900–1926. Ein Weg in den deutschen Faschismus. München 1979

Tabbert, Mark A.: American Freemasons. Three Centuries of Building Communities. New York 2006

Kapitel 6

Frenschkowski, Marco: Die Geheimbünde. Eine kulturgeschichtliche Analyse. Wiesbaden 2010

Frietsch, Wolfram: Die Illuminaten: Geschichte, Herkunft, Ziele. Graz 2011

Lennhof, Eugen; Posner, Oskar; Binder, Dieter A.: Internationales Freimaurerlexikon. München 2011

Reinalter, Helmut (Hg.): Der Illuminatenorden (1776–1785/87). Ein politischer Geheimbund der Aufklärungszeit. Frankfurt am Main 1997

Reinalter, Helmut (Hg.): Aufklärung und Geheimgesellschaften. Freimaurer, Illumination und Rosenkreuzer: Ideologie-Struktur und Wirkungen. Innsbruck 1992

Schüttler, Hermann (Hg.): Johann Joachim Christoph Bode. Journal von einer Reise von Weimar nach Frankreich im Jahr 1787. München 1994

Wilson, W. Daniel: Geheimräte gegen Geheimbünde. Ein unbekanntes Kapitel der klassisch-romantischen Geschichte Weimars. Stuttgart 1991

Internetquellen:

www.uni-muenster.de/PeaCon/conspiracy/Weishaupt.htm

www.thule-italia.net/esoterismo/Libri/Tedesco/Schuttler,%20Hermann%20-%20Freimaurer%20und%20Illuminaten.pdf

Kapitel 7

Edighoffer, Roland: Die Rosenkreuzer. München 1995
Frietsch, Wolfram: Die Geheimnisse der Rosenkreuzer. Wiesbaden 2005
Geffarth, Renke D.: Religion und arkane Hierarchie. Der Orden der Gold- und Rosenkreuzer als geheime Kirche im 18. Jahrhundert. Leiden 2007
Lamprecht, Harald: Neue Rosenkreuzer. Berlin 2001
McIntosh, Christopher: The Rosicrucians: The History, Mythology, and Rituals of an Esoteric Order. San Francisco 1998
McIntosh, Christopher: The Rose Cross and the Age of Reason: Eighteenth Century Rosicrucianism in Central Europe and its Relationship to the Enlightenment. Leiden 1992
Meier, Brigitte: Friedrich Wilhelm II. König von Preußen (1744–1797). Ein Leben zwischen Rokoko und Revolution. Regensburg 2007
Neumann, Hans Joachim: Friedrich Wilhelm II. Preußen unter den Rosenkreuzern. Berlin 1997
Ruppert, Hans-Jürgen: Rosenkreuzer. Kreuzlingen 2004
Schilling, Hannelore: Im Zeichen von Rose und Kreuz. Historische und moderne Rosenkreuzer. Berlin 1977
Wehr, Gerhard: Die Bruderschaft der Rosenkreuzer. Die Originaltexte. Köln 2007
Widmann, Michael: Wege aus der Krise. Frühneuzeitliche Reformvision bei Johann Valentin Andreae und Johann Amos Comenius. Epfendorf / Neckar 2011
Zerling, Clemens: Die Rosenkreuzer. Geschichte einer Idee zwischen Mythos und Wirklichkeit. Graz 2009

Kapitel 8

Barber, Malcolm: The New Knighthood. A History of the Order of the Temple. Cambridge 1994
Barber, Malcolm; Nicholson, Helen (Hg.): The Military Orders, 2 Bde. Aldershot 1994–1998
Bulst-Thiele, Marie L.: Sacrae Domus Militiae Templi Hierosolymitani Magistri. Untersuchungen zur Geschichte des Templerordens 1118 / 19–1314, Göttingen 1974
Clairvaux, Bernhard von: Sämtliche Werke lateinisch / deutsch, Bd. 1. Innsbruck 1990
D'Albon, André (Hg.): Cartulaire général de l'Ordre du Temple 1119?–1150. Paris 1913
Demurger, Alain: Der letzte Templer. Leben und Sterben des Großmeisters Jacques de Molay. München 2003
Demurger, Alain: Die Ritter des Herrn. Geschichte der geistlichen Ritterorden. München 2003

Demurger, Alain: Die Templer. Aufstieg und Untergang 1118–1314. München 1991
Elm, Kaspar: Der Templerprozeß (1307–1312), in: Demandt, Alexander (Hg.): Macht und Recht. Große Prozesse in der Geschichte. München 1990, S. 81–101
Forey, Alan: The Military Orders from the Twelfth to the Early Fourteenth Centuries. London 1992
Forey, Alan: The Templars in the Corona de Aragón. Oxford 1973
Hergemöller, Bernd-Ulrich: Krötenkuss und schwarzer Kater. Ketzerei, Götzendienst und Unzucht in der inquisitorischen Phantasie des 13. Jahrhunderts. Warendorf 1996
Hiestand, Rudolf: Papsturkunden für Templer und Johanniter, 2 Bde. Göttingen 1972–1984
Lizerand, Georges (Hg.): Le dossier de l'affaire des Templiers. Paris 1964
Nicholson, Helen: The Knights Templar. A New History. Gloucestershire 2001
Nicholson, Helen: Templars, Hospitallers and Teutonic Knights. Images of the Military Orders, 1128–1291. London 1995
Sarnowsky, Jürgen: Die Templer. München 2009
Schenk, Jochen: Templar Families. Landowning Families and the Order of the Temple in France, c. 1120–1307. Cambridge 2012
Weise, Erich (Hg.): Die Staatsschriften des Deutschen Ordens in Preußen, Bd. 1. Marburg 1970

Kapitel 9

Burkert, Walter: Antike Mysterien. Funktionen und Gehalt. München 2003
Clauss, Manfred: Mithras. Kult und Mysterium. Darmstadt 2012
Clauss, Manfred: Offene Geheimnisse. Römische Mysterienkulte in ihrem sozialen Umfeld, in: Antike Welt. Zeitschrift für Archäologie und Kulturgeschichte 43 (2012), S. 26–32
Deschner, Karlheinz: Kriminalgeschichte des Christentums. Bd. 1. Reinbek 1986
Frenschkowski, Marco: Die Geheimbünde. Eine kulturgeschichtliche Analyse. Wiesbaden 2010
Graichen, Gisela: Limes. Roms Grenzwall gegen die Barbaren. Frankfurt am Main 2009
Graichen, Gisela: Das Kultplatzbuch. Ein Führer zu den alten Opferplätzen, Heiligtümern und Kultstätten in Deutschland. Hamburg 1988
Hensen, Andreas: Spelaea et templa Mithrae. Unity and Diversity in Topography, Architecture and Design of Sanctuaries in the Cult of Mithras, in: Witschel, C.; Quack, J. F. (Hg.): Entangled Worlds. Religious Confluences between East and

West in the Roman Empire. The Cults of Isis, Mithras, and Jupiter Dolichenus. Tübingen 2013 (im Druck)
Hensen, Andreas: Mithras: Der Mysterienkult an Limes, Rhein und Donau. Stuttgart 2013
Hensen, Andreas: Geheime Kulte der Antike: Mithras. Ein Licht in der Dunkelheit, in: epoc 5 (2011), S. 30–35
Hensen, Andreas: Das «langgesuchte Mithrasheiligtum» bei der Saalburg. Saalburg-Jahrbuch 55 (2005), S. 163–190
Hensen, Andreas: Ein Tempel für den Kaiser. Abenteuer Archäologie 3 (2005), S. 48–51
Merkelbach, Reinhold: Mithras. Ein persisch-römischer Mysterienkult. Weinheim 1994
Muss, Simon: Christentum, Mithras-Kult und Isis-Kult in der römischen Kaiserzeit: Ein Vergleich. München 2008
Normann, Edward: Geschichte der katholischen Kirche. Von den Anfängen bis heute. Stuttgart 2007
Schallmayer, Egon: Hundert Jahre Saalburg. Mainz 1997
Führer zu vor- und frühgeschichtlichen Denkmälern (ohne Autor). Herausgegeben vom Römisch-Germanischen Zentralmuseum Mainz. Mainz 1975

Internetquellen:
www.novaesium.de/sitemap.htm
www.spiegel.de/spiegel/print/d-28957677.html
www.theologe.de/kaiser-konstantin_kirche.htm

Kapitel 10

Der Roswell-Zwischenfall

Habeck, Reinhard: Das Unerklärliche – Mysterien, Mythen, Menschheitsrätsel. Wien 1997
Knopp, Guido: History – Geschichten hinter der Geschichte. München 2005
Elefant im Garten – Die Wahrheit über den angeblichen Absturz eines Ufos bei Roswell 1947 (ohne Autor), in: Der Spiegel 45 (1995), S. 229–232

Internetquellen:
www.anomalistik.de/images/stories/pdf/ufo/thieme%20-%20walter%20haut%20dokumentation.pdf

www.dennis-kirstein.de
www.muller.lbl.gov/teaching/physics10/roswell/RoswellIncident.html
www.rea51.de/mystery72.html

Die Mond-Mission

Bode, Volkhard; Kaiser, Gerhard: Raketenspuren. Peenemünde 1936–1996. Eine historische Reportage. Augsburg 1998

Dette, Helmut: Apollo 11. Der erste Flug zum Mond – Wahrheit oder Täuschung? Petersberg 2006

Eversberg, Thomas: Hollywood im Weltall – Waren wir wirklich auf dem Mond? Berlin / Heidelberg 2013

Garlinski, Józef: Deutschlands letzte Waffen im Zweiten Weltkrieg. Der Untergrundkrieg gegen die V1 und die V2. Stuttgart 1981

Geise, Gernot L.: Kein Mann im Mond! – Seit 40 Jahren werden wir von der NASA hinters Licht geführt. Hohenpreißenberg 2009

Geise, Gernot L.: Die Schatten von Apollo – Hintergründe der gefälschten Mondflüge. Peiting 2003

Geise, Gernot L.: Die dunkle Seite von Apollo – Wer flog wirklich zum Mond? Peiting 2002

Kresken, Rainer; Dambeck, Thorsten: Das Apollo-Komplott. Bild der Wissenschaft 9 (2007), S. 94–97

Neufeld, Michael J.: Wernher von Braun: Visionär des Weltraums – Ingenieur des Krieges. München 2009

Nolden, Michael: Die große Mond-Lüge? Waren Menschen jemals auf dem Mond? Die Wahrheit über die amerikanischen Mondlandungen! Köln 2009 (Audio-CD)

Wisnewski, Gerhard: Lügen im Weltraum – Von der Mondlandung zur Weltherrschaft. Rottenburg 2010

Internetquellen:
www.apollo-projekt.de
www.badastronomy.com
www.wechoosethemoon.org

Dokumentationen:
Die Akte Apollo. Film von Willy Brunner und Gerhard Wisnewski, WDR 2002

Die Legende des Dritten Turms – Das World Trade Center 7

Bröckers, Mathias; Walther, Christian C.: 11.9. – Zehn Jahre danach: Der Einsturz eines Lügengebäudes. Frankfurt am Main 2011

Butter, Michael; Christ, Birte; Keller, Patrick: 9 / 11 – Kein Tag, der die Welt veränderte. Paderborn u. a. 2011

Greiner, Bernd: 9 / 11. Der Tag, die Angst, die Folgen. München 2011

Schreyer, Paul: Inside 9 / 11: Neue Fakten und Hintergründe zehn Jahre danach. Berlin 2011

Internetquellen:

www.gwup.org

www.nist.gov

www.fema.gov

www.zdf.de/ZDFmediathek/beitrag/video/578660/Das-Geheimnis-des-dritten-Turms#/beitrag/video/578660/Das-Geheimnis-des-dritten-Turms

www.bbc.co.uk/news/2/hi/programmes/conspiracy_files/default.stm

www.bbc.co.uk/news/2/hi/americas/7485331.stm

Die Protokolle der Weisen von Zion

Benz, Wolfgang: Die Protokolle der Weisen von Zion. Die Legende von der jüdischen Weltverschwörung. München 2011

Bergmann, Werner: Geschichte des Antisemitismus. München 2002

Cohn, Norman: Die Protokolle der Weisen von Zion. Der Mythos von der jüdischen Weltverschwörung. Baden-Baden 1998

Eco, Umberto: Eine Fiktion, die zum Albtraum wird. Die Protokolle der Weisen von Zion und ihre Entstehung, in: «Frankfurter Allgemeine Zeitung», 02.07.1994

Hadassa, Ben-Itto: «Die Protokolle der Weisen von Zion». Anatomie einer Fälschung. Berlin 1998

Horn, Eva; Hagemeister, Michael: Die Fiktion von der jüdischen Weltverschwörung. Zu Text und Kontext der «Protokolle der Weisen von Zion». Göttingen 2012

Larsson, Göran: Die Macht einer Lüge. Fakten oder Fälschung: Die Protokolle der Weisen von Zion. Herausgegeben durch das AMI-Jerusalem Center für biblische Studien und Forschung Jerusalem, San Diego, Basel, Taberg, Nijkerk, Tokio, Gisborne 1994

Matussek, Carmen: Der Glaube an eine «jüdische Weltverschwörung»: Die Rezeption der «Protokolle der Weisen von Zion» in der arabischen Welt. Berlin 2012

Register

Abiff, Hiram 143, 145, 154
Adams, John 197 f.
Alarich der Große 106
Aldrin, «Buzz» (Edwin E.) 326 f., 333
Alexios I. (Byzanz) 234
Allavena, Giovanni 87
Aloysius von Gonzaga 100
al-Qaida 352
Amalrich I. (Jerusalem) 253
Anaklet II. (Gegenpapst) 241
Andreae, Johann Valentin 205–208, 210 f., 213, 222, 225
Andreas II. (Ungarn) 254
ANSA (Agenzia Nazionale Stampa Associata) 86
Anselmi, Tina 88
Antonius von Ägypten 115, 123
Appel, Rolf 129–131
Armstrong, Neil 10, 319, 326 f., 341
Arnold, Kenneth 311
Ashmole, Elias 214
Assmann, Jan 13, 25 f.
Athene 185
Aubert Aicelin (Bischof von Clermont) 232
Augias, Corrado 74 f., 92
Augustinus 233

Baader, Ferdinand Maria von 198
Bacon, Francis 201, 210 f.
Baigent, Michael 152
Bailly, Jean-Sylvain 158
Balduin II. (Jerusalem) 235 f., 244
Banco Ambrosiano 74, 77 f., 91–93
Barnett, Jack 315 f.
Baron, Thomas Ronald 328
Barruel, Augustin 159, 196–199
Bayerische Akademie der Wissenschaften 199
Benedikt XVI. (Papst) 54, 68, 74 f.
Bérard, Thomas 256
Berlitz, Charles 313
Berlusconi, Silvio 30, 93 f.
Bernhard von Clairvaux 237–239, 257, 262
Bertrand de Blanchfort 112
Beuvain de Beauséjour, Paul-Félix (Bischof von Carcassonne) 120
Bigou, Antoine 108, 110, 112, 115, 125
Billard, Félix Arsène (Bischof von Carcassone) 99, 121
Binder, Dieter A. 143, 146
Bin Laden, Osama 308, 352
Bischoffwerder, Johann Rudolf von 218–220
Bisigniani, Luigi 94
Blanchard, William 312
Blanche von Kastilien 103 f., 106, 247
Bode, Johann Christoph 189, 192–197
Bonifaz IX. (Papst) 257
Bot, Elie 99
Braun, Wernher von 321 f., 325, 330 f., 338
Brazel, William 311 f., 318
Brennecke, Richard «Dick» 90 f.
Brown, Dan 22 f., 59, 95, 125, 153, 178 f., 198, 202
Brunner, Willy 330

Brunvand, Jan Harold 308
Bryce, David 155
Bullock, Steven 166
Burkert, Walter 305
Bush, George H. W. 35, 43, 47–49, 88
Bush, George W. 33, 35, 37, 43, 47 f.
Bush, Jonathan 35, 50
Bush, Prescott 35, 43, 49

Čabrinović, Nedeljko 167, 171 f.
Caesar 29
Cagliostro, Alessandro 193 f.
Calvi, Roberto 74, 77–80, 91–93
Captier, Antoine 99
Cardenal, Peire 262
Carlotto, Michelle 83
Carrière 107
Carter, «Jimmy» (James Earl) 88
Cautes 285, 290
Cautopates 285, 290
Chambord, Maria-Theresia 98
Charles, Pierre 163
Chaumeil, Jean-Luc 125, 127
Chèrisey, Philippe de 125, 127
Childs, David 351
Chotek, Sophie 168
Christian (Hessen-Darmstadt) 194
Churchill, Winston 270 f., 309
CIA (Central Intelligence Agency) 30, 35, 49, 82, 84, 87 f., 90 f., 328, 350
Cicero, Marcus Tullius 275
Ciganović, Milan 167, 171
Clauss, Manfred 281, 292, 297, 300
Clemens V. (Papst) 150, 156, 264 f.
Clemens XII. (Papst) 157
Clemens von Alexandria 300
Cocteau, Jean 95, 111 f.
Cohn, Norman 352
Coelestin II. (Papst) 242, 257
Collins, Michael 326 f.
Comenius, Johann Amos 210 f.
Commodus (Rom) 287, 295
Corbu, Noël 103, 106, 124 f., 127
Corrocher, Graziella 78
Cros, Guillaume 107
Curinaldi, Alois von 170 f.

Dagobert II. (Austrasien) 109 f., 112
Damasus I. (Papst) 119, 296
Debussy, Claude 111
Dehler, Thomas 129
Demeter 25
Demurger, Alain 248
Dénarnaud, Alexandrine 99 f.
Dénarnaud, Marie 100–103, 124
Dennis, Glenn 313
Denver, John 310
Descartes, René 208 f.
Deutscher Orden 20, 251–258, 266
Dodd, William Edward 46 f.
d'Orléans, Louis-Philippe 160
Dreyfuß, Henri 316
Duborgel, Véronique 64–66

Eccles, David 270 f.
Edighoffer, Roland 202
Eisenbruch, Ines 27
Eisenhower, Dwight D. 315
Eisner, William E. 360
Ellicott, Andrew 163
Enslin, Karl W. Ferdinand 321
Ernst II. (Sachsen-Gotha-Altenburg) 191 f., 195
Escrivá de Balaguer y Albás, Josemaría 52–57, 60 f., 65–69, 71, 76
Esquieu de Floyrans 231

Étienne de la Ferté (Jerusalem) 238
Eugen III. (Papst) 242, 251

Faber, Johann Heinrich 186
Felzmann, Vladimir 53, 75 f.
FEMA (Federal Emergency Management Agency) 348
Feur, Henri 113
Feur, Marcel 113
File and Claw 42
Flamigni, Sergio 94
Flavius Josephus 106
Fludd, Robert 210
Fontane, Theodor 215
Ford, Gerald 88
Ford, Henry 357
Franco, Francisco 55, 57, 82, 174
Franklin, Benjamin 198
Franz Ferdinand (Österreich-Este) 166–169
Franziskus I. (Papst) 75, 128, 296
Freimaurer 14, 19–25, 28, 30 f., 39, 41, 44, 54, 73–80, 84–86, 94, 129–174, 177, 183, 186, 188–193, 196–199, 214–218, 220, 222, 282, 287 f., 293–295, 305, 308 f., 351
Logen
Absalom zu den drei Nesseln (Loge d'Hambourg) 129, 131 f., 134 f., 139 f., 175
Amis Réunis 193–195
Ernst zum Kompaß 195
Grand Orient de France 160
Grande Oriente d'Italia (GOI) 84–86
Les Neuf Sœurs 158–160, 193
Premier Grand Lodge of England 137
St Andrew Lodge 160 f.
Theodor zur guten Tat 198
Zum Todtenkopf und Phoenix 41
Zur Gekrönten Hoffnung 14
Frenschkowski, Marco 151
Friedrich II. (Heiliges Römisches Reich) 262
Friedrich II. (auch Friedrich der Große, Preußen) 140 f., 216, 218
Friedrich III. (Preußen) 141, 169
Friedrich August (Braunschweig-Wolfenbüttel-Oels) 217 f.
Friedrich Wilhelm I. (Preußen) 140
Friedrich Wilhelm II. (Preußen) 216–221, 262
Friedrich Wilhelm III. (Preußen) 220
Fulk von Anjou 236, 241
Füssel, Marian 136

Gagarin, Juri 323, 332
Galilei, Galileo 201
Gamberini, Giordano 84
Ganser, Daniele 82, 87 f., 90
Geise, Gernot L. 330
Gélis, Antoine 107
Gelli, Licio 81–94
Geoffroi de Charney 264 f.
Geoffroi de Saint-Omer 235
Geronimo 43
Gestapo (Geheime Staatspolizei) 195
Gilles I. Aycelin (auch Gilles de Montaigut, Bischof von Narbonne) 264
Giscard, Bernhard 121
Gladio 89 f.
Goddard, Robert 309
Goedsche, Hermann 358
Goethe, Johann Wolfgang von 147, 189, 196, 204, 220 f., 351

Gold- und Rosenkreuzer *siehe* Rosenkreuzer
Gottfried von Bouillon 110 f.
Graves, Philip P. 357
Gregor I. (auch Gregor der Große, Papst) 116, 298
Gregor IX. (Papst) 232, 265
Grimes, William F. 270
Grissom, Virgil Ivan «Gus» 328
Guillaume de Paris 229–231

Hamas 30, 360
Harding, Stephen 238
Harmening, Dieter 221
Harriman, W. Averell 49
Heinrich I. (England) 237
Heinrich II. (England) 248
Helming, Antonia 170
Hensen, Andreas 283, 293, 304
Hermann von Salza 254
Hermes Trismegistos 209
Herodot 19
Hertel, Peter 54, 57–59, 63, 66, 69 f., 73, 75 f.
Herzl, Theodor 354
Hieronymus (Kirchenvater) 281
Hilter, Adolf 30, 46, 49, 321, 357
Himmler, Heinrich 131, 173 f., 195
Homer 25
Honorius II. (Papst) 238
Honorius III. (Papst) 254
Horn, Heinz Günther 294
Horus 27
Hugo, Viktor 111
Hugues de Payn 235–238, 240 f.
Hussein, Saddam 48
Hyams, Peter 329

Igel, Regine 81, 87, 90
Illuminaten 19, 25, 31, 40, 176–199, 295, 308
Innozenz II. (Papst) 241 f., 257
Innozenz III. (Papst) 254
Innozenz IV. (Papst) 247, 254
IOR (Istituto per le Opere di Religione) *siehe* Vatikanbank
Isis(-Kult) 24–28, 163, 276

Jacobi, Heinrich 302–304
Jacques de Molay 156, 231, 248, 255, 264–266
Jakob II. (Aragón) 231
Jakobiner 159, 198, 220
Jansen, Michael 15, 17
Jaschke, Hans-Jochen 296
Jefferson, Thomas 179
Jennings, Barry 345–347, 349
Jesuiten (Societas Jesu) 54, 74, 171, 173, 177–199
Jesus Christus 23, 27, 53, 59, 61, 63, 69, 73, 75, 95, 97, 104 f., 108–113, 115–120, 121–126, 128, 181, 186, 216, 222, 232, 234 f., 257, 260, 277–280, 293, 295, 297 f., 300, 305
Johann vom Felde 257
Johannes der Täufer 142
Johannes Paul I. (Papst) 29
Johannes Paul II. (Papst) 53 f., 56 f., 68, 74, 91
Johanniter 235, 248–258, 262, 266
Johnson, Lyndon B. 332
Joly, Maurice 357 f.
Jones, Steve 348
Josef von Arimathäa 111, 115, 117, 123 f., 128

Kant, Immanuel 41, 219
Karel, William 329 f.
Karl Theodor (Pfalz und Bayern) 182, 191
Karl I. (England) 214, 249
Karl II. (England) 249
Karl X. (Frankreich) 98
Katharer 104 f., 305
Kaysing, William Charles 327–329, 333
Kehrl, Hans 321
Kennedy, John F. 30, 324 f., 332
Kerry, John 19, 47 f., 51
Kienast, Hermann 19
Kirstein, Dennis 318
Knigge, Adolph von 187–190
Koch, Robert 15
Kolumbus, Christoph 249
Konrad von Marburg 232
Konrad I. (auch Konrad von Masowien, Polen) 254
Konstantin I. (auch Konstantin der Große, Rom) 114, 270, 277–280, 297, 301
Konstantius II. (Rom) 301
KPI (Kommunistische Partei Italiens) 82
Kranjčevi, Ivo 167
Kubrick, Stanley 329 f.
Kurr, Hans Peter 224

La Vopa, Anthony 146
Lazarus (benannt als Bruder Maria Magdalenas) 108, 116 f.
Lazzarini, Nara 86
Leigh, Richard 152
Lewis, Harvey Spencer 225
Light, Michael 334
Limmat-Stiftung 72
Lincoln, Henry 109–111, 113, 124
Lions Club 21
Ledóchowski, Wladimir 54
Leibniz, Gottfried Wilhelm 210
Leonardo da Vinci 23, 111, 126, 201
Leonow, Alexei 324
Lessing, Gotthold Ephraim 147, 189
Lhomoy, Roger 248
Lobineau, Henri 111, 125
Ludwig VII. (Frankreich) 247
Ludwig IX. (Frankreich) 104
Ludwig XV. (Frankreich) 43
Ludwig XVI. (Frankreich) 156, 158
Lukas 116
Lukian 296

Machiavelli, Niccolò 358
Madame de Pompadour (Jeanne-Antoinette Poisson) 43
Mafia 30, 80, 90–92
Maier, Michael 210
Mambro, Joseph di 223
Marañón, Gregorio 55
Marc Aurel (auch Marcus Aurelius) 267, 276, 287
Maria (benannt als Schwester Jesu) 118
Maria (Heilige Jungfrau) 27, 100, 118, 260, 295
Maria Magdalena 97, 108–110, 113, 115–119, 121–123
Markschies, Christoph 276, 291, 294 f.
Markus 119, 217
Marshall, John Hubert 14
Martha (benannt als Schwester Maria Magdalenas) 108, 116 f.
Martin, Joseph 177
Matthieu du Remois (Bischof von Albano) 237

Maxentius (Rom) 278–280
Maximilian III. Joseph (Bayern) 182
McCarthy, Joseph 164
McIntosh, Christopher 211
Mellitus von Canterbury 298
Menuhin, Yehudi 147
Mithras(-Kult) 25 f., 267–305
Mitterrand, François 125
Moffet, John 329
Montesquieu (Charles-Louis de Secondat) 159, 358
Moore, Demi 310
Moore, William L. 313
Morgan, William 165
Moro, Aldo 79
Morse, Jedidiah 197 f.
Morse, Samuel F. B. 197
Mozart, Wolfgang Amadeus 13 f., 24, 26, 29, 147, 188
MSI (Movimento Sociale Italiano) 83
Mussolini, Benito 82, 85

Napoleon I. (auch Napoleon Bonaparte, Frankreich) 170, 197
Napoleon III. (Frankreich) 358
Narodna Odbrana 167
NASA (National Aeronautics and Space Administration) 11, 19, 309, 321, 323 f., 327–333, 336, 339, 341 f.
National Geographic Society 32
NATO (North Atlantic Treaty Organization) 82, 321
Negri d'Ables, Marie de 112
Nero (Rom) 276
Netherhall Educational Association 72
Newton, Irving 312
Newton, Isaac 23, 111 f., 211–213
Nikolaus II. (Russland) 355
Nilus, Sergei 355 f.
NIST (National Institute of Standards and Technology) 345, 348 f.
Nixon, Richard 329, 332
Noah 12 f., 17, 19
Norman, Edward 276
Nostradamus (Michel de Nostredame) 202, 209
Nuzzi, Gianluigi 92

Obama, Barack 51
Ochrana 355 f.
Odo de Saint Armand 255 f.
Opus Dei 19, 53–76, 308
Ordine Nuovo 90
Orlando, Leoluca 90
Orwell, George 65
Osiris 25
Ovason, David 163

Paulus 76, 119
Pecorelli, Carmine 93
Pelat, Roger-Patrice 125
Perpetuus 286
Persephone 25
Pestalozzi, Johann Heinrich 189
Petit-Senn, Jean Antoine 76
Petrus 119
Philipp IV. (Frankreich) 73, 105, 150, 156, 229, 231, 262–265
Pike, Albert 164
Pilatus 95, 123
Plantard, Pierre 111, 125–128
Plutarch 27, 293
Polykrates 19
Poussin, Nicolas 108, 110
Premuzic, Konstantin 171
Preuschoft, Holger 12

Prieuré de Sion 22 f., 95–128
Princip, Gavrilo 167, 169
Proctor, William 311
Prokop von Caesarea 106
Propaganda Due (P2) 19, 30, 74, 77–94
Nachfolgeorganisationen
P3 30
P4 30, 94
Puntigam, Anton 171, 173

Ramsay, Andreas Michael 148 f.
Rathenau, Walther 309, 356
Reagan, Nancy 81
Reagan, Ronald 81, 88
Renan, Ernest 267, 305
Rhein-Donau-Stiftung 72
Richter, Samuel 217
Riqueti, Gabriel de 158
Robbins, Alexandra 36, 38, 42
Robert de Craon 241 f.
Robert I. (auch Robert the Bruce, Schottland) 150
Robertson, «Pat» (Marion Gordon) 199
Robespierre, Maximilien de 159
Rosenkreuzer 19, 21, 23, 28, 31, 183 f., 186, 189 f., 200–228, 282, 288
Orden
A.M.O.R.C. (Ancient and Mystical Order Rosæ Crucis) 223, 225–228
LR (Lectorium Rosicrucianum) 225, 227 f.
Templum C. R. C. 224 f.
Rotary Club 9 f., 20–22
Rote Armee 195
Rote Brigaden 93
Royal Society 148, 211, 214
Rudolf II. (Heiliges Römisches Reich) 201
Ruiz Mateos, José 72 f.
Russell, William Huntington 39–41

Salazar, António de Oliveira 174
Salomo (auch Salomon) 105 f., 114, 135–137, 143, 145, 153 f., 214, 230, 235, 244
Salomon, Albert 103
Salvator, Johann 102
Salvini, Lino 85
Santilli, Ray 315 f.
Saunière, Alfred 123
Saunière, Bérenger 98–103, 106–110, 112–115, 120–125
Schallmayer, Egon 302 f.
Schindler, Norbert 146
Schindler, Reinhard 286
Schmidt, Helmut 29, 174 f.
Schopenhauer, Arthur 276
Schröder, Friedrich Ludwig 172
Schwarze Hand (Crna Ruka) 29, 167–174
Schwarze Sara 117
Scientology 20
Scroll and Key 36, 41
Sède, Gérard Marie de 108 f., 111, 124 f., 127
Selff, Naomi Maria 313 f.
Seraphim von Piräus (Metropolit) 174
Shephard, Alan 324
Sibbald, Robert 155
Sibelius, Jean 147
Sieyès, Emmanuel Joseph 158
SIFAR (Servizio Informazioni Forze Armate) 87

Sigisbert IV. 110
Sindona, Michele 91 f.
Skull and Bones 19, 25, 33–51
Sol 279, 286, 290, 292, 295, 297 f.
Sonnentempler 223
Sons of Liberty 160
Speer, Albert 322
SS (Schutzstaffel) 131, 173 f., 195
St Clair, William 153 f.
St Clair-Erskine, James 155
Steigleder, Klaus 60, 64
Steiner, Rudolf 204 f.
Sterne, Laurence 44
Stimson, Henry L. 48
Stuhlinger, Ernst 330
Sutton, Antony 45–49

Taft, William H. 42
Tankosić, Vojin 167, 171
Tapia, María del Carmen 73
Templer (auch Tempelritter) 29, 53, 73, 76, 97, 104 f., 110–112, 127, 131, 148–157, 163, 174, 220, 229–266, 308
Teniers, David 108, 110
Tereschkowa, Walentina 324
Tertullian 275, 289, 298
Theobald II. (auch Theobald der Große, Champagne) 237
Theodosius I. (auch Theodosius der Große, Rom) 119, 301
Theresia von Kastilien (Portugal) 237
Thomas von Aquin 233
Thutmosis III. 226
Thyssen, Fritz 49
Tiberius Claudius Romanius 273
Titus 106
Truman, Harry S. 315

United States Air Force 310, 316–318, 321
United States Army 312–315, 317
United States Secret Service 345, 350
United States Securities and Exchange Commission (SEC) 350
Urbach, Johannes 258
Urban II. (Papst) 234

Vatikanbank (IOR) 30, 92
Vergil (Publius Vergilius Maro) 181
Villa, «Pancho» (Francisco) 43
Voltaire (François-Marie Arouet) 159

Washington, George 161 f., 164, 179, 198
Watson, Sam 270
Weishaupt, Adam 40, 176–191, 199
Weishaupt, Afra 199
Wells, Spencer 32
Wichtl, Erich 173
Wilcox, George 312
Wilhelm I. (Preußen) 141, 168, 302
Wilhelm II. (Preußen) 302
Wilmot, Dan 310 f.
Wisnewski, Gerhard 330, 332
Wolf's Head 36, 41
Wöllner, Johann Christoph von 189, 218–220
Woodlawn Foundation 72

Yale, Elihu 43 f.

Zisterzienser 237–239, 250, 252, 257
Zonta 21
Zwackh, Franz Xaver von 191

Die Autoren

Holger Diedrich studierte Geschichte, Politikwissenschaft und Germanistik und war als Redakteur u. a. für das populärwissenschaftliche Magazin «welt der wunder» tätig. Er ist Autor geschichtswissenschaftlicher Artikel und Buchbeiträge (z. B. für den «Spiegel»-Bestseller «Deutsche Kolonien») und lebt als freier Journalist, Drehbuchautor und journalistischer Berater in Hamburg. – Für das vorliegende Buch schrieb er die Kapitel «Skull and Bones. Geheimorden amerikanischer Macht», «Opus Dei. Der Kreuzzug der neuen Templer», «Propaganda Due. Die Terror-Loge», «Die Freimaurer. Eine verborgene Welt», «Die Illuminaten. Zwischen Jesuitenangst und Neuer Weltordnung» sowie «Die Rosenkreuzer. Der Orden der Wissenden».

Gisela Graichen studierte Publizistik, Rechts- und Staatswissenschaften und ist Diplom-Volkswirtin. Für das ZDF hat die Buch- und Filmautorin unter anderem die erfolgreiche Archäologiereihe «Schliemanns Erben» und die Wissenschaftsserie «Humboldts Erben» entwickelt. Sie lebt in Hamburg. – Für das vorliegende Buch schrieb sie die Kapitel «Streng geheim! Verschwörungstheorien und verschwiegene Gesellschaften» sowie «Mysterium Mithras. Ein orientalischer Geheimkult in Deutschland».

Alexander Hesse studierte Publizistik, Politikwissenschaften und Betriebswirtschaft. Er ist Geschäftsführer einer TV-Produktionsfirma in Köln. Von 2006 bis 2012 leitete er die Redaktion «Geschichte und Gesellschaft» im ZDF, war dort unter anderem verantwortlich für «37°» und «Terra X». Er lebt in Wiesbaden und Köln. – Für das vorliegende Buch schrieb er das Kapitel «Verschwörungstheorien. Von der Mondlandung bis zum 11. September».

Professor Dr. Jürgen Sarnowsky lehrt Mittelalterliche Geschichte am Historischen Seminar der Universität Hamburg und ist Vorstandsmitglied des Hansischen Geschichtsvereins. Er veröffentlichte zahlreiche Bücher, vor allem zur Geschichte der geistlichen Ritterorden. Er lebt in Hamburg. – Für das vorliegende Buch schrieb er das Kapitel «Die Templer. Zwischen Öffentlichkeit und Geheimhaltung».

Heike Schmidt studierte Ägyptologie, Alte Geschichte und Altes Testament an der Johannes-Gutenberg-Universität in Mainz. Als freie Mitarbeiterin ist sie seit 1993 beim ZDF beschäftigt, zunächst in der Redaktion «Familienmagazin / Reiselust», danach für sieben Jahre im ZDF-Studio Kairo. Heute lebt sie in Wiesbaden und arbeitet für die Redaktion «Terra X». – Für das vorliegende Buch schrieb sie das Kapitel «Die Prieuré de Sion. Das Geheimnis um die Blutlinie Jesu».

Abbildungsverzeichnis

akg-images, Berlin: S. 14 (Erich Lessing), 253 (Album / Oronoz), 264 (British Library), 320 (NASA), 334
Gisela Floto, flotofoto, Hamburg: S. 16
dpa Picture-Alliance, Frankfurt: S. 18, 48 (AP Photo), 52 (Alessia Giuliani / CPP / ROPI), 78, 80 (United Archives / TopFoto), 89, 126 (akg), 135, 141, 144 (akg), 189, 200 (akg), 204 (akg), 221 (akg), 230 (CHROMORANGE), 271 (empics), 306 (AP Photo), 327 (alle akg), 346
Getty Images, München: S. 27 (De Agostini), 69 (AFP)
Spiegel TV GmbH, Hamburg: S. 28, 37, 96, 101, 114, 122, 130, 132, 180, 244
ullstein bild, Berlin: S. 34 (histopics), 162 (The Granger Collection), 212 (Imagno)
Wikimedia Commons: S. 40, 60, 236, 274
Süddeutsche Zeitung Photo, München: S. 56 (picture alliance / dpa / ap)
Johannisloge «Wilhelm zur nordischen Treue», Flensburg: S. 168
Johannisloge «Friedrich Wilhelm zur Eintracht», Bremen: S. 169
Geertje Foth, Atelier für Konservierung und Restaurierung, Hamburg, www.geertjefoth.de: S. 172
Aus: Adam Weishaupt (Hg.): Das verbesserte System der Illuminaten mit allen seinen Einrichtungen und Graden. Frankfurt und Leipzig 1787: S. 176
Gisela Graichen, Hamburg: S. 179
Photo Pierpont Morgan Library / Art Resource / Scala, Florenz: S. 233
Bildarchiv Preußischer Kulturbesitz, Berlin: S. 184 (Bayerische Staatsbibliothek), 268 (The Trustees of the British Museum)
Badisches Museum Karlsruhe / Thomas Goldschmidt: S. 287
Römerkastell Saalburg / Elke Löhnig, Bad Homburg: S. 303
Bettmann / CORBIS, Düsseldorf: S. 311
www.youtube.com/watch?v=FZouZJSG4ic: S. 316
Aus: Die Zionistischen Protokolle. Das Programm der internationalen Geheimregierung. Mit einem Vor- und Nachwort von Theodor Fritsch. Leipzig 1924: S. 353

Gisela Graichen und Alexander Hesse bei
Rowohlt und rororo

Die Bernsteinstraße

Geheimbünde

Gisela Graichen und Rolf Hammel-Kiesow bei
Rowohlt und rororo

Die Deutsche Hanse